学ぶ人は、変えてゆく人だ。

目の前にある問題はもちろん、

人生の問いや、

社会の課題を自ら見つけ、

挑み続けるために、人は学ぶ。

「学び」で、

少しずつ世界は変えてゆける。

いつでも、どこでも、誰でも、

学ぶことができる世の中へ。

旺文社

大学入学
共通テスト

公共，倫理
集中講義

改訂版

河合塾講師
中川雅博 著

旺文社

大学入学共通テストの特徴

「大学入学共通テスト」とは？

「大学入学共通テスト」（以下「共通テスト」）とは，2021年1月から「大学入試センター試験」（以下「センター試験」）に代わって実施されている，各大学の個別試験に先立って行われる全国共通の試験です。
ほぼすべての国公立大学志望者，私立大学志望者の多くがこの試験を受験し，大学教育を受けるための基礎的な学習の達成度を判定されます。

共通テストの特徴は？

単純な知識を問うだけの問題ではなく，「知識の理解の質を問う問題」「思考力，判断力，表現力を発揮して解くことが求められる問題」を重視するとされています。
「公共，倫理」では，文章や資料を読み解きながら基礎的な概念・理論・考え方を活用して考察する問題や，多様な図・表を活用して，データに基づいた考察・判断を行う資料問題などが出題されます。

共通テストとセンター試験のちがいは？

センター試験では「教科の内容を覚え，正しく理解できているか」といった知識理解の面が重視されていましたが，共通テストでは「習得した知識を正しく活用することができるか」といった知識の運用力まで試されます。
必要な学習内容はかわりませんが，知識を問われるだけでなく，類似する思想家についての選択肢から正解を選ぶ，基本的な考え方を現実社会と結び付けてとらえるなどの力が求められます。

どのように対策すればいい？

センター試験と同じように，まずは知識のインプットが必要です。
その上で，問題を解きながら知識を定着させ，さらに応用問題で知識活用の道筋を学び，アウトプットのトレーニングを行うとよいでしょう。
本書では，共通テストの対策に必要な学習を１冊で完成することができます。本書を使い，知識のインプットからアウトプットまで，効率的に学習を行ってください。

本書の利用法

本書の特長

● 必修57テーマと厳選された学習項目

「公共，倫理」必修の57テーマと重要な学習項目を厳選し，掲載しています。要点が凝縮され，情報が無駄なく詰まっているため，最短距離で理解を深めることができます。

● 出題頻度によるテーマ・学習項目のランク付け

過去13年分（2011～2023年）のセンター試験・共通テスト「倫理」を分析し，「どのような問題がよく出題されるか（頻度）」「その問題は，どのレベルまで理解が必要か（深度）」ということをRANKや★で示しています（公共の一部のテーマは著者の判断でのランク付けとなります）。出題頻度を参考にして，さらに効率のよい学習が可能です。

● 取り組みやすいコンパクトな構成

1テーマ4ページを基本とし，効率的かつ短期間での学習が可能です。「公共，倫理」をこの本ではじめて勉強する人でも，無理なく取り組むことができます。

● 豊富な演習問題（基礎力チェック問題／チャレンジテスト）

テーマごとに「基礎力チェック問題」があり，覚えた知識をすぐに演習問題で確認，定着させることができます。

全11回の「チャレンジテスト」は，共通テストの実戦演習として取り組みましょう。

● 別冊「必携一問一答問題集」

一問一答形式の問題集が付属しています。テーマごとに過去のセンター試験・共通テスト問題やオリジナル問題を一問一答で答える形式になっています。空欄補充形式・正誤判定形式などがあり，受験生が間違えやすい問題を掲載しています。

本書の構成

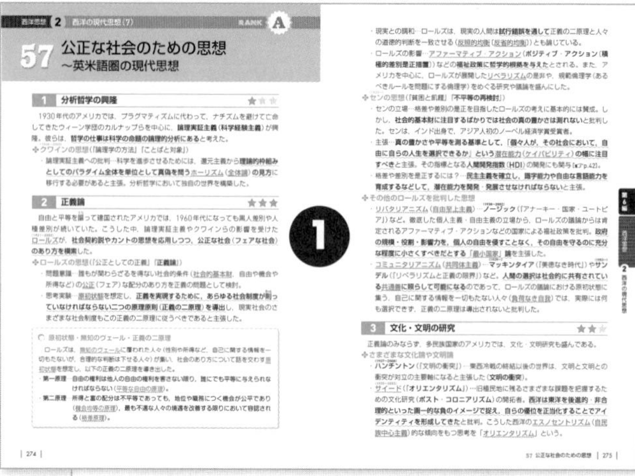

1テーマの構成

❶ テーマの要点整理

必要かつ十分な要点を厳選しまとめた学習項目を，出題頻度とともに掲載しています。

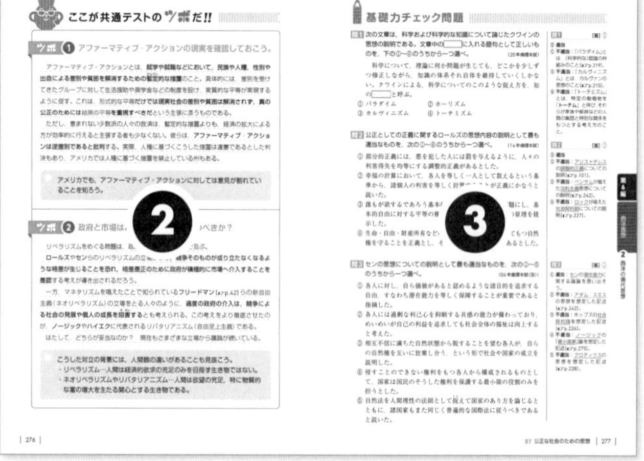

❷ ここが共通テストのツボだ!!

各テーマで，「ここだけ覚えておけば確実に得点できる！」というポイントや，受験生が苦手とするポイントを解説しています。直前期にこのページだけ読むのも効果的です。

❸ 基礎力チェック問題

過去のセンター試験をベースにした問題を，簡単な解説とともに掲載してあります。

※「基礎力チェック問題」に使用しているセンター試験問題は，時事問題の変化などを考慮して，適宜改題しています。また，「政治・経済」「現代社会」からも，学習内容と重なる過去問を載せています。

チャレンジテスト

共通テストの問題などで構成されています。解いたあとは必ず解説を読み，共通テストを解くための視点や考え方を確認しましょう。

索 引　巻末に，重要用語・欧文略語をまとめた索引をつけています。

本書を使った学習方法

共通テスト「公共，倫理」対策の学習には，3つの重要な柱があります。

1	必要な学習内容を覚え，理解する ……………… インプット
2	基礎的な問題を解き，理解を深める ………… アウトプット①
3	応用問題を解き，知識の運用力を高める …… アウトプット②

基本的な学習内容を覚え，理解できたと思ったら（＝**1**），演習で解答を導き出せるかどうかを試します（＝**2**）。
そこで解けなかった問題は理解があいまいということなので，解けなかった問題の解説を読み，さらに**1**に戻り，あいまいな知識を定着させましょう。

1⇄**2**をくり返して基礎力が身についたら，共通テストレベルの応用問題に取り組み，知識の活用を訓練します（＝**3**）。

一見難しそうな問題も，必ず基礎知識に基づいてつくられているので，**1**～**3**の学習サイクルを確立すれば，難問にも対応できるようになります。知識を確実に定着し，活用できるようになるまで，何度もくり返し学習を行ってください。

もくじ

【3】日本の近現代思想

第6編 西洋思想

【1】西洋の近代思想

【2】西洋の現代思想

〔編集協力〕株式会社友人社
〔装丁デザイン〕内津 剛士（及川真咲デザイン事務所）〔本文デザイン〕伊藤 幸恵
〔本文組版〕幸和印刷株式会社 〔図版作成〕幸和印刷株式会社
〔校正・校閲〕株式会社 東京出版サービスセンター，桜庭しほ，株式会社 ぷれす，エデュ・プラニング合同会社

第1編 公共の扉

第1編では，青年期や人間観を中心に学んでいこう。現代社会は，誰もが生きがいや明確なキャリアを意識して生活していくことが難しい厄介な社会だ。現代社会の諸課題について学ぶ前に，そこに生きる青年や人間の姿を捉えておこう。

第1編は，三つのテーマで構成されている。テーマ1では青年期の課題や現実について，テーマ2では人間類型論などについて学んでいく。これらに加えて，テーマ3では，日本の美意識や課題探究の方法について学んでいく。

テーマ1やテーマ2における青年期・人間観や心理学説に関する議論は，身近な具体例や場面を想定して，用語を理解しておくことが大切である。しかしその一方，現代の受験生にとっては，ややズレを感じるものもあるだろう。ここでは，掲載したものは考えるための手だてにすぎないと了解して，青年期や人間観をめぐる議論に関する知識を深めていこう。

テーマ3の日本の美意識は，第4編の仏教思想や第5編の日本思想と深く関係しているから，それらを学んだ後にもう一度見直すと理解も深まる。課題探究のスキルは，中学校や高等学校での課題探究の授業を通じて知っていることも多いだろうが，今一度，受験に向けて知識を整理しておこう。

それでは，講義を始めよう。

1 公共的な空間を生きる青年のすがた ～青年期の課題と現実，キャリア開発など

1 青年期とは？

子どもから大人への移行期である**青年期**とは，必ずしも何歳から何歳までと決まっているわけではないが，**第二次性徴が現れる13歳ころから22歳ころあたりまで**をいうことが多い。

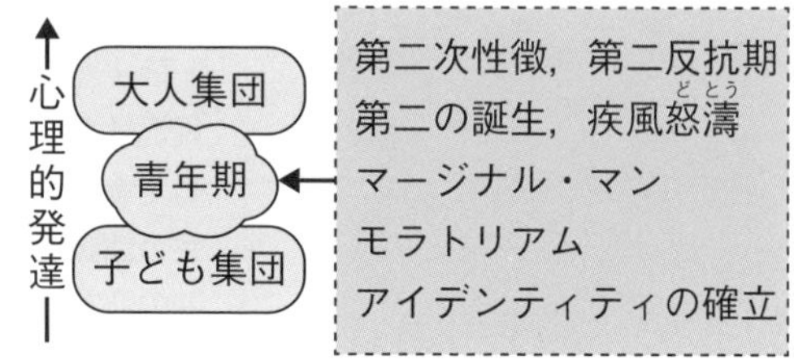

ちなみに，アメリカの文化人類学者**ミード**(1901～78)(『サモアの思春期』)は，**青年期は近代社会に特有のもので，伝統社会には見られない**と報告した(もっとも，彼女の報告には多くの文化的偏見が含まれており，鵜呑(うの)みにはできない)。

✤青年の一般的な特徴

・**心理的離乳**…アメリカの心理学者**ホリングワース**(1886～1939)によれば，青年期の青年は，保護者への依存から離脱し，一人前の人間としての自我を確立しようとする。こうした時期は，**第二反抗期**ともいう。

・**マージナル・マン**(**境界人**，**周辺人**)…ドイツ出身の心理学者**レヴィン**(1890～1947)は，青年を，子ども集団にも大人集団にも足場をもたない存在であると捉えた。

✤青年期の一般的な特徴

・**第二の誕生**…フランスの哲学者**ルソー**(1712～78)は，「**われわれはいわば二度生まれる。一度目は生存するために。二度目は生きるために**」(『エミール』)と表現し，青年期を人が大人に生まれ直す時期と捉えた。

　この時期の青年は，自分自身を見つめると同時に，社会的欲求(友情・異性愛・名誉欲など)が強くなり，自分の性を自覚する。優越感や劣等感をもち，満たされない欲求にフラストレーションをためることもある。

・**モラトリアム**(**猶予(ゆうよ)期間**)…アメリカの心理学者**エリクソン**(1902～94)は，青年期を，大人への準備期間であり，大人としての義務が猶予された期間と捉えた。

　この時期の青年は，**アイデンティティ**(**自我同一性**)を確立しようとする。

✤現代の青年期の特徴

・延長傾向…今日(こんにち)の日本では，一般には**イニシエーション**(**通過儀礼**)のひとつである成人式を経て，人は大人集団に属することになる。

しかし現実には，**社会の複雑化とともに青年期は延長傾向**にあり，「30歳前後までが青年期だ」とも，「そもそも子どもと大人の区別そのものが成り立たなくなってきている」ともいわれている。

2 青年期をめぐるさまざまな理解 ★☆☆

青年期や青年をさまざまな角度から特徴づける言葉がある。

✤青年の状態や心理を特徴づける言葉

・**パラサイト・シングル**…学卒後もなお親と同居し，基礎的生活条件を親に依存している未婚者のこと。

・**フリーター**や**ニート**(**NEET**)…フリーターとは，アルバイト・パートタイマーなどの就労雇用形態で生計を立てている人のこと。

　これに対して，ニートは，教育機関に所属せず，雇用されておらず，職業訓練にも参加していない人のことを指す言葉である。

・**ピーターパン・シンドローム**…アメリカの心理学者カイリーが提唱した概念。成人という年齢に達しているにもかかわらず，大人への成長を拒む男性の心理のこと。人間的に未熟で，ナルシシズムの傾向を示す。

・**シンデレラ・コンプレックス**…アメリカの作家ダウリングが提唱した概念。男性に高い理想(白馬の王子様)を追い求め続ける，女性の潜在意識にある「依存的願望」のこと。

・ユース・カルチャー(**若者文化**〔青年文化〕)…青年は，ある社会の支配的文化(上位文化)に対して，**カウンター・カルチャー**(対抗文化)や**サブカルチャー**(下位文化)として，新たな思想やライフスタイルを生み出すこともある。

3 青年期の課題と現実，キャリア開発の必要性 ★★★

エリクソンによれば，人間が自己を確立していく過程は人生において8段階あり，各段階には達成すべき心理的・社会的課題(発達課題)がある。その達成が，次の発達段階への移行をスムーズにする。

青年期の発達課題はアイデンティティ(自我同一性)**の確立**であるが，フリーターや**ニート**(**NEET**)と呼ばれる青年が増えている日本社会の現状を考えると，今日では，この発達課題を達成できていない青年も少なくない。

もちろん，その責任を，すべて青年に負わせることはできない。なぜなら，**現代の日本が，「豊かな社会」を実現させた一方で，さまざまなものが複雑に入り組み，人々がアイデンティティを確立させにくい社会**となっているからである。

とはいえ，あらゆる困難から逃げたのでは，健全で幸福な発達をとげられない。それゆえ，青年もキャリア開発(自らのライフサイクルを踏まえ，他人や社会との関わりにおいて**生きがい**を作りあげ，自らの人生を設計していくこと)などを通じて，アイデンティティを確立していこうと努めなければならない。

ここが共通テストのツボだ!!

ツボ 1 青年や青年期をめぐる，ありがちな誤解を解いておこう。

・**「子ども」の概念**…フランスの歴史学者アリエス(1914～84)(『〈子供〉の誕生』)によると，**中世ヨーロッパには「教育」という概念も「子ども時代」という概念もなかった**。現代のような「子ども」の概念が成立したのは近代以降のこと。

・**脱中心化**…スイスの心理学者ピアジェ(1896～1980)によれば，他人の存在や視点を全く考慮しない，**幼児期の自己中心的な思考・視点から脱する過程のこと**をいう。

・**若者文化**…**若者文化には一過性のものが多いが，すべてがそうだとは限らない**。世代を超えて受け入れられるものもある。なお，今日の若者文化は，(大人の仕組んだ)商業主義(コマーシャリズム)に踊らされて形成されることも少なくない。

・**アイデンティティの拡散**…これは，アイデンティティを見失うことであるが，青年期に特有の現象ではなく，**世代や性別に関わりなく見られる**。

青年や青年期を，身近なことだけから考えると誤解するから注意しよう。

ツボ 2 さまざまなキャリアの捉え方について知ろう。

・アメリカの心理学者ハンセン(1929～2020)によれば，人生は，**4つのL**(Labor〔仕事〕，Love〔家庭〕，Learning〔学習〕，Leisure〔余暇〕)が組み合わさってバランスよく統合されたときに意味のある全体になるという。

・アメリカの心理学者スーパー(1910～94)は，右図のように，①人生の時間軸(成長→確立→維持→衰退)と，②役割(子ども，市民など)の**二次元でキャリアを捉えた**。

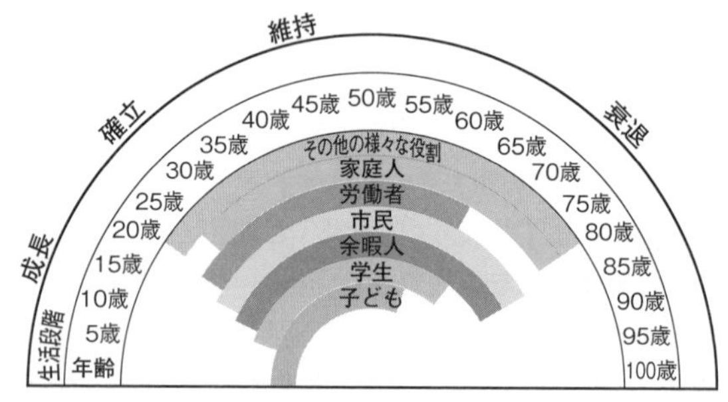

長寿社会における人生は，一層複雑で多様化していくことを知ろう。

基礎力チェック問題

問1 大人への移行期の発達段階を説明した次のア・イの記述について，その正誤の組合せとして正しいものを，下の①～④のうちから一つ選べ。 (13年倫理追試〈改〉)

ア　近代化・産業化の進展とともに，大人としての自立を準備する段階としての青年期が出現したが，その期間は縮小する傾向がある。

イ　現代では，身体発達の早期化で，全体的に青年期の終わりが早まる一方，生活様式が画一化し発達の個人差が小さくなる傾向がある。

① ア 正　イ 正　　② ア 正　イ 誤
③ ア 誤　イ 正　　④ ア 誤　イ 誤

問1 [答] ④
ア：**誤文**。近代化・産業化の進展は，モラトリアムの長期化をもたらした。
イ：**誤文**。現代では，生活様式の多様化に伴い，発達の個人差も大きくなったと考えられる。

問2 精神的・経済的自立に関わる問題の説明として最も適当なものを，次の①～④のうちから一つ選べ。 (13年倫理追試)

① 職業訓練は受けているものの，学校に行っておらず，仕事にも就いていない15歳から34歳までの未婚者をニートという。
② 認知発達の過程のなかで，自己中心的な思考から脱却できず，精神的自立も困難になる傾向をエゴイズムという。
③ 学校卒業後も親と同居し，生活費や食費などの経済面において親に依存している未婚者をパラサイト・シングルという。
④ 大人へと成長することを望みながら，いつまでも大人に依存する青年心理をピーターパン・シンドロームという。

問2 [答] ③
③ **適当**
① **不適当**：「ニート」は，職業訓練も受けていない者。
② **不適当**：「エゴイズム」とは，他者を無視して自己の利益のみを追求する態度のこと。
④ **不適当**：「**ピーターパン・シンドローム**」とは，大人への成長を拒む男性の心理のこと。

問3 次の文章中の［ A ］～［ C ］に入る語句の組合せとして最も適当なものを，下の①～⑥のうちから一つ選べ。 (10年現社本試)

> キャリアの開発とは，職場での技能習得や，昇進や転職等による地位向上だけではない。キャリアとは，職業生活を中核として，［ A ］築かれる経歴のことであり，余暇など，仕事以外の生活を［ B ］。高校や大学などの在学時に教育の一環として職場就労体験を得る［ C ］は，生徒や学生にとっては，職種や業務を理解し，自分の職業上の適性を把握し，働くことのイメージを形成する，貴重な機会である。そうした機会を利用して，将来に向けて自らのキャリアを考えていく必要がある。

① A－生涯にわたって　B－含まない　C－インターンシップ
② A－生涯にわたって　B－含まない　C－ワークシェアリング
③ A－生涯にわたって　B－含　む　C－インターンシップ
④ A－生涯にわたって　B－含　む　C－ワークシェアリング
⑤ A－在職期間に限って　B－含まない　C－インターンシップ
⑥ A－在職期間に限って　B－含まない　C－ワークシェアリング

問3 [答] ③
A：「生涯にわたって」が適当。
B：「含む」が適当。
C：「高校や大学などの在学時に教育の一環として職場就労体験を得る」という記述から，「インターンシップ」が適当。「**ワークシェアリング**」は，勤務時間を短縮したり，雇用を確保(≒解雇を回避)したりすることを目的に，仕事を複数人で分担することをいう。

2 公共的な空間を生きる存在としての人間 ～さまざまな人間類型論・人間観と心理学説

1 「人間」とは何か？

人間にはそれぞれ，遺伝と環境によって形成され，能力・気質・性格を要素とするパーソナリティ（人となり）があり，これを人生の目標や体型と結びつける考え方がある。また，そもそも「人間とは何か？」という定義もさまざまになされてきた。

✤人間に関する代表的な類型論

- **ユング**（1875～1961）…スイスの分析心理学者。人間を，リビドー（根源的な生命力）が外へ向かう外向型と，内に向かう内向型に類型化。
- **シュプランガー**（1882～1963）…ドイツの教育学者。人生において追求する価値に応じ，人間を六つ（理論型・経済型・審美（しんび）型・社会型・権力型・宗教型）に類型化。
- **クレッチマー**（1888～1964）…ドイツの精神科医。体型と気質との相関性について研究。

✤主な人間観について

- **ホモ・サピエンス**（**英知人**）…スウェーデンの博物学者**リンネ**（1707～78）による定義。人間が言葉を用いて理性的に行動する知性（理性）をもっていることに注目。
- **ホモ・ファーベル**（**工作人**）…フランスの哲学者**ベルクソン**（1859～1941）による定義。人間が目的のために道具を使って自然に働きかけることに注目。
- **ホモ・ルーデンス**（**遊戯人**）…オランダの哲学者**ホイジンガ**（1872～1945）による定義。文化を創造する，人間の「（日常から離れた自由な）遊び」に注目。
- **シンボルを操る動物**…ドイツの哲学者**カッシーラー**（1874～1945）による定義。人間が言語や記号などのシンボルを用いて世界を捉えることに注目。
- その他…宗教をもっていることに注目した**ホモ・レリギオースス**（**宗教人**），利己的に振る舞うことに注目した**ホモ・エコノミクス**（**経済人**），アリストテレスが唱えた「**ポリス的動物**（政治的・社会的動物）」など。

2 欲求をめぐる心理学説

20世紀に入り，人間の心を記述・分析する心理学は大きく発展した。ここでは，人間のもつ**欲求**をめぐる代表的な二つの心理学説について見ていこう。

✤マズローの欲求階層説

人間は，生きるための欲求を有している。身体に関する**生理的欲求**（**一次的欲求**）のように，欲求には生まれながらのものもあれば，他人に認められることを願う**社会的欲求**（**二次的欲求**）などのような後天的に獲得されるものもある。

アメリカの心理学者**マズロー**(1908～70)は,「人間は自己実現に向かって絶えず成長する生きものである」と仮定し,人間が抱く欲求を5段階に分け,**欲求は階層構造をなしている**と論じた(右図を参照)。

マズローによれば,「生理的欲求が満たされると安全の欲求が生じる……」といったように,心理的発達とともにより高次な欲求が生じる。

マズローの欲求階層説

成長欲求
自己実現欲求 創造的活動をしたい欲求
欠乏欲求
承認欲求 他者から認められたい欲求
社会的欲求 他者と関わりたい欲求
安全の欲求 身の安全を守りたい欲求
生理的欲求 生命を維持したい欲求

✤フロイトの研究に由来する「防衛機制」

現実の人間を考えると,例えば,ケーキを食べたいけれど太るのは嫌だとか(**葛藤**(かっとう)・**コンフリクト**),友達になりたいけれど,仲良くなると相手を傷つけるのではないかと思って近づけない(**ヤマアラシのジレンマ**)といったこともよくある。

人は,欲求が満たされず,心のバランスを失いそうになることもある。そうしたとき,人の心はいろいろな方法で状況に適応(てきおう)**し,バランスを保とうとする。**

こうした心の働きに注目したオーストリアの精神分析学者フロイトの研究[☞p.262]がもとになり,適応をめぐる心理学説が整理されていった(**合理的解決**や**近道反応**に加えて,具体的な個々の**防衛機制**に関しては,下図を参照)。

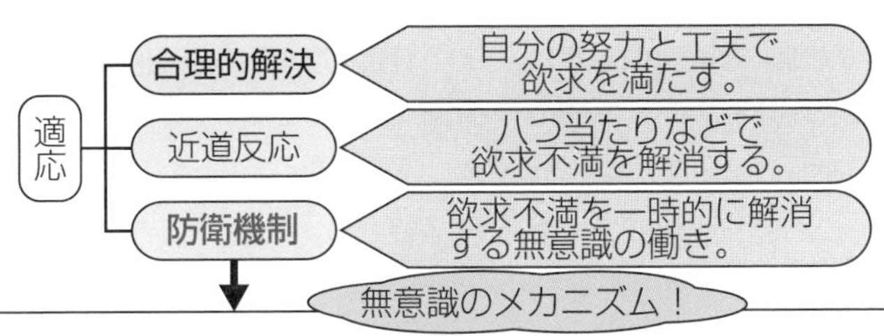

抑　圧………嫌な記憶を意識しないようにする。
合理化………もっともらしい理由をつけて正当化する。
同一視………他人のもつ特性を自分に取り入れて満足する。
投　射………自分の気づいていない感情や欲求を他人の中に見いだす。
反動形成……欲求と反対の行動をとる。
逃　避………現実と向かい合うことを避ける。
退　行………幼児のように振る舞って,周りの関心を引こうとする。
代償・補償…かわりのもので欲求を満たす。
昇　華………満たされない欲求を芸術など社会的に価値のあるものに置き換えて充足させる。

ここが共通テストのツボだ!!

ツボ① レヴィンによれば，「葛藤」には三つのパターンがある。これらを具体例とともに確認しよう。

・**「接近-接近」型**…叶(かな)えたいと思う複数の欲求がぶつかる葛藤。
　具体例：旅行にも行きたいし，家でゲームもしていたい。
・**「回避-回避」型**…避けたいと思う複数の欲求がぶつかる葛藤。
　具体例：勉強はしたくなし，仕事もしたくない。
・**「接近-回避」型**…叶えたいと思う欲求と避けたいと思う欲求がぶつかる葛藤。
　具体例：フグを食べたいけれども，毒に当たりたくはない。

レヴィンの分類以外に，二つの対象が同時に存在し，そのおのおのに叶えたい要素と避けたい要素とが併存する「二重接近-回避」型の葛藤（具体例：デザインは好みだが燃費が悪い車と，燃費は良いがデザインが好みではない車のどちらを買うかという葛藤）もある。

ツボ② さまざまな心理学説と，そのメリットとデメリットについて知ろう。

・**オルポート**(1897～1967)…特性論の立場を採るアメリカの心理学者。特性語（パーソナリティの特性を表す言葉）を網羅的に収集し，それを分類整理すること（語彙(ごい)アプローチ）によって，人間の基本的な特性や構造を明らかにしようとした。
・**ハヴィガースト**(1900～91)…アメリカの教育学者。『発達課題と教育』において，人間の発達段階を六つ（乳幼児期，児童期，青年期，壮年期，中年期，老年期）に分け，それぞれの発達課題を指摘。
・**ゴールドバーグ**(1932～)…特性論の立場を採るアメリカの心理学者。人のもつさまざまな性格は五つの要素（外向性・神経症的傾向・誠実性・調和性・開放性）の組合せからなることを説明した**性格5因子（ビッグファイブ）理論**を提唱。

クレッチマーらの類型論は，人間の全体像を直観的・総合的に把握するのに便利だが，どの類型にも属さない人を無視したり，性格を固定的に見たりする。
ゴールドバーグらの特性論は，個々の人間のパーソナリティを記述できるが，取り上げる特性によって記述が左右され，総合的な把握が困難になる。

基礎力チェック問題

問1 「ホモ・ファーベル」という言葉の背景にある人間観の説明として最も適当なものを，次の①～④のうちから一つ選べ。

(98年倫理追試)

① 自然界を超えた聖なるものにあこがれ，その到来を受動的に経験することで，人間はその本性を実現できる。
② 人間は単独にではなく共同体において生きることで，その本性を完成することができる。
③ すべての事物に積極的に働きかけ，それらを作りかえていくことが，人間の基本的性格である。
④ 人間は失敗もすれば病気にもなる非常に脆弱な存在なのであり，苦しみ悩むことこそが人間の本質である。

問1 [答] ③

③ **適当**
① **不適当**：「**ホモ・レリギオースス**」の背景にある人間観の説明。
② **不適当**：アリストテレス[☞p.100]が唱えた「ポリス的動物」などの背景にある人間観の説明。
④ **不適当**：パスカル[☞p.219]が唱えた「(人間は)考える葦」などの背景にある人間観の説明。

問2 次のア～ウは，様々な研究者がこれまで唱えてきた性格の分類や特徴についての記述である。その正誤の組合せとして正しいものを，下の①～⑥のうちから一つ選べ。(12年倫理本試〈改〉)

ア　クレッチマーは，性格と体型の関連を指摘し，リビドーが自己の内側に向きやすい分裂気質は肥満型に多く，リビドーが外界に向きやすい循環気質は細長型に多いと主張した。
イ　シュプランガーは，人々の生活を方向づける様々な価値観を整理して，理論型，経済型，審美型，社会型，権力(政治)型，宗教型という六つの性格類型を主張した。
ウ　オルポートは，自己感覚の拡大，温かい人間関係の構築，情緒の安定，自己の客観視，人生哲学の獲得から構成される性格5因子(ビッグファイブ)理論を主張した。

① **ア** 正　**イ** 正　**ウ** 誤　　② **ア** 正　**イ** 誤　**ウ** 正
③ **ア** 正　**イ** 誤　**ウ** 誤　　④ **ア** 誤　**イ** 正　**ウ** 正
⑤ **ア** 誤　**イ** 正　**ウ** 誤　　⑥ **ア** 誤　**イ** 誤　**ウ** 正

問2 [答] ⑤

ア：**誤文**。体型による気質分類を行ったのは「クレッチマー」だが，リビドー(根源的な生命力)の側面からパーソナリティの類型化を行ったのは，ユングである。
イ：**正文**
ウ：**誤文**。性格5因子理論を唱えたのは，「オルポート」ではなく，ゴールドバーグ。また，5因子も誤っている。正しくは，外向性・神経症的傾向・誠実性・調和性・開放性の5因子。

問3 防衛機制のうち，昇華の例として最も適当なものを，次の①～④のうちから一つ選べ。(05年倫理本試〈改〉)

① 留学することをあきらめたAさんは，「グローバル化が進んでいるので，留学なんてどんどん意味がなくなってくるよ」と言っている。
② 人から批判されるのではないかとびくびくしているBさんは，いつも大きな声で攻撃的なしゃべり方をしている。
③ 就職活動がうまくいっていない大学生のCさんは，3～4歳のころに大好きだった絵本を繰り返して眺めている。
④ 失恋した高校生のDさんは，広く社会に関心を向けて，ボランティア活動に打ち込んだ。

問3 [答] ④

④ **適当**：「失恋」という満たされない欲求を，「ボランティア活動」という社会的価値にあるものに振り向けた昇華の例として適当。
① **不適当**：合理化の具体例。
② **不適当**：反動形成の具体例。
③ **不適当**：退行もしくは逃避の具体例。

3 感性と理性 〜日本の美的概念・美意識，課題探究について

1 人生と「芸術」

老いも若きも打算的な行動によって「便利さ」や「安楽」を求め，その生活はますます画一化し，**「欲望の奴隷」と化しているのが現代社会**である。

しかし，ドイツの哲学者シェーラー(1874〜1928)によれば，世の中には感覚的価値（有用価値・快適価値）以外にも，生命価値，精神価値（文化価値），聖価値（宗教的価値）がある。これらにも満たされなければ，人々の精神は美しくも，豊かなものにもならない。

2 日本の代表的な美意識

日本人の美意識に大きな影響を与えたものの一つが仏教の無常観である。これは元来，世の中に常なるものはないという教えであったが，**日本人は無常であるからこそ，その一瞬一瞬が美しかったり，趣深いものになったりすると肯定的に理解**した。

こうした無常感に貫かれたものとしては，**西行**(さいぎょう)(1118〜90)の『山家集(さんかしゅう)』，**鴨長明**(かものちょうめい)(1155〜1216)の『方丈記(ほうじょうき)』，『平家物語』（作者不明），**兼好法師**(けんこう)（**吉田兼好**(よしだけんこう)(1283〜1350)）の『徒然草(つれづれぐさ)』などが挙げられる。

✤さまざまな美的概念や美意識

- あはれ（**自然や人間の無常を知って感じる，しみじみとした情趣や哀愁**）…**紫式部**(むらさきしきぶ)(973ごろ〜1014ごろ)の『源氏物語』の主題である（同時に，宮廷風の**みやび**［**雅**］も表現）。
- 幽玄（**言葉に表れない，深くほのかな余情の美。静寂で枯淡な風情**）…**世阿弥**(ぜあみ)(1363?〜1443?)（『風姿花伝』）らの**能楽**などを貫く。
- わび（**うらぶれた境地にある心の平安**）・さび（**ひっそりとして淋しい境地**）…**千利休**(せんのりきゅう)(1522〜91)が大成した**茶の湯**，**松尾芭蕉**(まつおばしょう)(1644〜94)の『奥の細道』，**雪舟**(せっしゅう)(1420〜1506ごろ)の水墨画，**枯山水**(かれさんすい)などを貫く。
- **いき**（**粋**）…（江戸）**庶民の美意識**。**九鬼周造**(くきしゅうぞう)(1888〜1941)（『「いき」の構造』）によれば，「いき」は媚態(びたい)と意気地(いくじ)と諦めの三つの要素からなるという。「いき」に似た美意識の「**つう**（**通**）」は，人情に通じ，人柄がさばけた様を表す。

3 課題探究のスキル

複雑になっていく社会を主体的に生き，他人と一緒にさまざまな課題を解決していくためには，客観的かつ合理的な思考力と判断力，さらには，自らの見解を伝える表現力が必要になる。ここでは，そうした力を育む課題探究について確認しておこう。

課題探究には，「課題の設定」，「情報の収集」，「整理・分析」，「まとめ・表現」の四つの段階がある。以下では順に，各段階で何を重要視すべきかを見ていこう。

・**「課題の設定」**…日々の生活で疑問に思うことに対して，「なぜ」を深めていく。大きなくくりではなく，探究の時間やゴールをしっかり見据えて，小さな疑問を突き詰めていくことが重要である。

・**「情報の収集」**…自分にとって必要な情報にたどりつく力や，集めた資料の情報源や信憑(しんぴょう)性に注意しながら，集めた情報を適切に読み取る力(メディア・リテラシー)を働かせることが重要である。

さまざまな情報源と，そのメリットとデメリット	
新聞	情報の信頼性は高いが，新聞には各新聞社の主張も掲載されているため，より多くの新聞社の記事を収集した方がよい。
インターネット	世界中の研究機関などが発信する最新の情報が得られるが，信頼性に欠ける情報も多い。情報源が不明なものは利用しない。
図書館	**レファレンスサービス**などを利用して基本的な情報が得られるが，蔵書数などに限界があり，必要な情報を得られないこともある。
社会調査	**インタビュー**調査，**アンケート**調査，**フィールドワーク**などによって生の情報を得られるが，その実施には，時間や場所の制約がある(事前にアンケート用紙を用意しておくとよい)。

・**「整理・分析」**…課題に対して自分の意見をもつと同時にさまざまな立場から課題を見つめ直す姿勢が重要である。

思考ツール	**ロジックツリー**，**ウェビング(イメージマップ)**，**KJ法**，**ダイヤモンドランキング**など。
グループワークの方法	**ディベート**，**ロールプレイング**，**ジグソー法**(あるテーマについて分担をして探究した後，互いに教え合うことでテーマ全体の理解を深める)，**ブレイン・ストーミング**(テーマに即して，批判なしに，自由に意見を出し合うことで，新たな発見がある)など。

・**「まとめ・表現」**…①**レポート・小論文**の作成や，②**プレゼンテーション**や**パネルディスカッション**に際して，資料の見せ方(統計グラフの利用など)や話し方を工夫したりして，自分の考え方が正確に伝わるようにすることが重要である。

①…**5W1H**(いつ・どこで・誰が・何を・なぜ・どうした)を意識しつつ，さまざまな論証方法(**帰納法**(きのう)・**演繹法**(えんえき)[☞p.224]など)を用いる。資料の**著作権**にも配慮。

②…**ディスカッション**時間の設置，評価シート(フィードバック)の利用も有効。

さまざまな統計グラフの種類と，その特徴	
棒グラフ	各項目の数量の大小を比較するのに有効。
折れ線グラフ	経過時間ごとの変化を示すのに有効。
円グラフ・帯グラフ	全体のなかの割合を示すのに有効。
レーダーチャート	複数の項目の大きさや量を比較するのに有効。
散布図	二つの量の関係を示すのに有効。

ここが共通テストのツボだ!!

ツボ 1 日本の美意識に共通する論理を見いだし，日本文化論へと昇華させよう。

日本の美意識を代表する概念として，「もののあはれ」「幽玄」「わび」「さび」などがあると指摘される。これらに，一定の定義を与えることは難しい。

ただし，そこには一貫して，**一見すると価値がないと見なされるものに，価値を見出そうという思考が働いている**とはいえるだろう。この価値転倒の論理は，ロゴス化（言語化）できない「空気」のようなものだから，日本の技芸を習得するのは時間がかかる。

海外の文化を受け入れる際にも，古代から日本人は，それをそのまま摂取するのではなく，「空気」に支配され，**愛憎を織り交ぜて摂取し，自らの文化に組み込んでいく**のである（←屈折した思考）。

ツボ 2 いくつかの「思考ツール」について，もう少し詳しく知ろう。

①**ウェビング（イメージマップ）**…思いついたアイディアを次々と記載して（図①），観察や実験などで収集した情報を再構成することで思考を可視化・整理する。

（図①）

②**KJ法**…収集した情報や発言などをカードに記入してグループ分けし（図②），同じ傾向にある内容を整理・統合していく。

（図②）

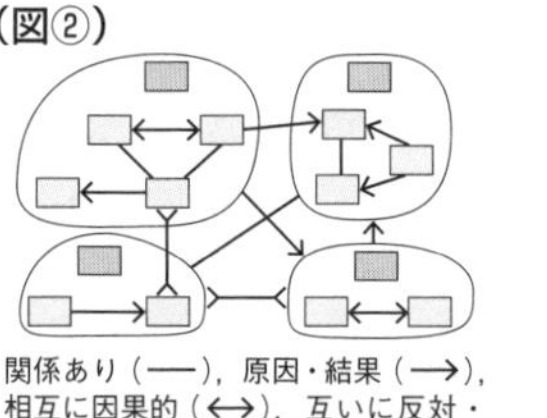

関係あり（──），原因・結果（⟶），相互に因果的（⟷），互いに反対・対立（≻─≺）などの記号を使って先の空間配置を模造紙等に写し取る。

（図③）

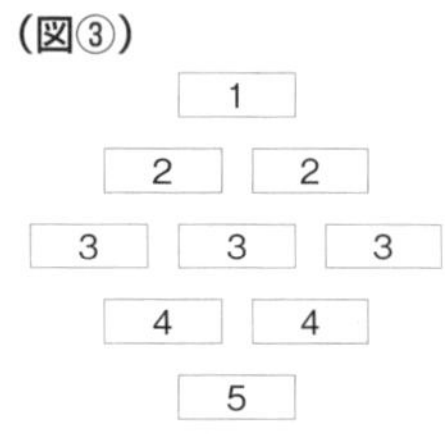

③**ダイヤモンドランキング**…あるテーマに関する9つの選択肢を，自分にとっての重要な順にひし形に並べ（図③），他人のそれと比較する。

①は情報の関係や傾向の発見，②は情報の整理，③は思考の柔軟化が目的。

基礎力チェック問題

問1 次のア・イは，芸道における美意識のあり方である「わび」や「さび」について説明したものである。その正誤の組合せとして正しいものを，下の①～④のうちから一つ選べ。 (07年倫理追試〈改〉)

ア 千利休が創始した茶道は，九鬼周造によって「わび茶」として大成された。「わび茶」の理想は，簡素さにおいて一期一会の茶をもてなすことであった。

イ 松尾芭蕉は，新たな俳諧の道を切り開こうとして，旅に生きた。その結果，内面的な閑寂(かんじゃく)さとしての「さび」の境地が獲得された。

① ア 正　イ 正　② ア 正　イ 誤
③ ア 誤　イ 正　④ ア 誤　イ 誤

問1 [答] ③

ア：**誤文**。茶道の創始者は村田珠光(じゅこう)，大成者は千利休。**九鬼周造**は，昭和前期に活躍した哲学者。
イ：**正文**

問2 次のア～ウは，文芸や芸術の分野で，美について思索した人物について説明したものである。その正誤の組合せとして正しいものを，下の①～⑥のうちから一つ選べ。 (14年倫理本試〈改〉)ほか

ア 雪舟が大成した能楽は，「幽玄」を理念としていた。雪舟は，『風姿花伝』(『花伝書』)を著し，演技者が目指すべき有り様を「花」に譬(たと)えながら，演技者としての心得を説いた。

イ 吉田兼好は，『徒然草』を著し，今にも花が咲きそうな梢(こずえ)や，花が散った後の庭に，見所があると述べ，世の中は無常であるがゆえに，「あはれ」があるのだと主張した。

ウ 鴨長明は，各地を遍歴しながら人生の無常さを和歌に詠み，それらは後に『山家集』に収められた。彼は，桜の花や月といった自然の風景に思いを託した歌を詠んだ。

① ア 正　イ 正　ウ 誤　② ア 正　イ 誤　ウ 正
③ ア 正　イ 誤　ウ 誤　④ ア 誤　イ 正　ウ 正
⑤ ア 誤　イ 正　ウ 誤　⑥ ア 誤　イ 誤　ウ 正

問2 [答] ⑤

ア：**誤文**。「雪舟」を「世阿弥」に替えれば正文になる。「雪舟」は，室町時代に活躍し，日本独自の水墨画風を確立した画家。
イ：**正文**
ウ：**誤文**。「鴨長明」を「西行」に替えれば正文になる。

問3 次の文章は，「課題探究」に関するものである。文章中の［ A ］・［ B ］に入る語句の組合せとして最も適当なものを，下の①～④のうちから一つ選べ。 (17年現社追試〈改〉)

> 調べて得たデータを分析し，発表するには，様々な工夫が必要になる。まず，データの分析に際しては，経験的事実から，それらに共通する，一般化可能な規則性を発見するという［ A ］の考え方などが求められる。また分析結果の発表に際して，視覚的な理解を促すためには，図表が役立つ。例えば，［ B ］を用いると，さまざまな時点におけるデータの時系列的な変化を一つのグラフで示すことができる。

① A 演繹法　B 折れ線グラフ　② A 演繹法　B 円グラフ
③ A 帰納法　B 折れ線グラフ　④ A 帰納法　B 円グラフ

問3 [答] ③

A：「経験的事実から，それらに共通する，一般化可能な規則性を発見する」のは帰納法。演繹法は，「理性が，明晰・判明な真理をもとに，合理的・論理的に推論を重ねて真理に至る」考え方。
B：「時系列的な変化」を示すことができるのは，折れ線グラフ。「円グラフ」は，全体の中の割合を示すのに有効なグラフ。

チャレンジテスト①（大学入学共通テスト実戦演習）

問1 次の文章は，記憶の定着の度合いに関する実験の手順と結果を説明したものであり，次ページの表と図は，結果を図表化したものである。文章中の［ a ］～［ d ］に入る記号や語句の組合せとして正しいものを，次ページの①～⑥のうちから一つ選べ。

（21年倫理第1日程）

実験の手順と結果

手順

Ⅰ．大学生に，ある課題文を5分間読ませた。

Ⅱ．その後，大学生を2つの群に分けた。A群の大学生には，同じ課題文を更に3回繰り返し読ませた。B群の大学生には，課題文を読み直させず，思い出して書き出す作業を3回行わせた。

Ⅲ．「思い出す自信（1週間後のテストで課題文をどれだけ思い出せそうか）」について尋ね，7点満点で評価させた。

Ⅳ．手順Ⅲの5分後に，2つの群に対して課題文の記憶テストを実施し，どれくらい覚えていたかを確かめた。

Ⅴ．1週間後に，手順Ⅳと同様のテストを実施した。

結果

「思い出す自信」の平均値は**表**のようになり，5分後と1週間後の正答率は**図**のようになった。**表**によれば，1週間後のテストで「思い出す自信」について，A群の大学生の方がB群の大学生より［ a ］評価をしていた。また，課題文の記憶テストについては，**図**の［ b ］によれば，5分後では，A群の大学生の方がB群の大学生より成績は良かったが，**図**の［ c ］によれば，1週間後では，B群の大学生の方がA群の大学生よりテストの成績は良かった。

以上から，1週間後のテストで「思い出す自信」の高い群と，1週間後のテストの結果が良かった群は［ d ］ことが分かった。

表 「思い出す自信」の平均値
（7点満点。数値が高いほど自信があると評価している。）

	A 群	B 群
1週間後のテストで課題文をどれだけ思い出せそうか	4.8	4.0

図 5分後および1週間後の記憶テストの正答率（%）

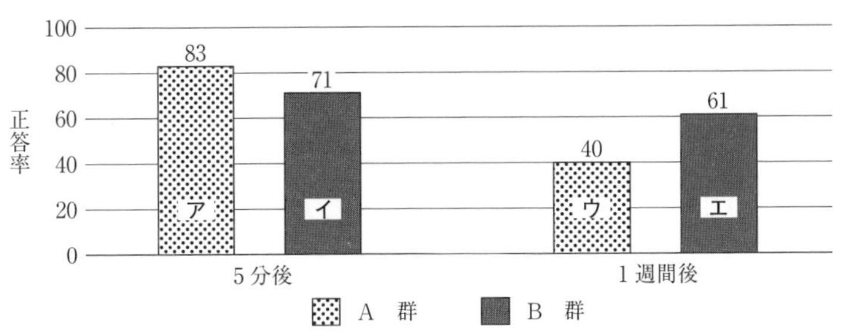

（資料） H. L. Roediger, Ⅲ & J. D. Karpicke, *Psychological Science*, 2006 より作成。

① a 低 い b **ア**と**イ** c **ア**と**ウ** d 一致する
② a 低 い b **ア**と**イ** c **ウ**と**エ** d 一致する
③ a 低 い b **ウ**と**エ** c **ア**と**イ** d 一致する
④ a 高 い b **ア**と**イ** c **ウ**と**エ** d 一致しない
⑤ a 高 い b **ウ**と**エ** c **ア**と**イ** d 一致しない
⑥ a 高 い b **ウ**と**エ** c **ウ**と**ウ** d 一致しない

問1 **[答]** ④

実験手順の論理的な把握が必要。共通テストが重視する，資料の読解力や判断力を問う問題。

a：「高い」が入る。**表**によれば，A群の大学生の点数は4.8であり，B群の大学生の4.0よりも高い。

b：「**ア**と**イ**」が入る。5分後のテスト結果を示しているのは**図**の**ア**と**イ**であり，これによれば，5分後ではA群のほうがB群よりも好成績である。

c：「**ウ**と**エ**」が入る。1週間後のテスト結果を示しているのが**図**の**ウ**と**エ**で，これによれば，1週間後ではB群のほうがA群よりも好成績である。

d：「一致しない」が入る。5分後に好成績を残したのがA群であるのに対し，1週間後に好成績を残したのはB群であるから，「一致しない」。

以上のことから，正しい組合せは④となる。

問2 次の事例ア～ウと，防衛機制や葛藤を説明する後の用語A～Dの組合せとして最も適当なものを，後の①～⑨のうちから一つ選べ。 (23年現社追試)

ア 10巻完結の漫画を全巻もっていたが，そのなかの1冊を紛失してしまい，それだけを購入したい。しかし，欲しい1冊は10巻セットでしか販売されておらず，1冊のために10巻セットを買うという出費はしたくない。

イ 近所にできた洋菓子店のケーキはすぐに売り切れてしまい，いまだに食べることができていないが，食べてみたい。しかし，今日も店の前を通ると売り切れの張り紙があり，思わず「きっと私の口には合わないだろうな」とつぶやいている。

ウ 遠方で行われる大好きなアーティストのライブのチケット抽選に初めて当選したので，購入して参加したい。しかし，ライブと同じ時間に開催される地元の花火大会に，数年ぶりに会う友人と一緒に行きたい気持ちもあり迷っている。

A 「接近―接近」　B 「接近―回避」　C 投　射　D 合理化

① ア―A イ―B ウ―C　② ア―A イ―C ウ―D
③ ア―B イ―C ウ―A　④ ア―B イ―D ウ―A
⑤ ア―B イ―D ウ―C　⑥ ア―C イ―D ウ―A
⑦ ア―D イ―A ウ―B　⑧ ア―D イ―B ウ―A
⑨ ア―D イ―B ウ―C

問2 ［答］ ④

選択肢が多いものの，心理学の用語と具体例と組み合わせる典型的な問題。

ア：「B 『接近―回避』」が適当。文章は，「紛失している1冊が欲しい」が，「10巻セットは買いたくない」ということであり，叶えたいと思う欲求と避けたいと思う欲求がぶつかる葛藤の例になっている。

イ：「D 合理化」が適当。文章から，「食べてみたい」と思っているのに，「きっと私の口には合わないだろうな」と否定的なことをつぶやいて自分を慰めているということが分かる。これは，もっともらしい理由をつけて（欲求を充足できないことを）正当化している「合理化」の例になっている。

ウ：「A 『接近―接近』」が適当。文章は，「（チケットを）購入して（ライブに）参加したい」が，「（花火大会に）友人と一緒に行きたい」ということであり，叶えたいと思う欲求と叶えたいと思う欲求がぶつかる葛藤の例になっている。

以上のことから，最も適当な組合せは④となる。

問3 次の資料は，子どもの資質や環境と将来の成功の関係についての研究をまとめたものであり，授業中に配付された。これを読んだ生徒の発言のうち，資料の趣旨に合致する発言として最も適当なものを，後の①～④のうちから一つ選べ。 （23年倫理本試）

> **資料**
> 子どもの自制心と将来の成功の関係を調べた心理学者ミシェルの実験に，「マシュマロ実験」と呼ばれるものがある。実験者は，子どもの前にマシュマロを1個置き，「戻ってくるまでマシュマロを食べるのを我慢できたらもう1個あげる」と伝えて一旦部屋を出た後，子どもたちの様子を観察した。子どもたちが成人した後に実施された調査では，より長い時間我慢できた子どもは，より学力が高く経済的にも成功していたという。
> しかし，この実験では参加者が，親が高学歴である家庭の子どもに限られており，他の研究者たちが様々な家庭環境の子どもを参加者として再度実験を行ったところ，マシュマロを食べるのを我慢できる時間の長さよりも，家庭の経済状況の方が，将来の成功との関係が深いとされた。ただし，この新しい実験に対する批判的な指摘もあり，将来の成功に対して本人の資質と家庭環境のどちらがより大きく影響するかについては，研究者間での議論が続いている。

① マシュマロを食べるのを自制できる時間が長い子どもの方が，家庭環境を問わず将来成功するなんて，やっぱり自制心が大事なのかもしれないな。
② 当初のマシュマロ実験では参加者の家庭環境が限定されていたから，幅広い家庭環境の参加者から得られた結果と異なっていたのかもしれないな。
③ 成功している大人は，もし子どもの頃にマシュマロ実験を受けていたら，みんなマシュマロを食べるのを人より長く我慢できていたんだね。
④ 結局，マシュマロを食べるのを我慢できる時間の長さは将来の成功には全く関係ないんだから，家庭環境が大事だってことなんだね。

問3 **[答]** ②

心理学の実験を題材に，知識ではなく，合理的な思考力や推論能力を試す問題。

② **適当**：当初の実験と新しい実験に関する正しい説明になっている。
① **不適当**：新しい実験から，「家庭環境を問わず（本人の資質によって）将来成功する」とは結論できない。
③ **不適当**：当初の実験からも新しい実験からも，「成功している大人」は，「長く我慢できていた」とは推論できない。
④ **不適当**：資料によれば，新しい実験に対しても批判がある以上，「家庭環境が大事だ」とは結論できない。

第2編　公共的な空間

第2編では，「公共」分野の政治や経済といった公共的な空間の基本的なしくみについて学んでいこう。

第2編は，五つのテーマで構成されている。そのうち，テーマ4では，戦後の世界と日本の歴史を概観する。テーマ5·6では政治についての，テーマ7·8で経済についての基本的な知識としくみについて学んでいく。

テーマ4は，一気に覚えようとせず，概要を掴んだのちは，他の章と見比べながら検討するとよいだろう。テーマ5～8は，共通テスト「公共・倫理」に対する，より実戦的な第3編テーマ9以降を効率よく学習するために必要な最低限の知識に絞っている。それゆえ，テーマ5～8だけを見ると，政治や経済の解説としては少なく感じられるかもしれないが，心配無用だ。必要な知識は，本書全体で網羅している。

テーマ4は，おおよその時代の傾向と出来事どうしの前後関係や相関性を理解することがポイントになる。テーマ5・6は，とりわけ世界や日本における人権保護の歴史を確実に押さえておきたい。テーマ7・8は，「どうすれば豊かになれるか？　そもそも豊かさとは何か？」ということを頭において，とりわけ企業や金融のしくみを論理的に理解していこう。

それでは，講義を始めよう。

政治社会や経済社会という公共的な空間の歴史 〜戦後の世界や日本でおきた主な出来事

1 戦後の世界の歴史

戦後の世界と日本の主な出来事を確認し，世界や日本がどんな時代だったのかの概観を頭に入れておこう。

年		世界の出来事	日本の出来事	
1945年〜	東西冷戦期	**45 国際連合成立** 47 ブレトン・ウッズ体制成立 48 世界人権宣言採択 49 北大西洋条約機構（NATO）結成	45 ポツダム宣言受諾 47 労働基準法公布 47 日本国憲法施行	戦後インフレ期
1950年〜		**50 朝鮮戦争**（〜53） 国連，**「平和のための結集」決議**	50 朝鮮戦争による特需(とくじゅ)景気 51 サンフランシスコ講和会議 51 日米安全保障条約締結 54 自衛隊発足	復興期
		55 ワルシャワ条約機構結成（〜91） 55 第1回アジア・アフリカ会議	55 55年体制成立 56 日ソ共同宣言署名（国交回復） 56 国連加盟	高度経済成長期
1960年〜		60 ベトナム戦争（〜75） 60 OPEC(オペック)結成 **62 キューバ危機**	60 日米安全保障条約改定 60 池田内閣，**所得倍増計画**発表 64 OECD加盟 64 東京オリンピック	
		66 国際人権規約採択 67 ASEAN(アセアン)結成 67 EC結成 68 NPT署名	**65 初の赤字国債(こくさい)発行** 67 公害対策基本法制定 68 GNPが資本主義国第2位となる 現在は，アメリカ，中国，ドイツ，日本…の順（2023年見通し）	
1970年〜	雪解け	71 ニクソン・ショック 72 国連人間環境会議開催 **73 第4次中東戦争** →第一次石油危機 74 NIEO宣言	71 沖縄返還協定→72復帰 72 日中共同声明 74 実質GDP成長率が戦後初マイナス **スタグフレーション**発生 74 狂乱物価	

年代	世界の時代	世界	日本	日本の時代
		75 第1回サミット開催 79 イラン革命 →第2次石油危機 79 ソ連，アフガニスタン侵攻	76 ロッキード事件発覚 78 日中平和友好条約	安定成長（低成長期）
1980年～	新東西冷戦期	80 イラン・イラク戦争（～88）	81 （第二次）臨時行政調査会発足 83 パソコンやワープロが急速に普及	
		85 プラザ合意 86 チェルノブイリ原発事故 87 米ソ，INF全廃条約調印 **89 マルタ会談**→冷戦終結	85 男女雇用機会均等法制定 85 三公社民営化（～87） **89 消費税（3%）導入** →5%（97）→8%（14）→10%（19）	バブル景気
1990年～	ポスト冷戦（民族紛争・地域紛争が多発）	90 東西ドイツ統一 91 湾岸戦争 91 ソ連崩壊 92 地球サミット開催 93 EU発足	91 バブル崩壊 92 PKO協力法成立 自衛隊をカンボジアに派遣 93 環境基本法制定 93 55年体制崩壊	失われた10年
		95 GATT，WTOに改組 95 インターネット社会の幕開け 96 CTBT採択 **97 アジア通貨危機** 99 EU，ユーロを導入	95 食糧管理法廃止 **95 阪神・淡路大震災** 97 臓器移植法成立（→09改正） 99 男女共同参画社会基本法制定 **99 地方分権一括法成立**（→00施行）	
2000年～		**00 国連，ミレニアムサミット** **01 米国同時多発テロ** 03 イラク戦争（～11）	00 国会に憲法調査会設置 01 日銀，量的緩和政策を開始 01 省庁再編（1府12省庁制） 03 三位一体の改革	失われた20年
		07 サブプライムローン問題 08 リーマン・ショック 世界金融危機のきっかけ	06 会社法施行 07 国民投票法成立 07 日本郵政公社の民営化 **09 裁判員制度開始**	
2010年～		10 アラブの春（～12） 10 中国，GDP世界第2位 **10 欧州債務危機** 11 シリア内戦（～現在）	11 東日本大震災 13 量的・質的金融緩和実施 14 集団的自衛権行使容認	
		17 国連，核兵器禁止条約採択 日本やドイツ，参加せず	15 18歳選挙権成立 16 日銀，マイナス金利政策導入 **18 民法改正→「18歳成年」成立**	現在
2020年～		20 イギリス，EU離脱 20 WHO，パンデミック宣言 22 ロシア，ウクライナ侵攻	20 コロナショック 21 東京オリンピック 22 物価高騰・円安進行	

ここが共通テストのツボだ!!

ツボ 1 見る目を育て，「公共」で何を学ぶべきかを自覚しよう。

・**「政治」を見る目**…私たちが属する組織や共同体において，集合的な意思決定を行うプロセスを「政治」という。そこに見出される**価値・理念やルール，誰が意思決定を行うのか**を学んでいこう。

・**「経済」を見る目**…私たちは，財やサービスを購入して暮らしている。そうした活動を持続的に行っていくための社会的なしくみを「経済」という。これを動かす**理論や政策，消費者や労働者としての私たちの姿**を学んでいこう。

第2編で「公共」の歴史や原理・原則を概観し，「倫理」とも共通する第3編で，具体的な問題・課題について学んでいこう。

ツボ 2 「政治」や「経済」をめぐる，ありがちな誤解を解いておこう。

①「政治」をめぐる，ありがちな誤解

・「**一般人は『政治』と無関係**」…働きかけなければ，世の中はよくならない。生きていく限り，誰も「政治」と無関係ではいられない。

・「**数は正義だ**」…**多数派が常に真理や正義を唱えているわけではない**。「**多数派の横暴**」を許さず，政治社会における真理や正義を求めていくことが必要である。

・「**憲法や法律は，私たちの権利を制限するもの**」…憲法も法律も，権力に制限を加え，人々の人権を保障・保護することを大原則としている。

②「経済」をめぐる，ありがちな誤解

・「**人生は『経済』と無関係**」…私たちの生活は，物質的な生活基盤の上に築かれており，人生の選択の多くは「経済」と密接に関連している。

・「**『経済』に原理・原則はない**」…まずは，**トレードオフ**（何かを得ると，別の何かを失う，相容れない関係）を見すえて，**公平性**を考慮し，**最善の選択をしようとする**のが「経済」の原理・原則であることを知ろう。

・「**経済をはじめ，世の中は悪くなっている**」…**誰も世の中を悪くしようと活動してはいない**。人知を超えるぐらいに，世の中が複雑になっているのである。

誤解や偏見は誤答を生むから，できるだけ早い段階で払拭しておこう。

基礎力チェック問題

問1 次のA～Dは，日本の財政をめぐる出来事についての記述である。これらの出来事を古い順に並べたとき，3番目にくるものとして正しいものを，下の①～④のうちから一つ選べ。 （15年政経本試）

A　税率3パーセントの消費税が導入された。
B　国と地方との関係が見直され，地方分権一括法が施行された。
C　直接税中心の税体系を提唱したシャウプ勧告が行われた。
D　第二次世界大戦後初めて，赤字国債(特例国債)が発行された。

①A　②B　③C　④D

問2 次の図は1970年から2010年にかけての日本の実質経済成長率の推移を示したものである。図中のA～Dの時期に生じた出来事についての記述として最も適当なものを，下の①～④のうちから一つ選べ。 （14年政経本試）

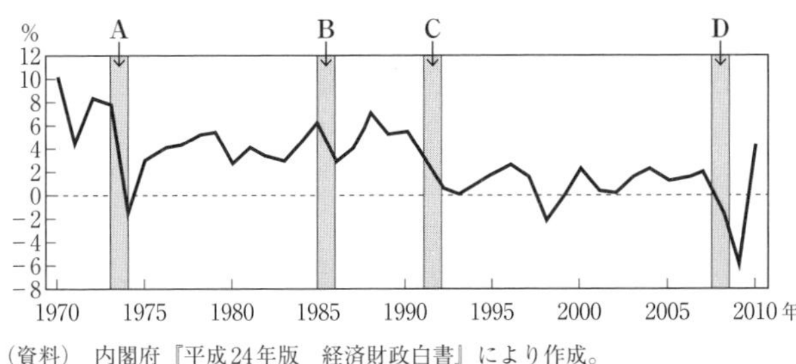

（資料）内閣府『平成24年版　経済財政白書』により作成。

① Aの時期に，土地や株式の価格が暴落したことにより，不良債権を抱えた金融機関が相次いで破綻した。
② Bの時期に，円高・ドル安が急速に進んだことにより，輸出産業が打撃を受けた。
③ Cの時期に，アメリカでサブプライム・ローン問題が生じたことをきっかけに，金融不安が拡がった。
④ Dの時期に，原油価格が上昇したことをきっかけに，スタグフレーションが生じた。

問3 次のA～Dは，ヨーロッパにおける地域統合と共通通貨の導入とをめぐる出来事についての記述である。これらの出来事を古い順に並べたとき，3番目にくるものとして正しいものを，下の①～④のうちから一つ選べ。 （17年政経本試）

A　欧州経済共同体(EEC)が発足した。
B　欧州中央銀行(ECB)が設立された。
C　ユーロの紙幣および硬貨の流通が始まった。
D　欧州連合(EU)が発足した。

①A　②B　③C　④D

問1　[答] ①

① **適当**：順に並べると，「C(1949年)→D(1965年)→A(1989年)→B(2000年)」となる。**重要な出来事の年号は覚えておこう。**
②③④ **不適当**

問2　[答] ②

② **適当**：**プラザ合意**後の説明になっており，「Bの時期」に当たる。
① **不適当**：**バブル景気**崩壊後の説明になっている。これは「Aの時期」ではなく，「Cの時期」に当たる。
③ **不適当**：**リーマン・ショック**の説明になっている。これは「Cの時期」ではなく，「Dの時期」に当たる。
④ **不適当**：**第一次石油危機**後の説明になっている。これは「Dの時期」ではなく，「Aの時期」に当たる。

問3　[答] ②

② **適当**：順に並べると，「A(1958年)→D(1993年)→B(1998年)→C(2002年)」となる。年号を覚えていなくても，EECがEUの前身である**EC(ヨーロッパ共同体)**の母胎となる組織であること，ユーロがEUの共通通貨であること，さらに貨幣流通の論理を考えれば，「EEC発足→EU成立→ECB設立→ユーロ流通」の順になると判断できる。
①③④ **不適当**

5 政治社会の基本的な原理 ～法の支配の確立と人権の保障

1 西洋における近代政治社会の誕生と人権の保障

西洋社会は，中世封建制社会から**絶対王政**(権力の根拠は，フィルマーらによる**王権神授説**)へ，そして，**自然法**・**自然権思想を根拠とする社会契約説**[☞p.226]**を背景とした市民革命**を経て，近代的な民主社会へと変化していった。

それは，**法の支配**や**立憲主義**が**確立**されたり，各種の人権が保障・拡大されたりしていった歴史でもある。

✤人権保障の歴史

- **自由権的基本権**(18世紀的基本権，**国家からの干渉を排除する権利**)…**フランス**(1789)
↓ **人権宣言**など。**自由放任主義**に基づく**夜警**(**消極**)**国家観**に対応。
- **社会権的基本権**(20世紀的基本権，**国家に積極的な施策を要求する権利**)…ドイ
↓ ツの**ワイマール憲法**(1919)**ではじめて明文規定**された。**福祉**(**積極**)**国家観**に対応。
- 人権の国際的保障…**世界人権宣言**(法的拘束力なし)，**国際人権規約**，難民条約(政治難民のみが保護の対象)，人種差別撤廃条約，女子差別撤廃条約，子どもの権利条約，障害者権利条約など。

2 日本における近代政治社会の誕生とその展開

日本は明治期に**大日本帝国憲法**(1889公布，90施行)(**明治憲法**，プロイセン〔ドイツ〕憲法が模範の**欽定**(きんてい)**憲法**)を公布・施行し，**帝国議会**(衆議院と貴族院〔非選〕)を開設して近代国家の仲間入りを果たした。ただし，**天皇の権利は絶大であり**(**外見的立憲主義**)，**臣民**(しんみん)**の権利も「法律ノ範囲内」でしか認められなかった**(**法律の留保**)。

日本は太平洋戦争での敗戦を契機に明治憲法を改正して，**国民主権**，**基本的人権の尊重**，**平和主義**を基本原則とする**日本国憲法**(1946公布，47施行)を公布・施行。**国民の権利も自然権として捉えられる**ようになった(ただし，財産権などには**公共の福祉**による制限がある)。

✤国民主権の規定や行使の具体例

- **象徴天皇制**…明治憲法下での天皇主権を否定。天皇は，法律の公布や国会の召集などの限られた**国事行為**のみを，**内閣の助言と承認**に基づいて行う。
- **憲法改正の国民投票**…衆議院と参議院の**総議員の3分の2以上の賛成**で国民に改正を発議し，**国民投票による過半数の賛成**ののち，天皇が国民の名で公布。
- その他の具体例…各種の選挙[☞p.60]，(最高裁判所裁判官に対する)**国民審査**[☞p.37]，(地方)**特別法の住民投票**

✤**平和主義をめぐる現実や裁判，および自衛隊（必要最小限度の実力）について**

- **朝鮮戦争**(1950~53)時に発足した**警察予備隊**(1950)が**保安隊**(1952)，そして**自衛隊**(1954)へと発展。
- **サンフランシスコ平和条約**(1951)の締結とともに，**日米安全保障条約**(1951)（1960年に一度だけ改定）を結び，米軍の日本への駐留を正式に認めた。
- **砂川事件**（日米安全保障条約の合憲性について），**長沼ナイキ基地訴訟**・百里基地訴訟（自衛隊の合憲性について）など。**いずれも**（高度な政治性をもつ国家行為には司法権は及ばないとする）**統治行為論を採用して，裁判所は判断を回避**。
- **湾岸戦争**を契機に，政府は**PKO（国際平和維持活動）協力法**(1992)を制定し，自衛隊を海外（カンボジアが初）に派遣。また，安倍内閣は（改憲せずに）**集団的自衛権の行使容認**を閣議決定し，**国際平和支援法**(2015成立)などの安全保障関連法を整備。

3　基本的人権の尊重

日本国憲法が認める基本的人権は，大きく**平等権**，**自由権**，**社会権**，**参政権**，**請求権**の五つ。現在では，これらに加えて，**環境権**，**プライバシーの権利**，**知る権利**，**アクセス権**，**自己決定権**などの**新しい人権**の保障の必要性も唱えられている。なお，**最高裁は，法令について戦後12件の違憲判決を下している**（確定年順に，下記の①～⑫）。

国民の三大義務は，**子女に教育を受けさせる義務**，**勤労の義務**，**納税の義務**。

✤**自由権をめぐって争われた主な事件や訴訟**

- **法の下の平等**…違憲 ①**刑法の尊属殺重罰規定**（国会は1995年に刑法改正），③④公職選挙法の（**衆議院**）**議員定数配分規定**（ただし，選挙自体は有効と裁定〔事情判決〕），⑧国籍法の婚外子の国籍取得制限規定，⑨民法の婚外子の相続規定，⑩民法の女性の再婚禁止期間規定（100日を超える部分は違法と裁定）
- **思想良心の自由**…合憲 三菱樹脂訴訟（「憲法は私人間には適用されない」と裁定）
- **政教分離の原則**…合憲 津地鎮祭訴訟（合憲判決が出るのは稀），違憲 愛媛玉ぐし料訴訟，空知太神社訴訟，沖縄孔子廟訴訟
- **職業選択の自由**…違憲 ②薬事法の薬局開設距離規定
- **財産権の保障**…違憲 ⑤森林法の共有林分割規定

✤**自由権以外の人権や憲法の基本原則をめぐって争われた主な事件や訴訟**

- **請求権**…違憲 ⑥郵便法の損害賠償免責規定
- **個人の尊厳・幸福追求権**…違憲 ⑫性同一性障害特例法の性別変更生殖不能要件
- **参政権**…合憲 永住外国人地方選挙権訴訟〔☞p.85〕，違憲 ⑦公職選挙法の在外邦人の選挙権制限規定，⑪国民審査法の在外邦人の国民審査投票権制限規定
- **生存権**…合憲 **朝日訴訟**，**堀木訴訟**（いずれの訴訟においても，最高裁は〔「生存権を謳う憲法第25条は，国に政治的・道徳的義務を課しただけ」とする〕**プログラム規定説を採用して，原告の主張を退けた**）
- **新しい人権**…大阪空港公害訴訟（環境権），『宴のあと』事件（裁判所は，「プライバシーの権利」を認めた），『石に泳ぐ魚』事件（判決内容は，出版停止にまで及ぶ）

ここが共通テストのツボだ!!

ツボ 1 人の支配，法治主義，法の支配の違いを明確にしておこう。

・**人の支配**…権力者（為政者）による恣意的な支配のこと。

・**法治主義**…議会で制定された法律に基づいて政治を行うべきだとする考え。法律の内容は問わない点で，法の支配とは異なる。19世紀後半のドイツで発達し，明治憲法もこの考えに立脚していた。

・**法の支配**…政治を権力者個人の自由にさせず，法によって事前に，政治的行為の手続きを決めておくという考え。イギリスやアメリカで発達し，日本国憲法にも採用される。

なお，とくに，**政治的行為の手続きを憲法によって定めて権力の濫用を抑制し，個人の尊重を確保しようとする考え**を立憲主義という。

> 日本国憲法が「法の支配」の原理に立脚していることは，憲法の最高法規性や，公務員の憲法尊重擁護義務，違憲（立法）審査権等の規定からも分かる。

ツボ 2 法の分類に注目しておこう。

①法の分類

法
- 自然法：自然または理性を基礎に成立する普遍の法。
- 実定法：立法機関の立法作用や社会的慣習など人間の行為によって作り出された法。
  - **不文法（慣習法）**：文章化されていない。慣習法・判例法・国際慣習法など。
  - **成文法（制定法）**：意識的に文章化されている。
    - **国際法**
    - **国内法**

②国内法の分類

・**公　法**…国家と地方公共団体との関係や，これらと私人との関係を律する法。日本国憲法，内閣法，国家公務員法，地方自治法，刑法など。

・**私　法**…私人相互間の関係を律する法。民法，商法，借地借家法など。

・**社会法**…私法的な分野に国家が制限を加えた法。労働基準法，男女雇用機会均等法，生活保護法，独占禁止法など。

> 六法とは，憲法・民法・商法・民事訴訟法・刑法・刑事訴訟法の六つ。

基礎力チェック問題

問1 18世紀に人権宣言・憲法として公的に採択された文章の例として正しいものを，次の①～④のうちから一つ選べ。 (01年政経追試)

①「男性と女性は，平等な権利と自由，またそれらを実現するための平等な機会を有する。」

②「経済生活の秩序は，すべての者に人間たるに値する生活を保障する目的をもつ正義の原則に適合していなければならない。」

③「勤労者の団結する権利及び団体交渉その他の団体行動をする権利は，これを保障する。」

④「権利の保障が確保されず，権力の分立が規定されないすべての社会は，憲法をもつものではない。」

問1 [答] ④

④ **適当**：権力分立の必要性を謳った**フランス人権宣言**の第16条。**これ以外は，社会権（20世紀的基本権）に関する規定であることから正解を確定できる。**

① **不適当**：1979年に採択された「**女子差別撤廃条約**」の条文。

② **不適当**：1919年に採択された「**ワイマール憲法**」の第151条。

③ **不適当**：1946年に公布された「**日本国憲法**」の第28条。

問2 大日本帝国憲法（明治憲法）から日本国憲法への変化についての記述として適当でないものを，次の①～④のうちから一つ選べ。 (02年政経本試)

① 明治憲法で統治権を総攬するとされた天皇は，日本国憲法では日本国と日本国民統合の象徴とされた。

② 明治憲法では臣民の権利が法律の範囲内で与えられたが，日本国憲法では基本的人権が侵すことのできない永久の権利として保障された。

③ 明治憲法では皇族・華族・勅任議員からなる貴族院が置かれていたが，日本国憲法では公選の参議院が設けられた。

④ 明治憲法で規定されていた地方自治は，日本国憲法ではいっそう拡充され，地方特別法を制定する場合，事前に住民投票を行う制度が導入された。

問2 [答] ④

④ **不適当**：明治憲法には，地方自治に関する規定はない。この他，日本国憲法と比較すると，**明治憲法には，内閣制度に関する規定，違憲審査権などの規定もない。**

①②③ **適当**

問3 基本的人権をめぐる事件や最高裁判所の判決についての記述として正しいものを，次の①～④のうちから一つ選べ。(12年政経追試〈改〉ほか)

① 尊属殺人罪の法定刑を，死刑または無期懲役に限定する刑法の規定は，著しく不合理な差別的取扱いに当たり，憲法第14条の「法の下の平等」に反すると最高裁は判断したことがある。

② 最高裁判所は，結婚していない日本人父と外国人母との間に生まれた子について，認知のほかに父母の結婚を，届出による日本国籍の取得の要件とする国籍法の規定を合憲と判断した。

③ 最高裁判所は，朝日訴訟において生存権をプログラム規定と解釈したが，堀木訴訟ではそれは具体的な権利を保障するものであると見解を変更した。

④ 生活環境の悪化や自然破壊に対処するため，生存権や幸福追求権を根拠に環境権が主張されており，近年の裁判で最高裁判所は環境権を人権として認めた。

問3 [答] ①

① **適当**：「尊属殺重罰規定違憲判決」の説明として適当。

② **不適当**：「婚外子の国籍取得制限規定」違憲判決を思いだそう。最高裁は，同規定を「合憲」ではなく「違憲」と判断した。

③ **不適当**：堀木訴訟において，最高裁がプログラム規定説を破棄したという事実はない。

④ **不適当**：最高裁が「(「新しい人権」である)**環境権**を人権として認めた」という事実はない。

第2編 公共的な空間 2 政治社会を捉える歴史と理論

6 私たちが生きている政治社会 ～各国の政治制度と日本の統治制度について

1 日本や各国の政治制度～議院内閣制や大統領制など ★☆☆

日本の統治機構は，三権分立制を基本とするが，憲法は「**内閣は国会の信任によって成立し，国会に対して連帯して責任を負う**」と謳う(議院内閣制)。

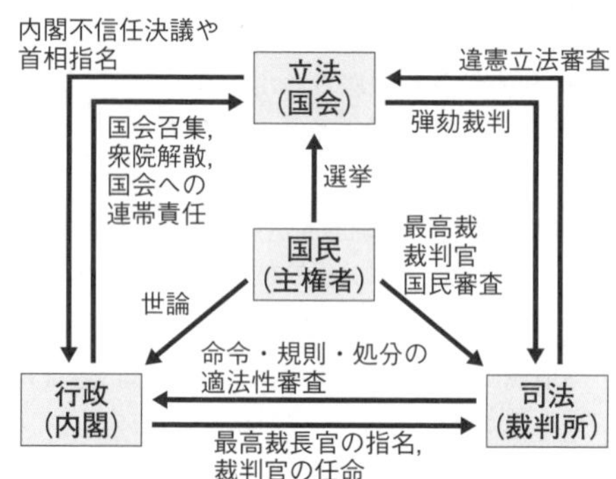

✤各国の政治制度

- イギリス…議院内閣制。**下院の第一党党首が首相に選ばれる。国務大臣は全員が国会議員。**
- アメリカ…三権分立を徹底した大統領制。大統領(憲法により三選禁止)に連邦議会の解散権や議案提出権はない(**教書**による立法勧告は可能)。連邦議会には大統領に対する不信任決議権がない。
- その他…**開発独裁**(例：人権よりも経済成長を優先，かつてのインドネシア)，**民主集中制**(例：**全国人民代表大会**〔議会〕に権力を集中させている中国)など。

2 日本の立法権～立法権は，国権の最高機関である国会が担う ★★☆

国会は，衆議院(任期4年，解散あり)と参議院(任期6年，解散なし)で構成される(二院制←**審議を慎重にするため**)。**実質的な審議は，各議院に設置された，さまざまな委員会で行う**(**委員会中心主義**)。国会議員には，不逮捕特権や免責特権などがある。

✤日本の国会と国会改革

- **国会は「唯一の立法機関」**…ただし，各議院の規則制定権，最高裁の規則制定権，内閣の政令制定権，地方公共団体の条例制定権は，この例外。
- **国会の仕事**…法律の制定，予算の議決，内閣総理大臣の指名，条約の承認(締結は内閣)，**国政調査権**の行使(議院別)，弾劾裁判所の設置，憲法改正の発議など。
- **衆議院の優越**…両議院は基本的に対等だが，**法律案の議決**，**予算の先議権**，**予算の議決**，**条約の承認**，**内閣総理大臣の指名**，**内閣不信任の議決権**については，衆議院の優越が認められている。←**衆議院の方が国民の意見が反映されやすいため。**

- **国会改革**…(1999)国会審議活性化法の制定による，**政府委員制度**の廃止，**副大臣**と**大臣政務官**の設置，（衆参両議院の国家基本政策委員会の合同審議会での）**党首討論制**の導入など。←**官僚主導から政治（国会議員や閣僚）主導への転換を図るため。**

3 日本の行政権～行政権は，内閣が担う

内閣は，**内閣総理大臣**（国会が指名，天皇が任命）と**国務大臣**（**過半数が国会議員**）によって組織される（なお，政府とは，一般に「内閣＋省庁や関連機関」のこと）。

✤日本の内閣や行政と行政改革

- **内閣の仕事**…法律の執行，外交関係の処理，条約の締結（国会による事前事後の承認が必要），予算案の作成，政令の制定，最高裁長官の指名（天皇が任命），天皇の国事行為に対する助言と承認など（内閣の決定を，各省庁や関連機関が実施）。
- **内閣が総辞職する場合**…衆議院で内閣不信任案が可決（または信任案が否決）され，10日以内に衆議院が解散されなかった場合，内閣総理大臣が欠けた場合など。
- **行政改革**…行政手続法や情報公開法や国家公務員法の制定。1府22省庁から**1府12省庁**への再編。←**近年の行政の肥大化や委任立法の増大，さらには政官財の癒着を反省し，「小さな政府」を実現するため。**

4 日本の司法権～司法権は，最高裁判所と下級裁判所が担う

裁判所には，**最高裁判所**（最高裁，長官一人と十四人の裁判官）と**下級裁判所**（法律によって設置される，高等・地方・家庭・簡易裁判所）がある（**特別裁判所の設置は不可**）。裁判官は，「**その良心に従い独立してその職権を行い，憲法及び法律にのみ拘束される**」（司法権の独立）。最高裁は**終審裁判所**であり，「**憲法の番人**」と呼ばれる。

✤日本の裁判制度と刑事・司法制度改革

- **三審制**…裁判を慎重に行うことで，誤りを防ぎ，人権を守るしくみ。ただし，有罪判決が確定（裁判終了）した事件について，**合理的な疑いがある場合**，再審を請求することが可能。←**誤判による冤罪を防止するため。**
- **裁判の種類**…**民事裁判**（原告vs.被告）と**刑事裁判**（検察官vs.被告人）。検察官による不起訴処分の当否は，有権者十一人で構成される検察審査会で審査される。
- **違憲（立法）審査権**…すべての裁判所が，具体的事件の審理において行使可能。なお，ドイツなどの裁判所は，具体的事件の発生とは関係なく行使可能。
- **国民審査**…対象は，最高裁裁判官のみ。就任後最初の衆議院総選挙の時と，その後10年経過したあとに行われる衆議院総選挙のときに行われる。
- **刑事・司法制度改革**…裁判員制度（重大な刑事事件に関する第一審を，原則，三人の裁判官と六人の裁判員〔有権者から無作為に選出〕で行う）の導入。←**市民を司法に参加させ，市民感覚を司法に取り入れることが主たるねらい。知的財産高等裁判所**の設置，日本司法支援センター（法テラス）の設置，**被害者参加制度**や**司法取引**の導入，取り調べの可視化，ロースクールの設置，時効の廃止・延長など。

ここが共通テストのツボだ!!

ツボ 1 人々の生活に直結する地方自治（地方政治）についても確認しておこう。

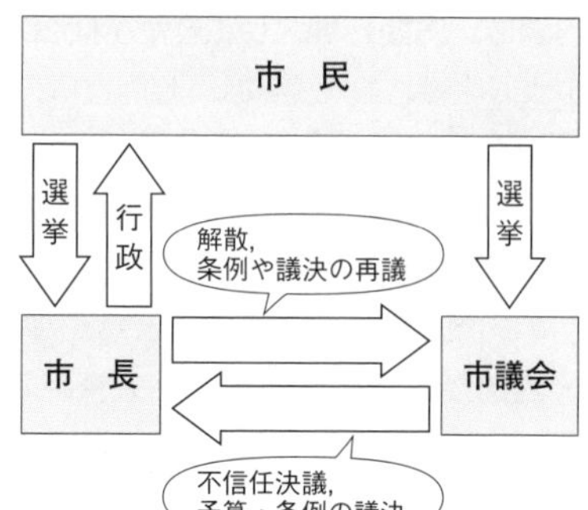

日本国憲法は，「**地方自治の本旨**（**住民自治，団体自治**）」に基づき，地方公共団体は，国から独立して運営されていると謳(うた)う（明治憲法には，地方自治の規定はない）。

・**首長と議会の関係**…首長には，議会に対する解散権や拒否権がある。議会には，首長に対する不信任議決権や予算・条例の議決権がある。

・**直接請求権**…首長，地方議会議員ともに住民が直接選挙で選ぶ。加えて，住民は，条例の制定・改廃(かいはい)（**イニシアティブ**），首長・議員の解職（**リコール**），議会の解散，監査(かんさ)なども請求できる。

・**地方公共団体の仕事**…**地方分権一括(いっかつ)法**の施行(2000)に伴い，**中央集権体制を見直し**，（各省庁などの指揮・監督下の仕事である）**機関委任(いにん)事務**は廃止。**自治事務**（都市計画の策定など）と**法定受託(じゅたく)事務**（国政選挙の実施や旅券の発行など）に再編した。

三位一体(さんみいったい)の改革の後も，財源不足に悩む地方公共団体は少なくない。地方公共団体の歳入は，おもに**地方税**（自主財源，4割程度），依存(いそん)財源（政府からの交付など）である**地方交付税交付金**（使途(しと)は限定されない）や**国庫支出金**（使途は限定），および地方債(さい)からなる。

ツボ 2 司法積極主義と司法消極主義の論拠について考えてみよう。

・**司法積極主義**…「憲法の番人」として，立法や行政が違憲(いけん)を疑われることをした場合，世論（多数派の意見）に流されず，公平中立な立場から判断すべきである。

・**司法消極主義**…選挙で選ばれていない人が国会（国民の代表）の決定を判断すべきでない。また，裁判所が政治問題に口出しをしたら，公平中立性や信頼が脅(おびや)かされる。

日本の最高裁は，戦後，12件の法令の違憲判決を出している[☞p.33]。これを多いと見るか少ないと見るかは，立場によって異なるだろう。

基礎力チェック問題

問1 国会に関する記述として最も適当なものを，次の①～④のうちから一つ選べ。 (07年現社本試〈改〉)

① 衆参両院の合意のもと，国会は国政調査のため証人喚問を行うことができ，証人は正当な理由なく出頭を拒否したり，虚偽の証言をしたりしたときは刑罰を科される。

② 衆参両院の各議員は，国会の会期中は逮捕されず，会期外の期間においても，その所属する議院の許諾がなければ逮捕されない。

③ 衆参両院は，常設の委員会である常任委員会のほかに，必要に応じて特定の案件を扱うための特別委員会を設置することがある。

④ 国会の種類のなかには，毎年1回召集される通常国会，衆議院の解散による総選挙の後に開かれる緊急集会などがある。

問2 日本の行政に関する記述として最も適当なものを，次の①～④のうちから一つ選べ。 (18年現社本試)

① 国の行政機関の職員の退職後の再就職について監視を行う内閣府の再就職等監視委員会には，中央官庁による天下りの斡旋について法律違反の有無を調査し，勧告を出す権限が与えられている。

② 2000年代初頭に行われた中央省庁改革の一環として，行政各部の統一を図るための企画立案と総合調整を担い，内閣を補佐する機関として，新たに内閣官房が設置されている。

③ 憲法の規定によると，予算は，内閣が作成するほか，各議院の議員も作成することができるとされている。

④ 憲法の規定によると，内閣は，行政権の行使に関して，国民に対して連帯して責任を負うとされている。

問3 日本の裁判制度に関する記述として誤っているものを，次の①～④のうちから一つ選べ。 (00年政経本試)

① 審理を慎重にして誤りのないようにするために，通常は3回まで裁判を受けることができる三審制が採用されている。

② 裁判所は，具体的な訴訟を前提とせず，違憲の疑いのある法律上の規定を自ら取り上げて，憲法に適合するかどうかを判断することができる。

③ 裁判官は，公正な裁判を行うことができるように，他の国家機関からの干渉を受けずに裁判を行うことが保障されている。

④ 国民は，衆議院議員総選挙の際に裁判官が適任かどうかを審査することができるが，審査の対象となるのは最高裁裁判所の裁判官のみである。

問1 [答] ③

③ 適当
① **不適当**：**国政調査権は，各議院が個別にもつ**ので，「衆参両議院の合意のもと」を取れば正文。
② **不適当**：国会議員には国会の会期中における**不逮捕特権**があるが，会期中でも「所属する議院の許諾」があれば逮捕される。会期外の場合は，その必要はない。また，院外での現行犯の場合は，会期に関係なく，「所属する議員の許諾」なしに逮捕される。
④ **不適当**：「緊急集会」を「特別国会(特別会)」に替えれば正文。

問2 [答] ①

① **適当**：「再就職等監視委員会」(2008年設置)の説明として正しいが，**細かい知識なので，消去法で正答できればよい。**
② **不適当**：「内閣官房」を，2001年の中央省庁再編で発足した「内閣府」に替えれば正文。
③ **不適当**：予算作成は，「内閣の職務」である(憲法第73条)。
④ **不適当**：「国民」を「国会」に替えれば正文(憲法第66条)。

問3 [答] ②

② **不適当**：最高裁の判例によれば，憲法第81条の違憲審査権は**付随的違憲審査権**である。従って，「具体的な訴訟を前提とせず」に違憲審査権を行使することはできない。
①③④ **適当**。

第2編 公共的な空間 2 政治社会を捉える歴史と理論

7 経済社会の基本的なしくみと歴史 ～市場機構と日本経済史・世界経済史

1 市場機構～財やサービスの価格はどのように決まるのか? ★★★

完全自由競争状態(≒いかなる規制もなく，多数の需要者と供給者が存在し，同一の財を販売しているという想定)の**市場経済**(≒取引)における財やサービスの価格は，**需要**量と**供給**量が，おのずと均衡したところで決まる(**価格の自動調整機能**)。

✤諸条件の変化による均衡価格や均衡取引量の変化の具体例

・価格が高すぎる(①，**超過供給**)→価格は下落して**均衡価格**(⓪)に落ち着く。
・価格が低すぎる(②，**超過需要**)→価格は上昇して**均衡価格**(⓪)に落ち着く。
・需要が増加→**需要曲線が右に移動**(③)
　→価格は上昇，取引量は増加(ⓑ)
　(例)所得(可処分所得)の向上など
・需要が減少→**需要曲線が左に移動**(④)
　→価格は下落，取引量は減少(ⓒ)
　(例)流行の終わりなど
・供給の増加→**供給曲線が右に移動**(⑤)
　→価格は下落，取引量は増加(ⓓ)
　(例)原材料費の値下げなど
・供給の減少→**供給曲線が左に移動**(⑥)
　→価格は上昇，取引量は減少(ⓐ)
　(例)原材料費の値上げなど

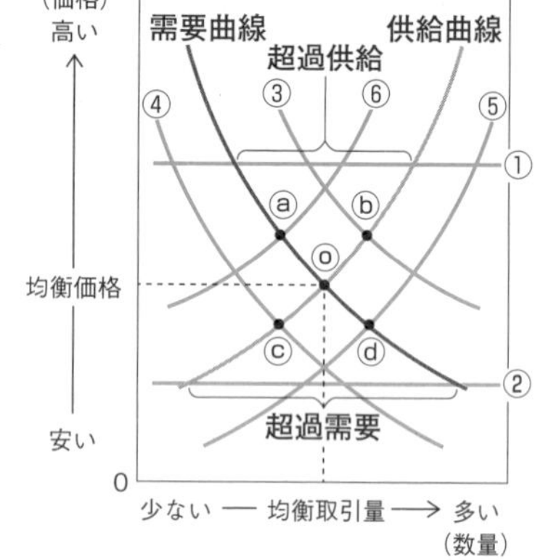

✤市場メカニズムをめぐる諸問題

・公共料金(水道代や電気代など)…国民生活に大きな影響のある財やサービスの価格や料金は，**政府や地方公共団体が決定や許可**(＝完全には市場に委ねない)。
・市場の失敗…**適正な競争が働かず**，財やサービスの価格や料金が不適切な状況。**規模の経済**(鉄道産業など)，公共財(**非競合性**や**非排除性**という性質をもつ財，治安や消防など)の価格，外部不経済(公害など)の発生，**情報の非対称性**など。
・寡占(独占)市場の成立…少数(一つ)の企業が競争に勝って市場を支配し，**管理価格**を設定することがある。その結果，価格が下がらず(**価格の下方硬直性**)，消費者が不利益を被ることがある。あるいは，**カルテル**を結んだり，**トラスト**を形成したりして，不当な利益を得ようとすることもある。←**消費者を守り自由な競争を促すため**，公正取引委員会が独占禁止法(1947公布)にもとづいて監視や指導。

2 日本経済の現在と過去

2000年代，政府は**新自由主義**的な政策を掲げ，金融の自由化や構造改革（自由化・規制緩和・民営化）を断行した。その結果，**サブプライムローン問題**に起因する**リーマン・ショック**にはじまる**世界金融危機**まで経済は緩やかな成長を続けたが，**非正規雇用者が増大し，人々の間の経済的な格差が広がった（格差社会）**。

これに対し，政府は大規模な経済成長政策（**アベノミクス**〔金融緩和・財政出動・成長戦略〕）を掲げ，日銀は大幅な金融緩和政策を実施して景気の回復を図った。

✣戦後の日本経済の歴史

戦後，政府は基幹産業の育成を図る**傾斜生産方式**を採用し，経済の立て直しを図るとともに，経済の民主化（**財閥解体・農地改革・労働組合の育成**）を進めた。

朝鮮戦争の**特需景気**で勢いづくと，そのまま高度経済成長期（いざなぎ景気など）へと突入（平均成長率約10%）し，OECD（経済協力開発機構）へ加盟(1964)。**アメリカに次いで資本主義国中第2位の経済大国**となる（2023年は中国が2位，日本は4位の見通し）。

第一次石油危機によって，**はじめて実質経済成長率がマイナスに。スタグフレーション**（不況下の物価上昇）を経験したのち，政府は**安定成長**を目指す。1990年前後には，**地価や株価が高騰する**バブル景気に沸いたが，日本銀行が金融引き締め政策を実施したことから景気は急速に悪化。**平成不況**（「失われた10年」）に突入。

3 国際経済の現在と過去，為替と貿易

現代の主要国は，変動為替相場制を採用し，自由貿易体制を推進している。しかし，世界経済がグローバル化する中，**ヘッジファンド**の暗躍による**アジア通貨危機**や，中央銀行の裏付けのない**暗号資産（仮想通貨）**市場の拡大などに見られるように，投機的資金が各国経済や世界経済に及ぼす影響が無視できない。また，EU（ヨーロッパ連合）などの経済統合や，各国間における**経済連携協定（EPA）や自由貿易協定（FTA）**の締結は，経済のブロック化を引き起こすとの懸念もある。

✣国際通貨制度や貿易の歴史

- 為替…**ブレトンウッズ協定**(1944)（**IMF〔国際通貨基金〕-IBRD〔世界銀行〕体制**，**固定為替相場制**の導入）→**ニクソン・ショック**（金ドル交換停止）→**スミソニアン協定**(1971)（固定相場制を堅持）→**キングストン合意**(1976)（変動為替相場制の正式承認）
- 貿易…GATT（**関税及び貿易に関する一般協定**）**体制**（**ケネディ・ラウンド**(1964～67)〔関税引き下げ〕→**東京ラウンド**(1973～79)〔非関税障壁の軽減〕→**ウルグアイ・ラウンド**(1986～93)〔農業産品の自由化，知的所有権の保護など〕）→WTO（**世界貿易機関**）**体制**（**ドーハ・ラウンド**(2001)〔成果なし〕）。いずれの体制も，理念は**自由・無差別・多角的**。

✣円高・円安と貿易（輸入・輸出）の関係

- 円高ドル安（例：1ドル＝100円から80円）…日本の輸出は減，輸入は増。
- 円安ドル高（例：1ドル＝100円から120円）…日本の輸出は増，輸入は減。

ここが共通テストのツボだ!!

ツボ 1 資本主義経済に関係の深い経済思想をおさえておこう。

資本主義経済とは，生産手段の私有と**市場経済**における自由競争を基本とする経済体制で，欧米諸国や日本などで採用。なお，元来，社会主義国の体制は，経済全体を政府が計画・統制する**計画経済**だが，現在の中国は**社会主義市場経済**を採用（憲法にも明記）。

・アダム・スミス(1723〜90)…**分業**や**協業**による生産性の向上等を主張[☞p.242]。

・リカード(1772〜1823)…**比較**(ひかく)**生産費説**をもとに[☞p.89問題]，自由貿易を擁護。

・マルクス(1818〜83)…資本主義の矛盾を分析し，その克服を主張[☞p.251]。

・ケインズ(1883〜1946)（『雇用(こよう)・利子(りし)および貨幣の一般理論』）…景気対策として，政府による**有効需要**（≒経済に影響を与える，人々の購買意欲）の創出が必要と主張。政策によって国民の福祉向上をめざす考え方を**修正資本主義**という。

・シュンペーター(1883〜1950)…経済発展の原動力は**技術革新**（イノベーション）と主張。

・フリードマン(1912〜2006)…ケインズ的な政策（**福祉国家**〔**大きな政府**〕の実現）を批判。規制緩和や市場の自由競争の徹底による「**小さな政府**」の実現を主張（**新自由主義**）。

資本主義経済…自由な競争によって経済が発展するが，経済的な格差が発生。
社会主義経済…競争が無く経済的平等性は高いが，経済停滞の傾向が強い。

ツボ 2 国の経済の大きさや人々の生活の豊かさは，どのように計られるか？

一国の経済の豊かさを計る指標には，**国富**（一国の住民の財産の総額，**ストック**の概念）や**国民所得**（1年間に生産された財やサービスの付加価値の総額，**フロー**の概念，生産・分配・支出のどの面で見ても等しい〔**三面等価の原則**〕）がある。

代表的な国民所得には，**GDP**（**国内総生産**，国内で1年間に生産された付加価値の総額）や**GNP**（**国民総生産**，国民が一年間に生産した付加価値の総額）があるが，**家事労働や余暇**(よか)**時間などは算入されない**ため，人々の生活の真の豊かさは分からない。

このため近年では，保健・教育・所得を考慮した**人間開発指数**（**HDI**）や，環境の価値の変化も数量化した**グリーンGDP**という指標が注目されている。

個人としても，社会全体としても，ワーク・ライフ・バランス（仕事と生活の調和）をどう実現させればよいだろうか？

基礎力チェック問題

問1 次のア～ウは，市場に関する説明である。その正誤の組合せとして正しいものを，下の①～⑥のうちから一つ選べ。

(05年政経追試〈改〉)

ア　市場機構における価格決定の例外として，公的機関の規制を受ける公共性の高い財・サービスの価格や料金を，公共料金という。

イ　日本では，市場における私的独占や不公正な取引を防止するために，公正取引委員会が設置されている。

ウ　完全競争市場で，ある財に対する需要量が供給量を上回る場合，その財の価格が下落する。

① ア 正　イ 正　ウ 誤　　② ア 正　イ 誤　ウ 正
③ ア 正　イ 誤　ウ 誤　　④ ア 誤　イ 正　ウ 正
⑤ ア 誤　イ 正　ウ 誤　　⑥ ア 誤　イ 誤　ウ 正

問1　[答] ①

ア 正文
イ 正文
ウ 誤文：「需要量(人々が欲しいと思っている財の量)が供給量(市場に提供されている財の量)を上回る場合」，品不足(**超過需要**)となり，価格は上昇する。

問2 戦後日本の景気循環についての記述として最も適当なものを，次の①～④のうちから一つ選べ。　(11年政経追試〈改〉)

① 岩戸景気では，朝鮮戦争の勃発を契機として，アメリカ軍による軍需物資の需要が増大し，産業界は活況を呈した。

② いざなぎ景気では，輸出主導の成長を果たした結果，日本のGNP(国民総生産)は，西側世界でアメリカに次いで第2位となった。

③ 第一次石油危機に伴う景気後退期に，政府は傾斜生産方式という政策を実施し，インフレの抑制を図った。

④ バブル景気は，日本銀行による数次にわたる公定歩合の引下げなどの金融緩和政策が一因となって崩壊した。

問2　[答] ②

② **適当**
① **不適当**：高度経済成長期の「岩戸景気」を「**特需景気**」に替えれば正文になる。なお，高度経済成長期には「**神武景気→岩戸景気→オリンピック景気→いざなぎ景気**」という順に好景気が発生した。
③ **不適当**：「**傾斜生産方式**」とは，戦後復興期に資金・資材を基幹産業に集中的に投入した政策。
④ **不適当**：バブル景気の崩壊は，公定歩合(＝日銀の市中銀行への貸出金利)の「引下げ」ではなく，「引上げ」など，日銀の金融引き締め政策が一因。

問3 戦後日本の景気循環についての記述として最も適当なものを，次の①～④のうちから一つ選べ。　(19年現社本試)

① ブレトン・ウッズ協定の下で採用された固定為替相場制は，金・ドル本位制と呼ばれる。

② 第二次世界大戦後の固定為替相場制が崩壊した背景には，アメリカの金保有量の過剰があった。

③ 主要各国が変動為替相場制への移行を余儀なくされるなか，固定為替相場制への復帰を図ろうとした国際合意として，キングストン合意がある。

④ 国際協調としてのプラザ合意は，変動為替相場制への移行後の米ドル安是正をその目的の一つとしていた。

問3　[答] ①

① **適当**
② **不適当**：「固定為替相場制が崩壊」した一因である**ニクソン・ショック**(金ドル交換停止)は，金保有量の「過剰」ではなく，「減少」に対応するために行われた。
③ **不適当**：「**キングストン合意**」を「**スミソニアン協定**」に替えれば正文になる。
④ **不適当**：「米ドル安」を「米ドル高」に替えれば正文になる。

8 支え，支えられる公共的な空間 ～三つの経済主体と日本銀行の役割

1 市場経済と経済主体

市場経済における経済活動は，**家計**(消費や貯蓄などの経済活動を行う各世帯)・**企業**・**政府**の三つの経済主体による，**貨幣**(**現金通貨**〔日銀発行の銀行券と政府発行の硬貨〕と**預金通貨**)・財・サービス・労働力などの取引と捉えることができる。

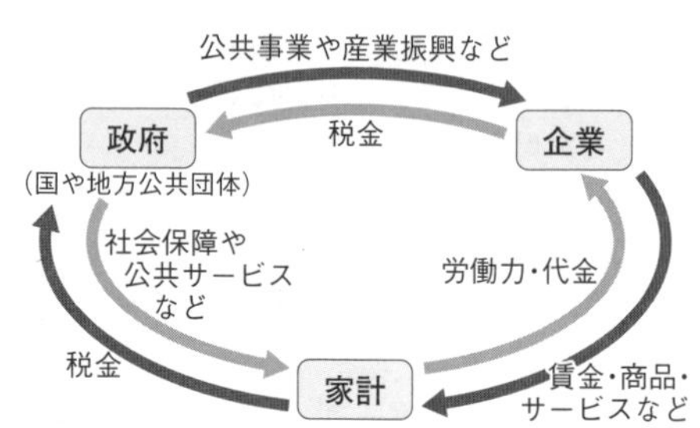

2 企業の役割～主として財やサービスの生産を行う

企業は，利潤(＝売上高－人件費などの諸費用)の最大化をめざす**私企業**と，利潤を目的としない**公企業**(市バスなど)に分類される。

現代の企業には，**利潤の追求のみならず**，**コンプライアンス**(法令等の遵守)の徹底による**コーポレート・ガバナンス**(健全な企業経営)の確立や，**社会の一員として**，**フィランソロピー**(奉仕活動)を行うなどの**社会的責任**(**CSR**)も求められている。

✤現行の会社法のもとでの四つの会社企業(私企業)の形態

・株式会社…**株式**(会社の所有権を分割したもの)を発行して集めた資金をもとに設立された会社。株主(出資者)が信任した取締役会が経営(**所有と経営の分離**)。

> **株主(出資者，株式の購入者)の権利と責任**
>
> 年に最低1回，会社の最高意思決定機関である株主総会に出席し，経営方針の決定や取締役や監査役を信任・選出(**一株一票制**)する権利や，出資額に応じて**配当**(**金**)を受け取る権利がある。会社倒産の際には，出資額の範囲内のみの責任を負う(**有限責任**)。

・その他…**合名会社**(無限責任〔会社倒産の際には，負債の全額を支払う〕社員からなる会社)，**合資会社**(無限責任社員＋有限責任社員からなる会社)，**合同会社**(出資者〔有限責任〕と経営者が同一の会社)。

3 政府の役割～経済活動の調整や社会保障の整備

政府は，人々からの**租税**(**税金**)を主な**歳入**源とし，主に以下の①～③に**歳出**する。

①資源配分の調整（国民生活に必要な公共施設や公的サービスの提供など）

②（累進課税制度と社会保障制度を通じて）所得の再配分（所得格差の是正）

③景気や人々の生活の安定化（さまざまな経済活動の調整や社会保障制度の整備）

✤租税と，景気に対する政府の活動について

・**直接税**（所得税や相続税〔**課税対象に応じて税率が高くなる累進課税制度**〕や，法人税など）と**間接税**（消費税〔10%，食品などには**軽減税率**［8%］を適用〕など）。

・**消費税の逆進性…低所得者ほど総所得に対する税負担が重く，負担感が大きい。**

・景気安定化の制度と政府の財政活動（財政政策）…ⓐ**ビルト・イン・スタビライザー**（〔累進課税制度と失業給付などによる〕自動安定化装置）と，ⓑ**フィスカル・ポリシー**（裁量的財政政策）の実施。

［好景気時］…通貨量増加→通貨価値下落→物価上昇（インフレーション）
←（ⓐ：税収増，ⓑ：増税と公共事業の縮小）→有効需要の抑制

［不景気時］…通貨量減少→通貨価値上昇→物価下落（デフレーション）
←（ⓐ：失業給付等の増大，ⓑ：減税と公共事業の拡大）→有効需要の増大

4 日本銀行（日銀）の役割～景気の安定化

「（唯一の）**発券銀行**」・「**銀行の銀行**」・「**政府の銀行**」である日本銀行（最高意思決定機関は，**政策委員会**）は，日本政府とともに，景気の安定化を図る責任を負う。

✤日銀の金融政策

・日銀は，政策を**金融政策決定会合**で決定する。現在は，主に，市中銀行を相手に国債などを売買する公開市場操作（オペレーション）によって，通貨量（マネタリーベース）を調整し，政策金利である**無担保コール翌日物金利**（銀行間で短期間の資金の貸し借りを行う市場の金利）が高低するように誘導して景気を調整している。

［好景気時］…売り（資金吸収）オペ実施

［不景気時］…買い（資金供給）オペ実施

・その他…**基準割引率および基準貸付利率**（**公定歩合**）**操作**や**預金準備率操作**（**支払準備率操作**）

■公開市場操作の仕組み

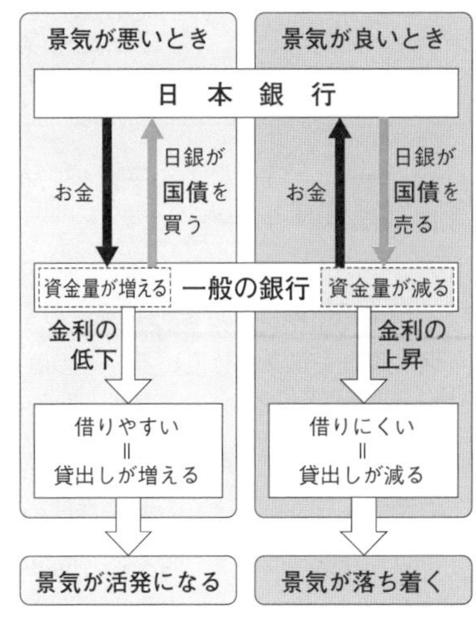

✤近年の日銀の金融政策

・1999年からは**ゼロ金利政策**や**量的緩和政策**を実施。2013年からは一層の**量的・質的金融緩和**を進め，2016年からは**マイナス金利政策**を採用して景気対策を行っている。

ここが共通テストのツボだ!!

ツボ 1 日本の現行の社会保障制度について確認しておこう。

社会保険	医療	民間被用者…健康保険 公務員など…各種共済組合 自営業者など…国民健康保険 （1960年代には「**国民皆保険，皆年金**」制度が確立。）	保険料（本人・事業主）・公費（租税）負担
		後期高齢者医療制度	
	年金	民間被用者・公務員など…厚生年金＋基礎年金 自営業者など…国民年金［＝基礎年金］	
	雇用	雇用保険（保険料は，労働者と雇用主が折半）	
	労災	労働者災害保障保険（保険料は，雇用主が全額負担）など	
	介護	介護保険（40歳以上が加入，保険者は市町村および特別区）	
公的扶助		生活扶助，その他の社会手当	公費（租税）負担
社会福祉		児童福祉，障害者福祉など	
公衆衛生	医療	健康増進対策など	
	環境	生活環境整備など	

年金システムは，急速に進む少子・高齢化（生産年齢人口の減少）の進展に対応して，**積立方式**から実質的に**賦課方式**へ変更されている。

ツボ 2 日本の財政状況を知り，「持続可能な財政」には何が必要かを考える。

日本の財政は，危機的状況にある。**累積国債残高は2022年度末に1,000兆円を超え，現在も増え続けている。**国の借金の累積は，社会保障などの行政サービスの悪化や財政の硬直化を招くので，今後も拡大する歳出への要望に応え，財政を持続可能なものにするには，まず，①歳入を増やし，同時に②歳出の削減を行い，（赤字）**国債**発行などで歳入不足を補っている状況を改め，**プライマリー・バランス**（**基礎的財政収支**，政策的な経費を税収などで賄えているかを示す指標）の赤字を解消することが必要であろう。

①のためには，逆進性などに配慮し，課税率変更などを検討する必要があるだろう。また，今後も介護や医療への歳出増が見込まれるが，②のためには，諸制度の実施方法に無駄がないかなどを精査する必要があるだろう。

基礎力チェック問題

問1 現在の日本の株式会社制度に関する記述として最も適当なものを，次の①～④のうちから一つ選べ。 (03年現社本試)

① 株主は，株式会社の所有者であり，所有株式数に応じて会社の所有権が与えられているが，経営に参加する権利はない。
② 株式会社の最高意思決定機関は取締役会であり，株主総会を開催するかどうかは，取締役会決議に委ねられている。
③ 株主の責任は無限責任であるので，株主は，株式会社が倒産した時，その債務について，出資額を超えて責任を負うことになる。
④ 株式会社は，株式の発行によって資本を調達することができ，原則として，株主に対しては会社の利益から配当が支払われることになっている。

問1 [答] ④

④ **適当**
① **不適当**：株主にも「経営に参加する権利」がある。
② **不適当**：「株式会社の最高意思決定機関」は，株主総会である。なお，株主総会は，年に最低1回は開催しなければならない。
③ **不適当**：株主の責任は「有限責任」であり，株主が「出資額を超えて責任を負うこと」はない。

問2 日本では基礎的財政収支（プライマリーバランス）が赤字であることが問題となっている。次のA・Bは歳入に関する政策の例であり，ア・イは歳出に関する政策の例である。他の歳入額と歳出額については変化がないとき，A・Bとア・イとの組合せのうち，基礎的財政収支の赤字を歳入と歳出の両面から縮小させるものとして最も適当なものを，下の①～④のうちから一つ選べ。 (16年政経本試)

A　国債発行額を増やして国債収入を増やす。
B　消費税を増税して租税収入を増やす。
ア　国債の利払い費を抑制して国債費の金額を減らす。
イ　公共事業を縮小して，国債費を除く支出の金額を減らす。

① A－ア　② A－イ　③ B－ア　④ B－イ

問2 [答] ④

A：**不適当**。プライマリー・バランスの赤字を縮小させるためには，歳出においては,「国債発行額」を減らし，税収などを増やさなければならない。
B：**適当**
ア：**不適当**：おもに償還費（元金の返済費）と利払い費からなる国債費に注目し，歳出面で赤字の縮小を図るには,「利払い費を抑制して」償還費の割合を増やして増額し，国債の元金を減らさなければならない。
イ：**適当**

問3 次のア～ウは，金融政策に関する説明である。その正誤の組合せとして正しいものを，下の①～⑥のうちから一つ選べ。 (12年政経追試〈改〉)

ア　買いオペレーションは，通貨量（マネーストックあるいはマネーサプライ）を減少させる効果をもつ。
イ　日本銀行は，1990年代後半から断続的に，景気対策を目的として，ゼロ金利政策や量的緩和政策を行った。
ウ　日本銀行は，1990年代の後半から，政府が発行する赤字国債を継続的に引き受けて，政府に資金の提供を行ってきた。

① ア 正　イ 正　ウ 誤　② ア 正　イ 誤　ウ 正
③ ア 正　イ 誤　ウ 誤　④ ア 誤　イ 正　ウ 正
⑤ ア 誤　イ 正　ウ 誤　⑥ ア 誤　イ 誤　ウ 正

問3 [答] ⑤

ア：**不適当**。「買いオペレーション」は市中金融機関の資金を増大させるので，一般に通貨量も増大する。
イ：**適当**
ウ：**不適当**。財政法により，日銀が政府の発行する赤字国債を直接的に引き受けることはできない（市中消化の原則）。

チャレンジテスト②（大学入学共通テスト実戦演習）

問1 模擬授業に参加したところ，世論形成における個人やマスメディアの表現活動の意義について次の資料を用いて説明がされた。資料から読みとれる内容として最も適当なものを，後の①～④のうちから一つ選べ。　（23年政経本試）

> **判例1**：最高裁判所民事判例集40巻4号
> 「主権が国民に属する民主制国家は，その構成員である国民がおよそ一切の主義主張等を表明するとともにこれらの情報を相互に受領することができ，その中から自由な意思をもつて自己が正当と信ずるものを採用することにより多数意見が形成され，かかる過程を通じて国政が決定されることをその存立の基礎としているのであるから，表現の自由，とりわけ，公共的事項に関する表現の自由は，特に重要な憲法上の権利として尊重されなければならないものであり，憲法21条1項の規定は，その核心においてかかる趣旨を含むものと解される。」
>
> **判例2**：最高裁判所刑事判例集23巻11号
> 「報道機関の報道は，民主主義社会において，国民が国政に関与するにつき，重要な判断の資料を提供し，国民の『知る権利』に奉仕するものである。したがつて，思想の表明の自由とならんで，事実の報道の自由は，表現の自由を規定した憲法21条の保障のもとにあることはいうまでもない。」

① **判例1**によれば，個人の表現の自由は，民主主義過程を維持するためではなく個人の利益のために，憲法第21条第1項によって保障される。

② **判例1**によれば，公共的事項にかかわらない個人の主義主張の表明は，憲法第21条第1項によっては保障されない。

③ **判例2**によれば，報道機関の報道の自由は，国民が国政に関与する上で必要な判断資料の提供に寄与するため，憲法第21条によって保障される。

④ **判例2**によれば，思想の表明とはいえない単なる事実の伝達は，憲法第21条によっては保障されない。

問1 ［答］ ③

法律文書や判例などの内容を読み取らせようという共通テストの目的に沿った問題。

③ **適当**

① **不適当**：**判例1**に照らして，「民主主義過程を維持するためではなく」が不適当。

② **不適当**：**判例1**に照らして，「公共的事項にかかわらない個人の主義主張の表明」も「憲法第21条第1項によって保障」される。

④ **不適当**：**判例2**に照らして，「思想の表明とはいえない単なる事実の伝達」も「憲法第21条によって保障」される。

問2 所得の不平等を表すものとして，右の図に示したローレンツ曲線がある。図は，横軸に所得の低い人から高い人の順に人々を並べた場合の人数の累積比率，縦軸にそれらの人々の所得の累積比率をとり，所得分布の状態を示したものである。たとえば，図の45度線は，所得の低い方から60パーセントまでの人々が全体の所得の60パーセントを占めていることを示している。所得が完全に均等に分配された場合，ローレンツ曲線は45度の直線になり，不平等が大きくなるほど45度線から乖離する。二つの異なる所得分布の状態が，曲線Aと曲線Bでそれぞれ示されるとき，この図から読みとれることとして正しいものを，下の①～④のうちから一つ選べ。

(18年センター試験政経本試)

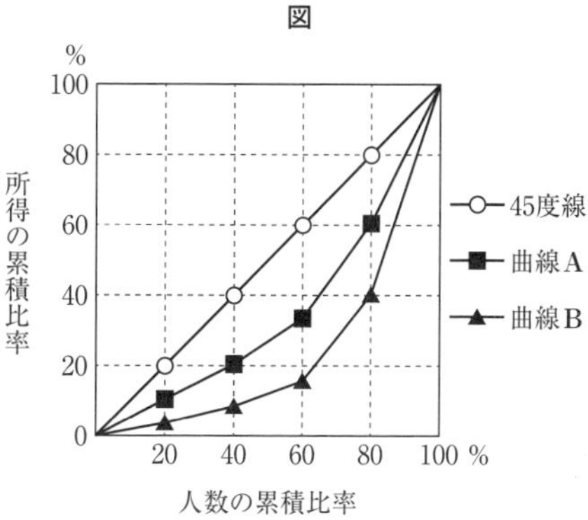

① Aの所得分布で示される不平等の度合いは，Bの所得分布で示される不平等の度合いよりも大きい。

② Bで示される所得分布では，所得の高い方から上位20パーセントまでの人々が全体の所得の80パーセント以上を占めている。

③ Bで示される所得分布では，すべての人の所得が同じ割合で増えると45度線の所得分布により近づく。

④ Aで示される所得分布では，所得の低い方から80パーセントまでの人々が全体の所得の50パーセント以上を占めている。

問2 [答] ④

ローレンツ曲線（所得や貯蓄(ちょちく)の格差などを示す際に使われるグラフ）が取りあげられているが，ローレンツ曲線に関する知識がなくても，論理的に考えれば正答できる問題。

④ **適当**：曲線Aにおいては，人数の累積(るいせき)比率80%までの人が所得総額の60%を占めている。

① **不適当**：問題文中の「不平等が大きくなるほど45度線から乖離」という記述に照らして考えると，曲線Bの方が格差が大きく，不平等である。

② **不適当**：曲線Bにおいては，所得の上位から20%までの人が所得総額の60%を占めている。

③ **不適当**：同じ割合で所得が増えれば，所得格差の分布は変わらず（＝ローレンツ曲線の形状は変わらず），曲線Bが「45度線の所得分布により近づく」ことはない。

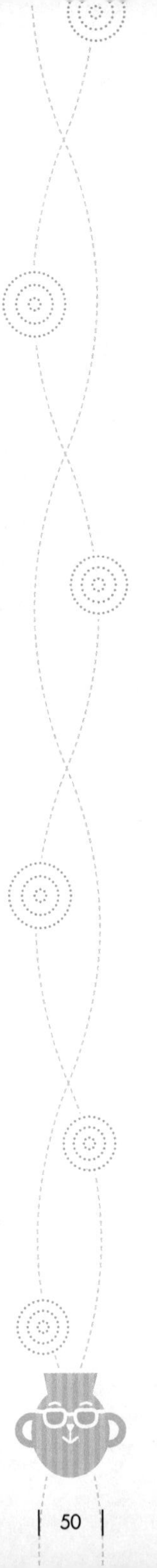

第3編　現代社会の諸問題

第３編では，第２編では本格的には扱っていない国際政治や国際経済の課題を含め，現代社会の諸課題について学んでいこう。この第３編は「公共」と「倫理」を融合した，多種多様なテーマを網羅的に取り上げている。

「公共・倫理」における「公共」に相当する出題は，このテーマ９～12をめぐる出題が中心になるだろうから，全編の学習が一度終わった後，必ずもう一度，見直そう。

第３編は，八つのテーマで構成されている。そのうち，テーマ９～12では，おもに現代社会の一般的特徴，日本社会固有の課題，現代の日本に住む私たちの生活に密着した課題，グローバル社会の課題を中心に，やや政治色や経済色の強いテーマを取り上げている。テーマ13～16では，生命倫理，地球環境，情報社会，異文化理解や共生をめぐる課題を中心に，やや倫理色の強いテーマを取り上げている。

これらが出題される場合，知識の有無よりも，与えられた現象から、政治・経済や倫理的な課題を見極める思考力・判断力が問われる傾向が強い。安易な暗記に頼らず，常に「何が政治・経済的あるいは倫理的な課題になるか？」という意識をもって，共通テストの傾向に即した学習を進めよう。

それでは，講義を始めよう。

9 現代社会の特徴と差別や偏見の克服 ～大衆社会論・管理社会論を中心に

1 現代社会の特徴～大衆社会

現代社会は，20世紀に入って，受動的・非合理的に判断して行動する大衆が社会を動かすほどの力をもつ大衆社会の様相を強く帯びるようになった。

✤大衆社会が出現した背景

・人口増加による都市人口の増加（都市化）。
・普通選挙制の導入による**大衆民主主義**（**マスデモクラシー**）の成立。
・**技術革新**（**イノベーション**）による大量生産・大量消費の普及。
・マスコミの発達による個人の思考やライフスタイルの画一化・平均化。

✤大衆社会や大衆の特徴

・**基礎集団**（家族や村落など）への帰属意識やコミュニティの結束が薄れる一方で，**機能集団**（学校や会社など）を介した結びつきが発達した。ただし，こうした機能集団は，共通の目的を達成するためだけのものにすぎない。
・アメリカの社会学者リースマン(1909～2002)（『**孤独**(こどく)**な群衆**(ぐんしゅう)』）によれば，**人々は**他人指向型（外部指向型）**の特徴を示し，自立性や主体性を失っていく**。
・知識がありながらも政治過程に参加しない政治的無関心の傾向が強まる。
・フロム(1900～80)（『**自由からの逃走**』）やアドルノ(1903～69)（『権威(けんい)主義的パーソナリティ』）が指摘したように，**権威ある者への絶対的服従と自己より弱い者に対する攻撃的性格が共存する**「権威主義的性格」**の傾向**が強まる。

> ◯ リースマン『孤独な群衆』による性格類型の分類
>
> 伝統指向型…中世以前の社会における類型。人々は，慣習を尊重。
> 内部指向型…資本主義初期から19世紀までの近代社会における類型。人々は，自己の内面的な価値や目標を指向。
> 他人指向型…現代社会における類型。人々は，他人の行為や願望を感じとってそれに従い，他人の評価を基準に行動。

2 現代社会の特徴～官僚制と管理社会

現代社会は，巨大化した生産・流通・消費のシステムを合理的・能率的に管理する必要から，官僚制（ビューロクラシー）を発達させ，**管理社会**の傾向を強める。

しかし，ドイツの社会学者ウェーバー(1864～1920)（『官僚制』）が「**隷属**(れいぞく)**の容器**」と呼んで，その前途を懸念したように，個人の自由が抑圧される可能性や，官僚組織の巨大化によって統制が困難になっていくことなど，そこにはさまざまな弊害も見られる。

✤ウェーバーが指摘した官僚制の特徴

- **縄張り主義**（**セクショナリズム**）を助長する「**権限の原則**」。
- ピラミッド型の上下関係という「**階層**（**ヒエラルヒー**）**の原則**」。
- テクノクラート（技術系官僚）が幅を利かす「**専門性の原則**」。
- 形式主義や権威主義を生み出す「**文書主義**」。

> ◎ **支配の三類型**
>
> ウェーバーは，『経済と社会』の一部をなす「支配の社会学」において，正当的支配の類型として，①**伝統的支配**，②**カリスマ的支配**，③**合法的支配**の三つを挙げた。①は前近代社会に，②は主に変動期の社会に，③はルールや手続きに依存する近代社会にあてはまるとし，**「官僚制」を，「制定規則による合法的支配」の最も純粋な型**であると論じた。

✤官僚制・管理社会の弊害や問題点を取り上げた人々

- **オーウェル**（1903～50）…イギリスの作家。小説『1984年』で全体主義化した管理社会の恐怖を描いた。
- **フーコー**（1926～84）…『監獄の誕生』で，円形の建物の中央に監視塔，その周囲に独房を配置したパノプティコン（一望監視システム型刑務所）というベンサムが構想した監獄を紹介し，これと**管理社会化を強める現代社会との類縁性を指摘**した。

3 差別と偏見の克服とダイバーシティ社会の実現 

一人ひとりの人間がかけがえのない存在として平等に尊重されなければならない。しかし残念ながら，現実の世界には**さまざまな差別や偏見**が残っている[☞p.193]。

日本においても，被差別部落の人々や障害者，アイヌ民族や在日外国人に対する差別や偏見，さらには性差別（LGBT差別を含む）などの克服すべき課題が残っている。

あらゆる差別や偏見を無くし，社会の力の源泉ともなる創造性や競争力を生み出すダイバーシティ社会（多様な背景をもった人々や価値観を包含し受容する社会）を実現するには，あらゆる人権が法的・制度的に保障されると同時に，一人ひとりが差別の意識をもっていないかを自問し，差別から目をそらさないことが必要である。

✤差別や偏見を無くし，ダイバーシティ社会を実現するための日本の動き

- 在日外国人問題…日本に住む外国人らに向けられる不当な差別的言動の解消のために，**ヘイトスピーチ解消法**（2016制定）を制定。ただし，**罰則規定なし**。
- アイヌ民族問題…従来のアイヌ文化振興法に代わり，**アイヌ民族を「先住民族」と明記した**アイヌ民族支援法（2019制定）を制定。ただし，先住民族としての権利は認めず。
- 障害者問題…**障害者基本法**（1993制定）や**障害者差別解消法**（2013制定）の制定に伴い，政府は国連決議の**障害者権利条約**（2006採択）を批准。障害者雇用促進法を度々改正（直近は2023）。
- その他…女性活躍推進法（2015成立）やLGBT理解増進法（2023制定）の制定，外国人の受け入れなど。

ここが共通テストのツボだ!!

ツボ ❶ 「大衆」とは，どのような人々だろうか？

「**大衆**」と似た言葉に「**公衆**」や「**群衆**」がある。これらの区別は以下の通り。

- **公衆**…「主体的・合理的に判断し行動する人々」を意味する。
- **群衆**…「群がり集まった多くの人々」を意味する。
- **大衆**…「社会の大部分を占める一般の人々」を意味する。ただし，「**公衆」と異なり，「大衆」は受動的・非合理的に行動**する。

大衆社会論の原点に立つスペインの哲学者オルテガ(1883〜1955)は，『大衆の反逆』において，大衆を批判し，ノーブレス・オブリージュ（地位に伴う義務）を自覚した者による社会指導を求めたことも知っておこう。

ツボ ❷ パノプティコンをめぐる議論について詳しく知ろう。

ベンサム(1748〜1832)[☞p.242]は，実現はしなかったが，監獄・懲治(ちょうじ)施設プランとして，右図のような独房を放射状に配した監獄であるパノプティコン（一望監視システム型刑務所）を建設すべきだと主張した。

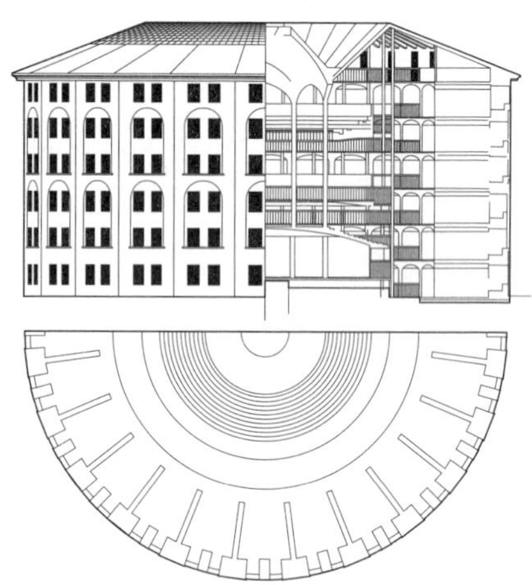

これは，当時の劣悪(れつあく)な監獄の環境を批判し，独房を設けて衛生環境を向上させ，監獄内に技術訓練所を設けることを提案するなど，**人道主義的な監獄をつくることを意図したもの**であった。

しかし，フーコー[☞p.270]は，**囚人が常に監視されていることを強く意識し，自ら規律化され従順な身体を形成していく**ことに注目し，**パノプティコンこそ，現代の権力のあり方を象徴し，身体をも支配していく監視社会の原形だと見なした**のである。

ベンサムが管理社会を構築すべきだと主張したのではなく，ベンサムの構想から現代社会にも通じる思想を，フーコーが読み解いたということに注目しよう。

基礎力チェック問題

問1 次のアとイは，パーソナリティに関する現代の思想家の見解についての記述である。その正誤の組合せとして正しいものを，下の①～④のうちから一つ選べ。 (12年倫理本試〈改〉ほか)

ア リースマンは，他人の行動に照準を合わせて自己の行動を決定していくパーソナリティを「他人指向型」と呼ぶが，現代の大衆社会では個々人が自己閉塞(へいそく)的になり，このような性格は見られなくなったと主張している。

イ アドルノが「権威主義的性格」と呼ぶものは，民主主義を否定して，非合理的な扇動や権威によって国民を強力に統率する性格類型を意味し，それは，ファシズムの指導者に顕著に見られるものである。

① **ア** 正 **イ** 正　② **ア** 正 **イ** 誤
③ **ア** 誤 **イ** 正　④ **ア** 誤 **イ** 誤

問1 [答] ④

ア：**誤文**。現代の大衆社会において，他人指向型の性格が「見られなくなった」とはいえない。
イ：**誤文**。「権威主義的性格」は，「ファシズムの指導者」ではなく，ファシズムの指導者を支持する大衆に見られる心理である。

問2 ウェーバーが挙げた官僚制の特徴についての記述として最も適当なものを，次の①～④のうちから一つ選べ。 (08年倫理本試)

① 組織の構成員の個性や自発性が重視され，その個性の多様な発展によって組織が積極的な活動を行うことが期待される。
② 組織の構成員の非専門性が特徴であり，非熟練労働者を効率的に利用することを目指している。
③ 組織の構成員は，個人的な感情や価値観をもちこまず，規則に従って効率的に仕事をこなすことを求められる。
④ 組織の構成員は通常，心理的な柔軟性をもたず，権威に依存しやすい性格の人々である。

問2 [答] ③

③ **適当**
① **不適当**：ウェーバーによれば，官僚制においては，「個性や自発性が重視」されることはない。
② **不適当**：ウェーバーによれば，官僚制は，構成員の専門性を特徴とする。
④ **不適当**：ウェーバーによれば，官僚制の構成員が「権威に依存しやすい性格」とは限らない。

問3 差別に対する姿勢として適当でないものを，次の①～④のうちから一つ選べ。 (07年倫理本試)

① 差別が続く一因は，日常生活の中に存在する差別に気づいていないことにある。そこで，差別とは何かを考え，身近にある差別から目をそらさないようにする。
② 差別が続く一因は，差別の構造を明らかにすることで差別する意識が生まれるところにある。そこで，差別の構造については学び知る機会を設けないようにする。
③ 差別が続く一因は，差別を生み出してきた要因や背景が十分に理解されていないことにある。そこで，差別の社会的要因や歴史的背景について学ぶようにする。
④ 差別が続く一因は，他者の痛みや苦しみにまで思いが及ばないことにある。そこで，想像力を働かせて，差別すること・されることについて考えるようにする。

問3 [答] ②

② **不適当**：「差別の構造については学び知る機会を設けないように」したのでは，差別を表面的に覆い隠すことになり，解決の糸口を失ってしまう。
①③④ **適当**

10 日本社会の現状と課題 ～少子化・高齢化を中心に

1 家族形態の変容と家族機能の外部化・社会化

近代の工業化と都市化の進展に伴い，都市部では一組の夫婦と未婚の子どもからなる家族，または夫婦のみの家族の形態が増える**核家族化**が進行するといわれる。

日本でも1960年代以降，核家族化が進んだ。しかし，1980年代に入ると，核家族化は停滞し，現在では，晩婚化による単身者や，高齢化の進行により配偶者と死別した高齢者の単独世帯が増加している。また，**家族のあり方も多様化**している。

✤家族機能の外部化・社会化

かつての家族は**生活に必要なものを生産する場**であったが，例えば生産は家庭から工場へ，結婚式や葬式は家庭から式場へ，出産は家庭から病院へ委（ゆだ）ねられるようになり，**家族の果たす機能は縮小**していった（**家族機能の外部化・社会化**）。

✤これまでの家族観には当てはまらない家族形態も増加

- **DINKs**（共働きで子どものいない家庭）の登場。
- 離婚率の上昇などを背景に，母子家庭や父子家庭が増加。また，**ステップファミリー**（子連れ再婚家庭。継家族）など，新しい家族形態も見られる。

2 現代の家族が抱える課題

かつては，男性は外で働き，女性は**専業主婦**として教育と育児を担うという性別による役割分業が当たり前とされていた。しかし，現在では，家族形態の多様化や家族観の変化に伴い，こうした**性別役割分業観は見直される傾向にある**。

✤性別役割分業の見直し

日本政府は，女子差別撤廃条約の批准に伴い，**男女雇用機会均等法**（1985成立）を制定した。また，男女に関わりなく個性と能力を十分に発揮できる社会を目指して，**男女共同参画社会基本法**（1999制定）を制定した。

> ◯ フェミニズムについて
>
> フランスの作家で哲学者の**ボーヴォワール**（1908～86）は，**『第二の性』**において，**「人は女に生まれるのではない，女になるのだ」**と述べ，**フェミニズム**（**女性解放**）の立場から，つくられた「女らしさ」と，それを押しつける男性中心の社会のしくみを批判した。

✤現代の家族が抱える問題

家族内のコミュニケーションの減少，**引きこもり**，**DV（ドメスティック・バイオ**

レンス），さらには**育児ノイローゼ**からくる**ネグレクト**などの児童虐待も深刻化。

この背景には，**非正規雇用**の増加などに伴う経済的貧困の問題や，核家族化の進行や地域コミュニティの絆の脆弱化に伴う子育てへの不安感などがある。

3 少子化・高齢化

日本では現在，他国に類を見ないほどの少子化と高齢化が急速に進行している。

✤少子化の現状と背景

・現状…**合計特殊出生率**（一人の女性が一生に産む子どもの数）が**1974年以降，2.08（人口置換水準）を下回っており，日本は1997年に少子社会となった。**

2005年には，合計特殊出生率が最低の1.26へ低下し（1.26ショック），日本の総人口は戦後初めて自然減少に転じた。

・対策…日本政府は，エンゼルプランの策定(1994)を皮切りに，育児休業制度の整備，保育所の充実などの子育て支援や，乳幼児や妊婦への保健サービスの強化，**仕事と家庭生活の調和（ワーク・ライフ・バランス）**を図っている。

また，**男女雇用機会均等法**や**育児・介護休業法**(1995制定)や**男女共同参画社会基本法**などを制定し，労働環境や**社会的性差（ジェンダー）**意識や性別役割分業観の見直しや，女性の**エンパワーメント**（活力）の向上・支援を求めている。

結果，合計特殊出生率は一時期上昇したが，現在（2023年）再び1.26に低下。

✤高齢化の現状と背景

・現状…日本社会は，**1970年に全人口の7%を65歳以上の高齢者が占める高齢化社会**となり，1994年には**高齢者人口が14%を超える高齢社会**となった。**現在（2023年）は，29%程度**であるが，2035年には32%を超えると予測されている。

・対策…日本政府は，ゴールドプランの策定(1989)を皮切りに，特別養護老人ホーム，**デイサービス**，**ショートステイ**などの施設の整備，ホームヘルパーの養成，グループホームの整備などを推進している。

また，**高齢者介護は在宅福祉を基本とするとしながらも，社会全体でこれを担う**という考えから，**介護保険制度**を施行(2000)。その一方で，医療制度・年金制度を改革し，高齢者にも相応の負担を求めている。

4 すべての人が共生できる社会・福祉の理念

日本社会の現実を踏まえ，老いや障害についての理解を深めることも必要。

✤共生社会や福祉の基本理念

・**ノーマライゼーション**…高齢者・若者，障害者・健常者の区別なく，**すべての人がありのままの姿で生活できるような社会**が社会本来の姿であるという考え。このための鍵の一つが，**各種コミュニティの再生**である。

・**バリアフリー**…日常生活や社会生活における物理的，心理的な障害や，情報に関わる障壁などを取り除いていくこと。

ここが共通テストのツボだ!!

ツボ 1 日本社会をめぐる，ありがちな誤解を解いておこう。

・**核家族化**…1920年の段階で，日本の家族の約50%は核家族であった。「**戦前は大家族が多く，核家族は少なかった」という言説は，正しくない。**

高度経済成長期ごろまでは核家族の割合が60%程度にまで増加していったが，1980年代以降は停滞もしくはやや減少傾向にある。

・**晩婚化・少子化の原因**…かつては，女性の高学歴化や社会進出が原因とされていたこともあったが，明確な因果関係は示されていない。

現実には，**高収入の女性の方が多くの子どもをもつ傾向にある**ことから非正規雇用の増加などによる将来への不安の影響の方が大きな原因と考えられる。

・**介護保険制度**…**保険料納付義務は，40歳から発生**（国民年金の納付義務は，20歳から発生）。介護サービスを受けるには，介護認定審査会による認定が必要であり，**有料**（最低でも1割の自己負担）。

社会現象を単純化して捉えることは危険。多面的に考察するようにしよう。

ツボ 2 人口減少や少子化・高齢化に伴う問題を整理しておこう。

人口減少，少子高齢化に伴う問題として，主に以下の四つが考えられる。

・**経済規模の縮小**…**労働人口の減少**により，経済規模が急速に縮小する。その結果，国民負担の増大が経済の成長を上回り，国民一人ひとりの豊かさが低下する。

・**基礎自治体の担い手の減少**…労働人口の減少により，今後，**大都市圏を中心に**，多数の高齢者が医療・介護が受けられない事態が生じかねない。

・**社会保障制度と財政の持続可能性**…現役世代が多くの高齢者を支える**肩車社会**の到来に伴い，**社会保障に関する給付と負担の間のアンバランス**が一段と強まる。

・**理想とする数の子どもをもてない社会**…生活水準の低下によって，理想とする数の子どもをもてなくなり，ますます少子化が加速する。

日本の人口減少や少子化・高齢化には，歯止めが利かない。今後は，人口増加を前提とした社会設計を抜本的に見直す必要があるだろう。

基礎力チェック問題

問1 社会保障制度の見直しが議論されている。その背景に関する記述として適当でないものを，次の①～④のうちから一つ選べ。

(10年倫理本試)

① 家族形態の多様化や女性の社会進出に伴い，家族機能の外部化が進んだ。

② 医療技術の発達に伴う死亡率の低下により，老年人口の比率が高まった。

③ 都市化や核家族化の進展により，地域社会の相互扶助機能が強まった。

④ 高度経済成長期を境にして，出生率が低下し，少子化が急速に進んだ。

問1 [答] ③

③ **不適当：都市化**や**核家族化**が進展すると，地域社会(コミュニティ)の相互扶助機能は弱まる傾向にある。

①②④ **適当**

問2 現代日本の地域社会の状況に関する記述として適当でないものを，次の①～④のうちから一つ選べ。(12年倫理追試)

① 核家族化によって親族間の相互扶助機能が低下しており，家庭内部で解決できない問題について，より広い助け合いの必要性が高まっている。

② 高齢化が進むとともに，高齢者が高齢者を介護する老老介護の問題が深刻化し，地域社会で介護を支援する必要性が高まっている。

③ 男女の性別役割分業が見直されるようになり，家事や育児を男女間で分担することや，保育所などの社会サービスの充実が求められている。

④ 夫婦間，親子間における暴力が注目されるなか，家族の問題は家族で解決できるように，公的機関による干渉の自制が求められている。

問2 [答] ④

④ **不適当**：「公的機関による干渉の自制が求められている」という記述は不適当。「**DV**(**ドメスティック・バイオレンス**)**防止法**」の制定(2001年)などにより，以前とは違って，警察や行政機関などの**公的機関が問題に介入できるようになった**。

①②③ **適当**

問3 高齢化が進む中で現在問題となっていることの記述として適当でないものを，次の①～④のうちから一つ選べ。(99年倫理本試)

① 高齢者の方が若い世代よりも有病率が高いため，老年人口比率の増加は医療費の増大を招きがちであり，医療保険の財政が苦しくなっている。

② 健康な青壮年には不都合なく利用できる道路や建築物が，高齢者が普通の生活をしていくうえで支障となる場合があり，ノーマライゼーションを妨げるようなまちづくりが問題となっている。

③ 公的年金制度は世代間の連帯によって支えられているため，保険料を支払う人と年金を受け取る人のバランスが崩れて，公的年金の財政が苦しくなりつつある。

④ 施設を嫌う高齢者の数が増えてきたため，老人ホームの入所希望者が減りつつあり，老人ホームの施設数の過剰が問題となっている。

問3 [答] ④

④ **不適当**：「老人ホームの施設数の過剰が問題となっている」という記述は不適当。むしろ，急速な高齢化に対応できず，**施設不足が深刻化**している。

①②③ **適当**

11 公共的な空間におけるさまざまな問題 ～政党政治，消費者問題，食料自給問題など

1 日本の政党政治の歴史と政治的無関心

戦後，長期政権を担う自由民主党と，日本社会党を中心とする野党が対峙(たいじ)する**55年体制**(**1½政党制**)が長く続いた。1993年に非自民勢力による連立政権(細川(ほそかわ)内閣)が成立し55年体制は崩壊した。その後は，新党結成や合流などの政党再編の動きが続いており，混迷している。**人々の政治的無関心も根深く**，近年の国政選挙の投票率は50%台。これでは**有権者の半数程度の民意が政治に反映されていない**ことになる。

> ◎ 政党とは，自ら掲げる政策を実現するために，有権者に訴え，選挙で議席を獲得し，政権獲得を目指す集団。自らの利益獲得を目指す利益団体(圧力団体)とは異なる。

✤ **国政選挙**(**公職選挙法**による〔事務担当は**選挙管理委員会**〕。選挙権年齢は18歳)
- **衆議院選挙**…**小選挙区比例代表並立制**(比例区は**拘束名簿(こうそくめいぼ)式**で**重複立候補**が可)
- **参議院選挙**…選挙区制(原則，都道府県単位)と比例代表制(原則，**非拘束名簿式**)

✤ **近年の選挙制度・政治制度改革**
- 連座制(公職選挙法による)の強化。政党は**政党交付金**(**政党助成法**による)を受給する一方，**政治資金規正法**により**政治家個人に対する企業団体献金は禁止**。

2 国民の司法参加～裁判員制度と死刑制度

世論と最高裁の合憲判決を背景に，**日本は死刑制度を存続させている**(世界的には140か国以上が事実上廃止)。そのため，今日の私たちは，裁判員制度 [☞p.37] **のもと，死刑について判断しなければならない立場に立たされる可能性がある**。

✤ **死刑制度に対する代表的な意見**
- 凶悪犯罪に対する当然の報い(応報刑)←─「正義」や「公正」とは何か？
- 冤罪(えんざい)の可能性がある以上，死刑以外の可能性を探るべき。←┘
- 死刑制度の存在が犯罪の抑止に繋(つな)がる(一般予防)。←─実証できるのか？

3 消費生活をめぐる諸問題

現代の私たちは，市場経済において**消費生活**を営む一方，欠陥(けっかん)商品や**悪質商法**(マルチ商法やキャッチセールスなど)にも晒(さら)されている。また，クレジットカードや電子マネーなどの普及にともない，**企業によって消費欲求を煽(あお)られる**こと(**依存(いそん)効果**)で消費依存に陥(おちい)り，**自己破産**する者も増加している。

✤消費者を保護する法律や制度

・法律…「消費者の権利の尊重とその自立支援」を理念とする**消費者基本法**(2004制定)(同法に基づき，内閣府に**消費者政策会議**が設置された)。**製造物責任（PL）法**(1994制定)（企業が製品の欠陥による被害に責任を負う)，**消費者契約法**(2000制定)など。

・制度…**消費者庁**や**国民生活センター**（各地の**消費生活センター**と連携(れんけい)して苦情処理などを行う)の設置。**クーリング・オフ制度**（訪問販売などで購入後，**一定期間内なら無条件で**契約を解除できる制度)，**消費者団体訴訟(そしょう)制度**（消費者団体が，消費者に代わって，不当行為の差し止めを請求できる制度）など。

4 「働く」ということ

受験生もやがては，労働者として経済社会に参加するだろう。労働者と使用者の間には，**契約自由の原則**があり，労使は対等のはずである。しかし，**現実の労働者は立場が弱く，不利な条件で働かされ，過労死する人も少なくない**（**ブラック企業**問題)。

✤労働者の保護

・憲法…労働者に**労働基本権**（**団結権**，**団体交渉権**，**団体行動権**［**争議権**］）を認める（ただし，すべての公務員に争議権，警察職員などには三権すべてを認めず)。

・法律…**労働三法**（**労働組合法**(1945制定)，**労働関係調整法**(1946制定)，**労働基準法**(1947制定)），**最低賃金法**(1959制定)，**労働者派遣法**(1985制定)，**パートタイム労働法**(1993制定)，**男女雇用機会均等法**や**育児・介護休業法**など。

✤労働環境や労働形態の変化，中小企業をめぐる環境

・バブル景気の後…**日本的雇用慣行**（**終身雇用制**，**年功序列(ねんこうじょれつ)賃金**，**企業別組合**）が見直されつつある一方，賃金の安い**非正規雇用労働者**が増加している。

・労働形態…**変形労働時間制**，**フレックスタイム制**，**裁量労働制**，**高度プロフェッショナル制度**，在宅勤務などが導入され，多様な働き方が模索されている。

・外国人労働者…現在は，**特定技能**制度を利用して就労することが可能である。

・中小企業問題…総労働者の約70%が中小企業従業員（事業所数は約99%，出荷額は約50%)。大企業との間に，資本金・労働生産性・賃金などで大きな格差がある（**二重構造**)。**ニッチ産業**で活躍する**ベンチャー企業**もあるが，多くが大企業の**下請(したう)け**をしたり，諸外国との厳しい競争に晒(さら)されたりと，経営環境は厳しい。

5 日本の農業をめぐる諸問題

戦後，政府は農業所得の向上などを目的に農業基本法を制定したが，現在の**農業就労人口は，全就労人口者の約3%，GDPに占める出荷額の割合は約1%**にまで低下している。この結果，**日本の食料自給率（カロリーベース）は40%弱**にまで落ち込んでおり，**食の安全**や**食料安全保障**が懸念(けねん)されている。

✤農業振興のために

・政府…**食料・農業・農村基本法**により，安全性の確保と自給率の上昇をめざす。

・農家…AI（人工知能）の活用。**六次産業**化（生産・加工・販売の融合）など。

第3編 現代社会の諸問題 1 現代社会の公共的な課題

ここが共通テストのツボだ!!

ツボ 1 選挙や国民投票で民意を問うたり，反映したりできるのか？

政党XとYの政策（財政・外交・環境）を考慮して，有権者5人が，いずれかの政党を選ぶとしよう。

右の図は，有権者1は，財政はX，外交もX，環境はYの政策を支持していて，政党を選ぶ場合，支持する政策の多いXに投票することを示している（以下，有権者2～5についても同様）。

有権者	財政	外交	環境	支持政党
1	X	X	Y	X
2	X	Y	X	X
3	Y	X	X	X
4	Y	Y	Y	Y
5	Y	Y	Y	Y
多数決の結果	Y	Y	Y	X

選挙は3対2でXが勝つ。しかし，個々の政策を見ると，3対0でYの政策が支持されている（オストロゴルスキーのパラドックス）。

選挙が必ずしも民意を正確に反映しているわけではないことが分かる。しかし，国政で，国民投票を実施して，個々の問題を問うことは難しい。

ツボ 2 学生が巻き込まれやすい「ブラックバイト」への対抗方法を知ろう。

労働者の無知につけ込み，法令に違反して働かせている企業がある。

アルバイトやパート労働であっても，労働契約を結んでいる以上，労働基準法をはじめ**さまざまな法律で守られている**。まずは働くときに，「雇用契約書」や「労働条件通知書」などで労働契約の内容をしっかり確認しよう。

「雇用契約書」や「労働条件通知書」に明示しなければならない事項	
労働基準法による	・労働契約の期間，仕事をする場所や仕事内容など ・勤務時間や，残業の有無や休日など ・賃金の計算方法や支払期間など ・退職に関することや解雇事由など
パートタイム労働法による	・昇級や退職手当や賞与の有無

無用なトラブルに巻き込まれないために，法的な証拠を残すなどの自衛策を講じたり，労働基準監督署や関連NPOに相談したりしよう。

基礎力チェック問題

問1 日本の政党や政党政治をめぐる状況に関する記述として最も適当なものを，次の①～④のうちから一つ選べ。（15年現社本試）

① 政治資金に関して収支を報告することは，法律上，政党に対して義務づけられていない。
② 国が政党に対し政党交付金による助成を行うことは，法律上，認められていない。
③ 連立政権を構成している政党のうち，内閣総理大臣が所属していない政党も，与党と呼ばれることがある。
④ 自由民主党と日本社会党との対立を軸とする「55年体制」と呼ばれる状況が，今日まで一貫して続いている。

問2 消費者問題にかかわる日本の法制度の説明として正しいものを，次の①～④のうちから一つ選べ。（20年政経本試）

① 特定商取引法の制定により，欠陥製品のために被害を受けた消費者が，損害賠償請求訴訟において製造業者の無過失責任を問えるようになった。
② 消費者団体訴訟制度の導入により，国が認めた消費者団体が，被害を受けた消費者に代わって訴訟を起こせるようになった。
③ 消費者庁の廃止により，消費者行政は製品や事業ごとに各省庁が所管することになった。
④ リコール制度の改正により，製品の欠陥の有無を問わずその製品と消費者の好みに応じた製品との交換が可能になった。

問3 次の文章は，日本における雇用環境の変化について説明したものである。［ア］・［イ］に当てはまる語句の組合せとして正しいものを，下の①～④のうちから一つ選べ。（16年政経追試）

> 終身雇用，年功序列賃金，［ア］という三つの労使慣行は，日本的経営の特徴とされてきた。しかし，低成長の時代において終身雇用や年功序列賃金を維持することは困難になっており，労働組合の組織率も低下傾向にある。
> こうした労使慣行の動向とともに労働者の働き方にも変化が生じている。たとえば，実際の労働時間にかかわらず使用者と従業員代表との間であらかじめ合意した時間を働いたものとみなす［イ］を導入する企業もある。

① **ア** 企業別組合　**イ** フレックスタイム制
② **ア** 企業別組合　**イ** 裁量労働制
③ **ア** 職業別組合　**イ** フレックスタイム制
④ **ア** 職業別組合　**イ** 裁量労働制

問1 ［答］③

③ **適当**
① **不適当**：義務づけられている。
② **不適当**：**政党助成法**により認められている。
④ **不適当**：「一貫して続いている」は不適当。**「55年体制」は1993年の細川内閣成立をもって崩壊**した。以後，複数の政党が政権を担当する**連立政権**の時代になる。その中で，自民党首班ではなく，社会党首班の政権や民主党政権が成立したことがある。

問2 ［答］②

② **適当**
① **不適当**：「特定商取引法」を「**製造物責任（PL）法**」に替えれば正文。
③ **不適当**：消費者庁は「廃止」されていない。
④ **不適当**：**リコール制度**とは，欠陥品の無償修理・交換・返金・回収などを行う制度であるが，「消費者の好みに応じた製品との交換」は不可。

問3 ［答］②

ア：日本における労使慣行の一つに，「企業別組合」がある。
イ：いわゆる「みなし労働」のことであり，「**裁量労働制**」を入れるのが適当。「**フレックスタイム制**」は，あらかじめ総労働時間を決めたうえで，労働者が，日々の出社時間や退社時間を自由に決められるという制度である。

12 グローバル社会の歴史とさまざまな問題 ～国際政治の歴史，SDGs，南北問題など

1 グローバル社会の現在と過去

現在の国際政治は，**単独行動主義(ユニラテラリズム)**の傾向を強めているアメリカと，大国復活を目指すロシア，東欧諸国まで取り込んで拡大しているEU(欧州連合)やAU(アフリカ連合)，経済発展著しい中国やインドなどを軸として動いている。

✤第二次世界大戦後の国際政治の歴史

第二次世界大戦後，イデオロギー(思想)の違いから，核超大国のアメリカを中心とする資本主義国(西側)が北大西洋条約機構(NATO(ナトー))，ソ連を中心とする社会主義国(東側)がワルシャワ条約機構という軍事同盟を結成するなどして対立(東西冷戦(れいせん))。**朝鮮戦争**や**ベトナム戦争**などの米ソの**代理戦争**(**米ソの直接交戦はない**)。

1950年ころからは，西ヨーロッパ諸国や日本が経済的に発展した。**民族自決の原則**のもと，アジア・アフリカの植民地があいついで独立して第三世界を形成し，国際的な発言権を強めていく。一方，ソ連は経済停滞に，アメリカは**双子(ふたご)の赤字**(財政赤字と貿易赤字)に悩み，力を弱め，世界は多極化していった。

1985年にゴルバチョフ(1931～2022)がソ連のトップに就任して，国内ではペレストロイカ(改革)を展開し，西側との協調路線(**新思考外交**)を採ると，米ソ関係は急展開し，1989年には米ブッシュ(父)大統領とともに冷戦終結を宣言する(マルタ会談)。しかし，その2年後，ソ連は崩壊。2001年にはアメリカで同時多発テロ事件が起きた。

✤先進国内にも見られる独立分離運動や少数民族問題

イギリスのスコットランド問題(イギリス自体もEUから離脱[BREXIT(ブレグジット)])，スペインのカタルーニャ地方の分離独立問題やバスク問題など。

2 MDGs／SDGsと国際連合(国連)

第二次世界大戦後，世界の平和と安全の維持，人権の保障などを目的に組織されたのが国際連合(国連)である。東西冷戦終結後，その存在意義がますます増している。

国連は，**人間一人ひとりに着目する「人間の安全保障」**という理念が注目された国連ミレニアム・サミットにおいて，国連ミレニアム宣言を採択(2000)し，世界の貧困の削減とそのための八つの目標を掲げた「ミレニアム開発目標(2001)(MDGs(エムディージーズ))」を策定した。

2015年には，MDGsで達成できなかった目標と，新たな課題に取り組むために，「**地球上の誰1人として取り残さない**」というスローガンの下，2030年を期限として，17の国際目標を定めた「**持続可能な開発目標(SDGs(エスディージーズ))**」を策定した。

✤国際連合について

・構成…総会，事務局，国際司法裁判所，経済社会理事会，信託統治理事会（現在は活動停止中），安全保障理事会（安保理）の6主要機関。**集団安全保障体制**をとる。
・安保理…拒否権をもつ5か国の常任理事国（米・英・仏・露・中）と10か国の非常任理事国（任期2年）で構成。国際社会の安全と平和について主要な責任を負う。
・国連自体が抱える問題…恒常的な財源不足問題，安保理改革（日本は，常任・非常任議席双方の拡大を求めている），国連軍が創設されておらず，国連憲章に規定のないPKO（国連平和維持活動）が安全保障機能を果たしていることなど。

3 南北問題と貧困

現在80億人以上が住んでいる地球には，全人口の約2割しか占めていないのに，人間が1年間に使う全エネルギーの約75%を消費している先進国の住民がいる。

その一方で，植民地時代に**モノカルチャー経済**を押しつけられた地域を始めとする南の発展途上国を中心に，約3億3,300万人の子どもが**国際貧困ライン**（1日2.15ドル以下の生活）以下の状態にあり（2022年），人権が脅かされている（南北問題）。

✤南北格差の是正・貧困撲滅に向けた取組み

・国連関連…UNDP（国連開発計画），FAO（国連食糧農業機関），WFP（国連世界食糧計画）の活動など。
・ODA（政府開発援助）…途上国への資金援助をはじめ，技術援助（日本ではJICA〔国際協力機構〕が実施する青年海外協力隊によるもの）など。**対GNI比0.7%の実施が国際目標**（**日本は0.4%弱の実施**）。
・グラミン銀行…バングラデシュの銀行。土地を所有していない貧困層の自立を支援することを目的に小規模融資（**マイクロクレジット**）を行う。

4 NGOの活躍と民際化

国際的な諸問題の解決や，平和の創出に最も力を注いでいるのが各国の政府，そして国連およびその関連機関，さらにはさまざまな国際機関である。

・国連機関…UNCTAD（国連貿易開発会議），UNHCR（国連難民高等弁務官事務所），UNICEF（国連児童基金），UNESCO（国連教育科学文化機関）など。
・国際機関…原子力の平和的利用・軍事利用防止のために活動しているIAEA（国際原子力機関）や，個人の戦争責任を問うICC（国際刑事裁判所）など。

しかし，**国家や国際機関はその大きさゆえに，人々の真のニーズに応えられないときがある**。そこで今日では，**機動力の高いNGO（非政府組織）・NPO（非営利組織）の活動**が注目されている。**NGOの中には国際連合との協議資格をもつものもある**（経済社会理事会が資格認定）。

加えて，民際化（市民や民間団体による国の枠を超えた交流）によって，異文化や異なる宗教間の対話を進め，いわゆる「**文明の衝突**」を避けることが必要であろう。

第3編 現代社会の諸問題 1 現代社会の公共的な課題

ここが共通テストのツボだ!!

ツボ ① 世界で活躍する主なNGO（非政府組織）について知ろう。

- 赤十字国際委員会（ICRC）…紛争地域で中立的かつ人道的な支援活動を行っている。
- アムネスティ・インターナショナル（AI）…死刑の廃止，人権擁護（ようご），不当に拘束されている政治犯などの「**良心の囚人**」の救済活動・支援活動を行う。
- 国境なき医師団（MSF）…危機に瀕した人々への緊急医療援助を目的とした活動を行う。
- **地雷禁止国際キャンペーン**（ICBL）…対人地雷の廃絶を求める団体の連合体。この活動は，**対人地雷禁止条約**（1997採択）（オタワ条約）として結実した。同条約に，アメリカやロシアなどの地雷生産国は不参加。
- **核兵器廃絶国際キャンペーン**（ICAN（アイキャン））…核兵器の禁止・廃絶を求める世界のNGOの連合体。この活動は，**核兵器禁止条約**（2017採択）として結実した。**同条約には，アメリカをはじめとする核保有国や日本やドイツやカナダなどは不参加。**
- その他…**クラスター弾禁止条約**（2008採択）（オスロ条約）の実現を呼びかけたクラスター兵器連合（CMC），貧困と不正の根絶を求めて活動する**オックスファム**など。

NGOの活動は，今日の世界において，ますます重要性が増している。

ツボ ② SDGsのポスター・ロゴ・アイコンを見て，目標を一つずつ具体的に確認し，分類しておこう。

“The content of this publication has not been approved by the United Nations and does not reflect the views of the United Nations or its officials or Member States”.

1～6はMDGsとも共通する途上国にとっての大きな社会目標，7～12は先進国にも関係する経済的な目標，13～15は環境・自然に関する目標，16と17は上記のすべてに共通して関わりのある目標である。

基礎力チェック問題

問1 第二次世界大戦後の国際社会の状況に関する記述として最も適当なものを，次の①～④のうちから一つ選べ。　(14年現社追試)

① 植民地支配から独立したアジア・アフリカ諸国は，冷戦期には，東西の各陣営との同盟を重視する立場を表明した。
② ソ連においてペレストロイカが実施され，その改革の気運が，東欧諸国での，市場経済から計画経済への移行を加速させた。
③ アメリカとソ連の両首脳は，マルタ会談において，東西冷戦の終結を宣言した。
④ 欧州連合(EU)には，ワルシャワ条約機構に加盟していた国は参加していない。

問2 国際連合(国連)に関する記述として適当でないものを，次の①～④のうちから一つ選べ。　(19年現社追試)

① 国連が定めた目標や計画について，国連の諸機関とともに協議したり実施したりするための資格をNGOに対して認定する機関は，国連総会である。
② 難民に対する国際的保護や本国への自発的な帰還の支援などを主たる目的とする常設の機関は，国連難民高等弁務官事務所(UNHCR)である。
③ 1970年代に国連で採択された，開発途上国が自国の資源を国有化する権利や多国籍企業への規制などを含む宣言は，新国際経済秩序(NIEO)樹立宣言と呼ばれている。
④ 2015年に国連が定めた，貧困や飢餓の撲滅，気候変動への対策などを含む地球規模の課題を解決するために達成すべき目標は，持続可能な開発目標(SDGs)と呼ばれている。

問3 NGO(非政府組織)やNPO(非営利組織)の活動の説明として適当でないものを，次の①～④のうちから一つ選べ。　(08年倫理本試)

① NGO・NPOの長所の一つは，市民が自分の関心と能力にもとづいて，募金や労働など様々な参加の仕方を選択できることにある。
② NGO・NPOは，参加者の善意にのみもとづく活動であり，参加者が金銭的な報酬を得ることは避けるべきであるとされている。
③ NGO・NPOは，ODA(政府開発援助)に比べ，規模は小さくても，地元住民の要求に沿ったきめ細かい支援を行うことができる。
④ NGO・NPOは，市民レベルでの活動であり，政府に頼らず一般市民の間にも地域社会や国際社会への関心を呼び起こすことができる。

問1　[答] ③

③ **適当**
① **不適当**：アジア・アフリカ諸国は，両陣営に属さない第三世界を形成した。
② **不適当**：「市場経済」と「計画経済」を入れ替えれば正文になる。
④ **不適当**：冷戦期，西側諸国の軍事組織の**NATO**(**北大西洋条約機構**)に対して，東側諸国は**ワルシャワ条約機構**を形成して対峙した。これに参加していたポーランドなどの多くの国が，現在，EUに参加している。

問2　[答] ①

① **不適当**：「国連総会」を「経済社会理事会」に替えれば正文になる。
② **適当**
③ **適当**。「新国際経済秩序(NIEO)樹立宣言」とは，1974年の国連第6回資源特別総会で，中東の産油国などが中心となり，**天然資源に対する恒久主権の確認や多国籍企業の規制**などを求めた宣言。
④ **適当**

問3　[答] ②

② **不適当**：NGOやNPOが経済活動を行うことに制約はない。
①③④ **適当**

第3編 現代社会の諸問題 1 現代社会の公共的な課題

チャレンジテスト③（大学入学共通テスト実戦演習）

問1 生徒たちは労働問題について学ぶため，事前学習として，次の図のような求人情報の例を作成し，問題点がないか話し合った。図中の下線部㋐〜㋒について，企業がこの求人情報のとおりに労働者と労働契約を結んだ場合，雇用に関係する日本の法律に抵触するものはどれか。当てはまるものをすべて選び，その組合せとして最も適当なものを，後の①〜⑦のうちから一つ選べ。（22年政経本試）

図

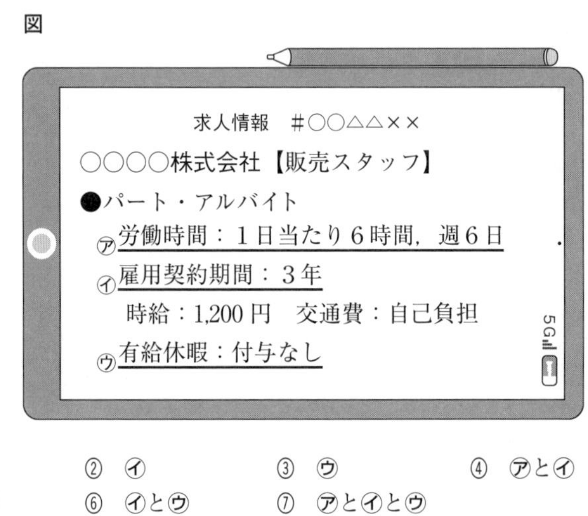

① ㋐　② ㋑　③ ㋒　④ ㋐と㋑
⑤ ㋐と㋒　⑥ ㋑と㋒　⑦ ㋐と㋑と㋒

問1 ［答］ ③

共通テストが重視する「働くこと」をめぐる法律上の知識を問う問題。

㋐ **抵触しない**：労働基準法によれば，法定労働時間は「1日当たり8時間（休息時間を除く），週40時間」（第32条）であり，使用者は労働者に「毎週少なくとも1回の休日」を与えなければならない（第35条）。㋐は，いずれの規定にも抵触しない。

㋑ **抵触しない**：労働基準法によれば，労働契約は「原則として3年を超える期間について締結してはならない」（第14条）。㋑は3年を超えていないので，労働基準法に抵触しない。もっとも，第14条に関する知識を必要とする正誤の判断は，ややレベルが高い。

㋒ **抵触する**：労働基準法によれば，「雇い入れ日から6か月間継続勤務し，全労働日の8割以上出勤した場合，使用者は（**正社員，パート・アルバイトなどの区分とは関係なく**）労働者に，（年次）有給休暇（＝取得しても賃金が減額されない休暇）を与えなければならない」（第39条）。㋐と㋑の条件のもとで，有給休暇を「付与なし」としている㋒は，労働基準法に抵触する。

以上のことから，最も適当な組合せは③になる。

問2 国際社会の平和と安全のためには国家間の協調が重要となる。国家間協調の実現について考えるために，次の表であらわされるゲームを考える。このゲームでは，A国とB国の代表が，互いに相談できない状況で，「協調」か「非協調」のいずれか一方の戦略を1回のみ同時に選択する。その結果として，両国は表中に示された点数を得る。ここで両国は，自国の得る点数の最大化だけをめざすものとする。このゲームの表から読みとれる内容として最も適当なものを，下の①～④のうちから一つ選べ。

（16年政経本試）

表

		B国	
		協　調	非協調
A国	協　調	A国に10点	A国に1点
		B国に10点	B国に15点
	非協調	A国に15点	A国に5点
		B国に1点	B国に5点

① A国にとって，最も高い点数を得るには，「協調」を選択する必要があるが，それにはB国が「非協調」を選択するという条件が必要である。

② A国が「協調」を選択する場合，B国がより高い点数を得るには「協調」を選択する必要がある。

③ A国とB国がともに「協調」を選択すれば，両国の点数の合計は最大化されるが，相手の行動が読めない以上，「協調」を選択できない。

④ A国とB国がともに「非協調」を選択すれば，両国の点数の合計は最大化されるため，「協調」に踏み切ることはできない。

問2 ［答］ ③

ゲーム理論（意思決定の問題や行動の相互依存（いそん）的状況を考えるための数理モデル）が前提になっているが，与えられた条件を読解できれば正答できる問題。

③ **適当**：両国が「協調」を選択すれば，合計点数は最大の20点になるが，「自国の得る点数の最大化だけをめざす」となると，両国ともに，「非協調」を選択して15点を得ようとするので，両国とも「『協調』を選択できない」。

① **不適当**：A国にとって「最も高い点数」となるのは，A国が「非協調」，B国が「協調」を選んだ場合の15点なので，「『協調』を選択する必要がある」は不適当。

② **不適当**：「A国が『協調』を選択する場合，B国は「非協調」を選択した方が，最大値の15点を得ることができるので不適当。

④ **不適当**：両国の合計点数が最大化されるのは，A国とB国がともに「協調」を選択した場合の20点である。「A国とB国がともに『非協調』を選択」した場合は合計10点であり，最大ではない。

第3編 現代社会の諸問題

問3 生徒たちは，アジア通貨危機の発端となったタイについて関心をもった。そこで，タイの通貨バーツと当時のタイの状況および通貨危機についての要点を，次のように**メモ**にまとめた。また，アジア通貨危機が起こった1997年の前後5年にあたる1992年から2002年のタイの外国為替レート（1米ドルあたりのバーツ），経常収支，外貨準備の値を調べ，その推移を作図した。生徒たちが作成した図として適当なものを，外国為替レートについては後の**図ア**か**図イ**，経常収支については後の**図ウ**か**図エ**，外貨準備については後の**図オ**か**図カ**より選び，その組合せとして最も適当なものを，後の①～⑧のうちから一つ選べ。 (22年政経本試)

メモ

> ○アジア通貨危機の前，タイのバーツも含めて，アジアの通貨の中には市場においてヘッジファンドなどによる売り圧力がかけられているものがあった。タイ政府は，通貨の下落を阻止するために，外貨準備を用いて買い支えようとしたが，結局は通貨危機に陥ってしまった。
> ○経済基盤が脆弱で，経常収支赤字が継続している国は，通貨危機が起こりやすいといわれている。

外国為替レート

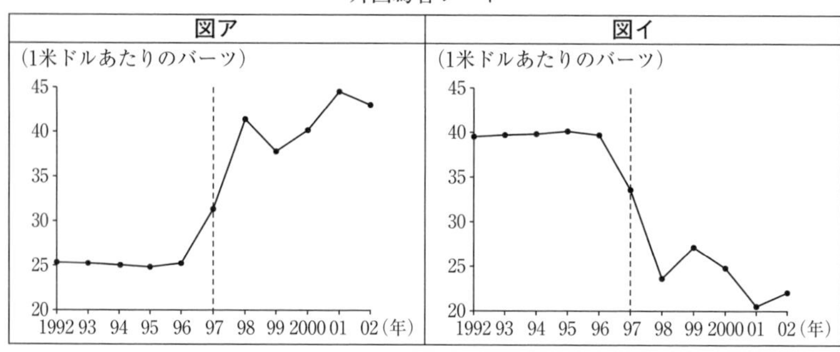

経常収支

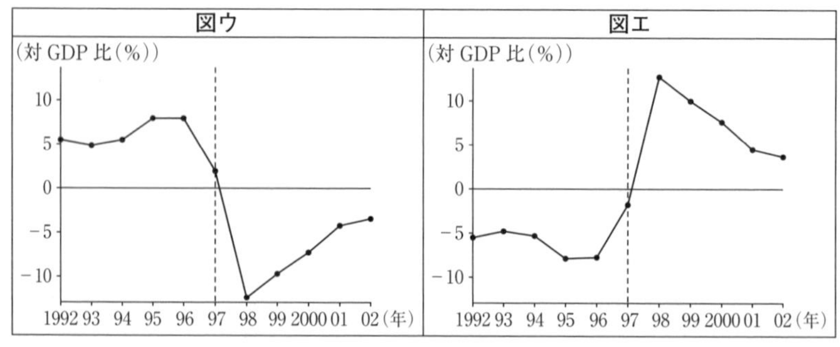

外貨準備

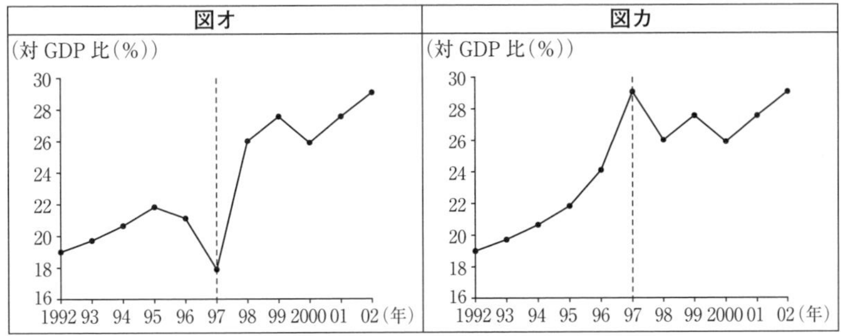

(出所) World Bank Webページにより作成。

	外国為替レート	経常収支	外貨準備
①	図ア	図ウ	図オ
②	図ア	図ウ	図カ
③	図ア	図エ	図オ
④	図ア	図エ	図カ
⑤	図イ	図ウ	図オ
⑥	図イ	図ウ	図カ
⑦	図イ	図エ	図オ
⑧	図イ	図エ	図カ

問3 [答] ③

アジア通貨危機**が発生したしくみの究明をテーマとする共通テスト型の問題。為替に関する基本的な知識があれば，与えられた資料の意味も読みとれる。**

外国為替レート：メモから，「タイは，外貨準備を用いて通貨の下落を阻止しようとしたが，失敗した」ということが読みとれる。バーツが下落する（＝通貨安になる）と，バーツとドルを交換するには，下落前より多くのバーツが必要となる。それゆえ，1997年付近のグラフは右上がりになるはずだから，**図ア**が適当である。

経常収支：メモに「経常収支赤字が継続している国は，通貨危機が起こりやすい」とある。よって，1997年よりも前に経常収支赤字が継続している**図エ**が適当である。

外貨準備：メモに「外貨準備を用いて買い支えようとした」とある。よって，1997年に大きく減少（＝タイ国内から外貨が流出）している**図オ**が適当である。グラフは対GDP比になっているが読み取るべきことは変わらない。

以上のことから，最も適当な組合せは③になる。

第3編 現代社会の諸問題

13 科学は生命にどこまでかかわることができるのか ～生殖補助医療・再生医療・臓器移植などをめぐって

1 生命倫理学が求められる背景

近年の**バイオテクノロジー**(**生命工学**)の発達によって，**かつては「神聖にして不可侵なもの」であった生命は「操作の対象」**となった。これに伴い，倫理的な問題をはじめとして，生命に対する従来の考え方では対処できない諸問題(患者の**自己決定権**や**クオリティー・オブ・ライフ〔QOL，生命の質〕の尊重**の仕方，医療従事者の**パターナリズム**的態度〔高圧的態度〕の改善方法など)が生じている。

それらの問題の解決に取り組む学問を生命倫理学(バイオエシックス)という。

今日の医療について

現在は，医療の目的がキュア(治療)からケア(看護)へと拡大され，ターミナル・ケア(終末期医療)におけるホスピスの拡充などが図られている。また，インフォームド・コンセント(治療方針等に関する医師らの十分な説明と患者の同意)の徹底，患者のリビング・ウィル(延命治療に関する患者の意思表示の文書)の尊重なども図られている。

2 人の生と生殖補助医療

ヒトゲノム(人間の遺伝的情報全体)は2003年に解読完了が宣言された。現在，**ヒトゲノム**研究は医療などへの応用を目指す段階に入っている。

また，**生殖補助医療**(せいしょく)(人工授精・体外受精や代理母出産〔代理懐胎(かいたい)〕など)も，日本においては日本産科婦人科学会などの自主規制のもと，急速に発展したが，いずれも社会的・倫理的な問題も抱えている。

✤ゲノム研究や遺伝子診断をめぐる見解の対立例

- 肯定派…ゲノム研究が製薬や医療に応用されれば，病気の予防やテーラーメイド医療(個々人に最適な治療や投薬などを行う医療)が可能になる。
- 否定派…究極のプライバシーである遺伝情報が解明されることで，将来的に，就職・結婚・保険加入などに際して，不当な差別が生じる可能性がある。

✤生殖補助医療や着床前診断・出生前診断をめぐる見解の対立例

- 肯定派…生殖補助医療の利用は，女性のリプロダクティブ・ヘルス／ライツ(性と生殖に関する健康と権利)の行使であり，**女性の自己決定を尊重すべきだ。**
- 否定派…出生前診断・着床前診断は，生きるに値する命とそうではない命があるとする優生思想(優生学)**に繋(つな)がる技術**である。

3 クローン技術と再生医療

クローン羊ドリーの誕生を代表として，今日のクローン技術（遺伝的に同一である個体や細胞〔の集合〕を人工的につくり出す技術）の発達が目覚ましい。

しかし，この技術をめぐっては，生殖における両性の存在意義，人間の尊厳，**法律的および倫理的に許されるか否か，その線引きをめぐる問題**などが生じる。

✤クローン技術や再生医療をめぐる見解の対立例

・肯定派…クローン技術は傷ついた臓器を元に戻すことなどを目的にした再生医療のための研究（**ES細胞**や**iPS細胞**の研究など）にも用いられており，クローン技術だからといって一概に規制すべきではない。

・否定派…クローン技術には未解明な部分も多く，人間への応用は慎重にすべきだ。

なお，日本では，ヒトクローン技術規制法（2000公布）によって，ヒトクローンの作成などは禁止されている。

ES細胞（胚性幹細胞）の問題点	iPS細胞（人工多能性幹細胞）の問題点
（子になる可能性のある）受精卵を用いるため，その作成は「殺人」ではないかという倫理的な批判がある。	患者本人の皮膚や血液から拒絶反応の起きにくい組織などを作成でき，倫理的な批判は回避できるが，腫瘍化のリスクがある。

4 人の死と臓器移植

生命維持装置の発達により，脳死（**全脳が不可逆的に機能を停止した状態**）という状態が生じた。これに伴って，**脳死は「人の死」なのかという問題**や，**安楽死・尊厳死の是非をめぐる問題**が生じた。

✤脳死をめぐる見解の対立例

・肯定派…脳死を認めることは，慢性的なドナー（臓器提供者，被提供者はレシピエント）不足の解消につながる。

・否定派…**死の三徴候**（呼吸停止・心拍停止・瞳孔散大〔対光反射の消失〕）などによって判定していた従来の死生観を揺るがす。

また，**脳死状態であっても**生命維持装置によって心臓は動いており，体温もあることが多いことなどから，**脳死を「人の死」として受け入れられない。**

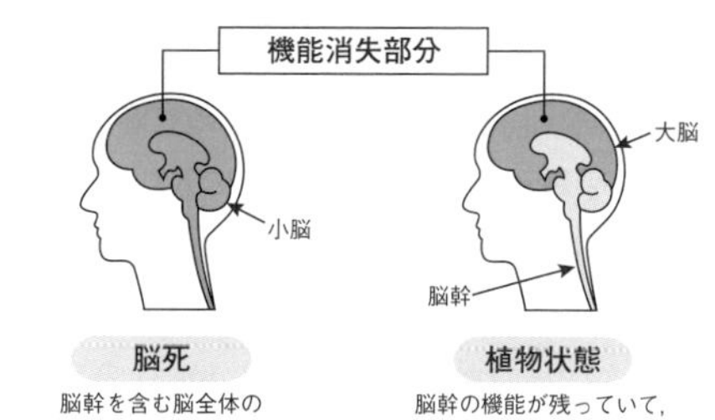

✤臓器移植をめぐって

日本では現在，（改正）臓器移植法（2010）によって，**本人の意思が不明な場合でも，家族の同意があれば脳死者から臓器を摘出できる。**

また，このドナーになるのに年齢制限はない。親族（配偶者，子ども，父母）に対して臓器を優先的に提供する意思を書面で表示することもできる。

ここが共通テストのツボだ!!

ツボ 1 現代の医療をめぐる，ありがちな誤解を解いておこう。

・**インフォームド・コンセント**…**医療行為に関する最終決定を行うのは患者自身**であり，医療関係者は，患者が最善の選択をするように情報を提供しなければならない。

・**ヒトゲノム研究**…一律に禁止されているわけではない。むしろ，医療などへの本格的な応用を目指す段階に入っている。

・**臓器移植**…脳死者から臓器を摘出するばかりではない。**健常者から臓器を摘出して移植するケースもある**。心臓など生体移植ができない臓器もあるが，実施件数を見ると，腎(じん)移植に関しては，生体移植が圧倒的多数である。

・**デザイナー・チャイルド**…生殖補助技術を利用すれば，親が望んだ遺伝形質をもった子どもが生まれる。しかし，すべてが遺伝子によって決定されるわけではない。

思い込みを捨てて，事実とデータに基づいた知識を蓄えておこう。

ツボ 2 生命倫理の問題を思想と関連させて考えてみよう。

・**代理母出産をめぐる問題**…世界的に見ると，（金銭の授受を伴う）代理母出産を認めている国もある。依頼者は金銭と引き替えに子どもをもつことができ，代理母は自らの身体の利用を認める代わりに金銭を受け取るのだから，誰も損をしない。

　しかし，例えば**カント哲学の立場からすると，代理母は女性の身体を（出産のための）手段として利用すること**に他ならず，認められないものである。

・**脳死・臓器移植をめぐる問題**…例えば，この背後には，「人間を精神と（機械的な）身体からなる」と見なす**心身二元論**にもとづく身体観・死生観があるといわれている。

　この見方からすると，脳（精神）の機能が停止すれば，それは「人の死」であり，残された身体はただの物体にすぎない。ここに**功利(こうり)主義的な発想が加われば，死後の身体は有効に利用すべき資源（商品）**ということにもなる。

　しかし，何かしっくりしない。ここから，デカルト哲学に由来する心身二元論にもとづく身体観・死生観は妥当なのかと考えさせられる。

この他にも，生命倫理をめぐる問題と哲学・思想の関連について考えておこう。

基礎力チェック問題

問1 リヴィング・ウィルの説明として最も適当なものを，次の①～④のうちから一つ選べ。 (06年倫理追試)

① 本人の意思を家族が推定して作成することも認められているが，原則としては本人が延命治療の拒否を表明する文書である。
② 本人があらかじめ延命治療の拒否を表明する文書であり，本人の意思による作成のみが認められている。
③ 本人があらかじめ延命治療の拒否を表明する文書であり，本人の依頼を受けた医師による作成のみが認められている。
④ 本人の意思を代理人が推定して作成することも認められているが，原則としては本人が延命治療の拒否を表明する文書である。

問1 [答] ②

② **適当**
① **不適当**：「推定して作成すること」は認められていない。
③ **不適当**：医師は，リヴィング・ウィルの作成は行わない。
④ **不適当**：「推定して作成すること」は認められていない。

問2 最近の医療技術の進歩に伴って生じている事態についての記述として適当でないものを，次の①～④のうちから一つ選べ。 (02年倫理追試)

① 遺伝情報の解読により，将来かかりうる病気が予測できると期待されているが，就職や保険加入の際の新たな差別の恐れや，プライバシーの権利の保護をめぐる問題も生じている。
② 体外受精などの生殖技術の登場によって，不妊を治療の対象とみる捉え方が広まってきたが，同時に，この技術によって家族のあり方に今後根本的な変化が起きる可能性が生まれている。
③ 高度な先端医療の発達によって，生命を技術的な手段で延長することが可能になり，生命の質や患者の意思を重視する従来の考え方から，患者の延命を第一とする考え方への変化が生じてきている。
④ 抗生物質の発達により感染症は減少したが，院内感染の問題をきっかけに厳密な管理体制の必要性が認識され，医療機関における衛生上の管理規則や取扱い業務の体制が改められつつある。

問2 [答] ③

③ **不適当**：近年の医療は「患者の延命を第一とする考え方」よりも,「生命の質（QOL）や患者の意思」を重視するようになってきている。
①②④ **適当**

問3 脳死に関して，日本の臓器移植法で採用されている定義として最も適当なものを，次の①～④のうちから一つ選べ。 (06年倫理本試)

① 脳死とは，心臓の拍動が停止するとともに，脳幹を含む全脳の機能が不可逆的に停止した状態のことである。
② 脳死とは，心臓の拍動が停止するとともに，脳幹を除く脳の機能が不可逆的に停止した状態のことである。
③ 脳死とは，脳幹を含む全脳の機能が不可逆的に停止した状態のことである。
④ 脳死とは，脳幹を除く脳の機能が不可逆的に停止した状態のことである。

問3 [答] ③

③ **適当**
① **不適当**：脳死と「心臓の拍動」は無関係。
② **不適当**：脳死と「心臓の拍動」は無関係。また,「脳幹を除く」も不適当。
④ **不適当**：脳死は脳幹を含むすべての「機能が不可逆的に停止」している状態をさす。

14 地球環境の危機と人間の生活 ～地球環境問題や公害問題など

1 環境問題や公害の告発

20世紀後半からは，経済的な効率や発展をすべてに優先させた人間の社会のあり方そのものを，環境破壊の原因として告発する思想が，さまざまな立場から提示された。

◎ 代表的な環境問題とその主原因

地球温暖化…………**二酸化炭素(CO_2)などの温室効果ガス**の増加が主原因。
オゾン層の破壊……**フロン**が主原因。人体に有害な紫外線が増加する。
砂漠化………………過放牧や森林の乱伐などが主原因。
酸性雨………………**窒素酸化物(NOx)**や**硫黄酸化物(SOx)**が主原因。森林の枯死や湖沼生物の減少を招く。

✤環境破壊や公害を告発する人々など

- カーソン(1907~64)…『**沈黙の春**』において，生態系(エコシステム)を破壊するDDT(農薬)などの化学物質の危険性を告発した。
- ボールディング(1910~93)…閉ざされた環境である地球を「**宇宙船地球号**」と表現し，その汚染と破壊は，人類にとって致命的であると警告した。
- ハーディン(1915~2003)…多数者が利用できる共有資源は乱獲されてしまうという「**コモンズ(共有地)の悲劇**」論を発表し，資源管理の必要性を訴えた。
- **宮沢賢治**(1896~1933)…「**世界全体の幸福なくして個人の幸福はない**」と考え，童話などを通じて，宇宙万象との繋(つな)がりと，他者への共感の必要性を説いた。
- **石牟礼道子**(いしむれ)(1927~2018)…『苦海浄土(くがいじょうど)』において，方言を用いながら，文明の病としての熊本水俣病を告発した。

2 環境問題に対する取り組み

環境汚染・自然破壊に対して，国内外でさまざまな取り組みがなされている。

✤公害や環境問題に対する日本国内の取り組み

- 日本の公害事件の原点は，**田中正造**(1841~1913)が告発した**足尾鉱毒事件**(あしおこうどく)など。彼は，「**民を殺すは国家を殺すなり**」と訴えた。
- **四大公害(熊本水俣病・イタイイタイ病・四日市ぜんそく・新潟水俣病)**などの発生を受けて，**公害対策基本法**(1967制定)が，1993年には，これに代わって**環境基本法**が制定された。

・循環型社会形成推進基本法(2000制定)…**大量生産・大量消費・大量廃棄型社会に代わり，環境への負荷を減らし，自然界から採取する資源をできるだけ少なくして有効に使う**循環型社会を目指している。

　この実践的な行動指針として，同法は，3R（リデュース〔発生抑制〕・リユース〔再使用〕・リサイクル〔再生利用〕）を掲げている。

・その他…**環境影響評価法**(1997制定)の制定（大規模開発の影響を事前に予測・評価し，是非を判断する**環境アセスメント制度**の法制化）。排出税・環境税の導入。**アメニティ**を重視した地域作りや，環境にも優しい**コンパクトシティ化**の取り組みなど。

✤環境問題に対する国際的な取り組み

・国連人間環境会議(1972)（ストックホルム）…スローガンは，「かけがえのない地球」。人間環境宣言を採択。**国連環境計画（UNEP）**の設立。

・国連環境開発会議(1992)（地球サミット）（リオデジャネイロ）…共通理念は「持続可能な開発」。**環境と開発に関するリオ宣言（リオ宣言）**とその行動計画**アジェンダ21**を採択。**気候変動枠組条約**と**生物多様性条約**を採択。

・**京都議定書**(2005発効)…数値目標を掲げ，先進国に温室効果ガスの削減を求めた条約。

・カルタヘナ議定書(2003発効)…生物の多様性の保全と持続可能な利用などを目的とした，**世界的に利用が増大している遺伝子組換え生物**などの国境を越える移動に関する条約。

・パリ協定(2016発効)…2012年に失効した京都議定書に代わる新たな枠組みとして，全196か国が参加している条約。**京都議定書とは異なり，参加国すべてに温室効果ガスの削減を求めている。**

3　環境倫理学の三つの基本主張

　地球環境の悪化に対して，人間の活動や今後の社会のあり方を捉え直すとともに，**将来世代の利益や自然の権利にも配慮した環境倫理学という分野が成立した。**

✤環境問題に対する主な三つの主張

・**地球有限（地球全体）主義…有限な地球を守ることが他の目的よりも優先される。**

・世代間倫理…**現代世代には，未来世代（将来世代）の生存可能性に対する義務や責任があるという思想**。こうした思想は，「持続可能な開発」などにも見出される。

　なお，哲学者の**ヨナス**(1903〜93)は，『責任という原理』において，世代間倫理を「生命に対する直観的な倫理的配慮」として基礎付けた。

・自然の生存権（自然の権利）…**人間のみならず，自然物（動植物や生態系）にも生存権がある**として，これまでの「人間中心主義」を批判。

　この思想的源流は，「環境倫理学の父」である**レオポルド**(1887〜1948)が1940年代に掲げた土地倫理。これは，人間が自然を支配するのではなく，自然界に存在するものは，人間も含めて相互依存(いそん)の関係にあるとする思想である。

　動物実験における3R（リプレイスメント〔代替〕・リダクション〔削減〕・リファインメント〔改善〕）も，この考えに沿ったもの。

ここが共通テストのツボだ!!

ツボ ① 地球環境問題をめぐる，ありがちな誤解を解いておこう。

・**オゾン層の破壊**…**オゾン層が破壊されてオゾンホールが発生しているのは，地球の高緯度地域**であり，低緯度地域ではない。

・**砂漠化**…**砂漠化が特に深刻なのは，サハラ以南のアフリカ諸国やインドや中国の西北部**であり，東南アジアの熱帯雨林地域や南米のアマゾン川流域ではない。

　東南アジアは，エビ養殖池への転換などによるマングローブ林の減少や**公害輸出**（先進国の企業が公害規制の緩(ゆる)い途上国に進出し，そこで公害を発生させること）などの問題を抱えている。

・**酸性雨**…**酸性雨は，日本などの先進国でも見られる**もので，公害規制の緩い途上国だけで見られる現象ではない。

・**国連環境開発会議**…この会議では，**環境保護を訴える先進国と，開発を求める途上国との間で対立**があった。先進国が開発，途上国が環境保護を求めたのではない。

・**遺伝子組換え食品**…**日本においても生産・消費されている**。危険性がゼロとは言い切れないからといって，**生産・消費，あるいは輸入されていないわけではない**。

> 環境問題は，経済問題や南北問題などの国際問題とも関連づけて覚えよう。

ツボ ② 「環境と開発に関するリオ宣言」（リオ宣言）の第15原則（予防原則）について知ろう。

　国連環境開発会議で採択されたリオ宣言で，人々の健康を保護したり環境を保全したりする際の一つの行動指針として認知されるようになったのが**予防原則**である。

　この**予防原則**とは，**ある行為が人間の健康や環境に悪影響を与えるおそれがある場合には，科学的に因果関係が証明されていなくても，予防的措置(そち)をとるべきである**という考え方である。

　しかし，この考え方に対しては，温暖化のしくみの科学的な解明を優先させるべきだとするアメリカなどからの批判もある。

> 環境問題が出題された場合，条約の内容などの事実関係が問われることもあるが，考え方や思想との関連を問われることの方が多い。

基礎力チェック問題

問1 次の記述ア・イについて，その正誤の組合せとして正しいものを，下の①～④のうちから一つ選べ。（09年倫理追試〈改〉）

ア　フロンガスは，人体には直接害を及ぼさないが，間接的に健康被害や環境破壊を引き起こすので，その使用について規制が設けられた。

イ　熱帯雨林の開発や巨大ダムの建設は，一時的に砂漠化などの被害をもたらすことがあるが，自然の強い再生力によって，数年で問題は解決する。

①**ア** 正　**イ** 正　②**ア** 正　**イ** 誤
③**ア** 誤　**イ** 正　④**ア** 誤　**イ** 誤

問1　[答] ②

ア：**正文**。オゾンホールの原因ともなるフロンは，**モントリオール議定書**などにより現在，生産・利用・貯蔵が禁じられている。

イ：**誤文**。「数年で問題は解決する」ことはない。熱帯雨林の開発や巨大ダムの建設は，再生不可能なほどの環境破壊をもたらすことがある。

問2 環境問題への対応を考えるうえで，ふまえておくべき概念の説明として正しいものを，次の①～④のうちから一つ選べ。（07年倫理本試）

① 生態系：地球上の生物とその周囲の無機的環境とから作り出される様々な関係の総体としてのシステムを意味し，ピラミッド状を成すその頂点に人間が位置している。

② 環境難民：汚染された土地や環境が破壊されてしまった土地に暮らし続けている人々のことで，安全な土地へと移住することができるよう早急に対策を立てる必要がある。

③ 世代間倫理：現在どのような行動をとるかによって次の世代の生存が危うくなることもありうるのだから，今生きている世代は生まれてくる世代に対しても責務を負っている。

④ 循環型社会：環境のことを考えてリサイクルを積極的に推進する社会のことで，経済や消費の水準をさらに高めながら，同時に環境をも守ろうとする発想に基づいている。

問2　[答] ③

③ **適当**

① **不適当**：「ピラミッド状を成すその頂点に人間が位置している」という記述は不適当。「生態系」は，相互作用する複雑な総体である。

② **不適当**：環境の悪化により，元の土地に「暮らし続け」られなくなった人々を「環境難民」という。

④ **不適当**：「循環型社会」には，「経済や消費の水準をさらに高め」るという発想はない。

問3 次の環境問題への取組みに関する説明ア～ウの正誤の組合せとして正しいものを，下の①～⑥のうちから一つ選べ。（14年倫理本試）

ア　1997年に開かれた地球温暖化防止京都会議では，京都議定書が締結され，先進国だけに温室効果ガスの排出量削減目標が定められた。

イ　アメリカの海洋生物学者カーソンは，『奪われし未来』のなかで，農薬など有害な化学物質の大量使用が，生態系の破壊につながると警鐘を鳴らした。

ウ　1992年に開催された地球サミットでは，宇宙船地球号という考え方によって，地球環境の持続性を損なわない範囲内での経済開発が提唱された。

①**ア** 正　**イ** 正　**ウ** 誤　②**ア** 正　**イ** 誤　**ウ** 正
③**ア** 正　**イ** 誤　**ウ** 誤　④**ア** 誤　**イ** 正　**ウ** 正
⑤**ア** 誤　**イ** 正　**ウ** 誤　⑥**ア** 誤　**イ** 誤　**ウ** 正

問3　[答] ③

ア：**正文**。「京都議定書」は，先進国だけに削減目標を課した。

イ：**誤文**。カーソンの著作は『**沈黙の春**』。『奪われし未来』は，**コルボーン**らが，環境ホルモン（内分泌攪乱（かくらん）物質）による，生物の成長や生殖器官の発達への影響を指摘した著作である。

ウ：**誤文**：「宇宙船地球号」を「**持続可能な開発**」に替えれば正文になる。

15 高度情報化社会を生きる作法 ～情報・メディアとのつきあい方

1 情報社会の出現とその変化

今日の情報社会は，日進月歩の情報通信技術(ICT)を利用して，大量かつ双方向的(インタラクティブ)な情報をグローバルな規模でやり取りしている。

さらに，先進国は，「**いつでも，どこでも，何でも，誰でも**」**情報にアクセスできる**ユビキタス社会をほぼ実現している。**こうした現実は，人々の考え方や働き方，さらには社会の価値観まで大きく変えようとしている。**

✣情報通信技術(ICT)の発展に伴う変化の具体例

・教育･生活…パーソナルコンピューター(パソコン)やスマートフォン(スマホ)でSNS(Social Networking Service)などを利用して，遠隔授業が行われたり，これまで情報の受け手でしかなかった一般市民が自ら情報を発信したりしている。

・労働・雇用…小さなオフィスや自宅を仕事場とする**SOHO**(Small Office Home Office)や**テレワーク**という働き方を可能にした。

　さらに今後，AI(人工知能)技術**や，大量かつ多様で更新頻度の高い**ビッグデータの活用技術の進展によって，人間を必要としない作業がますます増加するなど，大きく労働・雇用環境が変化すると予想されている。

・政治…人々の知る権利やアクセス権の拡大。**電子政府**による24時間の行政サービスが提供され，パブリック・アクセス(市民が公共の資源・財産にアクセスする権利)が拡大している。

・経済…電子マネーやスマホ決済の普及によって完全な**キャッシュレス**時代の到来もそう遠くはない。また，**電子商取引(eコマース)**は契約や決済，物流の形態を変え，シームレスでワールドワイドな市場を生み出した。

2 情報社会をめぐる諸問題

情報通信技術の進展は，さまざまなメリットとともに，デメリットをもたらす。

諸問題に対処するには，個人情報保護法(2003公布)などの関連諸法律を整備するのみならず，個々人が**さまざまな機器を使いこなして，主体的に情報の真偽などを見極める能力**(情報リテラシー，メディア・リテラシー)**を育成することが必要。**

✣情報通信技術(ICT)の発展に伴うさまざまな課題の具体例

・マスメディアの問題…マスメディアは，三権(立法権・行政権・司法権)をチェックする「**第四の権力**」とも呼ばれていた。

しかし，そのほとんどが営利企業なので，センセーショナリズム（扇情主義）やコマーシャリズム（商業主義）に走ったり，ときには情報操作の担い手となったりすることもある。

・画一化…マスメディアの流す大量の情報（情報洪水）には，人々の考え方や行動を画一化する力がある。**サイバースペース**（情報空間）で展開される仮想現実（バーチャル・リアリティ）が人々に及ぼす力も無視できない。

・デジタル・デバイド（情報格差）…**情報機器を使いこなせる者と使いこなせない者の間に生じる待遇や貧富，機会の格差**の拡大も深刻である。この問題は，国内のみならず，国際的にも新たな南北格差を生みだしている。

・その他…コンピュータへの不正アクセス（**ハッキング**）による**プライバシーの侵害**や**知的財産権の侵害**，さらには**情報漏洩**。インターネット上の匿名性を悪用し，ネチケット（インターネットを利用する際に心がけるべきマナーや規範）を欠いた誹謗中傷。**マイナンバー制度**（**社会保障・税番号制度**）によって行政が効率化される一方，国民のプライバシーや個人情報が一元的に管理されることへの不安なども指摘されている。

3 情報社会論・メディア論

メディア・マスメディアや情報社会をめぐっては，その特質を捉えようとしたり，抱える問題を克服したりしようとするさまざまな議論がある。

✤情報社会論やメディアについて考察した主な人々

・**リップマン**（1889～1974）（『世論』）…人々は，マスメディアからの情報をもとに形成されたイメージ（ステレオタイプ）に従って現実を理解するので，マスメディアによって情報が意図的に操作されると，世論も大きく動く可能性があると主張した。

・マクルーハン（1911～80）（『グーテンベルクの銀河系』）…メディアが発する情報の内容（コンテンツ）よりも，その形式・構造・フレームにこそ目を向けるべきだと主張するとともに，**電子的なメディアを人の感覚能力を拡張するもの**と捉えるメディア論を展開した。彼は，インターネットの普及以前から，電子的なメディアを介して人々が地球規模で対話しつつも，小さな紛争の絶えないグローバル・ヴィレッジ（地球村）が出現すると予言している。

・**ブーアスティン**（1914～2004）（『幻影の時代』）…現代のマスメディアが提供しているのは，物語としての迫真性を備えた「本当らしい」出来事（疑似イベント）にすぎず，人々も報道の自然さよりもそうしたものを好むと主張した。

・**ベル**（1919～2011）（『脱工業化社会の到来』）…経済活動の重点が財の生産からサービス（高度情報サービスなど）の提供に移行し，社会の「中軸原則」となった理論的知識が政策の形成や改革のもととなる**脱工業化社会**の姿を分析した。

・**トフラー**（1928～2016）（『第三の波』）…情報社会の出現を，（人類が経験した技術革新の）**第三の波**と捉えた（第一の波は農耕社会，第二の波は産業社会の出現）。

ここが共通テストのツボだ!!

ツボ 1 日本における情報社会の進展の歴史について知ろう。

日本において,「情報社会」という概念が注目されだしたのは,物質的豊かさが一定の水準に達した1960年代のことである。

1970年代にはコンピュータの小型化が進み,パーソナルコンピュータ(パソコン)が開発され,1980〜90年代にかけて,職場や家庭でも利用されるようになった。

1990年代後半からは,IT革命(情報技術革命)という言葉とともに,インターネットと携帯電話が普及。2000年代には,スマートフォン(スマホ)やタブレット型端末も現れ,社会の情報化は新たな様相を見せはじめた。

なお,現在の大多数の受験生のように,出生時からデジタル機器に囲まれている世代のことを**デジタル・ネイティブ**という。

パソコンや携帯電話が高度経済成長期から一般に普及していたなどと誤解しないように,情報機器や情報社会に関する歴史を押さえておこう。

ツボ 2 「忘れられる権利」についても知ろう。

インターネット上の情報は,爆発的な速度で拡散し,半永久的に記録される。そのため,情報社会においては,知られたくない過去の情報まで他人に知られてしまうなど,深刻なプライバシー侵害が生じることがある。

こうした現状を鑑(かんが)み,近年,**過去の個人情報やプライバシーが侵害された書き込みなどについて検索エンジンからリンクを削除してもらうことなどを内容とする**「忘れられる権利(**削除権,消去権**)」が提唱されるようになった。

EUでは,欧州司法裁判所が2014年に「忘れられる権利」を認めている(ただし,適用はEU領域内に限られる)。アメリカは,情報の送り手の「表現の自由」などを重視して,「忘れられる権利」に対して否定的である。

日本の最高裁は,SNS上の情報を削除できる可能性を示唆する判決を下したことはあるが,「忘れられる権利」そのものに言及したことはない。

日進月歩の情報技術に伴う問題は次々に現れる。さまざまなメディアを駆使して,多くの情報に接するようにしておこう。

基礎力チェック問題

問1 ネットにアクセスできない人もいるという問題を示す用語として正しいものを，次の①～④のうちから一つ選べ。（13年倫理本試）

① バーチャル・リアリティ
② ユビキタス
③ デジタル・デバイド
④ サブリミナル効果

問1 [答] ③

③ **適当**
① **不適当**：「バーチャル・リアリティ」とは，仮想現実のこと。
② **不適当**：「ユビキタス」とは，ICTにおける情報の遍在性を意味する言葉。
④ **不適当**：「サブリミナル効果」とは，知覚的な刺激を使い，潜在意識に訴えることで得られる心理的効果のこと。

問2 情報技術の発達に伴う社会の変化についての記述として最も適当なものを，次の①～④のうちから一つ選べ。（13年倫理本試）

① 企業や公的機関に大量の個人情報が集積されるようになったため，プライバシーが侵害される危険が大きくなっている。
② 公的な情報は市民の共有財産であるという考え方が定着し，国や自治体のもつあらゆる情報が市民に公開されるようになっている。
③ 情報技術の発達によって情報の違法な複製が困難となったため，知的所有権が侵害される危険は少なくなっている。
④ インターネットを使って個人が直接情報を得られるようになり，マスメディアが情報操作を行う危険は少なくなっている。

問2 [答] ①

① **適当**
② **不適当**：「あらゆる情報」が公開されているわけではない。
③ **不適当**：「知的所有権」の侵害の危険性は，日増しに高まっている。
④ **不適当**：マスメディアによる情報操作の危険が「少なくなっている」とはいえない。

問3 次のア～ウは，情報社会をめぐる記述である。その正誤の組合せとして正しいものを，下の①～⑥のうちから一つ選べ。

（17年倫理本試〈改〉）

ア　リップマンによれば，人々はメディアの情報から一定のイメージを思い浮かべ，それに従って現実を理解しているので，メディアによって情報が意図的に操作されると，世論が操作される危険がある。

イ　ブーアスティンによれば，現代のマスメディアが提供しているのは，物語としての迫真性をそなえた「本当らしい」出来事にすぎず，視聴者の側もマスメディアから流される情報に関心をもたなくなっている。

ウ　マクルーハンによれば，近代社会では活字メディアが支配的だったが，20世紀に入って映画やテレビのようなメディアがそれに取って代わった結果，人間の感覚や想像力は貧困なものになっている。

① **ア** 正　**イ** 正　**ウ** 誤　　② **ア** 正　**イ** 誤　**ウ** 正
③ **ア** 正　**イ** 誤　**ウ** 誤　　④ **ア** 誤　**イ** 正　**ウ** 正
⑤ **ア** 誤　**イ** 正　**ウ** 誤　　⑥ **ア** 誤　**イ** 誤　**ウ** 正

問3 [答] ③

ア：**正文**
イ：**誤文**。「ブーアスティン」は，現代の視聴者が，「メディアから流される情報に関心をもたなくなっている」とは論じていない。
ウ：**誤文**。「マクルーハン」は，「人間の感覚や想像力は貧困なものになっている」とは論じていない。

16 グローバル社会を生きる作法 ～グローバル社会における紛争と異文化理解

1 地域紛争・民族紛争

東西冷戦の終結後も「**核の恐怖**」は解消されていない。また，**世界各地で地域紛争や民族紛争**が頻発するようになった。独立分離運動や少数民族（エスニック・マイノリティー）問題など，いまなお戦争や紛争につながる火種も山積している。

✤核兵器をめぐる主な国際条約

- 多国間…**部分的核実験禁止条約**（1963締結）（PTBT，核実験を地下で行うものに限定），**核拡散防止条約**（1968採択）（NPT，1998年には非加盟のインドとパキスタンが，2000年代には脱退した北朝鮮が核実験を行った），**包括的核実験禁止条約**（1996採択）（CTBT，核爆発を伴う核実験を全面禁止。未発効），**核兵器禁止条約**など［☞p.66］。
- 米ソ（米ロ）間の条約…**INF（中距離核戦力）全廃条約**（1987調印）（2019年失効）

✤注目しておきたい民族紛争や地域紛争，それらの火種となる問題

- ヨーロッパ・ロシア…ボスニア・ヘルツェゴビナ紛争やコソボ紛争などの旧ユーゴスラビア紛争，チェチェン紛争，ウクライナ戦争など。
- アフリカ…かつての**アパルトヘイト（人種隔離（かくり））**政策，スーダン・ダルフール紛争，ソマリア内戦，ルワンダ内戦，「**アラブの春**」など。
- 中東…**パレスチナ問題，**クルド人問題，イラク戦争，シリア内戦など。
- アジア…カシミール問題，チベット問題，ロヒンギャ難民問題など。

✤日本の抱える国際問題・外交問題

- **領土問題**…ロシアとの**北方領土問題**（歯舞（はぼまい）群島・色丹（しこたん）島・国後（くなしり）島・択捉（えとろふ）島），韓国との竹島（たけしま）問題，中国や台湾との尖閣（せんかく）諸島問題。
- その他…米軍基地問題，戦後補償問題，国内の移民・難民受け入れ問題など。

2 異文化理解に必要なこと

人々が平和に暮らすには，戦争や紛争を止め，平和条約を結ぶことも必要だが，**戦争や紛争を引き起こす根本原因を取り除かなければ，真の平和は訪れない**。その一つが**世界がグローバル化・ボーダーレス化しているにもかかわらず解消されていない，他者に対する無理解**である。すなわち，さまざまな対立を無くすために，まずは人々の相互理解を促進する必要がある。

- 国連教育科学文化機関（UNESCO（ユネスコ））憲章の前文…「**戦争は人の心の中で生まれるものであるから，人の心の中に平和のとりでを築かなければならない**」と謳（うた）い，平和構築のためには文化理解が重要であることを強調している。

・ヴァイツゼッカー(1920〜2015)…西ドイツ大統領。「**過去に目を閉ざす者は，現在にも目を閉ざす**」と述べ，ナチスの犯罪を心に刻み込まないと，また同じ過ちを繰り返してしまうと警告した。

・サイード(1935〜2003)(『オリエンタリズム』)…パレスチナ出身の思想家。西洋の東洋に対する自己中心的な眼差し(まなざし)(東洋を蔑み(さげすみ)，自らのアイデンティティを高みに確保しようとする態度)を「オリエンタリズム」と呼んで批判した。

✤相互理解のために必要なこと

・**自らの文化・民族・宗教的アイデンティティに固執しない**。すなわち，エスノセントリズム(自民族中心主義)に陥ら(おちい)ない。

・ステレオタイプや過度の一般化**によって，他者を判断しない**。すなわち，文化相対主義や多文化主義という立場を採り，他者を受け入れ，対話する。

・**過去の過ちを直視して反省し，対立を引き起こす原因を取り除く**。

3 グローバル化する世界で生じている経済問題など ★☆☆

軍事的衝突が無くなって平和が実現されたとしても，**ヒト・モノ・カネが世界中を移動**し，**国でさえ他国からの影響を受けずに存立することはできなくなった**現代の世界には，戦争や紛争以外にも，さまざまな問題がある。

✤グローバル化する現代の世界で生じている問題の例

・国際的な巨大IT企業(**プラットフォーマー**)をめぐる問題…人々に情報検索やショッピングの機会を提供する一方，その活動が伝統的な法や税体系では捉えられなかったり，情報を独占的に収集し，競争を阻害したりするといった問題。

・多国籍企業や国際的な企業の進出…進出先の国や地域では雇用を創出するなどのメリットもあるが，地域経済を破壊しかねない。一方，進出元の国や地域では，産業が衰退して失業者が増えることもある，という問題。

・危機の連鎖と**社会的排除**…カネの自由な移動は，アジア通貨危機[☞p.41]や世界金融危機などをもたらした。さらに，これらの危機によって，国内経済が不安定化したため，国内の経済格差が一層広がり，家族や地域社会，職場など安定した生活の場を失う人々も増えた，という問題。

・移民問題…移民の受け入れにより雇用が奪われたり，労働者全体の賃金が下がったりして，所得格差や貧困が生じる，という問題や人権問題の発生など(**日本は，移民のみならず，永住外国人に対しても，いかなる選挙権をも認めていない**)。

・感染症問題…ヒトの自由な動きは，SARS(重症急性呼吸器症候群)や新型コロナ・ウィルスの**パンデミック**(世界的拡大)をもたらした。

・経済戦争…例えば日米主導の**アジア開発銀行**(**ADB**)に対抗して，中国が**アジアインフラ投資銀行**(**AIIB**)を設立したように，経済戦争が激化したり，貿易摩擦が深刻化したりする，という問題。

ここが共通テストのツボだ!!

ツボ ① 世界遺産条約から，どのようなメッセージが読み取れるだろうか？

UNESCO（ユネスコ）は，1972年に採択された**世界遺産条約**にもとづき，人類が共通に受け継いでいくべき遺産である**自然遺産**や**文化遺産**を保全・修復している。

この活動の根底には「自然」と「文化」を対立させていた従来の思考をくつがえす考えが横たわっている。すなわち，**「自然」と「文化」は相互に関係し，等しく保護しなければならないという考え**である。

また，世界文化遺産に原爆ドームなどが含まれていることからは，**戦争の悲惨（ひさん）さや人類の犯した過ちに対する反省と，それらを繰り返さないという決意**が読み取れる。

条約の規定よりも，条約採択に至る背景や意図に注目しよう。

ツボ ② 金融に関する基礎的な知識を身に付け，投資の意義について考えてみよう。

経済社会に住む私たちは，物を買っているだけではない。教育資金を事前に積み立てたり，外国の企業の株式や外国の債権（さいけん）を買ったりするなど，金融商品（銀行や証券会社などの金融機関が提供・仲介するもの。預貯金，債券，投資信託，株式など）を購入することもあるだろう。

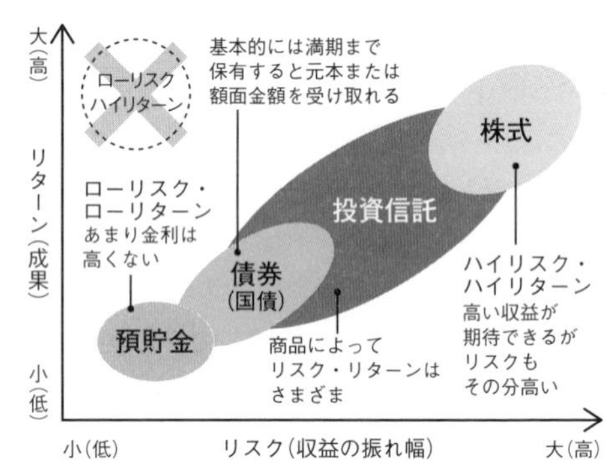

なお，金融商品の選択における**リスク**とは，「危険」ではなく，「収益率の変動性」を意味する。一般にリスクが大きいものほど，**リターン**（平均的に得られる収益率）も大きく，リスクの小さいものほどリターンも小さくなる。

株式投資には，資産を増やすことだけではなく，「社会的に有益な会社の成長に参加する」という社会的な意義もあることにも注目しよう。

基礎力チェック問題

問1 冷戦後の地域紛争についての記述として最も適当なものを，次の①～④のうちから一つ選べ。 (00年政経本試)

① 共産主義政権に力で抑えつけられていたバルカンや中央アジアでは，冷戦の終結がもたらした自由な雰囲気の中で，地域紛争が沈静化していった。

② 米ソ冷戦の代理戦争としての性格を宿していた北アイルランド問題のような地域紛争は，冷戦の終結後かえって激しさを増した。

③ パレスチナ問題の解決のための交渉は，域外の諸大国が関与を停止したため，前進した。

④ カシミール問題では，紛争当事国がともに核戦力を誇示したため，緊張が高まった。

問2 次のア～ウは，異なる文化の理解に関わる様々な見解についての記述である。その正誤の組合せとして正しいものを，下の①～⑥のうちから一つ選べ。 (13年倫理追試〈改〉)

ア　どの文化もそれぞれに固有の価値をそなえており，互いの間に優劣の差をつけることはできないとする考え方は，文化相対主義と呼ばれる。

イ　西洋と東洋とを区別し，東洋の文化を先進的とみなすことで西洋の文化の目指すべき理想とする考え方は，オリエンタリズムと呼ばれる。

ウ　自民族や自文化の価値観を絶対視せず，他の民族や文化にも積極的な価値を認めようとする考え方は，エスノセントリズムと呼ばれる。

① **ア** 正　**イ** 正　**ウ** 誤　② **ア** 正　**イ** 誤　**ウ** 正
③ **ア** 正　**イ** 誤　**ウ** 誤　④ **ア** 誤　**イ** 正　**ウ** 正
⑤ **ア** 誤　**イ** 正　**ウ** 誤　⑥ **ア** 誤　**イ** 誤　**ウ** 正

問3 多国籍企業に関する記述として最も適当なものを，次の①～④のうちから一つ選べ。 (08年現社追試)

① 多国籍企業は，第二次世界大戦後にヨーロッパの巨大企業がアメリカに生産・販売拠点を置いて海外展開したことをその端緒とする。

② 多国籍企業は，巨額の海外金融資産を保有しているが，それを投機的に運用して為替相場の動揺を鎮める。

③ 多国籍企業のなかには，その年間売上高が先進工業国の年間のGDP(国内総生産)を上回る巨大なものもある。

④ 多国籍企業では，海外の現地子会社が親会社の管理下で事業を進めているので，子会社は現地国の法律の適用を免れる。

問1 [答] ④

④ **適当**：インドとパキスタンは1998年に地下核実験を行った。

① **不適当**：バルカンでは90年代に旧ユーゴスラビア紛争が起こり，中央アジアでは現在，キルギスとタジキスタンの国境で軍事衝突が激化している。

② **不適当**：そもそも北アイルランド紛争は，「(米ソ)代理戦争」ではなく，**カトリック対プロテスタントの宗教対立**の側面が強い。加えて，現在は和平成立。

③ **不適当**：「パレスチナ問題」にはアメリカをはじめ諸大国が関与しており，問題を複雑化させている。

問2 [答] ③

ア：**正文**

イ：**誤文**。「オリエンタリズム」とは，東洋に対する西洋の差別的な考えや態度のこと。

ウ：**誤文**。「エスノセントリズム」とは，「**自民族中心主義**」と訳される，「自民族や自文化の価値観を絶対視」する考え方のこと。

問3 [答] ③

③ **適当**：たとえばアメリカのウォルマートの売上高は，デンマークのGDPを超えている(2022年)。

① **不適当**：アメリカの自動車メーカーであるジェネラル・モーターズ(GM)などがヨーロッパに進出したのがきっかけ。

② **不適当**：「投機的に運用」した場合，為替市場は動揺する。

④ **不適当**：このような事実はない。子会社が立地している国の法律が適用される。

チャレンジテスト④（大学入学共通テスト実戦演習）

問1 日本の環境影響評価法の目的には，環境保全について適正な配慮がなされることを確保することも掲げられている。ここで，環境影響評価を次のように定義した場合において，この定義に当てはまる事例を後のa～cからすべて選んだとき，その組合せとして最も適当なものを，後の①～⑧のうちから一つ選べ。（23年現社追試）

> 【環境影響評価の定義】
> 事業の実施が環境に与える影響をあらかじめ調査し，当該事業による環境の悪化を事業者自らが防止または緩和すること。

a　大気環境への影響を調査せずに工場を設置，稼働した後，周辺住民に身体の不調を訴える者が出たことから，工場側が調査したところ，工場からの排気ガスが原因だと判明したため，賠償した。

b　道路を設置しようとする公共団体が，環境への影響を調査したところ，沿線に生活環境を悪化させる騒音が発生することが予測されたため，被害が発生したときのために，事前に金銭補償を行った。

c　河川に堰（せき）を設置しようとする公共団体が，環境への影響を調査したところ，堰の上流と下流が分断され，海から戻ってきたサケが上流に上れなくなることが判明したため，サケが上流に上ることができる魚道を設置した。

①　aとbとc　②　aとb　③　aとc　④　bとc
⑤　a　⑥　b　⑦　c
⑧　当てはまる事例はない

問1［答］　⑦

法律の有無などではなく，法律の目的や効果を具体的に考えさせようとする問題。

「環境影響評価の定義」のポイントは，①「あらかじめ調査」と，②「環境の悪化を事業者自らが防止または緩和すること」が必要だという2点。これらに照らして，

a：「調査せずに工場を設置」しており，①に反する。また，被害を発生させ，排気ガスを減らすなどの対策は何も行っていないから，②にも反する。

b：道路の設置以前に「調査」しており，①を満たしている。たしかに，被害はまだ発生していないが，その防止や緩和を行っていないので，②に反する。

c：文章から堰を設置する以前に調査を行っていることが分かり，①は満たされる。また，調査に基づき，事前に「魚道を設置」しているので，②も満たされる。

以上のことから，最も適当な組合せは⑦になる。

問2 右の表はa国とb国における，α財とβ財についての労働生産性（一定の時間における労働者一人当たりの財の生産量）を示したものである。ここでは，各国の総労働者数は，a国が200人，b国が180人であり，各財への特化前は，両国ともにα財とβ財の生産にそれぞれ半数ずつが雇用されているとし，各財への特化後も，両国ともにすべての労働者が雇用されるとする。また，両財は労働力のみを用いて生産され，両国間での労働者の移動はないこととする。この表から読みとれる内容として正しいものを，下の①～④のうちから一つ選べ。

表

	α財	β財
a国の労働生産性	1単位	3単位
b国の労働生産性	6単位	3単位

（注）特化前も特化後も，表中の各単位のα財もしくはβ財の生産に必要な一定の時間と，労働者一人当たりの総労働時間とは一致するものとし，このことは両国とも同じとする。

（21年政経第2日程）

① a国がα財の生産に特化し，b国がβ財の生産に特化すれば，特化しない場合に比べ，両国全体でα財の生産量は640単位増加し，β財の生産量は570単位増加する。

② a国がβ財の生産に特化し，b国がα財の生産に特化すれば，特化しない場合に比べ，両国全体でα財の生産量は640単位増加し，β財の生産量は570単位増加する。

③ a国がα財の生産に特化し，b国がβ財の生産に特化すれば，特化しない場合に比べ，両国全体でα財の生産量は440単位増加し，β財の生産量は30単位増加する。

④ a国がβ財の生産に特化し，b国がα財の生産に特化すれば，特化しない場合に比べ，両国全体でα財の生産量は440単位増加し，β財の生産量は30単位増加する。

問2 ［答］ ④

リカードが論じた比較生産費説（国際分業および自由貿易を擁護するための理論）が前提になっており，若干の計算が必要だが，与えられた条件のみで正答できる問題。

特化前：a国はα財を100（＝1単位×100人）単位，β財を300（＝3単位×100人）単位生産

特化前：b国はα財を540（＝6単位×90人）単位，β財を270（＝3単位×90人）単位生産

特化前の合計の生産量は，α財が640（＝100＋540）単位，β財が570（＝300＋270）単位。

表から分かる生産効率を考え，a国がβ財に，b国がα財に特化すると

特化後：a国の生産量は，α財が0単位，β財が600単位（＝3単位×200人）

特化後：b国の生産量は，α財が1080単位（＝6単位×180人），β財が0単位

特化後のα財の生産量は1080（＝0＋1080）単位，β財の生産量は600（＝600＋0）単位

特化することで，α財は440（＝1080－640）単位，β財は30（＝600－570）単位増える。

以上のことから，正解は④になる。

第4編　源流思想

第4編では，西洋と東洋の源流思想を学んでいこう。この源流思想の理解がおぼつかないと，この後に学ぶ日本思想や西洋の近現代思想の理解もおぼつかなくなる。源流思想は「倫理」の基柱と言ってもよい。用語を覚えるだけでなく，各思想を比較しながら，思想内容の理解を深めていこう。

第4編は，十一のテーマで構成されている。そのうち，テーマ17～21では西洋の源流思想（古代ギリシア思想，ユダヤ教・キリスト教思想，イスラーム）を，テーマ22～27では東洋の源流思想（インド思想と中国思想）について学んでいく。

西洋思想に関しては，とりわけ，巷に広がる偏見などから，宗教思想の学習を疎かにする受験生が少なくない。しかし，近年の共通テストでは，かなり細かい知識内容まで問われている。イスラームについても，ほぼ毎年，最低でも1問は出題されるから，細部まで労をいとわず確認しておこう。

東洋思想に関しては，インド思想は仏教思想が，中国思想は「道」をめぐる儒家と道家の思想が中心になる。漢字の用語が多くなるので，その文字の意味を考えれば，比較的理解しやすい。しかし，その一方で思い込みによる誤解も少なくない。一字一句，確認しながら学習を進めよう。

それでは，講義を始めよう。

17 哲学の誕生 ～自然哲学者，ソフィスト，ソクラテス

1 神話（ミュトス）的世界観

古代ギリシアにおいて，人間としての生き方や世界への疑問には，長らく，叙事詩人による神話（ミュトス）が応えていた。それによれば，**世界の起源やそこで生じる出来事は神々の働きの結果**である（**神話〔ミュトス〕的世界観**）。

✤代表的な叙事詩人

- **ホメロス**（生没年不詳）（『イリアス』『オデュッセイア』）…神の定めた運命に従いながらも，自己に課された義務を主体的な意志によって果たす英雄たちを描いた。
- **ヘシオドス**（生没年不詳）（『神統記』）…神話的表現で宇宙の生成について説明した。

2 ロゴス的世界観・自然哲学の成立

労働は奴隷に任せ，時間的なゆとり（**スコレー**）を謳歌（おうか）していた古代ギリシアの市民は，神話的思考に飽きたらず，**生活の労苦から離れて**，人間の理性（ロゴス）に基づき，**普遍的な真理**を見出そうとする学問的精神を生み出した。この静観的・観想的な態度をテオリア（**観想**）という。ここに，神話的思考を超えて，**自然（万物）の根源（アルケー）や万物の生成を探究する**自然哲学が生じた（**ロゴス的世界観**の成立）。

✤自然哲学者とアルケー

- **タレス**（前624/40ごろ～前546ごろ）…万物の根源を**水**とする。最初の哲学者とされる。
- **ヘラクレイトス**（前540ごろ～？）…万物の根源を**火**とする。「**万物は流転する**」と唱えた。
- **ピタゴラス**（前6世紀ごろ）…宇宙の調和と根源を**数**とする。魂の輪廻転生（りんねてんせい）を主張。
- **エンペドクレス**（前493ごろ～前433ごろ）…**土**・**水**・**火**・**空気**の四要素が万物を構成していると主張。
- **デモクリトス**（前460ごろ～前370ごろ）…原子（アトム）の集合と離散によって万物が形成されると主張。

3 ソフィストの活躍

ペルシア戦争（前500～前449）を境に，人々の関心は，**自然**（ピュシス）の探究から人間社会における**人為的なもの**（ノモス），つまり法や社会制度の探究へ移っていった。なぜなら，アテネの民主政治において栄達するには，自然に関する知識よりも政治的知識や弁論術が必要だからである。これに応えたのが職業的教師のソフィスト（知者）。

✤代表的なソフィスト

- **プロタゴラス**（前490ごろ～前420ごろ）…「**人間は万物の尺度である**」と唱え，**相対主義**を主張した。
- **ゴルギアス**（前483ごろ～前376ごろ）…不可知論（事物の本質は認識不可とする説）を主張した。

✤ソフィストの活動がもたらしたメリットとデメリット

- メリット……社会生活に**自由な批判的精神**を導入して，合理的な考え方を徹底。
- デメリット…普遍的真理の否定は，ポリス（都市国家）の法律や掟（おきて）など，人々に共通する価値の否定につながった。また，真理よりも，**詭弁**（きべん）を用いて弁論に勝つことが重視されるようになった。その結果，**ポリスの倫理観や道徳意識が動揺する**。

4 ソクラテスの生涯と思想

アテネの倫理観や道徳意識の動揺に危機感を抱いたのが**ソクラテス**（前470～前399）である。彼は，「**汝**（なんじ）**自身を知れ**」をモットーに掲げ，人々との**対話**（**問答**）を通じて，社会的栄達などに心を奪われている**アテネの人々の精神的な立て直し**を図ろうとした。

しかし，ソクラテスの言動は受け入れられず，かえって危険分子と見なされる。結果，「国家の認める神々を認めず，新しい神を信じ，青年たちを腐敗・堕落させた」として告訴され，**民衆裁判によって死刑の判決を受ける**（プラトン『ソクラテスの弁明』）。

ソクラテスは，「**ただ生きるということではなく，よく生きること**」が必要だと主張。友人らの脱獄の勧めを退け，遵法（じゅんぽう）精神を重んじて自らの死刑を受け入れ，**よく生きようとする生き方を最後まで貫いた**（プラトン『クリトン』）。

✤ソフィストとソクラテスの比較

- ・ソフィスト…有料の授業。**本当は知者ではないのに自分は知者だと誤認**。
- ・ソクラテス…無料の対話。**善美のことがらについて知らないということを自覚している**（**無知の知**）。この一点でソフィストに勝る（＝**デルフォイの神託**（「ソクラテス以上の知者はいない」の真意）。

✤ソクラテスの問答の特徴

- ・**問答法**…**知を外から教え込むことはできない**。相手が自ら知を深めていく手助け（**助産術**，**産婆術**）をするのみ。自らの独断や思い込みから自身を解放し，この無知の自覚を出発点として，自ら普遍的真理を求め，その探求心が**愛知**（**フィロソフィア，哲学**）にまで深められることをソクラテスは願った。
- ・**エイロネイア**（イロニー，皮肉）…対話において，自分が無知であるように振る舞い，反対に相手の無知をさらけ出させ，自覚させる話術。当時の人々の価値観や生き方に対する厳しい批判を含んでいた。

✤ソクラテスが求めたもの，行動や徳や幸福との関係

- ・**普遍的な真理と知**…魂（**プシュケー**）をできるだけよいものにすることが必要（**魂への配慮**）。それには，**人間の魂**が，その固有の機能をよく果たすような**徳**（**アレテー**）について知ることが必要（**主知主義**）。
- ・ソクラテスの立場…善や正を知らずに徳を備えることはできない（**知徳合一**）。徳は行動につながる（**知行合一**）。徳をもって生きることは幸福である（**福徳一致**）。

✤ソクラテスの言行を伝える著作

- ・プラトン『饗宴』『ソクラテスの弁明』『クリトン』。ソクラテスに**著作はない**。

ここが共通テストのツボだ!!

ツボ 1 自然哲学者とソフィストとソクラテスの共通点と相違点を押さえておこう。

	自然哲学者	ソフィスト	ソクラテス
関心	ノモスよりもピュシスに	ピュシスよりもノモスに	ピュシスよりもノモスに
立場	普遍主義	相対主義	普遍主義

あらゆる知識をもち，ソフィストとも対等に対話のできるソクラテスは，誰もが守るべき道徳があるという普遍主義的な立場をとった。

ツボ 2 ソクラテス裁判の意味とその死が残した問題の理解を深めておこう。

✤ソクラテス裁判の意味

ソフィストの活動は，ギリシア世界の盟主アテネから，社会的基盤と一体性を奪っていった。その結果，アテネはペロポネソス戦争(前431～前404)で敗北，覇権を喪失していく。

アテネの行く末を心配するソクラテスは，「**アテネの虻**(あぶ)」として，人々の倫理的自覚と社会的な一体性を回復しようとした。しかし，受け入れられず，逆に告訴された。

もっとも，この裁判には，ペロポネソス戦争での敗北の原因をつくった政治家・軍人のアルキビアデスらがソクラテスの弟子であったことから，彼らの政敵によってソクラテスが糾弾されたという一面もある。

✤ソクラテスの死が残した問題

裁判後，牢獄(ろうごく)に拘留されていたソクラテスに対して，友人らは脱獄し国外逃亡することを勧めた。しかし，ソクラテスは受けいれなかった(プラトン『クリトン』)。

ソクラテスがこのような態度をとったのは，たとえ判決が不当なものであるにしても，脱獄・国外逃亡は，①個人の勝手によって判決を無効にすること，②帰属する社会のルールを無視するという不正を犯すこと，③**人間にとって最も大切なものである魂を損なうこと**にほかならないと考えたからである。

ソクラテスは，倫理観や道徳意識の崩壊による，アテネ社会の一体性の喪失を懸念。社会的混乱を嫌い，遵法精神に従って自らの死刑判決を受け入れた。

→(悪法の問題) 良心に反する法律や判決に従う必要はあるのか？

基礎力チェック問題

問1 自然哲学者のデモクリトスは，原子（アトム）と空虚（ケノン）という概念を用いた原子論を唱えたが，この説の説明として最も適当なものを，次の①～④のうちから一つ選べ。 （98年倫理本試）

① 陰気と陽気であるアトムが，空間としてのケノンにおいて運動する。
② 木火土金水の五種のアトムが，空間としてのケノンのうちで万物を構成する。
③ 全体としてのアトムが，空間としてのケノンの中で分離し万物を構成する。
④ 分離できないアトムが，空間としてのケノンにおいて運動し集合離散する。

問1 ［答］④
④ **適当**
①②③ **不適当**：「アトム」（原子）とは，それ以上，分割･「分離できない」ものという意味であり，いずれも「アトム」の説明が不適当。

問2 プロタゴラスに関する記述として最も適当なものを，次の①～④のうちから一つ選べ。 （04年倫理追試）

① ロゴスを重視し，世界理性に従って，怒りや肉体的欲望などの情念を抑制する禁欲主義の立場にたって生きることを理想とした。
② 民主政治が堕落しつつあるアテネにおいて，自らの無知を自覚すること，すなわち，いわゆる「無知の知」を哲学の出発点とした。
③ あらゆる物事の判断基準は，判断する人間それぞれにあるとし，各人の判断以外に客観的真理が存在することを否定した。
④ 万物の根本原理を「調和」の象徴としての「数」に求め，宗教と学術が一体となった教団を組織したが，当時の為政者に弾圧された。

問2 ［答］③
③ **適当**：**相対主義**を説いた**プロタゴラス**に関する記述。
① **不適当**：**禁欲主義**を説いた**ストア派**［☞p.101］の思想家に関する記述。
② **不適当**：「**無知の知**」を説いた**ソクラテス**に関する記述。
④ **不適当**：**アルケー**を「**調和**（ハルモニア）」の象徴としての「**数**」に求めた**ピタゴラス**に関する記述。

問3 知をめぐるソクラテスの思想についての説明として最も適当なものを，次の①～④のうちから一つ選べ。 （19年倫理追試）

① 対話を通して，相手が真なる知を探究することを手助けする問答法を用い，それを助産術とも呼んだ。
② 真理を探求したソフィストやその信奉者たちに議論を挑み，知の真偽を判断する基準は相対的なものであるとした。
③ まず実践を通して徳を身に付けることによって，次第に徳とは何かを知ることができるとする知行合一を説いた。
④ 知の探求は無知の自覚から始まるが，無知を自覚した者は誰でも，その状態を脱して善美の知を獲得できるとした。

問3 ［答］①
① **適当**：ソクラテスが用いた**問答法**の説明として妥当。
② **不適当**：相対主義を説いたのは，ソクラテスではなく，**ソフィスト**。
③ **不適当**：ソクラテスは，まず徳について知ること（**主知主義**）を主張した。
④ **不適当**：ソクラテスによれば，人間は善美に関する真の「知を獲得」することはできない。

18 西洋哲学の原風景～プラトン

1 プラトンの生涯

普遍的な真理や知を求めたソクラテスの精神を受け継いだのが弟子の**プラトン**（前427～前347）。彼は，**ソクラテスの残した問題**（「**魂とは何か？**」「**徳とは何か？**」）の解決を目指した。

彼はアテネの名門の出身で，政治家としての将来を嘱望（しょくぼう）されていたが，ソクラテスの刑死を契機に，哲学者としての道を歩む。数多くの著述を通じて**イデア論**など独自の思想を展開。**アカデメイア**という学園を設立し教育活動にも従事した。

✤プラトンの代表的な著作（**ソクラテスと異なり，プラトンは多くの著作を残す**）

- 『ソクラテスの弁明』『クリトン』『パイドン』『饗宴』『**国家**』『法律』など。
- ほとんどがソクラテスを中心とする**対話篇**（へん）（対話形式を用いた哲学的著作）。

2 プラトンの思想～イデア論

プラトンは，**イデア**（真実在）のあることを主張（参照：**三角形のたとえ話**［☞p.98］）。しかし，多くの人がイデアの存在に気づいていないという（参照：**洞窟の比喩**（ひゆ）［☞p.98］）。

✤イデアとは？

- **イデア**…**個物をそのものたらしめる原型**。たえず移り変わる現実の感覚的世界（**現象界**）を超えた，永遠不変の理想的な**イデア界**（叡智界（えいちかい））にある。感覚で捉えられない。**理性的認識の対象**。
- **善のイデア**…イデア界にあって，さまざまなイデアを統括し秩序付けているもの。万物を照らしだし，育む太陽にもたとえられる（太陽の比喩）。哲学における究極の探究対象。

✤二元論的世界観（イデア界と現象界）

イデア界（イデア）	永遠不滅	完全	本質	普遍	原型（真実在）	魂の故郷
現象界（個物）	生成変化	不完全	現象	個別	模像	魂は肉体という牢獄（ろうごく）に囚（とら）われている

- 晩年のプラトンは，宇宙の製作者である神（デミウルゴス）が，イデアを見て，その似姿として，万物を創造したと論じている（『ティマイオス』）。こうした宇宙論は，**後のキリスト教神学に影響を与えた**。

3 プラトンの思想〜想起説

プラトンによれば，魂はもともとイデア界に住んでいた（**魂は不死**）。人間として生まれるとき，魂が肉体に宿るが，魂はイデア界のことを忘れてしまう。しかし，人間の魂は，現象界の事物を手がかりに，イデア界やイデアのことを想起（**アナムネーシス**）し（『メノン』『パイドン』），**イデア界に憧（あこが）れる気持ち**（エロース）を湧き起こす。

✤「愛知（哲学）は死の訓練」（『パイドン』）

・「**肉体は魂の墓場**（ソーマ＝セーマ）」というピタゴラスの影響のもと，愛知（哲学）は，死と同じように魂が現実の感覚的・肉体的な制約を脱することなので，「**死の訓練**」であると捉え，それには，**幾何学や天文学などを学んで訓練を積み，さらにはイデアを認識するための哲学を学ぶ必要がある**と主張。

4 プラトンの思想〜魂の三分割説と四元徳

プラトンによれば，**哲学を学ぶには，よき魂が必要**である。

✤魂の構造とよき魂（参照：**二頭立ての馬車のたとえ話**［☞p.98］）

・魂…理性（知恵を愛する部分）・気概（名誉を愛する部分）・欲望（利得を愛する部分）という三つの部分からなる（**魂の三分割説**）。

・よき魂…理性が知恵の徳を，気概が勇気の徳を，欲望が節制の徳を備え，**理性が気概と欲望をコントロール**するとき，魂は正義の徳を発揮し，よき魂となる（**知恵・勇気・節制・正義**を古代ギリシアの四元徳という）。
→これらが，魂や徳をめぐるソクラテスが残した問題に対するプラトンの答え。

5 プラトンの思想〜理想国家論・哲人政治

プラトンは，魂とポリスを類比的に考え，理想国家の姿を論じた（『国家』）。

✤国家の構造と理想国家

・階級社会…能力差によって属する階級が異なる（階級間の越境禁止）。国家は，基本的に統治者・防衛者・生産者という三つの階級からなる。

・理想国家…統治者が知恵の徳を，防衛者が勇気の徳を，生産者が節制の徳を備え，**統治者が防衛者と生産者をコントロール**するとき，国家は正義の徳を発揮し，実現される。妻子や財産の共有制や，教育の国家統制も構想。

・哲人政治…哲人王（統治者となった哲学者，あるいは哲学を学んだ統治者）による統治を模索。晩年は，護法官ら「夜の会議」による統治を構想（『法律』）。

✤プラトンの政治思想の意義と評価

・**民主制批判**…プラトンは，ソクラテスを死に追いやったアテネの民主政治が衆愚政治（愚かな民衆による政治）に陥っているとして批判した。

・全体主義・反民主主義・エリート主義…例えばナチス・ドイツは，プラトンをファシストの先駆者と見なした。

ここが共通テストのツボだ!!

ツボ 1 魂の三つの部分と徳，国家の三つの階級と徳の関係を押さえておこう。

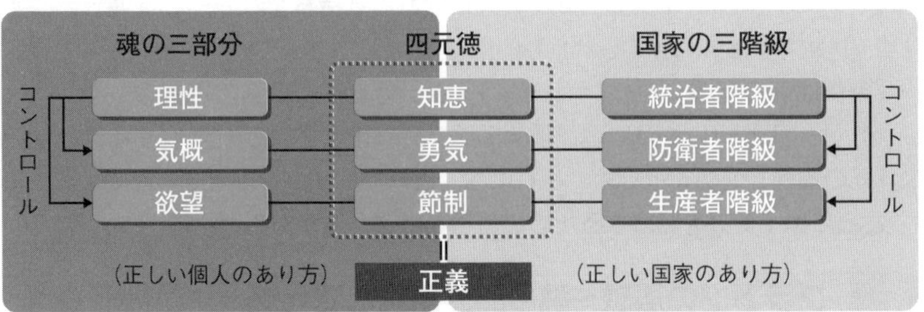

プラトンは，国家は大きな一つの魂であると考えていたので，人間の魂と国家を同じような方法で説明した。

ツボ 2 プラトンが自説を説明するのに使ったたとえ話や比喩の概略を知ろう。

✤**二頭立ての馬車のたとえ話**(『パイドロス』)…人間の魂は，二頭立ての馬車にたとえられる。**一方の馬が気概，もう一方の馬が欲望。この翼をもった二頭の馬を御する人間が理性。**二頭の馬を人間が御して目的地に行くように，人間の魂も理性が気概と欲望を御して，イデア界へと舞い上がる。

✤**三角形のたとえ話**(『国家』)…人が描く三角形は，不完全である。それでも，それが「三角形」と呼ばれるのは，感覚的世界(**現象界**)を超えて，三角形の**イデア**(本質)が存在し，その**三角形のイデアをわけもっている**(**分有**している)から。

✤**洞窟の比喩**(『国家』)…生まれたときから洞窟の中に座らされ，頭を固定されて，洞窟の奥の壁しか見ることができない囚人は，壁に映った背後の事物の影を実物だと思い込んでしまう。**感覚的世界に囚(とら)われている人々は，この洞窟の中の囚人と同じである。**

「二頭立ての馬車のたとえ話」は魂の構造を説明するために，「三角形のたとえ話」はイデアの存在の証明のために，「洞窟の比喩」はアテネ社会を批判するために語られた。

基礎力チェック問題

問1 プラトンが理想とした「魂の三部分」の相互関係の説明として最も適当なものを，次の①～④のうちから一つ選べ。 (91年倫理追試)

① 理性によって欲望を隠蔽(いんぺい)し，その欲望の発現を気概によって防止する。
② 理性が命じ，その命じるところを気概が補助し，欲望がそれに従う。
③ 欲望によって気概を奮い立たせ，その気概が理性を生みだす。
④ 理性，気概，欲望が互いに相殺しあうことによって，全体の均衡を保つ。

問1 [答] ②
② **適当**
① **不適当**：「隠蔽」や「防止」は不適当。
③ **不適当**：「気概が理性を生みだす」は不適当。
④ **不適当**：「互いに相殺しあう」は不適当。

問2 プラトンが魂について論じた内容として最も適当なものを，次の①～④のうちから一つ選べ。 (11年倫理本試)

① 人間の魂は死後に肉体から解放されてはじめてイデアを見ることになるとし，イデアへの憧(あこが)れ(エロース)が哲学の原動力であると論じた。
② 人間の魂は生まれる以前にイデアを見ていたとし，感覚的事物を手がかりとしてイデアを想起すること(アナムネーシス)ができると論じた。
③ 人間の魂を国家と類比的に捉(とら)え，個々人の魂に正義の徳が具(そな)わるためには，国家全体の正義を確立することが必要であると論じた。
④ 人間の魂を理性，気概，欲望の三つの部分に分けて捉え，これら三部分が互いに抑制し合うことで正義の徳が成立すると論じた。

問2 [答] ②
② **適当**
① **不適当**：プラトンによれば，死なずとも，哲学を学ぶことによって「イデアを見ること」が可能である。
③ **不適当**：プラトンは人間の魂と国家を類比的に論じたが,「個々人の魂」の正義が「国家全体の正義」を前提として成り立つとは言っていない。
④ **不適当**：プラトンによれば，**理性が気概と欲望を抑制**(**コントロール**)する。

問3 プラトンは，洞窟の比喩(ひゆ)を用いて自らの思想を説いた。その比喩の説明として最も適当なものを，次の①～④のうちから一つ選べ。 (06年倫理本試)

① 多くの人々は，魂が肉体から解放されるまで，快楽や欲望の束縛から脱することができない。それはちょうど，囚人が洞窟の中に死ぬまで縛りつけられて逃げられないのと似ている。
② 多くの人々は，個人的な生活にしか目を向けず，社会的理想を追求しようとはしない。それはちょうど，洞窟の中で生活している人々が，そこでの生活に安住し，洞窟の外に出て理想国家を建設しようとしないのと似ている。
③ 多くの人々は，普遍的な真理など存在せず，相対的にしか真理は語れないとする。それはちょうど，人々がそれぞれの洞窟の中でそれぞれの基準で真偽を判断し，その正否に他人は口を出せないのと似ている。
④ 多くの人々は，感覚されたものを実在だと思い込んでいる。それはちょうど，洞窟の壁に向かって繋(つな)がれている囚人が，壁に映った背後の事物の影を実物だと思い込んでしまうのと似ている。

問3 [答] ④
④ **適当**：プラトンが「**洞窟の比喩**」を語った背景には，真の知を求めて活動していた**ソクラテスのことを理解せず，死刑に処してしまったアテネ社会に対する批判がある**ことも知っておこう。プラトンによれば，アテネの市民はものごとを表面的に判断し，真実を知らない囚人と同じである。
①②③ **不適当**：「洞窟の比喩」の説明になっていない。

19 古代ギリシア哲学の発展と変容 ～アリストテレスとヘレニズム思想

1 アリストテレスの生涯

アカデメイアで学び，プラトンの思想を批判的に継承したのが，弟子の**アリストテレス**（前384～前322）。のちの大王アレクサンドロスの家庭教師を務めたこともある。アテネ郊外の**リュケイオン**に学園を設立し教育活動に従事。**逍遙**（しょうよう）（**ペリパトス**）**学派**を形成。

✤**アリストテレスの代表的な著作**

- 『形而上学』（けいじじょうがく）『**ニコマコス倫理学**』『政治学』『弁論術』など。
- 哲学，政治，芸術，天文，生物など多くの分野を扱っている。**万学の祖**。

2 アリストテレスの思想～事物の成り立ちについて

アリストテレスは，**イデアの実在性を批判。現実主義的な思想を展開**した。

✤**形而上学と目的論的自然観**（『形而上学』）

- 個物のあり方…**真実在は，個物（個々の事物）**である。個物は，**形相**（**エイドス**，本質）と**質料**（**ヒュレー**，素材）から成る。形相は**可能態**（**デュナミス**）として**個物に内在**しており，個物はそれを発現させて**現実態**（**エネルゲイア**）となる。
- **目的論的自然観**…自然界の変化や運動のすべてが，形相の実現という目的に向かって生成・発展していく。←**近代の科学的自然観が成立するまで，西洋の中心的な自然観**であった。

3 アリストテレスの思想～人間観と市民としての徳について

アリストテレスによれば，幸福を求めるのが現実の人間である。

✤**幸福な生活**（『ニコマコス倫理学』）

- 人間の生…享楽的生活（幸福＝快楽），政治的生活（幸福＝名誉），**観想**（**テオリア**）**的生活**（幸福＝真理）にわけられるが，**観想的生活が最高の幸福をもたらす**。
- **観想的生活**に必要なもの…**知性的徳**と**倫理的徳**（習性的徳，性格的徳）［☞p.102］。

知性的徳	思考の働きに関わる徳。**観想的生活を続けることで身につく**。真理を認識する**知恵**や実践的洞察を行う**思慮**など。
倫理的徳	感情や欲望の統制を伴う理性的選択に関わる徳。過不足を避けるように思慮が命じる**中庸**（**メソテース**）**に従い，正しい行為を積み重ねること（習慣化）で身につく**。**勇気**や**節制**など。

✤ポリスの成立に深く関わる倫理的徳～友愛（フィリア）と正義

・人間…ポリスでの生活を通じて幸福や徳を得る（「人間はポリス的動物」）。

・特に重要な倫理的徳…ポリスの成立に深く関わる友愛（フィリア）と正義。

友愛	互いの善や幸福を思いやる相互的な愛。正義以上に重要。
正義	全体的正義（**ポリスの法律を守る**）と部分的正義に大別。部分的正義は，配分的正義（**能力や功績に応じて，名誉や報酬を与える**）と調整的正義（**裁判や取引などにおける各人の利害・損得を均等にする**）にわけられる。

4 アリストテレスの思想～人間が実現できる政治形態は？

アリストテレスは，理想国家そのものではなく，**実現可能な政治形態を模索**した。

✤現実の政治形態とその堕落形態（『政治学』）

現実の政治形態		堕落形態
統治者が一人の**王政**	→	一人の支配者の横暴を許す**独裁政治**
すぐれた少数者による**貴族政治**	→	門閥や富ある少数者が支配する**寡頭政治**
市民全員が参加する**共和政治**	→	愚かな民衆による**衆愚政治**

5 ヘレニズムの思想～ストア派とエピクロス派

★★★

ギリシアの北に勃興したマケドニア王国によって，ポリスの自立が奪われていくと，アテネにおいて「**ポリスの一員としていかに生きるべきか**」と問うたソクラテス・プラトン・アリストテレスらの思弁的な哲学は後退。思想は，次第に世俗化し，**心の安らぎを求める人生論的なもの**に変わっていった。

✤ヘレニズム期を代表する思想①～エピクロス派（開祖：エピクロス（前341～前271））

・主張…公共生活から離れ（「隠れて生きよ」），気心の知れた人々とアテネの郊外（エピクロスの園）で，**永続的かつ精神的な快楽を追求**（快楽主義）。こうした快楽による魂の平安（アタラクシア）を実現するのが哲学の目的であり，理想である。

・立場…**原子論を継承**し，「死は我々に関わりなきもの」とした。

✤ヘレニズム期を代表する思想②～ストア派（開祖：ゼノン（前336～前264））

・主張…**情念（パトス）に動かされず**（禁欲主義），**ロゴスに従って生きれば**（「ロゴス（自然）に従って生きよ」），賢者の理想である不動心（アパテイア）の境地に達することができる。

・立場…世界市民主義（理性を共有する点で万人は平等）を説き，ローマ帝国時代の思想潮流を支配した。

✤その他のヘレニズム期の思想

・**新プラトン主義**（プロティノス）…「（万物は）**一者（ト・ヘン）から流出する**」という一元論的な神秘主義思想を説き，**後の中世キリスト教思想に影響**を与えた。

ここが共通テストのツボだ!!

ツボ 1 アリストテレスが唱えた徳論の構造について押さえておこう。

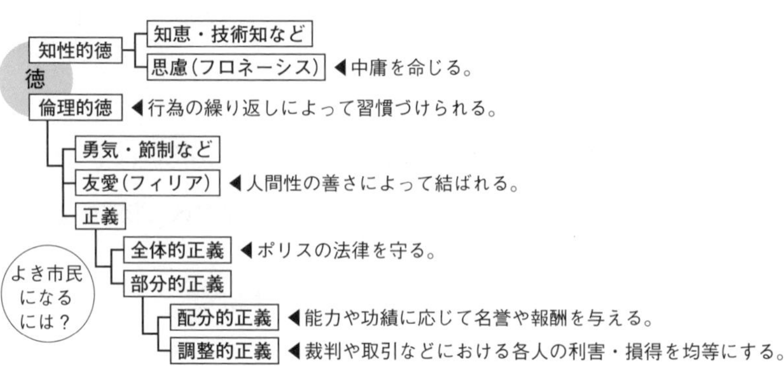

全体的正義と部分的正義（配分的正義・調整的正義）を明確に区別しておこう。

・配分的正義…個別の事情を考慮する，比例を基礎とする正義。

・調整的正義…個別の事情を考慮しない，平等を基礎とする正義。

ツボ 2 ストア派の思想家や，彼らの思想が後世に残した影響についても知ろう。

ストア派に関連する人物としては，開祖のゼノンの他に，**セネカ**（前5ごろ～後65）（政治家），**エピクテトス**（60ごろ～138ごろ）（もと奴隷の哲学者），**マルクス・アウレリウス**（121～180）（ローマ皇帝，『自省録』）などのストア派学徒やキケロ（政治家）などの名前が残っている。

彼らストア派は，ソクラテスの思想の一部を受け継ぐキュニコス派（犬儒派）のディオゲネス（前412？～前323？）らの影響を受けて，「すべての人間は世界国家の一員であり，世界市民として平等である」と説いた。こうしたストア派の思想は，**ローマの万民法や中世キリスト教の自然法思想，さらには近代自然法思想の成立に大きな影響を与えた。**

アリストテレスまでの思想家たちのほとんどが奴隷制を容認したが，ストア派は，奴隷制を批判したり，万人の本性的な平等の思想を説いたりした。

基礎力チェック問題

問1 古代ギリシアの思想家アリストテレスの主張の記述として最も適当なものを，次の①～④のうちから一つ選べ。（08年倫理追試）

① 人間にとって最高に幸福な生活とは，観想によって把握された真理に基づいて政治的実践を営む生活である。

② 真の友愛は，自分にとっての快楽や有用性のみに基づくものではなく，善き人々の間で相手のために善を願うものである。

③ 個物から離れて，実在する超越的な形相が，感覚的な質料と結びつくことによって，この世界の様々な事物が生成する。

④ 各人の判断こそが善や正義などの基準であり，自らの経験と観察を重んじることによって知識が得られる。

問1 [答] ②

② **適当**

① **不適当**：アリストテレスによれば，「最高に幸福な生活」は**観想的生活**。

③ **不適当**：「形相」は，「個物から離れて，実在する超越的」なものではなく，**個物に内在するもの**。

④ **不適当**：ソフィストらの**相対主義**[☞p.92]についての記述。

問2 アリストテレスの思想に関する記述として最も適当なものを，次の①～④のうちから一つ選べ。（06年倫理追試）

① 互いに異なる国々の慣習や文化を比較して，自国の諸制度に合わせて取り入れる調整的正義を説いている。

② 共同体的存在である人間が，社会における役割分担を推進するために必要とされる配分的正義を説いている。

③ 取引や裁判などにおいて，各人の利害や得失の不均衡を公平になるように是正する調整的正義を説いている。

④ 理性の徳としての知恵，気概の徳としての勇気，欲望の徳としての節制が均等である配分的正義を説いている。

問2 [答] ③

③ **適当**：調整的正義に関する正しい記述。

① **不適当**

②④ **不適当**：配分的正義とは，能力や功績に応じて，名誉や報酬を与える正義のこと。

問3 エピクロスの倫理思想の記述として最も適当なものを，次の①～④のうちから一つ選べ。（04年倫理本試）

① 美のほとんどが便宜・効用という観念から生まれるのだから，快楽や苦痛は，美や醜の観念に必然的に伴うだけでなく，美や醜の本質をなす。

② いかなる快楽をも貪（むさぼ）る人は放埒（ほうらつ）だし，あらゆる快楽を遠ざける人は逆に無感覚な人になる。私たちは，双方の中庸である節制を目指すべきである。

③ 快楽や苦痛は，その強さ，持続性，確実性，遠近性などと，それが及ぶ人々の数を考慮に入れることによって，その総計を計算することができる。

④ 私たちが人生の目的とすべき快楽は，放蕩（ほうとう）者の快楽でも性的な享楽でもなく，身体に苦痛のないことと，魂に動揺のないことにほかならない。

問3 [答] ④

④ **適当**：エピクロスが理想の境地としたアタラクシアについての記述。

① **不適当**：三木清[☞p.204]の考えを想定した記述。そもそも，**エピクロスが唱えた快楽主義は，「美や醜の観念」とは無関係**。

② **不適当**：徳の獲得における**中庸（メソテース）**の重要性を主張したアリストテレスの考えについての記述。

③ **不適当**：功利主義者のベンサム[☞p.242]が主張した快楽計算説についての記述。

20 もう一つの西洋哲学の原風景 ～ユダヤ教とキリスト教

1 ユダヤ教

古代ギリシア思想とともに，西洋思想の源流となるのがユダヤ教とキリスト教。

ユダヤ教とは，神ヤハウェを信じるユダヤ人（イスラエル人）の宗教（ヤハウェ信仰・民族宗教）。キリスト教の母体。神ヤハウェは，**全知全能で，世界を創造した唯一絶対の人格神**であり，ユダヤ人を救済の対象に選んだ（選民思想）。

✣ユダヤ教の特徴（旧約聖書〔ヘブライ語聖書〕）

- 契約宗教…ユダヤ人は，エジプトの圧政を逃れ，**カナン**の地へ向かう途中，シナイ山で宗教的指導者**モーセ**（生没年不詳）を通じて**十戒**（じっかい）を受け取った（旧約聖書「**出エジプト記**」）。これにより，ユダヤ人は十戒をはじめとする**律法**（トーラー）を遵守（じゅんしゅ）する義務を負い，ヤハウェから永遠の庇護（ひご）と救済を受け取る権利を得た。
- 裁きの神・正義の神…神**ヤハウェは，律法を遵守しない者に罰を下す**。
- メシア信仰…エジプトから解放された後も，ユダヤ人は様々な苦難の歴史を歩んだ。その度に，**イザヤ**（生没年不詳）や**エレミヤ**（前7～前6世紀ごろ）や**エゼキエル**（前6世紀ごろ）などの預言者（神の言葉を伝える者）が，律法の遵守と**メシア**（苦難から人々を救う**救世主**）の出現を説いた。
- 律法主義…後には**ファリサイ（パリサイ）**派や**サドカイ**派などの影響により，ユダヤ社会は，律法を厳格に遵守してさえいればよいという傾向を強めた。

2 イエス

律法主義の強まるユダヤ社会に，ヨゼフと**マリア**の子として**イエス**（前4ごろ～後30ごろ）が出現。イエスは，**洗礼者ヨハネ**（前6から2ごろ～後36ごろ）から洗礼を受け，新たな教えを説いた。

しかし，ユダヤ教の指導者たちの反発にあい，当時の支配者である**ローマ帝国への反逆者として，十字架による磔刑**（たっけい）に処せられた。しかし，イエスは**処刑直後の日曜日に復活**し，弟子の**ペテロ**（？～67ごろ）（**ペトロ**）らの前に現れ，その後，昇天したとされる。

✣イエスの教え（新約聖書〔ギリシア語聖書〕）

- 律法主義批判…律法を守ることは大切だが，それを形式的に守るのではなく，**律法に込められている精神を知り，これを完成させる**ことを求めた（「安息日は，人のために定められた。人が安息日のためにあるのではない」）。
- 隣人愛の実践…**人々に平等に注がれる，見返りを求めない神の愛**（アガペー）にならって（「愛の神」の教え），隣人愛の実践を求めた（「敵を愛し，自分を迫害する者のために祈りなさい」）。

✤イエスの死と復活，そしてキリスト教の成立

・**契約の更新**…イエスの復活を信じる人々の間で，**イエスは神の子であり，キリスト（メシア）**であり，彼を介して神との**新たな契約**が結ばれたという信仰（**キリスト教**）が生まれた。そして，各地に教会（**エクレシア**）がつくられた。

3 原始キリスト教

キリスト教が**世界宗教**へと発展する礎（いしずえ）を築いたのが，ユダヤ教のファリサイ派から**回心**を遂げた**パウロ**（?～65ごろ）。彼は**異邦人伝道**に従事した。皇帝ネロ支配下のローマで殉教。

✤パウロの思想～贖罪（しょくざい）思想

・**贖罪思想**…人類が負う**原罪**（アダム以来の，神の求め・望みに反する傾向）は，一人ひとりが贖（あがな）わなければならない。しかし，**神のひとり子であるイエスが，人類の代わりに贖った**（**十字架の贖い**）。ここには，人類に贖いをさせなかったという**神の愛と赦（ゆる）し**が示されている。だから，父なる神と和解して，神とともに義（ただ）しく生きなければならない（新約聖書「**ローマ人への手紙**」）。

・（キリスト教の）**三元徳**…神とともに義しく生きるには，律法を厳格に遵守する以上に，**信仰**・**希望**・**愛**（**キリスト教の三元徳**）を備えることが必要。

4 中世キリスト教哲学

２世紀ごろから，**教父**（教会の指導者）らがキリスト教の教義を体系化しはじめた（**教父哲学**）。迫害は続いていたが，313年に公認され，392年にローマ帝国の国教となると，キリスト教は教会付属の学校で探究されるようになった（**スコラ哲学**）。

✤教父哲学～「最大の教父」アウグスティヌス（354～430）の思想（『告白』『**神の国**』『三位一体論』）

・**恩寵（おんちょう）による救い**…**原罪を負う人間には悪をなす自由意志しかない**。それゆえ，救われるためには神の恩寵（神の恵み）が必要である。**プラトン哲学を援用しながら**，教会こそが神の国の代理人であると主張した。

・**神の国**と**三元徳**…歴史は，欲望が支配する地の国と，愛が支配する神の国の相剋（そうこく）であるが，最後には神の国が勝利すると論じた。また，**三元徳**（**信仰・希望・愛**）を四元徳（知恵・勇気・節制・正義）の上に位置づけた。

・**三位（さんみ）一体**…ニケーアの公会議（325）で確立された「**父なる神**・**子なるイエス**・**聖霊**」は**本来一つの神の三つのペルソナ**（**位格**）であるというキリスト教の奥義を探究。

✤スコラ哲学～「教会博士」トマス・アクィナス（1225ごろ～74）の思想（『**神学大全**』）

・「**哲学は神学の侍女**」…**「自然の光（理性）」による真理（哲学）と，「神の恩寵」による信仰の真理（神学）は，対立も矛盾もしない**と主張。イスラーム世界を経由して伝えられた**アリストテレス哲学などを用いて**，哲学とは，神が創造した秩序の探求であり，**哲学は神学を補完するもの**（神学の優位）と位置づけた。

・**自然法思想**…人間の理性に啓示された神の法が自然法とした。

ここが共通テストのツボだ!!

ツボ 1 西洋思想において「愛」と訳される言葉の違いを押さえておこう。

エロース	プラトンは，より完全なものを求める知的な愛と定義した。
フィリア	ポリスにおいて互いの幸福を思い合う愛。アリストテレスは，倫理的徳として正義と友愛が特に重要だが，その中でも友愛が大切であると説いた。
アガペー	キリスト教で説かれる，無償で無差別の神の愛。

エロース・フィリア・アガペーは，利己心などのマイナス・イメージで捉えられる東洋思想の「愛」とは異なり，いずれもプラスのイメージで捉えられている。

ツボ 2 旧約聖書と新約聖書の違いを知り，ユダヤ教とキリスト教の特徴を押さえておこう。

旧約聖書	新約聖書
ユダヤ教やキリスト教の聖典。	キリスト教の聖典。
主に**ヘブライ語**で記述。	主に**ギリシア語**で記述。
「出エジプト記」や「申命記」や「詩篇(しへん)」などユダヤ人の歴史や思想に関する書物を集録。	「マタイ・マルコ・ルカ・ヨハネによる福音書」(前三つの福音書を**共観福音書**という)に加え，「ローマ人への手紙」をはじめとする書簡や使徒言行録などを集録。
救世主(メシア)の到来を説く。ただし，まだ到来しておらず，ユダヤ教徒はイエスを**ラビ**(教師・学者)とは見なしても，救世主と見なすことはない。終末思想を説く。	キリスト教徒はイエスを旧約聖書が到来を説く救世主と見なすので，イエス=キリスト(イエスは救世主である)と呼ぶ。終末思想と**再臨したイエスが人類を裁くとする**最後の審判**の思想**を説く。

イエスの死後の紀元1〜2世紀にかけて成立した新約聖書は，ギリシア語(コイネー)を共通語としていた地中海地方の人々にイエスの教えを伝えようという意図のもと編纂された。それゆえ，ユダヤ人の言葉であるヘブライ語ではなく，ギリシア語で記された。

基礎力チェック問題

問1 次のア～ウは，ユダヤ教やキリスト教における希望のあり方についての記述である。その正誤の組合せとして正しいものを，下の①～⑥のうちから一つ選べ。 (18年倫理追試)

ア イエスの活動以前から，ユダヤ教のなかでは，イスラエル民族を苦難から救う救世主(メシア)を待ち望む信仰が存在していた。

イ 初期のキリスト教会では，刑死したイエスがこの世の終わりにはじめて復活するとされ，そのことに対する希望に基づく信仰が生まれた。

ウ アウグスティヌスは，パウロによって基礎づけられた信仰・希望・愛の三元徳と，ギリシアの四元徳は等価だと考えた。

① ア 正 イ 正 ウ 誤　② ア 正 イ 誤 ウ 正
③ ア 正 イ 誤 ウ 誤　④ ア 誤 イ 正 ウ 正
⑤ ア 誤 イ 正 ウ 誤　⑥ ア 誤 イ 誤 ウ 正

問1 [答] ③

ア：正文　ユダヤ教の救世主(メシア)信仰を背景にイエスが出現したことを思い出そう。
イ：誤文　「この世の終わりにはじめて復活する」が不適当。イエスは**刑死直後の日曜日に復活**したとされる。
ウ：誤文　アウグスティヌスは，**三元徳を四元徳の上に位置づけた。**

問2 人間の罪について考えたイエスおよびパウロの説明として最も適当なものを，次の①～④のうちから一つ選べ。 (20年倫理本試)

① イエスは，ファリサイ派(パリサイ派)に倣って，神が与えた律法を遵守できない人々を救われることのない罪人とみなした。
② イエスは，自分が来たのは罪人を招くためであると述べ，神の愛は罪人が悔い改めることを条件として与えられると説いた。
③ 罪の意識に苦しんだパウロは，神に背いたアダムの罪が，生まれながらの罪として全ての人間に引き継がれていると考えた。
④ 異邦人への伝道にも従事したパウロは，神から十戒が与えられたことで全ての人間の罪が贖(あがな)われたと考えた。

問2 [答] ③

③ **適当**
① **不適当**：イエスは，ファリサイ派らの律法主義を批判し，**神は「罪人」も救う**と主張した。
② **不適当**：**神の愛**(アガペー)は，**無償で無差別の愛**である。
④ **不適当**：十戒はモーセを通じてユダヤ人に与えられたが，その授受により罪が贖われたわけではない。

問3 トマス・アクィナスに関する記述として最も適当なものを，次の①～④のうちから一つ選べ。 (03年倫理本試)

① 信仰と理性は相互に分離された異質な領域に属しており，神にかかわる信仰的実践を哲学によって基礎づけることはできないとした。
② 信仰と理性の区別を体系的に論じて，信仰の優位のもとで両者の統合を試み，倫理思想に関しても自然的徳は神の恩恵によって完成されるとした。
③ 一切は神から必然的に生じるものであり，倫理的問題に関しても，永遠の相のもとで事物を考察することによって判断されなければならないとした。
④ 人間の救済と滅びは神によってあらかじめ決定されており，人間は合理的で正しい行為によってもその決定を変更することはできないとした。

問3 [答] ②

② **適当**：「自然的徳」とは，友情や親子の親愛の情などのこと。
① **不適当**：トマス・アクィナスによれば，**信仰と理性は矛盾しない。**
③ **不適当**：合理論の系譜に属するスピノザ[☞p.230]についての記述。
④ **不適当**：宗教改革者カルヴァンの予定説[☞p.215]を想定した記述。

21 聖俗一致の宗教 ~イスラームの思想

1 イスラームとは何か?

ムハンマド(570ごろ~632)が伝えた，唯一神アッラーの教えを信じる人々(ムスリム，イスラーム教徒)の宗教。世界三大宗教の一つ。

✤イスラームの基本

- 「**イスラーム**」**とは?**…もともと唯一神**アッラー**への絶対的服従を意味する。したがって，**イスラームは信仰であると同時に，法や制度，政治など，人間のあらゆる行為に関わるもの**である(聖俗一致)。
- アッラー…宇宙万物を創造(**全知全能の創造主**)し，自然の秩序や人類の守るべき規範を定めた唯一神。人間に無限の慈しみを与える存在。**絶対的な存在なので，どのような形にも偶像化され得ない**(偶像崇拝の禁止)。
- クルアーン(コーラン)…イスラームの聖典の中心。大天使ジブリール(ガブリエル)を通じて**ムハンマドにアラビア語で下されたアッラーの啓示**を，ムハンマドの死後に編纂(へんさん)。イスラーム文化の基幹。翻訳は禁止。慣行(**スンナ**)を提示する**ハディース**(ムハンマドの言行録)や**シャリーア**(イスラーム法)も重視される。
- 開祖**ムハンマド**…ヒラー山の洞窟で**アッラー**の声を聞いたムハンマドは，**神の使者**(**ラスール**)として人々に教えを説きはじめた。**最後で最大の預言者**。

2 イスラームの教え

アッラーに帰依(きえ)し，すべてを委(ゆだ)ねなければならない。ムスリムは，クルアーンを規範として日常生活を律し，六信・五行という宗教的なつとめを守る。

六信(六つの「信仰の柱」)と五行(宗教的義務)について		
六信	**アッラー**	アッラーを信じる。
	天使	ムハンマドにアッラーの言葉を伝えた大天使ジブリール(ガブリエル)などの諸天使を信じる。
	啓典(聖典)	クルアーン(コーラン)を信じる。
	預言者	ムハンマドを信じる。
	来世	天国・地獄を信じる。
	天命	森羅万象は，アッラーの意志によると信じる。

五行	信仰告白(シャハーダ)	「アッラーの他に神なし。ムハンマドは神の使徒である」と唱える。
	礼拝(サラート)	1日に5回，メッカに向かって礼拝する。
	断食(サウム)	ラマダーン月(断食月)の**日中**，一切の飲食を断つ。
	喜捨(ザカート)	貧者に対し，自らの資産に応じた施しをする。
	巡礼(ハッジ)	可能ならば，一生に一度はメッカに巡礼する。
	ジハード(異教徒への改宗の勧め，聖戦)が6番目の行とされることもある。	

✤その他のイスラームを特徴づける教え

- 最後の審判…アッラーの教えを実行する者は，最後の審判において天国に迎えられ，従わない者は地獄で罰を受ける。**アッラーが裁きを行う**。
- 聖職者の不在…イスラームにはイエス=キリストのような「神の子」は存在しない(あくまでムハンマドも人間)。また，政治的な指導者やイスラーム法学者(**ウラマー**)はいるが，**聖職者もいない**。
- **万人平等**…アッラーの下では，すべての人が平等であり，支配者と被支配者などの差別は否定される。
- ハラーム(禁忌)…豚食や飲酒など，宗教的に許されていないこと・もの。**宗教的に許されていること・ものを，ハラールという**。
- 無利子銀行…クルアーンの教えに従い，貸借した金銭などに対して，利子をとることができない。そのため，銀行は形式上，無利子銀行の形態をとる。

3 イスラーム世界の拡大

ムハンマドの死後，イスラーム共同体(**ウンマ**)は，**ハリーファ**(**カリフ**，イスラームの指導者で預言者の後継者)の指導のもと，拡大政策を採り大規模な**ジハード**(聖戦)を開始。西は北アフリカからイベリア半島，東は中央アジアを経てインダス川流域に達する広大な地域を支配した。

この大帝国において発達した**イスラーム文化は，アリストテレスの哲学など古代ギリシアの学問を継承するとともに，独自の科学や哲学を打ち立て，スコラ哲学やルネサンスをはじめ，西欧の学問・文化の形成にも大きな影響を及ぼした**。

✤イスラームの現状

- 現在の宗派…サウジアラビアを中心とする多数派の**スンナ**(**スンニー**)**派**とイランを中心とする少数派の**シーア派**に大別される。なお，**ムスリム人口が最も多い国は，インドネシア**である。
- スンナ派とシーア派に共通の聖地…メッカ(ムハンマドが生まれた地で，カーバ神殿がある)，**メディナ**(ムハンマドの埋葬地で，預言者モスクがある)，**エルサレム**(ムハンマドが昇天してアッラーと対面した地で，岩のドームがある)。

ここが共通テストのツボだ!!

ツボ 1 ユダヤ教とキリスト教とイスラームの共通点と相違点を確認しておこう。

	ユダヤ教	キリスト教	イスラーム
神の捉え方	裁き・正義の神	愛の神	99の属性をもつ神
啓典	旧約聖書	旧約聖書と新約聖書	クルアーン，および旧約聖書と新約聖書の一部
安息日	土曜日	基本的に日曜日	金曜日
最後の審判	さまざまな解釈あり	イエスが裁く	アッラーが裁く
聖地	エルサレムなど	エルサレムやローマなど	メッカ，メディナ，エルサレム
その他	民族宗教，選民思想，偶像崇拝禁止	世界宗教，万民思想	世界宗教，万民思想，偶像崇拝禁止

イスラームはユダヤ教やキリスト教から大きな影響を受けている。したがって，相違点のみならず共通点も少なくない。

ツボ 2 六信・五行には，勘違いしやすい点があるので注意しよう。

		注意点
六信から	アッラー	アッラーは，ユダヤ教のヤハウェやキリスト教の神と同一。
	啓典	旧約聖書や新約聖書の一部も不完全ながらも啓典。ユダヤ・キリスト教徒は**啓典の民**として，一定条件の下，その信仰は容認される。
	預言者	モーセやイエスも預言者。ムハンマド以降に預言者は現れない。
	来世	**来世**（死後の世界）を信じる。前世（生前の世界）ではない。
五行から	礼拝	メッカに向かって行うので，祈る場所によって方角が異なる。
	断食	断食は日中のみ。1日24時間丸1か月，断食をするわけではない。
	喜捨	**救貧税**として制度化されている。
	巡礼	可能ならば，一生に一度は**メッカ**に巡礼する。

宗教に関しては特に，偏見を持たずに事実を押さえていくことが大切である。

基礎力チェック問題

問1 イスラームの説明として最も適当なものを，次の①～④のうちから一つ選べ。 (19年倫理本試)

① クルアーン(コーラン)は，ムハンマドと彼を取り巻く人々に下された啓示を，集録し，編纂したものである。

② イエスを救世主とみなすキリスト教の教えを継承し，ムハンマドを救世主と信じることは，六信の一つに数えられる。

③ 五行などの実践によって神への信仰を体現することだけでなく，天使の存在を信じることも信徒の義務である。

④ イスラームは，中東，東南アジアなどを中心に世界各地で信仰されており，少数派のスンナ派と多数派のシーア派に大別される。

問1 [答] ③

③ **適当**：天使の存在を信じることは，六信の一つ。

① **不適当**：クルアーン(コーラン)は，**ムハンマドひとりにアラビア語で啓示された**もの。

② **不適当**：ムハンマドは救世主ではなく，**最後で最大の預言者**。

④ **不適当**：**スンナ派**が多数派であり，**シーア派**は少数派。

問2 イスラームにおける信仰と共同体の関係の記述として適当でないものを，次の①～④のうちから一つ選べ。 (00年倫理本試)

① シャリーアはクルアーンと預言者ムハンマドの言行録を主な根拠としており，その立法者は神と考えられているので，シャリーアを守って生きることが神への信仰を体現することになる。

② イスラーム共同体は神に絶対的に帰依する者の集合であり，人種や民族の違いに関係なく，その信仰を受け入れた者すべてに常に開かれた共同体であると考えられている。

③ クルアーンの利子禁止の記述に従って，現在，無利子銀行が運営されているように，イスラームはその信仰に基づいた社会制度をも形成しようとする宗教である。

④ 預言者ムハンマドの後継者・代理人を意味するハリーファ(カリフ)は，信仰や政治の最高権威者として，神の新たな啓示を受けながら，共同体を統治する役割をもっている。

問2 [答] ④

④ **不適当**：「神の新たな啓示を受けながら」が不適当。ムハンマドが最後で最大の預言者であるから，**ハリーファ(カリフ)が，新たな啓示を受けることはない**。

① **適当**：「シャリーア」とはイスラーム法のこと。

② **適当**：イスラーム共同体のことを**ウンマ**という。

③ **適当**：イスラームは**聖俗一致**の教え。

問3 ムハンマドについて述べたものとして最も適当なものを，次の①～④のうちから一つ選べ。 (06年倫理本試)

① 王の宮殿で育てられたが，荒野で啓示を受け，奴隷となっていた同胞を約束の地へと向かわせ，神から授けられた掟を人々に示した。

② 異民族による支配は，多神教の影響による宗教的な堕落や貧者を虐げる社会的不正に対する神の罰だとして，神の裁きと救済を説いた。

③ 山の洞窟で神から啓示を受け，預言者として，礼拝や喜捨などの宗教的義務を果たし敬虔な信仰生活を送るべきことを説いた。

④ 王子として生まれ育ったが，死や病気に直面する人間の苦しみについて思い悩み，王家を出て真理に達し，人々にそれを示した。

問3 [答] ③

③ **適当**

① **不適当**：エジプトで奴隷状態になっていたユダヤ人を約束の地**カナン**へと導いた**モーセ**[☞p.104]について述べたもの。

② **不適当**：バビロン捕囚(新バビロニアによってユダヤ人たちが捕虜として連行・移住させられた事件)の時期に活動した**エレミヤ**[☞p.104]について述べたもの。

④ **不適当**：**ブッダ**[☞p.118]について述べたもの。

チャレンジテスト⑤（大学入学共通テスト実戦演習）

問1 次の資料は，授業で先生が示したものである。生徒Aと先生が交わした後の会話を読み，会話文中の［a］・［b］に入る記述の組合せとして最も適当なものを，後の①～⑥のうちから一つ選べ。 （23年倫理追試）

> **資料**　プラトン『プロタゴラス』におけるソクラテスの発言
> 知識とは立派なものであり，人間を支配する力を持つのであって，仮に人が善きことと悪しきことを知ったなら，他の何かに左右されて知識が命じる以外のことをなすなどということは決してない。……しかし，多くの人が主張するには，最善のことを知りながら，そうしようとせずに他のことをする人が沢山いるというのだ。

A：**資料**におけるソクラテスの主張は，［a］ということです。

先生：そして，授業でも紹介したように彼の弟子のプラトンは，行為を導く原理としての魂を，［b］からなるとしました。例えば，なすべき行為をなさなかったといった過ちは，魂の部分間の調和が取れていないこととして説明することができます。

① a：多くの人は，知識が行為に及ぼす力を過信している
　 b：理性・気概・欲望
② a：善いことを本当に知っているならば，人は善い行為をとる
　 b：理性・信仰・欲望
③ a：最善のことを知りながら，それを行わないという事態があり得る
　 b：理性・気概・欲望
④ a：知というものは，本来その所有者の行為を必然的に決定する力を持つ
　 b：理性・信仰・欲望
⑤ a：最善のことを知りながら，それを行わないという事態はあり得ない
　 b：理性・気概・欲望
⑥ a：知識以外の何らかの力が，知識よりもその人の行為を決定する
　 b：理性・信仰・欲望

問1 ［答］ ⑤

近年の受験生の状況を考慮してか，知識に加えて，日本語力を強く試した問題。

a：資料文の内容と一致するのは，②の「善いことを本当に知っているならば，人は善い行為をとる」か，⑤の「最善のことを知りながら，それを行わないという事態はあり得ない」のいずれか。残りは，資料文から読みとれない。

b：プラトンは，魂は「理性・気概・欲望」という三つの部分からなると論じた。

以上のことから，最も適切な組合せは⑤となる。

問2 次の会話は，生徒Xとムスリムの留学生Zが，イスラームの戒律に則(のっと)った経済活動について交わしたものである。会話中の［ a ］・［ b ］に入る語句の組合せとして最も適当なものを，下の①～⑥のうちから一つ選べ。 (21年倫理第1日程)

X：今日，授業でイスラームについて習ったんだけど，［ a ］が禁止されているんだよね？　お金を集めたいときはどうするの？

Z：確かに，［ b ］シャリーアでは［ a ］が禁止されているよ。でも，例えばイスラーム銀行という機関もあって，事業者のためにお金を集める役割を担っているんだ。資金提供者は，共同事業者という位置付けが強くて，事業による損益を契約に従って配分するんだよ。

X：なるほど。イスラームの世界にはそういうお金の集め方があるのか。

① a 寄 付　b クルアーン（コーラン）やスンナなどに基づく
② a 寄 付　b ムハンマドの言行録のみに基づく
③ a 寄 付　b 神の啓示のみを記録した
④ a 利 子　b クルアーン（コーラン）やスンナなどに基づく
⑤ a 利 子　b ムハンマドの言行録のみに基づく
⑥ a 利 子　b 神の啓示のみを記録した

問2 ［答］ ④

知識を活かして2か所の空欄を補充する問題。イスラームに関する問題は，必ず1問は出題される。宗教関連の問題にありがちだが，細かい知識が問われることが少なからずある。

a：「利子」が入る。イスラームは，「利子」を禁止している。もっとも，文脈からも「利子」が入ることが推測できるし，**ムスリムの義務としての五行の一つに「喜捨」があることを想起すれば，「寄付」は禁じられていないと判断できる。**

b：「**クルアーン**（**コーラン**）やスンナなどに基づく」が入る。「**スンナ**」とはムハンマドの言行に基づく慣行のことで，「**シャリーア**」とは，クルアーンやスンナなどをもとに体系化されたイスラーム法や規範のこと[☞p.108]。

以上のことから，最も適切な組合せは④となる。

22 解脱を求める古代インドの思想 ～バラモン教やジャイナ教など

1 古代インド社会

紀元前15世紀ごろに，中央アジアからインダス河畔に侵入した自称アーリア人が，ヴェーダの神々を奉じるバラモン教（ヴェーダの宗教）を中心にインドの思想と文化の原形を形成。

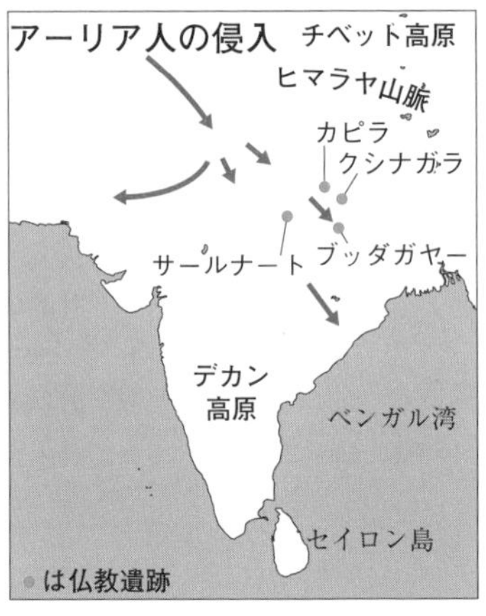

・ヴェーダ…天空，太陽，月をはじめ風雨や雷電などの**自然現象を神とする多神教を奉じていた彼らは，紀元前12世紀頃，神々への讃歌集である聖典『リグ・ヴェーダ』を編纂**。

続いて『サーマ・ヴェーダ』『ヤジュル・ヴェーダ』『アタルヴァ・ヴェーダ』の三つ（これら四つをまとめてヴェーダという）と諸注釈文献を編纂した。

これらはいずれも天啓（シュルティ）にもとづくもので，**神々は滅びてもヴェーダは残ると考えられるほど神聖視**された。

・古代インド社会の文化と身分制度…彼らは，先住民族を征服しながら東へ進み，紀元前10～前7世紀ごろにはガンジス川流域に，氏族制の農耕社会と，宗教性の強い独自の文明をつくり上げた。

さらに，**バラモン**（祭司）を頂点に，**クシャトリヤ**（王侯・武士），**ヴァイシャ**（庶民），**シュードラ**（隷属民）のほか不可触賤民などの身分に人々を出自で区分。今日の**カースト制**（**ヴァルナ・ジャーティ制度**）のもととなった厳しい身分制度を構築。

この身分制度は，1950年に制定された憲法で全面禁止された。しかし，今日まで根強く残っている。

2 ウパニシャッド哲学

時代が下るとともに，次第に多数の神々は実は唯一の神がさまざまな形をとって現れたものであり，その唯一の神の異なった名称にすぎないと考える人々が現れた。

彼らの徹底した哲学的思索は，紀元前7～前4世紀にかけて，ヴェーダの最終部分を飾るウパニシャッド（奥義書）**として結実し，インド哲学の源流となる**。

✤ウパニシャッド哲学の教え

ウパニシャッド哲学は，祭祀よりも，宇宙の根本原理や，**常住不変の一元的原理の探求に関心を向け，業・輪廻や解脱の教えを発展**させていった（これらの教えは，後の仏教の自業自得や因果応報の思想にも受け継がれている）。

こうしたウパニシャッド哲学の教えを背景に，次第にインドの人々は，**永遠に繰り返される輪廻を超越（解脱）することを求める**ようになる。

・梵我一如の教え…**宇宙のあらゆる現象を生み出している不変・絶対の根本原理ブラフマン（梵）**と，**生まれ変わっても変化しない個人存在の本体であるアートマン（我）**といった原理を重視。

　すべての生きものは，ブラフマンから生じたもの。それゆえ，元来，**アートマンとブラフマンは同一（梵我一如）**である。

・輪廻（サンサーラ）・業（カルマ）の教え…人間は死後に無になるのではなく，あの世に赴いたのち再びこの世に生まれ変わり，**生と死を循環（輪廻）する**。ただし，生まれ変わるといっても，人間に生まれ変わるとは限らず，人間に生まれ変わっても苦労も絶えない。また，**現世での行為（業）が未来の苦楽を導く**。

・解脱のための実践…**輪廻を超越（解脱）するためには，アートマンを自覚し，自己をブラフマンと一体化させることが必要**。そのためには，出家して修行者となり，ヨーガなどによる瞑想と禁欲，そして苦行を積むことが必要である。

3 バラモン教の衰退と自由思想家 

紀元前6～前5世紀のインドでは，商工業の発達を背景に多くの都市が形成され，その都市を中心とした小国家が建設された。これに伴って，経済力を身につけた王侯や商工業者の力が強まり，バラモンの権威は次第に衰えていった。

こうした中から，**易行による万人救済を説いた**ブッダ（前463ごろ～前383ごろ，前563～前483ごろの説もあり）が活躍したのと同じころ，**あらゆる伝統や権威に囚われず，出家して遊行しながら教えを説く自由思想家が登場**。

自由思想家の中でも，**ジャイナ教（ジナ教）**を開いたヴァルダマーナ（前549ごろ～前477ごろ）（マハーヴィーラ）をはじめとする有力な六人の思想家を，仏教では「**六師外道**」と呼ぶ。

✤ジャイナ教（ジナ教）の教えと現状

・教え…**断食などの苦行と不殺生（アヒンサー）などの慈悲を実践すれば，誰もが解脱できる**。また，真理は多様に言い表せるから，物事は一方的判断を避けて相対的に考察すべきである。

・現状…不殺生を実践しやすい商人層を中心に広がった。ジャイナ教徒の人口は現在，インドの人口の0.5%以下だが，人々に多大な感化を与え続けている。

✤ヒンドゥー教

バラモン教は，先住民族の土着信仰と結びつきながら『ラーマーヤナ』や『マハーバーラタ』などの国民的叙事詩や諸法典を発達させつつ次第に変質。2～3世紀にかけて現在のヒンドゥー教の基盤が形成され，インドの民衆の間に定着した。

ここが共通テストのツボだ!!

ツボ 1 アートマン(我)やヒンドゥー教に関する誤解を解いておこう。

・**アートマン(我)**…身体が滅んでも**アートマン(我)**は滅ばない。アートマンは，不滅・不変である。**不滅だからこそ輪廻する**。もっとも，認識の主体と対象という二元性を超えており，認識の対象にはならない。

・**ヒンドゥー教**…**ヒンドゥー教**という一つの宗教はない。これは，**インド的な複数の有神教宗派の教徒の総称，あるいはその民族的伝統**を意味する。したがって，人口の80%以上がヒンドゥー教徒であるが，インドの国教ではない。

　この民族伝統では，**ブラフマー神**(創造を司(つかさど)る)と，多様な権化(ごんげ)(化身)に姿を変えて人々を救済する**ヴィシュヌ神**(繁栄を司る)と**シヴァ神**(破壊を司る)の三神が，本来は一体(**三神一体**)であると説かれる。

> バラモン教は民間信仰などを取り入れ，ヒンドゥー教へと変質して土着化した。

ツボ 2 バラモン教・ジャイナ教・仏教の共通点と相違点，それらと西洋の思想との相違点を押さえておこう。

・**バラモン教・ジャイナ教・仏教の比較**…南アジアを発祥とする教えなので，**共通点も多いが，相違点もある**。それらは，解脱の可能性を誰に認めるのかと，解脱するために苦行と易行のどちらが必要なのかに応じて，右の図のように分別できる。

		苦　行	易　行
解脱の可能性	特定の人のみ	バラモン教	なし
	すべての人	ジャイナ教	仏教

・**西洋の思想との比較**…西洋の思想の多くが，人間の「生」に対して肯定的で，現世から天国に至るという**直線的な歴史観**をもつのに対して，バラモン教・ジャイナ教・仏教は人間の「生」に対して悲観的で，**循環的な歴史観**をもつ。

> バラモン教・ジャイナ教・仏教をそれぞれ比較したり，これらの南アジアに発する宗教思想と西洋の思想とを比較したりしよう。

基礎力チェック問題

問1 バラモン教についての記述として最も適当なものを，次の①～④のうちから一つ選べ。（08年倫理追試）

① あらゆるものは固有の実体をもたず，絶えず移り変わっていくものだという真理を体得することを目指した。

② ブラフマン，ヴィシュヌ，シヴァを「三神一体」の最高神として崇拝する，インドの民間信仰から起こった。

③ ヴェーダにおける多神教的世界観を前提とし，神々への祭祀を通じて人々に利益をもたらそうとした。

④ 当時支配的であった祭祀中心主義を批判し，道徳否定論，唯物論，懐疑論などの立場をとった。

問1 [答] ③

③ **適当**：バラモン教についての説明として適当。

① **不適当**：ブッダ [☞p.118] を想定した記述。

② **不適当**：「ブラフマン」をブラフマーに替えれば，ヒンドゥー教についての記述。

④ **不適当**：自由思想家（六師外道）についての記述。

問2 古代インドのウパニシャッド哲学で追求された，輪廻を脱した境地の説明として最も適当なものを，次の①～④のうちから一つ選べ。（06年倫理本試）

① アートマンの中に変化しない要素はないことを認識し，執着をすてて永遠性を獲得した境地。

② アートマンと宇宙的原理が同一であることを直観し，それによって永遠性を獲得した境地。

③ アートマンが存在のよりどころとしている身体を不滅なものにすることによって，永遠性を獲得した境地。

④ アートマンを創造した神の行為を認識し，神の慈愛による救済を通して，永遠性を獲得した境地。

問2 [答] ②

② **適当**：「宇宙的原理」とはブラフマン（梵）であり，ウパニシャッド哲学が説く梵我一如（ブラフマンとアートマンの一致）についての記述。

① **不適当**：アートマンは，不変・不滅。

③ **不適当**：身体は，不滅ではない。

④ **不適当**：神がアートマンを創造したのではない。

問3 ジャイナ教の開祖ヴァルダマーナ（マハーヴィーラ）の教説として最も適当なものを，次の①～④のうちから一つ選べ。（06年倫理本試）

① 人間の思惟（しい）の形式は，世界の一部しか理解できない限定的なものであり，真理に到達するためには人間の思惟を否定しなければならない，と説いた。

② 運命によって人間の幸不幸は決まっており，人智の及ぶところではないので，いかに努力しても幸福になれるとは限らない，と説いた。

③ 人間の行為の善悪の究極的な基準は存在せず，悪行を行う人を非難する根拠もなく，善行も賞賛の対象にはならない，と説いた。

④ 解脱を目指して徹底した苦行主義に立つとともに，生き物に対する慈悲の行為として不殺生を実践しなければならない，と説いた。

問3 [答] ④

④ **適当**：端的にヴァルダマーナの考えを選べばよい。誤答に述べられた人物の思想までを知っている必要はない。

① **不適当**：**六師外道**の一人で，不可知論を説いたサンジャヤ・ベーラッティプッタについての説明。

② **不適当**：**六師外道**の一人で，宿命論を説いたマッカリ・ゴーサーラについての説明。

③ **不適当**：**六師外道**の一人で，無道徳論を説いたプーラナ・カッサパについての説明。

23 易行による万人救済の教えと思想 ～ブッダの教えと仏教思想の展開

1 ゴータマ・シッダッタ

インドで自由思想家が活躍したころ，ゴータマ・シッダッタ（ブッダ，釈迦）は，シャカ族の王シュッドーダナ（浄飯王）と母マーヤー（摩耶）の子として，カピラ城（現在のインドとネパールの国境付近）に生まれた。

何不自由なく暮らしていたが，29歳で沙門（出家修行者）となる。35歳のころ，**ブッダガヤー**の菩提樹の下で悟り，ブッダ（覚者）となった。その後，**サールナート**（鹿野苑）での説法（初転法輪）を皮切りに，さまざまな**方便**を用いて教えを説いた。

80歳のころ，**クシナガラ**で入滅。遺体は，荼毘（火葬）に付された。

・四門出遊の伝説…ゴータマは，暮らしていた王城の門の外を歩く老人，病人，死者・葬式を見て，人生の苦しみを目の当たりにした。しかし最後に，出家者を見て，それらを乗り越えた姿に憧れ，出家を決意したとされる。

✤ブッダの悟り

ブッダによれば，**煩悩に起因する，世界の実像についての無知（無明）が執着を生み，その執着が人の生を苦に満ちたものにする**。ゆえに，煩悩を断ち切り，**無明を脱すれば，解脱できる。苦行は不要**。

・世界の実像…ブッダによれば，いかなるものもそれ自体で存在することはできず（無我），すべては他のものとの因果関係によって生成・消滅する（因縁説）。すなわち，実体というものはないというのが本当の姿（縁起の法）である。

・煩悩…**我執（実体への執着）・渇愛（激しい執着）などを生み出す心の働き**。人は，とりわけ，好むものをむさぼる**貪**，嫌いなものを憎み嫌悪する**瞋**，的確な判断が下せない**癡**という三つの根本的な煩悩（三毒）に惑わされる。

◎ **ブッダが挙げた人生の苦の具体例（四苦八苦）**

- 八苦
  - 四苦
    - 生・老・病・死…生きる・老いる・病む・死ぬことの苦。
  - 愛別離苦…愛しいものと別れてしまう苦。
  - 怨憎会苦…怨めしく憎らしい者と出会う苦。
  - 求不得苦…求めるものを得られない苦。
  - 五蘊盛苦…自らの身も心も思うようにならない苦。

なお，五蘊とは人の心身を構成する，色（物質・肉体），受（感覚作用），想（表象作用），行（意志作用），識（認識作用）の五つのこと。

✤ブッダの教え

ブッダは，四つの真理（四諦）を明らかにしつつ，**解脱するには，快楽にも苦行にも偏らない中道に徹することが必要であるとして，解脱の妨げとなる歪みを正し，煩悩を断ち切るための正しい修行（八正道）を実践せよ**と説いた。

- 四諦…「人の生は苦に満ちているが（苦諦），その苦の根本原因は煩悩にある（集諦）。ゆえに，煩悩を断ち切れば苦は消える（滅諦）。そのための正しい修行（八正道）を実践せよ（道諦）」という四つの真理。
- 慈悲…解脱すれば人は自他の区別をしなくなり，他の人はもちろんのこと，生きとし生けるものすべて（一切衆生）を思いやることができる。**ブッダは，こうした心（慈悲）にもとづいた行いの大切さも説いた。**

> ◯ **八正道について**
>
> ①正見……偏見をもって見るな。
> ②正思……邪なことを考えるな。
> ③正語……嘘や悪口を言うな。
> ④正業……他人に迷惑をかけるな。
> ⑤正命……しっかり勤めに励め。
> ⑥正精進…人格形成に努めよ。
> ⑦正念……生きる目的を忘れるな。
> ⑧正定……今の自分を見定めよ。
>
> この修行法をまとめて三学（戒学，定学，慧学，まとめて戒定慧）ともいう。戒学は③④⑤に，定学は⑥⑦⑧に，慧学は①②に相当する。

2 ブッダ入滅後

ブッダ自身は，いかなる書物も残していない。それゆえ，ブッダの入滅後，弟子たちは信徒集団（サンガ）を形成し，根本思想である四法印などの教え，さらには戒律やそれらの注釈・解釈，すなわち経蔵・律蔵・論蔵の三蔵（大蔵経）を編纂しはじめた。

- 四法印…**変化するものに執着することで，すべてが苦となるが（一切皆苦），不変の実体など何一つなく（諸法無我），ただ変化していくものである（諸行無常）という世界の実像を悟れば，煩悩の炎は消え，心の安らいだ境地（涅槃，ニルヴァーナ）へと解脱することができる（涅槃寂静）**という根本思想。

ブッダの思想を図式化すると……

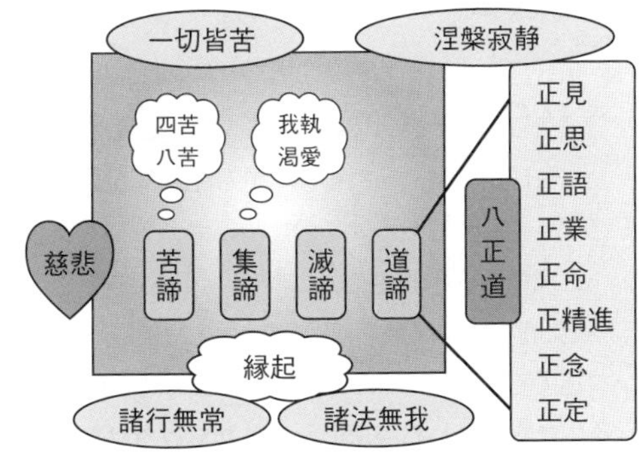

ブッタ入滅後，さまざまな仏教宗派が生じるが，これら四法印を否定する仏教の宗派はない。

ここが共通テストのツボだ!!

ツボ 1 原始仏典にある幾つかの代表的な教えを知り，ブッダの思想にせまろう。

ブッダの言葉をほぼそのまま伝えているとされる『**スッタニパータ**』や『**ダンマパダ（法句経）**』などの原始仏典を見ると，後の経典とは異なり，**ブッダの教えは，含蓄は深いが，方便（たとえ話など）を用いたシンプルなものであった**ことが分かる。

・『**スッタニパータ**』…「出自ではなく行為によって賤しい人やバラモンに分かれる」と述べ（この「バラモン」は悟った人のこと），**出自による差別を否定**している。
　また，「母がたった一人の我が子を命賭けで守るように」というたとえを用いて，**生きとし生けるものへ無量の慈しみの心（慈悲）**について説いている。

・『**ダンマパダ（法句経）**』…「怨みの連鎖を断ち切るために，怨みを捨てよ。…これは永遠の真理」と論じ，**悟りのための方策**を説いている。

・『サンユッタ・ニカーヤ』…自分の教えを乗り物にたとえながら，この乗り物に乗るものは男女の区別なく涅槃の近くへ至ると述べ，**男女の平等**を説いている。

・『ウダーナ（自説経）』…「此があれば彼がある。…此が滅すれば彼も滅す」と論じ，煩悩（此）と苦（彼）の因果関係（**縁起の法**）について説いている。

ブッダは，平易な言葉で，人間の平等や慈悲の実践などを説いたことを知ろう。

ツボ 2 仏教信者の生き方について知ろう。

仏教信者とは，ブッダ（**仏**）・ブッダの教え（**法**）・ブッダの教えの実践者たち（**僧**）の三宝を敬い，それらに心身を委ねる（**三宝帰依**）人々をいう。

仏教信者に求められる基本的な生活態度は，『ダンマパダ』によれば，「悪をなさず善を行う生活」である。このためには，**五戒を実践しなければならない。**

五戒とは，**不殺生戒**（殺すな）・**不偸盗戒**（盗むな）・**不邪淫戒**（不貞を犯すな）・**不妄語戒**（嘘をつくな）・**不飲酒戒**（酒を飲むな）である。

加えて，『スッタニパータ』によれば，**自己の欲望を抑え，人間のみならず，あらゆる生き物を慈しむ慈悲の心をもたなければならない。**

五戒の実践はすべての仏教信者に，八正道の実践は出家修行者に求められる。

基礎力チェック問題

問1 ブッダが説いた四諦のそれぞれについての説明として最も適当なものを，次の①～④のうちから一つ選べ。 (03年倫理本試)

①「苦諦」とは，苦を引き起こす原因として，無知，欲望，執着といったもろもろの心の煩悩があるという真理である。
②「集諦」とは，理想の境地に至るためには，八正道の正しい修行法に集中すべきであるという真理である。
③「滅諦」とは，煩悩を完全に滅することで，もはや苦が起きることのない平安の境地に達するという真理である。
④「道諦」とは，あらゆる事物が存在し変化していくには，必ず依拠すべき道理があるという真理である。

問1 [答] ③
③ **適当**：「滅諦」の説明として適当。
① **不適当**：「苦諦」を集諦に替えれば正文になる。
② **不適当**：「集諦」を道諦に替えれば正文になる。
④ **不適当**：「**八正道**を実践せよ」という「道諦」の説明ではなく，**因縁説**もしくは**縁起の法**を想定した記述になっている。

問2 仏教における言葉の問題についての記述として最も適当なものを，次の①～④のうちから一つ選べ。 (04年倫理追試)

① 言葉は無常なる存在であるが，正しい言葉を語ることは，正しい実践の重要な要素とされ，いわゆる「八正道」の一つに挙げられている。また，嘘(うそ)をつくことは，言葉による苦しみとして四苦の一つとされている。
② 正しい言葉を語ることは，正しい行為，実践をすることとは別であるとされ，いわゆる「八正道」には含まれない。一方，嘘をつくことは，言葉による苦しみとして四苦の一つとされている。
③ 言葉を含めすべての存在は無常な存在であり，言葉を語ることや嘘をつくことは，無常な存在に執着することである。したがって，両者ともに本質的には空(むな)しいこととされ，苦しみの原因として「集諦(じったい)」に含められている。
④ 正しい言葉を語ることは，いわゆる「八正道」の中の一つとして，正しい実践の重要な要素と考えられている。また，嘘をつかないことは，殺生をしないことなどとともに，いわゆる「五戒」の中に挙げられている。

問2 [答] ④
④ **適当**：八正道のうちの**正語**と，五戒のうちの**不妄語戒**の正しい説明。
① **不適当**：「嘘をつくこと」は，「四苦の一つ」ではない。
② **不適当**：「正しい言葉を語る」(正語)は「八正道」に含まれるが，「嘘をつくこと」は，「四苦の一つ」ではない。
③ **不適当**：ブッダは，「言葉を語ること」が「無常な存在に執着すること」や「苦しみの原因」だとは説いていない。

問3 ブッダが苦について示した教えの説明として正しいものを，次の①～④のうちから一つ選べ。 (12年倫理追試)

① 苦諦とは，四諦の一つで，もろもろの煩悩が苦の原因であるという真理をいう。
② 一切皆苦とは，四法印の一つで，この世のすべてが苦しみであるという真理をいう。
③ 求不得苦とは，八苦の一つで，求めて得たものを失うことが苦しみであることをいう。
④ 五蘊盛苦とは，八苦の一つで，五つの要素からなる心の活動が苦しみであることをいう。

問3 [答] ②
② **適当**：「一切皆苦」についての適切な説明。
① **不適当**：「苦諦」を集諦に替えれば正文になる。
③ **不適当**：「求不得苦」とは，求めるものが得られない苦のこと。
④ **不適当**：「心の活動」は，受・想・行・識の四つ。これらに「色(**物質・肉体**)」を加えて五蘊という。

24 仏教教団の分裂と発展 ～上座部仏教と大乗仏教

1 仏教教団の分裂

ブッダの死から約100年後の紀元前3世紀ごろ，信徒集団は戒律の解釈などをめぐり，戒律を厳格に守っていくべきだという上座部（じょうざぶ）と，戒律を柔軟に捉えるべきだという大衆部（だいしゅぶ）の2派に分裂した（根本分裂）。

その後も分裂を続け，2派は20部派くらいに分裂した（枝末分裂）。この時代の仏教を部派仏教（ぶは）（アビダルマ仏教）という。

この部派仏教の時代の信徒は，煩悩のない悟りの境地に達した最高位の修行者である阿羅漢（あらかん）を目指して，自らの悟りの完成に努めた（自利（じり））。

2 上座部仏教の伝播（でんぱ）

上座部の一部は，紀元前3世紀ごろ，セイロン（現スリランカ）に伝えられ，そこからさらにミャンマー，タイ，カンボジア，ラオスなど東南アジアに広がった。それゆえ，**南伝仏教とも呼ばれ，原始仏教以来の伝統を重視し，厳格な戒律護持（ごじ）を誇（ほこ）る。**

彼らにとっては，仏とは釈迦（しゃか）だけであり，修行者がなれるのは阿羅漢までとされる。そうした修行者を在家の信者が，お布施などの功徳（くどく）を積むことで支えている。

3 大乗仏教の発展

紀元前1世紀ごろには，大衆部に根ざした布教師や在家信者らを中心に，一切衆生の救済（利他（りた））を目指す菩薩（ぼさつ）こそ理想であるとする革新運動が起きた。

彼らは，出家者中心の部派仏教を「小乗」と呼んで批判。自らを「大乗（一切衆生を救う大きな乗り物）」と称し，理論探究とともに，**慈悲の心にもとづく利他を重視し，利他を行う菩薩になろうと六波羅蜜（ろくはらみつ）（六度（ろくど））に励んだ。**

この教えは急速に広まり，現アフガニスタンから中央アジアを経由し中国・朝鮮・日本などの東アジアにも伝わった。それゆえ，北伝仏教とも呼ばれる。

六波羅蜜について

- 布施（ふせ）…施（ほどこ）しをすること。
- 持戒（じかい）…戒を守ること。
- 忍辱（にんにく）…苦難を耐え忍ぶこと。
- 精進（しょうじん）…仏道の実践にひたすら励むこと。
- 禅定（ぜんじょう）…精神を集中して真理を観察すること。
- 智慧（ちえ）…真理を見極め，悟りを完成させること。

大乗仏教は，それまでの経典とは別に，ブッダからの伝聞という形式を採用して新たな経典（『**法華経**』や『**涅槃経**』など）を生み出した。

✤大乗仏教を代表する教えと理論家

・**空の思想**…2世紀ごろ，『般若経』を研究した**ナーガールジュナ**（150ごろ〜250ごろ）（**竜樹**）が，縁起の法を徹底して確立。彼の教えを受け継ぐ人々は，**中観派**を形成した。

彼によれば，**何も単独では存在しておらず（無自性），すべては因縁・縁起によって成立したものであり，関係性の中にある**（一切皆空）。さらに，人間の認識作用でさえも絶対的・永遠・不変ではない（五蘊皆空）。

・**唯識の思想**…4世紀ごろ，**アサンガ**（310ごろ〜90ごろ）（**無着**，**無著**）と**ヴァスバンドゥ**（320ごろ〜400ごろ）（**世親**）の兄弟が確立。彼らの教えを受け継ぐ人々は，**唯識派**を形成した。

彼らによれば，**一切は心の奥底に潜む阿頼耶識（人類の深層無意識領域）の生み出す幻想に過ぎないのだから，それらに執着すべきではない**。この教えはヨーガの修行（瑜伽行）によって体得されるという。

✤如来蔵思想・一切衆生悉有仏性の思想の形成

大乗仏教の時代，ブッダはすでに亡くなっていたが，この世界とは別の世界が無数にあり，そこでは現在でも別の仏（**西方極楽浄土**を主宰する**阿弥陀仏**，東方瑠璃光世界を主宰する**薬師如来**など）が活動しているという多仏思想・信仰が興った。

この影響のもと，衆生にも仏性（仏になる因子）があるとする如来蔵思想が生まれ，**一切の衆生に仏性が等しく存在するという一切衆生悉有仏性の思想**へと発展した。

4 密教とチベット仏教

5〜6世紀ごろには，ヒンドゥー教と深い関係をもった密教が成立。以後，13世紀はじめまで中部インドや南インドで栄えた。

8世紀までには中期密教が中国に伝わり，それを9世紀に空海が日本に伝えた。

8世紀後半には後期密教がチベットに伝わり，**教理は空の思想にもとづき，実践は密教によるチベット仏教（ラマ教）**が生まれた。この仏法のみならず，チベットの政治や文化一般を率いる最高指導者を16世紀以降，**ダライ・ラマ**（教主）と呼ぶ。

13世紀には，この代々生まれ変わる生き仏の制度（転生活仏制）を特徴とするチベット仏教がモンゴルに伝わり，活仏制も取り入れられ興隆した。

5 インドの仏教のその後

13世紀初頭，インドの仏教はヒンドゥー教などとの競争に敗れて衰退していく。そして，**20世紀になってカースト制を否定する仏教が再評価・復興されるまで，インドでは仏教を支えた富裕層の衰退とともに滅亡状態**となった。

しかし，仏教の伝統は東南アジア，さらには**鳩摩羅什**（344〜413）や**玄奘**（602〜64）の仏典漢訳（漢訳の『大蔵経』など）や**達磨**（?〜530ごろ）によって中国にもたらされて発展する。その後，中国を経て，日本でも栄えた。

ここが共通テストのツボだ!!

ツボ 1 仏教伝播の道筋と，上座部仏教・大乗仏教の特徴を整理しておこう。

上座部仏教は，現在のスリランカを経て，タイなどの東南アジアに伝播(**南伝仏教**)。

大乗仏教は，中央アジアを経て，中国や日本などの東アジアに伝播(**北伝仏教**)。

5〜6世紀ごろに，**密教**(大乗の一派)が成立。8世紀までに中国に伝わり(これを9世紀に空海が日本に招来)，8世紀後半にはチベット，13世紀にはモンゴルに伝播。

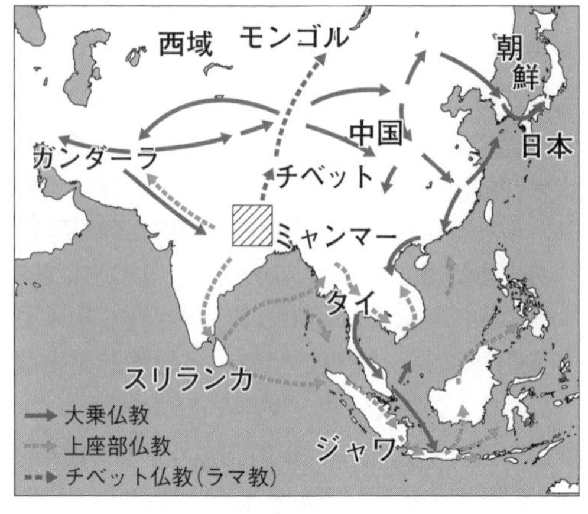

- 上座部仏教…東南アジアに伝播(南伝)。理想は阿羅漢。利他よりも自利を重視。
- 大乗仏教……東アジアに伝播(北伝)。理想は菩薩。自利よりも利他を重視。

ツボ 2 「空」の思想への理解を深め，大乗仏教の教えにせまろう。

「**色即是空・空即是色**」などの言葉とともに，最もよく知られている経典の一つに『**般若心経**(摩訶般若波羅蜜多心経)』がある。これは，生老病死などの苦からの解放を目指した262文字程度しかない一種の呪文であるが，**その根本思想は「空」である。**

「空」とは，空っぽ(何もない)という意味ではなく，「あること」と「ないこと」を同時に包摂し，存在の根拠であるが，固定的な実体でないものである。

比喩的に言えば，「空」は「ドーナツの穴のように，確かにあるけれど，そこには何もなく，食べれば消えるようなもの」だと表現することができるだろう。

「空」を悟れば，物事への執着も捨てられ，苦から脱することもできるという考えを理解しよう。

基礎力チェック問題

問1 インドの仏教教団は上座部と大衆部に分裂した。その中で，上座部仏教に関する記述として最も適当なものを，次の①～④のうちから一つ選べ。　（02年倫理本試）

① ブッダを理想化した大乗経典を用いて俗人への布教を重視し，中央アジアを経て，中国，朝鮮，さらに日本に伝播（でんぱ）した。
② ブッダが制定したとされる戒律を忠実に守り，スリランカでは国家の保護を受け，さらに東南アジアに伝わった。
③ アーリア人上層階層出身者の部派であったため，保守的で，外国人への布教を好まず，インド国内にのみ伝播した。
④ 中観や唯識の大乗仏教教理を完成し，チベットに伝播して国家の保護を受け，さらにモンゴルに伝わった。

問1　[答] ②

② **適当**：上座部仏教についての説明として適当。
①④ **不適当**：大乗仏教に関する記述。
③ **不適当**：バラモン教[☞p.114]に関する記述。

問2 中国や日本に伝えられた大乗仏教の教えの記述として**適当でないもの**を，次の①～④のうちから一つ選べ。　（96年倫理本試）

① すべての衆生は仏となる本性を備えているという，「一切衆生悉有仏性（いっさいしゅじょうしつうぶっしょう）」の教義を持つ。
② 竜樹によって理論化された，すべて存在するものは固定的な実体ではないという「空（くう）」の思想を持つ。
③ 自己の解脱とともに利他の慈悲の行いを重んじ，広く一切の衆生の救済を目指して貢献する「菩薩（ぼさつ）」を理想とする。
④ 最高の悟りを得た者としての「阿羅漢（あらかん）」を理想とし，自己一身の解脱に努力することを重視する。

問2　[答] ④

④ **不適当**：部派仏教あるいは上座部仏教についての記述になっている。
①②③ **適当**

問3 『法句経』に関する説明として最も適当なものを，次の①～④のうちから一つ選べ。　（05年倫理追試）

① 初期のアーリア文化を伝えているバラモン教の聖典である。祭祀（さいし）に関する文章や神々への讃歌が収録されている。
② 世親（ヴァスバンドゥ）の代表的な著作である。一切は心の表象にほかならないとする唯識派の教理を説いている。
③ 竜樹（ナーガールジュナ）の代表的な著作である。一切は「空」にほかならないとする中観派の教理を説いている。
④ 原始仏教における最古の経典の一つである。平易な比喩（ひゆ）を用いて，簡潔に仏教の世界観や道徳観を説いている。

問3　[答] ④

④ **適当**：『法句経（ほっくぎょう）（ダンマパダ）』は，『スッタニパータ』と並び現存する最古の経典[☞p.120]。
① **不適当**：バラモン教の聖典ヴェーダ[☞p.114]に関する説明。
② **不適当**：ヴァスバンドゥの代表的な著作『唯識二十論（ゆいしきにじゅうろん）』に関する説明。
③ **不適当**：ナーガールジュナの代表的な著作『中論（ちゅうろん）』に関する説明。

25 乱世に咲く古代中国の思想 ～諸子百家と孔子

1 古代中国と諸子百家の活躍

紀元前1600年ごろに，殷(商)王朝が成立。この時代，人々は天の恵みを得るために共同の祖先神や川・大地・山などの自然神を祭り，さらにこれらの至上神としての天帝(上帝)の意志が卜占によって問われ，その神託によって政治が行われていた。

紀元前11世紀ごろには周王朝が黄河流域に進出し殷を滅ぼす。この変革は，**天は有徳な者を新しい天子(支配者)とするという天の思想**によって正統化される。

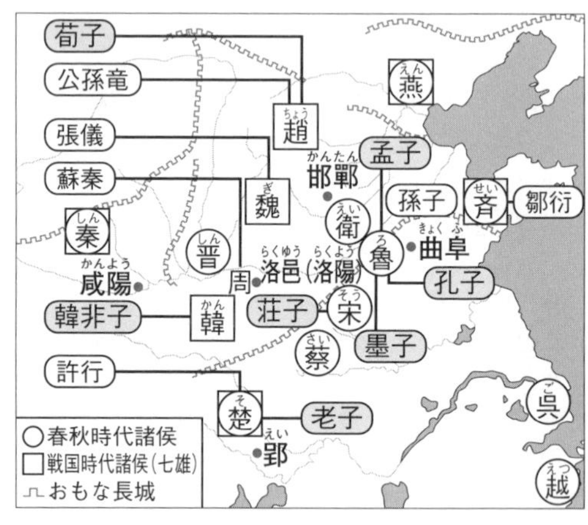

✤諸子百家の活躍

周王朝は，天子の下に一族や功臣などを諸侯として土地を世襲させる封建制度を確立。しかし，紀元前8世紀にはいると周王朝の勢力は次第に衰え，春秋・戦国時代が始まった。

この時代，諸侯は富国強兵策を採った。この動きに応えて登場したのが，諸子百家と呼ばれる思想家たちである。

その数は189家とも伝えられるが，**特に後世に大きな影響を残すのは孔子**(前551ごろ～前479)**や孟子**(前372ごろ～前289ごろ)**を代表とする儒家，老子**(生没年不詳)**と荘子**(前4世紀ごろ)**を代表とする道家**である。

2 孔子

春秋時代の末期(周の封建制が廃れつつある時代)，魯の国に生まれたのが孔子(**著作なし**)。彼は，周の摂政の周公旦に憧れて，周の封建制に政治や治国の理想を見出し，その新たな復活を目指した(温故知新)。

50歳を過ぎて，理想を実現しようと諸国を遍歴したが受け入れられず，69歳のときに魯の国に戻り，弟子の教育に専念。73歳で没。

✤孔子の関心

孔子の関心は，自然の神秘や死後の安楽ではなく(「**怪力乱神を語らず**」)，**民衆が安んじて暮らせる理想社会の実現**という現実的な課題にあった。

✤孔子の主張

私利私欲で国内を混乱させることなく，また刑罰に頼ることもなく，仁を備えた君子が国家のトップに立ち礼を行えば（徳治主義），民衆も安心して暮らせるようになる（修己治人・修己以安人）。

・**仁**…孔子の言行録『論語』によれば，「愛」，「**忠**（自分を欺かないこと）」，「**信**（他人を欺かないこと）」，「**恕**（自分の望まないことを他人にもしないようにする思いやり）」，「**克己**（欲望に打ち勝つこと）」などさまざまに定義される。

孔子の思想のまとめ

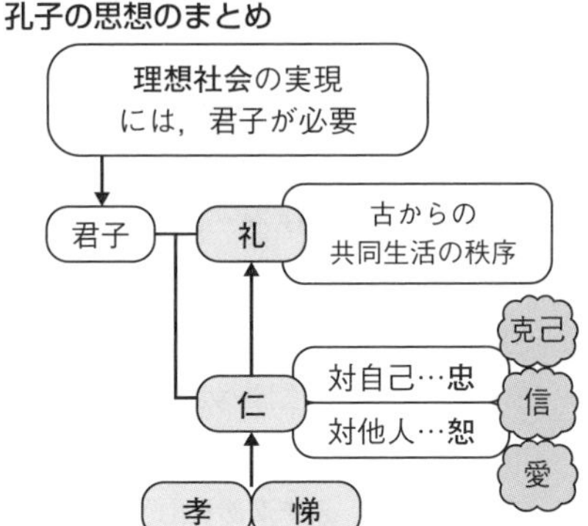

・**礼**…道理に則した人や社会に関する決まりや定め，あるいは慣習法。孔子にとっては，昔のうまくいっていた周の時代に行われていた共同生活の秩序のこと。

・**君子**…仁と礼を備え，道を求めて不断に修養し，常に正しく生きる者。

◯『論語』に見る仁の定義

・「**樊遅，仁を問う。子曰く，人を愛す**（樊遅が「仁とは何ですか」と尋ねた。孔子先生は，「人を愛することだ」と答えた）。」

・「**曾子曰く，夫子の道は忠恕のみ**（曾子が言うには，孔子先生が探求していたのは忠恕だけだ）。」

・「**顔淵，仁を問う。子曰く，己に克ちて礼に復る（克己復礼）を仁となす**（顔淵が「仁とは何ですか」と尋ねた。孔子先生は，「欲望を制して，礼を再興することだ」と答えた）。」

・「**孝悌なるものは，それ仁をなすの本か**（孝〔父母に仕えること〕悌〔長兄に仕えること〕が，仁の基本である）。」

✤理想の実現の仕方

『礼記』や『大学』によれば，**まず徳を身につけ（修身），家庭を円満にしたとき（斉家），はじめて国を治めることができるのであって（治国），その君子の徳によって天下が安定する（平天下）。**

後の朱子は『大学』を重視。朱子学の影響を受けた日本の朱子学派も同様。

3 孔子の弟子たち

孔子の弟子たちは，孔子の死後，大きく二つの流れに分かれる。

・忠恕学派（曾子学派）…仁や忠恕の心を重視。この流れを大成したのが**孟子**。

・礼学派（子游学派）…礼や実際の政務を重視。この流れを汲むのが**荀子**。

ここが共通テストのツボだ!!

ツボ 1 『論語』などに見られる，よく知られている孔子の言葉を知ろう。

・「**いまだ生を知らず，いずくんぞ死を知らんや**（生きていることさえよく分からないのに，どうして死のことが分かろうか）。」
・「**巧言令色（こうげんれいしょく），鮮（すく）ないかな仁**（心にもないおべっかを使ったり，顔色をつくろったりする者に，本当に誠実な者は少ない）。」
・「**君子は和（わ）して同（どう）ぜず，小人は同じて和せず**（君子は人と仲良くするが追随したりはしない。小人は追随はするが仲良くはしない）。」
・「**学びて思わざれば則（すなわ）ち罔（くら）し。思いて学ばざれば則ち殆（あやう）し**（せっかく学んでも，自分で考えてみないと知識は確かなものにならない。自分一人で考えるばかりで学ぶことをしなければ，独りよがりになって危険だ）。」
・「**徳孤（こ）ならず。必ず隣あり**（徳を備えた人は決して孤立することはない。その人の徳を慕（した）う者が必ず周囲にいる）。」

> 四書五経からの引用が多いので，その意味や意図をしっかり理解しておこう。

ツボ 2 墨家や法家など，儒家・道家以外の諸子百家についても知ろう。

・墨家（ぼっか）…始祖は墨子（ぼくし）(前470ごろ〜前390ごろ)。**彼は，孔子の説く仁を別愛（べつあい）と批判し，人々が広く愛し合う無差別の愛である兼愛（けんあい）の必要性を主張。侵略戦争を否定**（**非攻**（ひこう））。また，身分を問わず才能のある者を登用する**尚賢**（しょうけん），むだな消費を節約する**節用**（せつよう）・**節葬**（せっそう）を説いた。
・法家（ほうか）…韓非子（かんぴし）(?〜前233)など。徳治主義を説く孔子ら儒家とは異なり，**信賞必罰**（しんしょうひつばつ）**の法律によって人民を統治する法治主義を主張**。各人には立場（名）に相応（ふさわ）しい行為をすること（**名分**（めいぶん））を求めた。秦（しん）の始皇帝は法家の思想を採用し，中国を統一。
・その他…陰陽（いんよう）五行説を唱えた**陰陽家**（鄒衍（すうえん）），論理学を展開した**名家**（めいか）（恵施（けいし）や公孫竜（こうそんりゅう）），外交論を展開した**縦横家**（じゅうおうか）（蘇秦（そしん）や張儀（ちょうぎ）），諸説を折衷・統合した**雑家**（ざっか），農本主義的な思想を唱えた**農家**（許行（きょこう）），軍事研究を行った**兵家**（へいか）（孫子（そんし））など。

> ・孔子と墨子…孔子は仁と礼を重視。墨子は孔子の説く仁を別愛と批判し，兼愛を主張。
> ・儒家と法家…儒家は徳治主義を主張。法家は法治主義を主張。

基礎力チェック問題

問1 中国では時間の運行も含め，自然の秩序や政治的秩序が天と結び付けられていた。次のア・イは，その天についての記述である。その正誤の組合せとして正しいものを，下の①～④のうちから一つ選べ。（18年倫理追試〈改〉）

ア　周の王たちは，万物はすべて天の支配のもとにあるという信仰を背景として，自らを天と同一視し，自身の下す命令がとりもなおさず天命であると考え，王の権威を神聖化した。

イ　孔子は，「怪力乱神」を語らず，神秘的な存在について積極的に言及することを避ける一方で，「五十にして天命を知る」と述べ，天から与えられた使命を果たそうとした。

① ア 正　イ 正　　② ア 正　イ 誤
③ ア 誤　イ 正　　④ ア 誤　イ 誤

問1　[答] ③

ア：誤文　天(帝)に選ばれた周の王ら皇帝は，天子として，天(帝)を祭る儀礼を司(つかさど)ったが，「自らを天と同一視」はしなかった。

イ：正文　『論語』によれば，孔子は，「**吾十有(ゆう)五にして学に志す。三十にして立つ。四十にして惑わず。五十にして天命を知る。六十にして耳順(したが)う。七十にして心の欲する所に従いて，矩(のり)を踰(こ)えず**」と述べた。

問2 次の文章は，孔子の礼についての説明である。文章中の［ a ］～［ c ］に入れる語句の組み合わせとして正しいものを，下の①～⑥のうちから一つ選べ。（16年倫理本試）

孔子は，社会を支える規範として礼を重んじたが，それは単に外形的なものではなく，内面性に裏打ちされるべきであると考えた。つまり，他者を愛する心持ちである［ a ］が，立ち振る舞いや表情・態度として外に現れ出たものが礼であるとしたのである。その実現には，私利私欲を抑えるとともに，他人も自分も欺くことなく，他人を自分のことのように思いやることが重要とされた。このうち，自分を欺かないことは，［ b ］と呼ばれる。このように礼を体得した［ c ］によって，秩序ある社会の実現も可能であると孔子は考えた。

① a 恕　b 忠　c 真人　　② a 恕　b 忠　c 君子
③ a 恕　b 信　c 真人　　④ a 仁　b 信　c 君子
⑤ a 仁　b 忠　c 真人　　⑥ a 仁　b 忠　c 君子

問2　[答] ⑥

a：礼として現れ出る，「他者を愛する心持ち」とは，「仁」である。

b：「自分を欺かないこと」を，孔子は「忠」と呼んだ。

c：孔子は「君子」による統治を求めた。「真人」は荘子[☞p.134]の理想。

問3 古代中国の諸子百家についての記述として最も適当なものを，次の①～④のうちから一つ選べ。（03年倫理本試）

① 儒家は，上古の聖人(せいじん)の道よりも仁義礼智信といった社会生活に有益な徳を重視し，人々にこれを修得するよう説いた。

② 墨家は，平和主義者の立場から人民を不幸にする侵略戦争を否定するとともに，自他を区別せず広く平等に愛するよう説いた。

③ 道家は，現実の政治や社会の分野には関心を示さず，人々に作為を捨てて宇宙の根源である道に任せて生きるよう説いた。

④ 法家は，君主の徳による政治を否定し，法による信賞必罰を統治の根底に据えることで人民本位の政治を実現するよう説いた。

問3　[答] ②

② **適当**：墨子が説いた非攻と兼愛についての記述。

① **不適当**：儒家は，「上古の聖人の道」を重視する。

③ **不適当**：道家の老子は，小国寡民などの政治思想を説いた[☞p.134]。

④ **不適当**：法家は，「人民本位の政治」は説いていない。

26 儒家思想の展開 ～孟子と荀子

1 孟子

孔子の仁の思想を受け継いだのが，孔子の死から約100年後，鄒に生まれた孟子。

彼は，孔子の孫の子思の門人の下で学んだのち，理想を実現しようと魏・斉・宋・魯などの諸国を遍歴。しかし，理想を完全に実現することはできず，晩年は故郷に戻り弟子の育成と著作活動に専念。

✤孟子の政治思想

理想社会を実現する王道政治を模索。それには，**正義を守って邪悪を禁じ，仁政を施して人民の生活を保全する君主が必要**。武力や謀りごとを用い，残虐・無道な政治（**覇道政治**）を行う者は，君主の扱いをする必要がないと主張。

・主張の背景…王道政治の主張を裏付けたのが，民意に背く暴君は，宇宙の絶対神たる上天によって治者の地位から追放されるという**易姓革命**（命を革めて，治者の姓を易える）という古代の天の思想にもとづいた理論。

> ◎『孟子』に見る仁政
>
> ・「**民を尊しと為し，社稷これに次ぎ，君を軽しとする**（民が最も大切であり，村や国家がその次であり，君主を最後とする）。」

✤孟子の倫理思想

人間は生まれながらに良知（良知良能）を具えており，その性は善である（**性善説**）。この良知の芽（**四端**）**を，自ら養い育てていくことによって，四徳（仁・義・礼・智）を実現しなければならない**。

四徳が充実してくると，人生のいかなる局面においても毅然とした不動の心である**浩然の気**が現れる。この浩然の気を具えた人（**大丈夫**）は，どんな困難にあっても徳を実現しようとする。

・主張の根拠…例えば，井戸に落ちそうになっている子どもがいたとき，誰でもかわいそうだと思って助けるのは，人には，生まれながらに**惻隠の心**（忍びざるの心，他人に対する憐れみの心）があるからである。

　これと同様に，人には，**羞悪の心**（悪を憎み，不正を恥じる心），**辞譲の心**（謙遜する心），**是非の心**（物事の善悪を見分ける心），この四つの心（**四端**）が生まれながらに具わっていると主張。

✤政治思想と倫理思想の融合

上天に認められる君主となるには，四徳を実現した**大丈夫**でなければならない。しかし，**大丈夫が天下を治めるだけでは，平和は訪れない**。世の中の基本となる人間関係において五倫（親・義・別・序・信）の徳が実現されていなければならない。

◎ 四端・四徳と五倫，そして五常について

四徳
- 仁（惻隠の心から発展）…他人を思いやる。
- 義（羞悪の心から発展）…為すべきことをなす。
- 礼（辞譲の心から発展）…礼節を尊ぶ。
- 智（是非の心から発展）…道理を心得る。

信…友情に厚い。

五常（仁・義・礼・智・信）

※漢代に，**董仲舒**（とうちゅうじょ）（前176ごろ〜前104ごろ）が四徳に「信」を加えて，儒教道徳の基本となる五常を確立。

五倫
- 父子の親…親は子を慈しみ，子は親に仕える。
- 君臣の義…君主は臣下を礼し，臣下は君主に忠である。
- 夫婦の別…男女それぞれの本分を乱さない。
- 長幼の序…長者を先にし，幼者を後にする。
- 朋友の信…友達に対して偽ったり，欺いたりしない。

2 荀子

孔子の説く礼のもつ規範としての力に注目したのが，趙に生まれ斉や楚で仕官した荀子（前298ごろ〜前235ごろ）である。この荀子の門下でありつつ，**法家**の思想を確立したのが**韓非子**。

✤荀子の思想

人間の本性は悪（欲望の充足へと向かう傾向）だから（性悪説），古典を学ぶ学習や礼を学ぶ教育によって矯正すべきである（礼治主義）。

・主張の根拠…天が人をつくったので，君子も小人も本性や能力は同じだが，過去には悪逆非道な君主がいたように，現実の人間は生まれながらに利を好み，嫉妬心をもち，争い，社会を混乱させがちである。

◎『荀子』に見る人間観

・「**人の性は悪にして，その善なるは偽りなり**（人の本来の性質は悪であり，それが善である者は，人が手を加えたもの，すなわち人為の結果である）。」

3 儒学の成立

春秋時代から漢にかけて，儒教の経典が整理され，四書（『**論語**』『**孟子**』『**大学**』『**中庸**』），さらに**五経**（『詩経』『書経』『易経』『春秋』『礼記』）が成立（五経に，現存しない『楽経』を加えて六経という場合もある）。

漢代以降は，これらの経典を研究する**儒学**（経学）が成立。唐から宋における仏教の広まりに触発され，さらに経典の理論的統一と体系的な解釈に力が注がれた。

ここが共通テストのツボだ!!

ツボ 1 孟子にまつわる逸話から，何が読み取れるかを考えよう。

①**孟母三遷の教え**（ただし，史実ではないとも）…孟子とその母は，最初は墓地の近くに住んでいたが，孟子が葬式ごっこをはじめたので母は転居した。

しかし，転居先が市場の近くであり，孟子が商人ごっこをはじめたので，母は再び転居した。今度の転居先は学問所の近くであったところ，ようやく孟子が学問を志すようになったという逸話。

②**孟母断機の教え**…孟子が学業半ばで帰ってきたとき，母はちょうど機を織っていた。孟子の姿を見て，母は織物を刀で切断し，「お前が学問を途中で辞めるのは私が織物を断ち切るのと同じことだ」と言って諌めたという逸話。

③**宣王の問い**…田斉の君主である宣王が孟子に向かって，殷の臣であった武王（周公旦の兄）が主君である殷の紂王（帝辛）を伐って周を打ち立てたことについて質問した。これに対し，孟子は次のように答えた。

「仁を失った者は賊，義を失った者は残という。残賊の者は，もはや君主ではなく，ただの男である。だから，お尋ねの件は，ただの男の紂を殺したとはいえても，君主である王を殺したことにはならない」と。

①からは学問の重要性や親の義務を，②からは学問を続けることの重要性や親としてのあるべき姿を，③からは孟子が易姓革命を支持していたことを読み取ろう。

ツボ 2 孔子と孟子，荀子と韓非子の主張や立場の違いについて知ろう。

・**孔子と孟子**…**孔子**は仁と礼による徳治主義を説いたが，**礼がいかに成立するかは論じていない**。これに対して，**孟子**は生得の**辞譲を育成すれば礼になる**と主張。

・**荀子と韓非子**…**荀子**は礼治主義を唱えつつ，**統治における道徳の意義を認めている**。これに対して，**韓非子**は法治主義を唱え，個人間での道徳は認めるとしても，**統治において道徳は無力と主張**。

それゆえ，荀子は儒家の思想家とされるが，韓非子は法家と称される。

微妙な主張や立場の差異に注目して，重要な諸子百家の思想への理解を深めよう。

基礎力チェック問題

問1 孟子が唱えた王道政治についての説明として最も適当なものを，次の①〜④のうちから一つ選べ。（12年倫理追試）

① 神秘的な事柄への関心を捨て，古来の儀礼を排することで，天と人を分離し，天の意志に左右されない人間中心の政治
② 武力による支配ではなく，人民の幸福を真に考え，まず生活の安定をはかり，そのうえで道徳的教化を目指す政治
③ 国家の規範として法律を定め，各身分の役割を明確にすると同時に，為政者による臣下の統制を国家の原則とする政治
④ 民衆からの過重な徴税を批判し，君臣の身分の区別なく，すべての人が農業に従事する平等な社会を目指す政治

問1 ［答］②

② **適当**：孟子の説く王道政治の説明として適当。
① **不適当**：孟子は，天の思想を支持している。
③ **不適当**：韓非子の法治主義を想定した記述。
④ **不適当**：農家［☞p.128］の農本主義的な思想を想定した記述。

問2 次のア・イは，孟子の思想についての記述である。その正誤の組合せとして正しいものを，下の①〜④のうちから一つ選べ。

（05年倫理追試〈改〉）

ア　すべての人に，他人の不幸を憐（あわ）れむ心，善悪を見分ける心などといった四諦が生まれながらに具（そな）わっている。これらは仁・義・礼・智という四徳の芽生えであり，この四諦を推し広げていくことで人は善を実現できる。

イ　すべての人に，他人の不幸を憐れむ仁という心，善悪を見分ける智という心などといった四端が生まれながらに具わっている。人はこの四端を拡充し，惻隠や辞譲といった四徳へと向上させていかなければならない。

① **ア** 正　**イ** 正　　② **ア** 正　**イ** 誤
③ **ア** 誤　**イ** 正　　④ **ア** 誤　**イ** 誤

問2 ［答］④

ア：誤文　四徳（仁・義・礼・智）の芽生えは，四端（惻隠・羞悪・辞譲・是非）であり，ブッダが明らかにした「四諦」［☞p.119］ではない。
イ：誤文　「仁」を「惻隠」に，「智」を「是非」に，「惻隠」「辞譲」を四徳（仁・義・礼・智）のうち，いずれか二つに替えれば正文になる。

問3 荀子の思想についての記述として最も適当なものを，次の①〜④のうちから一つ選べ。（09年倫理追試）

① 荀子は，人の行為はすべて利己的で打算的なものと考え，国を治めるには法をもってし，法を犯したものを厳罰に処すべきだとした。
② 荀子は，すべての人のうちにある四端の心を開花させ四徳を備えた人間となるために，礼儀や習慣などの人為的な努力が必要だとした。
③ 荀子は，道徳や文化を否定し，人知の計らいを超えた道に従うという，作為を弄（ろう）することのない無為自然の生き方こそ本当の礼だとした。
④ 荀子は，放っておけば欲望のままに行動し，悪へと傾きがちな人間本性を礼儀や習慣などの人為的な努力によって矯正しようとした。

問3 ［答］④

④ **適当**：荀子が説く性悪説や礼治主義の説明として妥当。
① **不適当**：韓非子が説く法治主義についての記述。
② **不適当**：孟子についての記述。「四端」や「四徳」に注目しよう。
③ **不適当**：老子［☞p.134］についての記述。「無為自然の生き方」に注目しよう。

27 老荘思想と儒学思想の展開 ～道家（老荘思想），朱子学と陽明学

1 道家（老荘思想）

儒家の説く礼は，形式に流されやすい。この点を批判し，自然との一体化の中に人間の理想を見出したのが，伝説的な人物の**老子**や，宋に生まれたとされる**荘子**。

なお，老子も荘子も，老荘思想・仏教・民間信仰を融合して形成された，不老長寿や仙人になる方法を説く**道教**の始祖とされているが，直接的な関係はない。

✤『老子』の思想

老子の著とされる『老子』は，儒家を批判しつつ，**道（タオ）に従い，これと一体となって生きるとき（無為自然），人は本来の生き方ができ，幸福になれる**と説く。

- 思想の背景…『老子』によれば，万物を育成する根源は，「無」や「無名」とも呼ばれる**道**である。それゆえ，この道は人為や作為に先立ってある（**無為自然**）ものだから，人間の知や感覚の対象とはならない。
- 生き方の理想…『老子』は，人知に由来する無・有，美・醜，善・悪などの対立に囚われない生き方を説く。具体的には，**無邪気な嬰児のように，道に身を委ね，他と争わず身を低くする柔弱謙下という生き方を求めた**。
- 国家の理想…『老子』は，人間が自然のままに生活できる小さな自給自足の村落共同体的な国家（**小国寡民**）こそが無為自然の理想社会だと説いた。

> **◯『老子』の言葉**
>
> ・「上善は水の如し（水のようなあり方こそが，人間生活の理想だ）。」
> ・「大道廃れて仁義あり（道が分からなくなると，仁義を説く輩が出てくる）。」

✤『荘子』の思想

荘子の思想をまとめた『荘子』は，**こだわりを捨てて，天地自然と一体になるとき，人間は本来の調和的世界におさまり，心の平和と自由を得られる**と説く。

- 思想の背景…人間の知恵や判断は物事のほんの一部分に触れているにすぎない。美醜や大小，運不運，幸不幸，上下貴賤，自我非自我などは相対的な区別にすぎず，万物はおのずから調和している（**万物斉同**）と捉えた。
- 生き方の理想…世間的には無用のものにも有用なものがある（**無用の用**）のだから，**何事にも煩わされず，心を空しくして天地自然と一体になり（心斎坐忘），悠然と遊ぶように（逍遙遊）生きる真人（至人）としての生き方を求めた**。

2 儒学の展開～宋代の儒学

儒教は儒学を成立させたものの，やがて思想性を失い，訓詁学（古典経典の解読と解釈）となってしまった。しかし，10世紀の宋の時代以降，仏教や老荘思想との論争や対立にせまられ，独自の発想と思索を重ねて，**宋学**を発展させた。

✤朱子の思想

周敦頤らの思想を受け継ぎ，宋学を大成したのが**朱子**（**朱熹**）（1130～1200）。彼の思想（**朱子学**）は，「**理**（宇宙の本源・人間の理性的部分）」と「**気**（物質的素材・心的エネルギー）」の概念を用いた理論的なもの（**理気二元論**）であった（『四書集注』）。

身分制度の尊重や君子権の重要性も説く朱子学は，以後，歴代王朝に保護された。さらには朝鮮半島の王朝や日本の徳川幕藩体制を支える理論としても用いられた。

- 思想の新しさ…**気を重視する従来の思想とは異なり，理を重視**し，**人間の本性を理と捉えた**（**性即理**）。
- 本性の分析から実践へ…現実の人間の本性は気によって純然たる善ではない状態（**気質の性**）にある。それゆえ，理によって気を制御し，純然たる善の状態（**本然の性**）を実現しなければならない。
- 実践と主張…**行為を慎み**（**持敬・居敬**），**読書などによって世の中の事物に触れて**（**格物**），**事物を成り立たせている理を知り**（**窮理**），**その理と通じる自己の本性を確かめ**（**致知**），**本然の性を実現しなければならない**。

3 儒学の展開～明代の儒学

朱子と同時代の陸九淵は，「心を本然の性と気質の性に分けたのでは心が二つあることになってしまう。**心は一つであり，その一つの心が理を具えており，完全だ**（**心即理**）」と主張して，理と気を区別する朱子学を批判し，ただ心を見る心学を説いた。

✤王陽明の思想

約300年後に陸九淵の思想を再評価して発展させ，朱子学と並ぶ一大潮流を生み出したのが，明代の**王陽明**（1472～1528）である。その学問を**陽明学**という。彼は，儒学が出世や現世的な利益のための思想に堕落していくことに強く反発した。

もっとも，王陽明の没後の陽明学派の人々は，各方面からの批判に耐えきれず，朱子学へと復帰したり，老荘思想へ舞い戻ったりして，陽明学は廃れる。

- 朱子学批判…王陽明の思想を伝える『伝習録』によれば，儒学本来の「格物」とは，世の中の事物に触れることではなく，自己の心に内在する事物を格す（修正する）ことである。また，「致知」とは，**致良知**の略であり，人が生まれながらにもつ道徳知である**良知**を遮られることなく致す（発揮する）ことである。
- 実践と主張…**理想的な生き方をするには，朱子学が説く読書などによるよりも，自分の心を見つめて歪みを修正し，ただ良知を発揮すればよい**と主張。

  実際に弓を引かなければ，弓の道が分からないように，そもそも，**理想的な生き方を知ることと良知を発揮することは不可分である**（**知行合一**）と主張。

ここが共通テストのツボだ!!

ツボ 1 『荘子』に由来する故事を知り，荘子の思想への理解を深めよう。

・**樗木問答**…樗と呼ばれる，一見すると役に立たない大木がある。しかし，荘子は「そんな木は無用なるがゆえに，用材として伐採されることがない。だから大木になる。その木の下で悠々と昼寝でもしたらどうか」と答えたという話。

これは，**無用であることが有用であるということ**を伝えている。

・**胡蝶の夢**…あるとき，荘子が蝶となり遊んだ夢を見て目覚めたが，自分が夢で蝶となったのか，蝶が夢見て今自分になっているのかと疑ったという話。

これは，荘子という人間であれ蝶であれ，**人間が下す区別に囚われず，与えられた現実をありのまま十分に楽しんで生きることが必要だ**と伝えている。

小国寡民という政治思想を語った老子と異なり，荘子は「無用の用」を説いたり，逍遙遊の境地に遊ぶ真人（至人）の生き方を追求するなど，政治には関心を示さなかった。

ツボ 2 古代中国思想の概略を確認しよう。

仁と礼を説く孔子にはじまる古代中国の思想は，仁を重んじる忠恕学派を経て孟子の思想へ発展するとともに，礼を重視する礼学派を経て荀子の思想へ発展する。

さらに後代には，朱子学や陽明学へと展開する。

他方，儒家を批判したのが，墨家や法家らである。中でも，儒家の人為性に反発し，道に適った生き方を求めた道家は後代にも大きな影響を与えている。

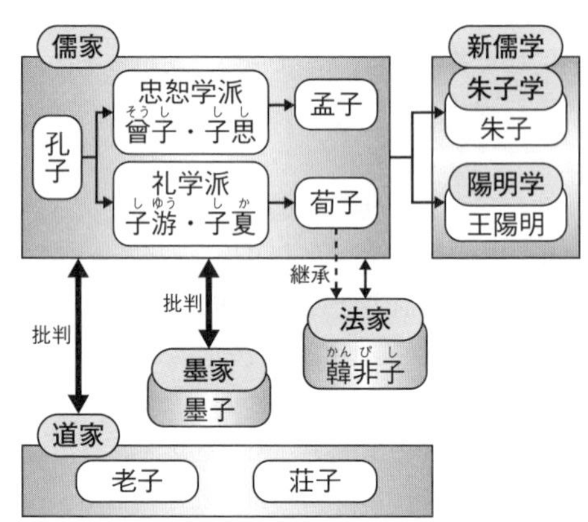

まず，仁（道徳）重視の儒家と，道（自然）重視の道家の相違に注目しよう。

基礎力チェック問題

問1 老子が説いた道についての記述として最も適当なものを，次の①～④のうちから一つ選べ。 （08年倫理本試）

① 道とは人間の従うべき道徳の規範であり，忠恕に基づいた礼の実践により体得されるものである。

② 道とは万物を生育する根源であり，絶えず移り変わる人間の幸不幸を超えた絶対的なものである。

③ 道とは万物を貫いている理法のことであり，天から我々に授けられた生まれながらの本性でもある。

④ 道とは差別がなく万物が斉(ひと)しい境地であり，自己の心身を忘れ去ることで体得されるものである。

問1 ［答］②

② **適当**：老子が説く「道」についての記述。

① **不適当**：「道徳の規範」としての「道」を重んじたのは，孔子ら儒家[☞p.126]。

③ **不適当**：老子は，道を「天から我々に授けられた生まれながらの本性」とは捉えていない。

④ **不適当**：荘子が説く万物斉同を想定した記述。

問2 荘子の思想を述べたものとして**適当でないもの**を，次の①～④のうちから一つ選べ。 （06年倫理本試）

① この世界は，道がおのずから現れたものであり，そこには対立や差別はない。この認識に立ち，一切の欲望や分別から自由になった人が真人である。

② この世界は，道がおのずから現れたものであるので，己の心を虚にして，心身とも天地自然と一体になる境地が理想である。

③ この世界は，道がおのずから現れたものであるのに，人間がそれを有用だとか無用だとか判断するのは，自己の価値観に囚われているためである。

④ この世界は，道がおのずから現れたものであり，人間社会の秩序も道に適(かな)っている。この認識に立った，社会規範にかなう行為が重要である。

問2 ［答］④

④ **不適当**：孔子ら儒家の考え[☞p.126]を想定した記述。「社会規範にかなう行為が重要である」に注目しよう。

①②③ **適当**

問3 朱子の思想は，孟子の思想だけでなく，荀子の思想も取り入れて形成された。荀子の自己変革の思想を精緻(せいち)に整えた朱子の学問修養論の記述として最も適当なものを，次の①～④のうちから一つ選べ。 （07年倫理追試）

① 心即理の認識に基づき，人はそのまま聖人なのだから，その聖人と同じ心を養うという居敬存養を説いた。

② 性即理の認識に基づき，人間は努力すれば聖人になれると考え，物の理を窮めるという格物窮理を説いた。

③ 心即理の認識に基づき，心の良知を具体的な実践の場で鍛え上げていく事上磨錬を説いた。

④ 性即理の認識に基づき，認識と行動をつねに一致させることが学問修養だと考えて知行合一を説いた。

問3 ［答］②

② **適当**：朱子は，「格物窮理」，すなわち「格物致知」と「窮理」を説いた。

①③ **不適当**：陸九淵や王陽明の考えを想定した記述。

④ **不適当**：「性即理」を「心即理」に入れ替えれば，陸九淵や王陽明の考えを想定した記述。

チャレンジテスト⑥（大学入学共通テスト実戦演習）

問1 次のメモは，仏教の世界観について調べた生徒が作成したものである。メモ中の［a］・［b］に入る記述の組合せとして最も適当なものを，下の①～④のうちから一つ選べ。

（21年倫理第2日程）

> **メモ**
> インドにおける仏教の縁起思想の中には，全てのものは［a］という考えがあることが分かった。「先生」を例にして考えてみると，［b］と理解することができる。

① a　独立して存在するから，固有の本性を持つ
　 b　先生は，宇宙の根本原理（ブラフマン）の一つであり，先生としての固有の本性を持つ

② a　独立して存在するから，固有の本性を持つ
　 b　先生は，先生自身の努力だけで先生としての能力を保ち続けているのであり，先生としての固有の本性を持つ

③ a　他に縁（よ）って存在するから，固有の本性を持たない
　 b　先生は，宇宙の根本原理（ブラフマン）から生じたものであり，根本原理に縁っているため，先生としての固有の本性を持たない

④ a　他に縁って存在するから，固有の本性を持たない
　 b　先生は，生徒など他のものに縁って先生たり得ているのであり，先生としての固有の本性を持たない

問1 **[答]** ④

抽象的な思想を抽象的なままに終わらせず，具体的に考えさせようとする問題。

a：「他に縁（よ）って存在するから，固有の本性を持たない」が入る。仏教の教えによれば，**すべては他のものとの因果関係によって生成・消滅する（因縁説）**。したがって，**実体というものはないというのが世界の本当の姿（縁起の法）である**[☞p.118]。

b：「先生は，生徒など他のものに縁って先生たり得ているのであり，先生としての固有の本性を持たない」が入る。**「宇宙の根本原理（ブラフマン）」を前提とする思想はバラモン教などに見られるもの**であり，仏教はこれを想定しない。また，仏教の説く因縁説や縁起の法によれば，あらゆるものは他との関係において，属性を獲得するのであり，それだけで「固有の本性を持つ」ことはない。

以上のことから，最も適当な組合せは④となる。

問2 生徒Aは，人間のあり方を水になぞらえた言葉を伝える次の資料1・2を紹介した。孔子や老子の思想を踏まえて，資料から読み取れる内容として最も適当なものを，下の①～④のうちから一つ選べ。 （21年倫理第2日程）

> **資料1** 〈孔子の言葉〉
> そもそも水は，広く万物に生命を与えながらそれ以上の余計なことをしないという点が，徳ある人のようだ。
> （『荀子』より）
>
> **資料2** 〈老子の言葉〉
> 最上の善とは水のようなものだ。水は万物に利益を与えて争うことがなく，誰もが嫌がる低湿地に落ち着く。
> （『老子』より）

① 自分のわがままを抑え，人の心を思いやることに基づく社会秩序を追求した孔子は，**資料1**によると，徳ある人は，あらゆるものに生命を与える水のあり方に譬(たと)えられると考えた。

② 自然の現象を超えた神秘的な現象を解き明かすことを目指した孔子は，**資料1**によると，徳ある人は，あらゆるものに必要以上に関わる水のあり方に譬えられると考えた。

③ 万物の根底にある道に従って生きることを本来の生き方だと考えた老子は，**資料2**によると，誰もが嫌がる場所を避けて流れ行く水のあり方を，最上の善と表現した。

④ 他人にへりくだることのない自然な生き方を説いた老子は，**資料2**によると，あらゆるものに利益を与えながらも軋轢(あつれき)を生じさせることのない水のあり方を，最上の善と表現した。

問2 **[答]** ①

源流思想分野でよく見られる，二つの資料文を読解する問題。

① **適当**：前半部分は孔子が説いた忠・恕[☞p.127]の説明として正しい。後半は，**資料1**の「水は，広く万物に生命を与え」るという記述と合致する。

② **不適当**：前半が誤り。**『論語』**に「**（先生は）怪力乱神を語らず**」[☞p.126]とあるように，孔子は「自然の現象を超えた神秘的な現象」については語らなかった。後半も誤り。**資料1**の「水は……余計なことをしない」という記述に反する。

③ **不適当**：前半は正しい。老子の説く**無為自然**と合致する[☞p.134]。しかし，後半は誤り。**資料2**の「水は……誰もが嫌がる低湿地に落ち着く」という記述に反する。

④ **不適当**：前半が誤り。老子の説く**柔弱謙下**の思想に反する[☞p.134]。後半は，**資料2**の「水は万物に利益を与えて争うことがなく」という記述と合致する。

問3 人間の生き方をめぐる様々な宗教や思想家の考え方についての説明として最も適当なものを，次の①～④のうちから一つ選べ。　（22年倫理本試）

① アリストテレスによれば，人間は，知性的な徳の中でも実践的な徳である思慮（フロネーシス）を働かせて，行為や情念に過剰や不足がある状態を避けるべきである

② 回心後，各地で布教活動をしたパウロは，信徒が信仰・正義・愛の三つに基づいて倫理的に生活することを勧めたが，これらは後にキリスト教の三元徳と呼ばれた。

③ イエスが語ったとされる「実に，神の国はあなたがたの中にある」という言葉は，黄金律と呼ばれ，後にJ.S.ミルによって功利主義道徳の精神を表現するものとして重視された。

④ 苦しみに耐え忍ぶ実践としての忍辱を重視した大乗仏教では，他者の忍辱の修行を妨げないようにするため，苦しむ人を助けるという慈悲の実践を控えることが推奨された。

問3 **[答]** ①

オーソドックスな四択形式だが，源流思想分野でよく見られる，思想や思想家を広く扱う問題。ただし，ここでは近代の思想家ミル[☞p.243]についての知識まで求められている。

① **適当**：アリストテレスによれば，「**思慮**（フロネーシス）」は，知性的な徳の中の一つであり，「行為や情念に過剰や不足がある状態を避け」，**中庸**（メソテース）を命じるものである。

② **不適当**：パウロが重視し，「後にキリスト教の三元徳と呼ばれた」徳とは，「信仰・正義・愛」ではなく，「**信仰・希望・愛**」である[☞p.105]。

③ **不適当**：「実に，神の国はあなたがたの中にある」はイエスの言葉であるが，ミルが「功利主義道徳の精神」として重視した「黄金律」とは，「**人からして欲しいと思うことを，人にもそのようにしなさい**」というイエスの言葉のことである[☞p.243]。

④ **不適当**：大乗仏教は「慈悲」の心にもとづく**利他**を重視する[☞p.122]。したがって，大乗仏教において，「慈悲の実践を控えることが推奨された」という記述は不適当。

問4 次の文章は，生徒のレポートの一部である。[a]の前後の文脈を踏まえて，[a]に入る記述として最も適当なものを，下の①～④のうちから一つ選べ。

（21年倫理第2日程〈改〉）

> **レポート（一部）**
>
> ただその一方で，古今東西の思想を調べると，人間という存在の独自性についても注目されていたようです。例えば，[a]。このように，人間を他の自然物とは異なる存在であると考えた人もいたのです。こうした考察にも目を向けることで，人間とはどのような存在なのかについて更に深く考えることができると思いました。

① 古代ギリシアの哲学者であるタレスは，人間を含むいかなる生命の生成にも水が重要な役割を果たしていることを観察し，万物の根源は水であり，この世界全体を生きたものとして捉えたと言われています

② 人間の理性と信仰の調和を追求したトマス・アクィナスは，神が世界を支配する法は自然界をあまねく貫いており，理性を持つ人間は，被造物でありながら，その法を自然法として捉えることができると考えました

③ 仏教では，大乗仏教の時代になると，「一切衆生悉有仏性」という思想が生まれ，生きとし生けるものは，悟りを開き，ブッダと等しい境地に到達する可能性を備えていると考えられました

④ 道家の荘子は，「あれ」と「これ」の区別は相対的な捉え方にすぎないとし，人間と自然の間にも二元対立などなく，万物は全て斉(ひと)しいとする万物斉同という世界観を説きました

問4 ［答］ ②

共通テストに多い空欄補充問題のうち，比較的，選択肢の文の内容が幅広い問題。

② **適当**：空欄に入れるのに適当な記述。トマス・アクィナスは，人間を，「自然界をあまねく貫」く神の法を，「自然法」として捉える理性をもった，「他の自然物（被造物）」とは異なる「独自性」をもつ存在と捉えた[☞p.105]。

① **不適当**：タレスが「万物の根源は水」であると捉えたという内容は正しいが[☞p.92]，これは「人間を他の自然物とは異なる存在である」とする考えを示したものではない。

③ **不適当**：大乗仏教が「生きとし生けるものに，…ブッダと等しい境地に到達する可能性」があると考えたという内容は正しいが[☞p.123]，これは「人間を他の自然物とは異なる存在である」とする考えを示したものではない。

④ **不適当**：荘子が「万物斉同という世界観」を説いたという内容は正しいが[☞p.134]，これは「人間を他の自然物とは異なる存在である」とする考えを述べたものではない。

第5編　日本思想

第5編では，日本思想を学んでいこう。日本思想は比較的マイナーな思想家も問われることが多い。しかし，それは裏を返せば，知識量が得点に直結するということでもあり，努力が報われやすい分野でもある。

第5編は，十五のテーマで構成されている。そのうち，テーマ28～31では古代・中世思想を，テーマ32～36では近世思想を，テーマ37～42では，近現代思想について学んでいく。

その際，いずれにおいても対立する思想系譜が見出されることに注目しておきたい。すなわち，古代・中世思想では「神道系の思想と仏教思想」，近世思想では「国学と儒学思想」，近代思想では「西洋思想を積極的に受容しようとする思想とそれに反発する思想」という対立軸である。

この大きな対立軸を意識したうえで，古代・中世思想はまず日本思想の故郷ともいえる神話の話を押さえたうえで，鎮護国家の宗教から庶民の宗教と変遷していく仏教思想の流れを，近世思想は「敬」や「孝」や「誠」などの根幹となる語句を押さえながら儒学思想を，近現代思想は近代社会や近代的な「個」の確立という問題意識をもった啓蒙思想家などを中心に理解を深めていこう。

それでは，講義を始めよう。

28 仏教の受容から鎮護国家の仏教へ ～記紀，奈良仏教，そして神仏習合

1 古代の日本

仏教や儒教が伝来する以前の日本においては，畏怖（いふ）すべき存在を「神（カミ）」と呼び，自然界のあらゆるものに，神が宿ると考えられていた（アニミズム）。

✤古代日本人の習俗

・解明の手がかり…神話を含む歴史書の**記紀**（きき）（『**古事記**』（こじき）や『**日本書紀**』），最古の歌集『**万葉集**』（まんようしゅう），地方の風土文化を記録した『風土記』（ふどき）など。

・宗教観…神は，人には計り知れない力で自然の秩序や人々の生活に関与する存在。**おのずからなった**，よい神から**祟り神**（たたりがみ）（恐ろしい神）まで多数の神々（八百万（やおよろず）の神）が存在。**究極的な神はいないとされる**（「**祀**（まつ）**るとともに祀られる神**」）。

神により世界が創造されたという考えもない。古代の日本人は，神からの恵みを共同体にもたらそうと，神を饗応（きょうおう）するさまざまな祭祀（さいし）を行った。

・倫理観…古代の日本人は，農耕生活を中心とする共同体に害を及ぼす行為（罪（つみ）や穢れ（けがれ））を忌避（きひ）。これらを取り除くために神事（祓い（はらい）〔祓え〕や禊（みそぎ））を行う。

古代社会においては，**見透かせない黒心**（こくしん）**・濁心**（きたなきこころ）**や隠し立てのある暗**（くら）**き心・私心**（わたくしごころ）**を嫌い，嘘偽**（うそ）**りがない心**（清明心（せいめいしん）・清き明き心（きよきあかきこころ））**がよし**とされた。

・世界観…古代の日本には，さまざまな世界観が併存。

例えば「**天には神々が住む高天原**（たかまがはら）**，地下には生者も往来可能な，死者が住む黄泉国**（よみのくに）**があり，その両者の間に人間が住む葦原中国**（あしはらなかつくに）**がある**」や，「**この世のほかに，地下あるいは海の彼方**（かなた）**にトコヨ（常世）の国がある**」などと考えられていた。

2 縄文時代から飛鳥時代

縄文時代から弥生時代を経て，3世紀後半には，大和（やまと）地方に「オオキミ（大王，のちの天皇）」を中心とする**ヤマト王権**が成立。6世紀末には，奈良盆地南部の飛鳥（あすか）の地に大王の宮が営まれ，**仏教伝来**（538年（552年））に伴い，社会が大きく変化した飛鳥時代となった。

伝来当初は，単なる外来の神（**蕃神**（ばんしん（あだしくにのかみ）））の教えとして理解され，その受容をめぐって崇仏派と排仏派が対立。しかし，推古天皇の摂政であったとされる聖徳太子（574～622）（厩戸王（うまやとおう））**らの努力によって，貴族層を中心に仏教の受容が加速**した。

✤聖徳太子の活躍

・『**三経義疏**』（さんぎょうぎしょ）の撰述（せんじゅつ）…大乗仏教教典（『**法華経**』・『勝鬘経』（しょうまんぎょう）・『維摩経』（ゆいまぎょう））の注釈書。

・**憲法十七条**の制定…仏教や儒教などの影響のもと，**官吏の心得**を論じた法文。

憲法十七条は，**仏の目から見れば人はみな凡夫**（欲望に囚われた無知な存在）だという仏教的な人間観を前提として，意見が異なっても怒らず，皆で議論をして事を進めるべきだと説くなど，**和の精神によって貫かれている**。

◎ **憲法十七条の代表的な文言**

第一条　和をもって貴しとなし，忤ふること無きを宗とせよ。
第二条　篤く三宝を敬へ。三宝は仏・法・僧なり。
第十条　…我必ず聖にあらず，彼必ず愚かに非ず。共に是凡夫のみ。

・**世間虚仮，唯仏是真**…「この世の事物は虚しい仮のもので，仏の教えのみが真実である」という，現世否定的な後年の聖徳太子の思想を示した言葉。

3 奈良仏教

奈良時代，朝廷の保護のもと，仏教は鎮護国家の役割を担って発展していく。他方，民間では「**私度僧**（官許を得ていない僧）」による布教が行われていた。

・**鎮護国家**の仏教…僧尼令が導入され，官寺の整備や官僧の育成も進み，**国家の安泰を祈る鎮護国家の役割**を担った**南都六宗**（三論宗・成実宗・法相宗・倶舎宗・律宗・華厳宗）が形成され，さまざまな教理研究が進められた。

また，**聖武天皇**（701～56）と光明皇后の発願により，諸国に，『金光明経』などの**護国の経典を祀る国分寺**（僧寺と尼寺）も建設される。さらに「総国分寺」として**東大寺**が整備され，**盧舎那仏**（奈良の大仏）が造立・安置された。

・民間布教…自らは受戒している**行基**（668～749）に率いられた，私度僧などを含む集団が，**諸国をめぐり，救済施設の設置や土木事業を行って**人々の信望を集めた。

彼らは朝廷の許しを得ず活動していたので，たびたび弾圧されたが，のちには，行基は勧進として大仏造立に参加し，大僧正の位を贈られた。

・**鑑真**（688～763）の来日…仏教が盛んになるにつれ，戒律を無視する僧尼が増加。そのため，唐の高僧である鑑真を招来し，東大寺に授戒のための**戒壇**（僧尼として認める儀式を執り行う場）を建立。戒律の統一と僧尼の管理を図った。鑑真は，**唐招提寺**を創建。

4 神仏習合（神仏混淆）

土着の信仰や古来の神々への信仰と仏教は，明治政府が神仏分離令（神仏判然令）を発するまで［☞p.189］，その関係を深めていった（**神仏習合**・**神仏混淆**）。

・具体例…①**修験道**（開祖は，**役小角**〔**役行者**〕。在家主義。**古来の山岳信仰と仏教の融合**。**山伏**〔修行者〕は，山での修行や読経によって験力と悟りを得る），②神社に付属する**神宮寺**が設けられ，神前で読経，③寺院で鎮守の神が祀られる，④山王神道や両部神道などが唱える**本地垂迹説**［☞p.149］，など。

ここが共通テストのツボだ!!

ツボ ① 日本文化の「重層性」に注目していこう。

日本では，古くから神々に対する信仰があったが，これに仏教や儒教，さらにはキリスト教が受容されていった。ここには，宗教間の対立を回避するための知恵がある。

宗教だけではない。現代においても，室町時代以来の能・狂言や江戸時代の浄瑠璃などと，西洋風の演劇やオペラが共存している。

このように，外来の文化を排斥せず受容し，過去の文化を捨てずに温存するなど，**多様な文化を共存させている姿を，和辻哲郎**［☞p.200］**は日本文化の「重層性」と呼んだ。**

日本社会のみならず，一人の人間の内部でも諸文化が同時に共存している。

ツボ ② 記紀（『古事記』『日本書紀』）に記されている神話の概略を知ろう。

①国生み・神生み…男神**イザナキ**（**イザナギ**）と女神**イザナミ**の二柱が結婚し，日本の国土や神々を生み出した話。

②**黄泉国**…火の神の出産時のやけどにより亡くなり，**黄泉国**の住人となったイザナミを追って，イザナキが黄泉国へと赴く話。しかし，イザナキは穢れて醜くなっていたイザナミの姿に驚いて逃げ帰り，穢れを清めるために禊をした。その結果，高天原を主宰することになる**アマテラス**や**スサノヲ**らが生まれた。

③**天岩戸**・神逐…アマテラスの誤解を解くために行った宇気比（占い）に勝ち，自らの**清明心**を証明したスサノヲが高天原において狼藉を働く。これに怒ったアマテラスが岩戸に隠れた話。アマテラスは神々によって救出され，スサノヲは**祓い**（罪に応じた物品献上）を命ぜられ，高天原から追放された。

④八俣遠呂智（八岐大蛇）…出雲国に住む八つの頭と八つの尾をもつ大蛇をスサノヲが退治した話。その尾から出てきた剣（草薙剣）がアマテラスに献上された。

⑤天孫降臨…ニニギが高天原の神の命を受け，三種の神器（八咫鏡・天叢雲剣〔草薙剣〕・八尺瓊勾玉）を携え，高天原から高千穂峰へ天降り，葦原中国を治めた話。**ニニギの曽孫が神武天皇**とされる。

記紀は，素朴な民話ではない。さまざまな素材を取捨選択してつくり上げられた政治的神話である点に注意。

基礎力チェック問題

問1 古代の日本の思想についての説明として最も適当なものを，次の①～④のうちから一つ選べ。 (20年倫理本試)

① 自然の様々な事物に宿る八百万の神々への信仰が，外来思想の影響を受けることなく，神道と呼ばれる日本独自の宗教として体系化された。

② 古代国家が形成される過程で，『古事記』や『日本書紀』が編纂され，神々の系譜が天皇につながる神話として統合された。

③ 日本神話では，天地はおのずから「なった」のではなく，イザナギとイザナミの二神の意志によって「つくられた」とされている。

④ 罪や悪は，人間の心の中から出てくる穢れであると考えられたため，それを清めるための儀式として，禊や祓があった。

問1 [答] ②

② **適当**

① **不適当**：神仏習合[☞p.145]にみられるように，神道は体系化される過程において，仏教や儒教の影響を受けている。

③ **不適当**：日本神話では，天地は「つくられた」のではなく，おのずから「なった」と考えられている。

④ **不適当**：「穢れ」は外から付着するものと考えられた。

問2 「十七条憲法（憲法十七条）」のなかには，役人に「凡夫」であることを自覚させることによって心を正そうとした条文がある。その条文の抜粋として正しいものを，次の①～④のうちから一つ選べ。 (11年倫理本試)

① まごころ（信）は正しいこと（義）の根本である。役人はいつもまごころに努めるべきである。……まごころをもてば何事も可能になる。

② 人には，おのおのその任務がある。担当者の任命を適切に行え。……事柄の大小にかかわらず適任者を得たならば，世の中は必ず治まる。

③ 他人のなした善は，これを隠さないで顕し，また，他人が悪をなしたのを見たならば，必ずそれをやめさせて正しくしてやれ。

④ 心の怒りを絶って，……意見の違いに怒らないようにせよ。……他人が怒ったとしても，むしろ自分に過失がなかったかどうかを省みよ。

問2 [答] ④

④ **適当**：第十条からの抜粋。誰もが凡夫（欲望に囚われた無知な存在）であるから，怒りを抑えよと述べた条文。

① **不適当**：第九条からの抜粋。役人の心構えを述べた条文。

② **不適当**：第七条からの抜粋。適材適所について述べた条文。

③ **不適当**：第六条からの抜粋。勧善懲悪について述べた条文。

問3 奈良仏教についての説明として最も適当なものを，次の①～④のうちから一つ選べ。 (90年倫政追試)

① 世俗を離れた山岳中に寺院を開き，学問と修行のための道場とした。

② 積極的に政権の内部に参加し，国政を直接的に指導した。

③ 世俗権力からは自立した世界を，独立の宗派として築こうとした。

④ 自らの思索と修行の上に，独自の教義や理論体系を確立しようとした。

問3 [答] ②

② **適当**：奈良仏教は，鎮護国家の役割を担っていたことを思い出そう。

① **不適当**：こうした山岳仏教は，平安時代に盛んになる。

③ **不適当**：奈良仏教は，「世俗権力」と関係が深い。

④ **不適当**：奈良仏教は，中国仏教の影響が大きい。

29 日本独自の仏教への礎 ～平安仏教と浄土信仰

1 奈良仏教から平安仏教へ

南都六宗の過度な政治への関与を嫌った桓武天皇は，794年，平安京に遷都した。

これと同じころ，最澄(伝教大師)や空海(弘法大師)が唐から伝えた教えは，天皇の庇護を受けて，**新しい鎮護国家の役割を担う国家仏教へと発展**していく。

その一方で，それら新たな教えは，奈良仏教とは異なり，**衆生の救済(衆生済度)を強く意識した教え**でもあった。

2 天台宗(最澄)の隆盛

最澄は，東大寺で受戒したのち，故郷の近江(滋賀県)の比叡山に入り，一乗止観院(のちの延暦寺)を創建した。教学研究と修行に励み，天台宗こそ真の教えだと確信。

804年，唐へ留学。帰国後，(日本)天台宗を開き，四宗兼学(円教〔法華経〕・密教・坐禅〔止観〕・戒律)を説く**独自の仏教を目指す**が，新宗派の生みの苦しみを味わう。

ただし，最澄の死後も比叡山は，朝廷や貴族に支えられて繁栄。弟子の円仁と円珍らが唐に留学し密教を学んでからは，密教も隆盛(**台密**)。**比叡山は，浄土宗・禅宗・日蓮宗などの鎌倉仏教を生み出す土壌**となった(**日本仏教の母**)。

✤最澄が伝えた教えや，最澄の事績(『山家学生式』『顕戒論』)

- 天台宗…隋の時代の天台山の智顗(天台大師)が大成した教え。涅槃経の一切衆生悉有仏性(**生きものは皆，仏になる可能性がある**)などの思想を取り入れつつ，**法華経の教えが真実，ほかは方便(仮の教え)**と説く(〔法華〕一乗思想)。
- 奈良仏教との論争(三一権実論争)…法華経の解釈をめぐり，法相宗の**徳一**と，最澄が対立。論争は，晩年にまで及んだ。徳一は，悟りには差があり(**三乗思想**)，仏性のない者もいると主張。最澄は，万人成仏を説いて応戦。
- 戒壇設立をめぐる苦難…最澄は『**山家学生式**』(天台僧の修行規則)や『顕戒論』(奈良仏教批判書)を著し，**大乗戒壇**の設立を目指して，比叡山を「**一隅を照らす**」人材(国に有用な人材)育成の場にしようとしたが，戒壇設立は彼の死後。

3 真言宗(空海)の隆盛

同じころ，讃岐(香川県)に生まれた空海も活躍した。彼は，出家宣言ともいえる『**三教指帰**』で儒教・道教・仏教の優劣を戯曲構成で論じ，仏教こそ最高の真理であると確信。大学(官吏養成機関)を辞め，四国での修行の生活に入る。

804年，唐へ留学（最澄と同じ一行）。（中期）**密教**を学び，その正統な後継者として日本に帰国した。紀伊（和歌山県）の**高野山**（のちに**金剛峯寺**を建立）や，都の入り口の**東寺**（**教王護国寺**）を下賜され，これらを拠点に活動した。

空海は，**密教を最高の教えとする独自の真言密教（東密）を展開**。その空海の教えを受け継ぐ**真言宗**は，彼の死後も朝廷や貴族に支えられて繁栄した。

✤**空海が伝えた教えや，空海の事績**（**『三教指帰』**『十住心論』『秘蔵宝鑰』）

・（中期）密教…インド古来の信仰・呪術・祈禱を取り入れ，**呪術的な加持祈禱**へと発展させた大乗仏教の教え。**宇宙の永遠の真理そのものを大日如来と見なす広大な宇宙論**を展開。それを図絵（**マンダラ〔曼荼羅〕**）で象徴的に表現。

・密教と**顕教**…空海によれば，天台宗など密教以外の仏教思想は**顕教**（言語・文字で伝えられるブッダの教え）にすぎず，密教こそが最高の教えである。

・**即身成仏**の教え…空海は，**三密**（印契を組む**身密**，諸仏の力を引き出す**真言〔マントラ〕**を唱える**口密**，心で仏を念ずる**意密**）を修すれば，**大日如来の力と一体化し，その身のままで（現世において）衆生を救済する仏になれると説いた。**

・教育改革…僧俗共学の学校である**綜芸種智院**の建設を提唱。

4 神仏習合の深化

平安時代には神祇制度も整い，神仏習合がさらに進んで，**日本の神々はインドの仏や菩薩が化身として現れた姿だとする本地垂迹説**が説かれるようになった。

こうした教えにもとづいて，平安時代後期には，**山王神道**（天台宗系）や**両部神道**（真言宗系）などの神仏習合の神道説が成立し，神道教義の展開を促した。

5 浄土信仰

平安中期の9～10世紀ごろから，貴族政治の動揺や相次ぐ戦乱による社会不安を背景に，**浄土信仰（衆生の救済を誓った阿弥陀仏〔阿弥陀如来〕への信仰や，阿弥陀仏が主宰する〔西方〕極楽浄土への憧れ）が流行。これに伴い念仏が広まった。**

浄土信仰は，末法元年とされる1052年に開山された**平等院**の**鳳凰堂**などにも影響。

✤**空也（阿弥陀聖・市聖）の活躍**（903～972）

・活動…「**南無阿弥陀仏（阿弥陀仏に帰依する）」と称えながら**，各地を遊行し，道路・橋・寺などを造ったり，**行き倒れの死者を火葬**して弔ったりした。

彼の活動は，**口で称える簡便な念仏（口称念仏）が民衆に広がる基礎**となる。

✤**源信（恵心僧都）の活躍**（942～1017）（**『往生要集』**）

・活動…天台宗の原則を守りつつ，浄土教の理論と修行を研究・体系化した。

『往生要集』において，**地獄の有り様を詳しく描写**する一方，「**厭離穢土**，**欣求浄土**（穢れたこの世を一刻も早く離れ，極楽浄土を欣んで求めよ）」と説き，極楽往生する最善の方法として，一心に仏を想い描く念仏（**観想念仏**）を提示。

彼の教えは，特に藤原道長をはじめとする**貴族層に大きな影響**を与えた。

ここが共通テストのツボだ!!

ツボ 1 奈良仏教（南都六宗）と，天台宗や真言宗を比較しておこう。

奈良仏教は鎮護国家の仏教として発展した。これに対して，天台宗や真言宗は，**奈良仏教に代わる鎮護国家の仏教**であるとともに，本来の仏教がもっていた**衆生済度の側面をもつ仏教としても発展**する。その際，**日本的な伝統をも包含**していった。

例えば，空海の即身成仏の教えは，神秘的な思想に見えるが，宇宙や自然と融和し一体化しようとする**日本人古来の宗教的心情の現れ**とも考えられる。

天台宗や真言宗は中国から移入された仏教であるが，日本仏教の原点でもある。

ツボ 2 さまざまな仏（如来や菩薩）の特徴を押さえておこう。

仏滅後，成道した（悟りを開いた）ブッダや成道以前のブッダが区別されたり，**ブッダ以外にも仏がいる**と考えられたりするようになる。また，ヒンドゥー教などの影響を受けながら，さまざまな属性や得意分野をもつ仏が生み出された。

区分	概念	具体例
如来	ブッダが成道した後の姿が基本。	釈迦如来，大日如来，阿弥陀如来など。
菩薩	ブッダが修行中の姿が原形。	弥勒菩薩，地蔵菩薩，観音菩薩など。

このほか，如来が衆生済度のために化身した姿である明王（不動明王など），古代インドの神々が土台となっている天部（弁財天など）などもいる。

空海の時代には，**宇宙の永遠の真理そのものである大日如来**が信仰された。

平安中期，社会不安を背景に，**阿弥陀如来**への信仰が流行した。阿弥陀如来（修行時の名は法蔵菩薩）は，**衆生救済を願って四十八の願を立て，その最も重要な第十八願（王本願）で，生きとし生ける者すべてが救われるまで，私は如来にならないと誓った仏。**

また，阿弥陀如来以外にも，仏滅後56億7千万年経つと地上へ下って如来になる弥勒や，弥勒不在の間に人々を極楽へと導く地蔵，一切の人々を観察して，その苦を救うのが自在な菩薩である観音（観世音）への信仰も普及した。

まずは大日如来と阿弥陀如来の特徴と，それらの仏が信仰された社会背景を確認しよう。

基礎力チェック問題

問1 最澄や空海の思想について述べた文章として正しいものを，次の①～④のうちから一つ選べ。 (13年倫理追試)

① 最澄は，すべての生命あるものは生まれながらに仏であるとした。一方，空海は，人は真言を唱えることで，宇宙の真理そのものである大日如来の境地に至り，成仏できると説いた。

② 最澄は，仏になれるかどうかは人の資質により差異があるとした。一方，空海は，人の本性は生まれながらに宇宙の本質である大日如来の一部であるから，資質に関係なく成仏できると説いた。

③ 最澄は，人の資質に差異はなく，自らの仏性を自覚して修行すれば，等しく成仏できると説いた。一方，空海は，人は密教の修行をすれば大日如来と一体化し，この身このままで成仏できると説いた。

④ 最澄は，仏になれるかどうかは人の資質により差異があるとした。一方，空海は，手に印を結び，口に真言を唱え，心に仏を憶(おも)いながら死に至るならば，必ず成仏できると説いた。

問1 [答] ③

③ **適当**

① **不適当**：最澄は,「万人に仏性がある（仏になる可能性がある)」とは説いたが,「生まれながらに仏である」とは説いていない。また，空海によれば，**即身成仏**には，**口密**のみならず, **身密**や**意密**も必要。

② **不適当**：「最澄は……差異があるとした」が不適当。最澄は，**万人成仏の教え**を説いた。

④ **不適当**：最澄は，**万人成仏の教え**を説いた。また，空海が説いた**即身成仏**の教えに照らして,「死に至るならば，必ず成仏」は不適当。

問2 密教と顕教についての空海の考えの説明として最も適当なものを，次の①～④のうちから一つ選べ。 (05年倫理追試)

① 顕教は出家者自身の悟りを追求する教えだが，密教は大日如来の秘密の慈悲に基づき，在家者を対象とする教えである。

② 顕教は釈迦が言葉によって説いた教えだが，密教は言葉の働きを信頼せず，大日如来を中心に世界を図像化した教えである。

③ 顕教は釈迦が人々の能力に応じて説いた仮の教えだが，密教は，大日如来が自らの境地そのものを説いた秘密の教えである。

④ 顕教は自力による悟りを目指す教えだが，密教は自力よりも，大日如来からの働きかけという他力を重視する教えである。

問2 [答] ③

③ **適当**：「顕教」と「密教」には，顕教が一般の人々が理解できる内容の教えであるのに対して，密教は大日如来そのものの難解な教えであるという違いがある。

① **不適当**：出家者・在家者は無関係。

② **不適当**：言葉・図像の区別は無関係。

④ **不適当**：**自力**・**他力**の区別は無関係。

問3 天台宗の僧侶であった源信の説明として最も適当なものを，次の①～④のうちから一つ選べ。 (14年倫理本試)

① 諸国を旅し，井戸や池を掘り，阿弥陀仏の名をとなえながら野原に遺棄された死者を火葬して歩き，阿弥陀聖と呼ばれた。

② 日本において往生を遂げたとされる人物の伝記を集め，『日本往生極楽記』を著し，後世の往生伝や説話集に，大きな影響を及ぼした。

③ 念仏をとなえれば誰でも往生することができると説き，行き合う人々に念仏札を配りながら諸国を遊行し，捨聖と呼ばれた。

④ 極楽浄土や地獄について述べた書物を著し，浄土に往生するためには，阿弥陀仏の姿を心に思い描く必要があると説いた。

問3 [答] ④

④ **適当**：「極楽浄土や地獄について述べた書物」とは,**『往生要集』**のこと。

① **不適当**：空也についての説明。

② **不適当**：平安時代の慶滋(よししげの)保胤(やすたね)についての説明。

③ **不適当**：一遍についての説明[☞p.153]。

第5編 日本思想 1 日本の古代・中世思想

30 末法の到来と他力による救済 ～末法思想と浄土系思想

1 末法思想と時代背景

摂関政治が行き詰まり，11世紀には院政(上皇による政治)がはじまり，政治はますます混乱。比叡山や興福寺などは僧兵化(武装化)し，災害・疫病も続発したため，まずは貴族の間で，**仏の力が及ばない末法が到来した**という教えが広まった。

僧兵対策に武士が登用されるようになると，次第に政治の実権が貴族から武士へ移る。こうした世の中，明日の生に不安をもつ人々が，万人平等，簡便で確実に極楽への往生を約束してくれる教えを求めた。

正像末の三時とは？

奈良時代に伝えられた中国由来の仏教には，教・行・証(教え・修行・悟り)のある正法，その後の教・行が残る像法，そして最後に教だけが残り，仏の力が及ばない末法が1052年からはじまるという歴史観が含まれていた(右図参照)。

なお，末法は，概念上では，「この世の終わり」ではない。

	正法	像法	末法
教	○	○	○
行	○	○	×
証	○	×	×

2 法然の活躍(浄土宗)

人々の望みに応えたのが美作(岡山県)出身の法然(**源空**)(1133～1212)。彼は比叡山での修行中，源信の『往生要集』に出会う。そこに引用される善導の教えに触れ，**天台宗の教えに満足できなくなる。やがて，比叡山を下りて浄土宗を開き，人々を教化**した。

法然は，貴賤男女の区別なく，**他力易行**による救済の教えを説いた。しかし，この新しい教えに対する旧仏教界(比叡山や奈良仏教)からの弾圧は激しく，1207年には還俗させられ，讃岐(香川県)に流罪となった(承元の法難)。

しかし，戒律を守り善行を積む人が，**ひたすら念仏すること(専修念仏)によって救われると説く他力易行の教えは多くの支持を集め，知恩院などを中心に発展した。**

✤法然の教え(『**選択本願念仏集**』『一枚起請文』)

- 聖道門と浄土門…末法の世に生まれ，素質・能力に劣る人々にとって，**聖道門**(自力の修行による悟り)は困難。救いは，**ひたすら阿弥陀仏の力(他力)にすがって極楽へ往生**し，悟りを得ること(**浄土門**)によるほかはない。
- 他力易行と口称念仏(称名念仏)…法然は，往生の手だてとして，**ほかの修行法を捨て，専ら「南無阿弥陀仏(阿弥陀仏に帰依する)」と称えよ**と説いた。

3 親鸞の活躍(浄土真宗)

京都に生まれ，法然の弟子となった**親鸞**(1173～1262)も念仏者の一人。彼も比叡山で学問・修行を重ねていたが，これに失望し，夢で聖徳太子のお告げを受け，法然の門下となった。

しかし，5年ほどで「承元の法難」にあい，妻帯などの破戒を理由に還俗させられ，法然とは別の越後(新潟県)へ流罪となった。この後は，姓を愚禿，名を親鸞と改め，**僧でもなく俗人でもない非僧非俗の立場**を没するまで貫いた。

1211年には赦免されたが，妻の恵信尼や幼子らとともに東国に住み，布教に邁進。

1231年には故郷の京都に戻り，人知れず，**『教行信証』**を完成。また，東国の同朋のために，和讃(仏教の教えを日本語で讃えた歌)をつくった。しかし，東国で善鸞(親鸞の子)らが念仏と加持祈禱を結びつける異端を広めたため，善鸞と絶縁した。

90歳で生涯を閉じた**親鸞には開宗の意図はなかった**が，その教えは血縁の覚如や**蓮如**が率いた本願寺や，直弟子が率いた専修寺の門徒(信者)によって**浄土真宗(真宗)として開立され発展した。**

✤親鸞の教え(**『教行信証』**『三帖和讃』)

・念仏について…極楽往生は，念仏の回数によらない。阿弥陀仏の本願(過去に立てた誓願)[☞p.150]を信じ，**阿弥陀仏にすべてを任せるという信心による。**

　その信心で，すでに極楽往生は決まっており，日常の念仏は，阿弥陀仏によって救済されることに対する**報恩感謝の念仏**であると説いた。

・**悪人正機**…**弟子の唯円が親鸞の言葉を残した『歎異抄』**は，親鸞が「**善人なをもて往生をとぐ，いはんや悪人をや**」と述べたと伝えている。

　つまり，親鸞は，信心を欠いたまま，自力で善を行う人(**善人**)さえ往生するのだから，**阿弥陀仏が救おうとしている人，すなわち仏の教えに従いたくても従えない煩悩を抱えた悪人が往生できないわけはない**と説いた。

・晩年の親鸞…すべてのものごとは，仏の計らいのままに，形や是非善悪を超えて絶対の真理の現れであるとし(**自然法爾**)，**人は，あらゆる自力の計らいを捨てて，仏の法に従えばよい**と説いた(**絶対他力**)。

4 一遍の活躍(時宗)

鎌倉中期に念仏を民衆に広めたのが，伊予(愛媛県)出身の**一遍**(1239～89)(**遊行上人・捨聖**)。彼は信濃(長野県)の善光寺などで参籠したのち，遊行を開始。臨終の折，携えていた書物をすべて焼き捨てたので**自著は残っていない**。一遍自身は，**こうした活動は自分一代限り**と考えていたが，**その教えは時宗として発展**した。

✤一遍の活動

・諸国を遊行…**空也を先師と仰ぎ**，諸々の念仏聖の活動を受け継ぐ。全国を遊行して，行き合う人々に「南無阿弥陀仏，決定往生六十万人」と記した**念仏札**を配ったり，**踊り念仏**を催したりして，人々に念仏を広めた。

ここが共通テストのツボだ!!

ツボ ① 浄土宗や浄土真宗などの念仏宗は，しばしば弾圧されたが，大きく発展した。その理由を考えてみよう。

法然や親鸞が流罪となった1207年の「承元の法難」以外にも，法然滅後の1219年や1222年には院宣(いんぜん)として，1234年や1235年には幕府より念仏停止(ちょうじ)の宣下(せんげ)があった。このように念仏宗に対して何度も念仏停止の命令があったのは，**現世を穢土(えど)，来世を浄土と見なす浄土教系の教えは，個人の救済を願う教えにとどまらず，現世（の権力）を否定する教えと見なせる**からである。

それゆえ，例えば「承元の法難」に至る奏上(そうじょう)（念仏批判の訴え）は，現世の権力と深く結びついた比叡山や興福寺が行ったのであり，念仏停止を宣下したのは朝廷であった。

もっとも，数々の弾圧にもかかわらず，浄土宗や浄土真宗（真宗）は大きく発展した。それは，ひとえに**万人に開かれた，混迷する時代の人々の望みに応える教え**であったからであろう。

捉え方によっては，念仏は現世否定・現世打倒の宣言でもあるという側面に注目しよう。

ツボ ② 悪人正機のみならず，親鸞の教えについての理解を深めよう。

①悪人正機の意味を誤解して「悪人が救われるのなら，積極的に悪事を為そう」という者が現れた。これを「本願ぼこり」という。もちろん，親鸞のいう悪人とは，**阿弥陀仏の救いの対象である，自らの煩悩を自覚し反省した人**のことである。

②浄土教系の思想には，**念仏行者が臨終のとき，阿弥陀仏が紫雲(しうん)に乗って迎えに来るという来迎(らいごう)の教え**があるが，これを親鸞は重視しない，なぜなら，親鸞によれば，信心をもった瞬間に人は救われており，来迎を期待する必要はないからである。

③**自己の往生のみを願うことは，慈悲の教えに反する**。それゆえ，浄土教系の思想には，自己の功徳（善行）を他人に振り向けてともに往生しようと願う**往相回向(おうそうえこう)**とともに，往生した者が再びこの穢土に還(かえ)り，衆生を教導しともに浄土へ向かう**還相回向(げんそうえこう)**という教えがあるが，**親鸞はいずれも阿弥陀仏の願力によるものと説いた**。

従来の浄土教系の教えと，親鸞の教えの差異を論理的・合理的に把握しておこう。

基礎力チェック問題

問1 「末法」の説明として最も適当なものを，次の①～④のうちから一つ選べ。 (92年倫政本試)

① 地獄・餓鬼・畜生・修羅・人・天の六道(りくどう)を輪廻して，再びもとの地獄へと生まれかわる時期。
② 「南無阿弥陀仏」を唱えることで，この世で苦しんでいる人間を救いとってくれる阿弥陀が来迎(らいごう)する時期。
③ 現世の破壊と混乱の中から悪神が出現し，さらに無秩序で混沌(こんとん)とした状態へと転落していく時期。
④ 仏陀の入滅後千五百年あるいは二千年を経て，仏陀の教えのみが残り，修行も悟りも存在しなくなる時期。

問1 [答] ④

④ **適当**
① **不適当**
② **不適当**：浄土系の思想では，一般に，人が臨終の折に，**阿弥陀仏が来迎する**と説くが，それを「末法」とはいわない。
③ **不適当**

問2 親鸞の思想についての記述として最も適当なものを，次の①～④のうちから一つ選べ。 (04年倫理本試)

① 阿弥陀仏の救済の力は絶大である。念仏を唱える人間は誰でも浄土に往生できるが，そのためには自己の煩悩を自覚し，日常生活のすべてを捨てなければならない。
② 念仏を唱えること以外の，一切の自力の修行を廃すべきである。阿弥陀仏は煩悩を抱えた人間のために称名念仏を選んだのだから，それのみを修行すれば往生できる。
③ 自力の修行で煩悩を克服することは困難である。浄土に往生するためには，日頃(ごろ)念仏を唱えるとともに，臨終の際に煩悩が生じないようにすることが特に重要である。
④ 煩悩を抱えた人間が浄土に往生できるのは，完全に阿弥陀仏の救済の力による。自ら唱えているように思っている念仏や信心すら，阿弥陀仏の働きに由来する。

問2 [答] ④

④ **適当**：親鸞が説いた自然法爾や**報恩感謝の念仏**についての記述。
① **不適当**：一遍の教えを想定した記述。「日常生活のすべてを捨てなければならない」に注目しよう。
② **不適当**：親鸞は，念仏を「自力の修行」とは捉えない。
③ **不適当**：法然の教えを想定した記述。

問3 「踊り念仏」の説明として最も適当なものを，次の①～④のうちから一つ選べ。 (09年倫理追試)

① お札(ふだ)を配りながら布教を行うという，誰にでもできる簡単な救いの方法であり，伊勢神道などの他宗教にも取り入れられた。
② 坐禅などの自力的修行を行う者が，誰にでもできる簡単な救いの方法として補助的に実践したものである。
③ 一心不乱に念仏や仏を讃(たた)える言葉を唱えながら踊り続けるという，誰にでもできる簡単な救いの方法である。
④ 太鼓などを打ち鳴らして踊りながら，南無妙法蓮華経を唱えるという，誰にでもできる簡単な救いの方法である。

問3 [答] ③

③ **適当**
① **不適当**：一遍が念仏札を配ったのは事実だが，これと伊勢神道などとの直接的な関係はない。
② **不適当**：禅宗と一遍に直接的な関係はない。
④ **不適当**：踊り念仏では，「**南無妙法蓮華経**」と唱えるのではなく「**南無阿弥陀仏**」と称(とな)える。

31 自力による救済と仏国土の建設 ～禅宗と日蓮宗

1 栄西の活躍(臨済宗)

鎌倉時代，宋との交流が活発になると，中国やインド(天竺)に赴いて仏教の真髄を捉えたり，学問上の疑問の解決を中国仏教に求めたりする志をもつ僧が増えた。

その一人が，比叡山で学び，1168年と1187年に宋に留学して**臨済禅**を修めた栄西(ようさい)(1141～1215)。帰国後，彼は天台宗の復興を求め，**禅(臨済宗)こそ末法の教えである**と主張した。

しかし，比叡山は栄西を迫害。朝廷も禅宗を禁止したが，公家に対抗意識をもつ鎌倉幕府の保護は篤く，建仁寺を創建した。また，東大寺の再建にも尽力した。

室町時代には，臨済宗の有力寺院(京都・鎌倉五山)を中心に五山文化が栄えた。

✤**栄西の教え**(『**興禅護国論**』『喫茶養生記』)

・臨済禅…看話禅あるいは**公案禅**とも。師家(先生)から出された**公案**(問題)を解くことで，真理を体得しようとする禅。

・喫茶…将軍 源 実朝に良薬として茶を勧め，『喫茶養生記』を献じた。

2 道元の活躍(曹洞宗)

末法思想や他力の信仰を批判して，坐禅による自力救済を追求したのが道元(1200～53)である。道元も比叡山で学んだ後，建仁寺で栄西門下の明全に師事し，彼とともに宋に渡った。遍歴の後，天童山の如浄のもとで修行し，**曹洞禅**の法統を受け継ぐ。

帰国後，坐禅を広めようとしたが，比叡山から迫害されたため，宇治に隠棲した。

為法捨身(仏法のためには身を捧げること)を説く道元は，**祈禱や念仏を否定**。比叡山の圧力を逃れ，1244年には，越前(福井県)に大仏寺(のちの永平寺)を開き隠棲。そこで弟子を教える傍ら，禅の真髄を語る『**正法眼蔵**』をまとめた。

晩年には礼仏や読経すらも余分なものと考えた道元には，開宗の意図はなかったが，弟子が教団化を進めて曹洞宗を確立。積極的に女人成道などを説き，大きく発展した。

✤**道元の教え**(『**正法眼蔵**』，弟子の**懐奘**による『正法眼蔵随聞記』)

・曹洞禅…**黙照禅**とも。公案を用いることなく，ひたすら坐禅すること(只管打坐)によって内面の自由な境地を体得しようとする禅。

・身心脱落…道元は，身も心も尽くして坐りぬくとき，欲望など一切の束縛から解き放たれて，人は本来備えている悟りを得ると説いた。

・修証一等(修証一如)…修行と悟りの体得(証)は不二一体。つまり，日々の生活を規則正しくくり返し，為すべきことを為す実行の中に，真理や悟りがある。

3 日蓮の活躍（日蓮宗）

法華経至上主義の立場から，社会改革による人々の救済を志したのが**日蓮**（1222～82）である。彼も比叡山で学んだが，浄土教と妥協する天台宗に反発して下山した。浄土教に対抗できる末法の救いを求め，1253年，出身地の安房（千葉県）で立宗宣言を行う。

すぐさま安房を離れ，鎌倉で他宗を排撃しながら，**辻説法**（街角演説）と**折伏**（説得）により布教。さらに，外国の日本侵略を予言し，**王仏冥合**の必要を説いた『**立正安国論**』を鎌倉幕府に提出した。しかし，受容されず，逆に伊豆や佐渡への流刑を被った。

これらの苦難のうちに，**法華経の行者**（**利他行に励む菩薩**）**であるという自覚**を深める。赦免されたのち，鎌倉に帰還。幕府へ諫暁するも拒絶されたため，**身延山**（山梨県）に隠棲（現・久遠寺）し，弟子を育成した。

しかし，病を得，常陸（茨城県）に湯治に向かう。その途中の1282年，池上で入滅。その教えは，日進らにより**日蓮宗**（**法華宗**）として広まり，全国規模の教団に発展。

✤**日蓮の教え**（『**立正安国論**』『開目抄』『観心本尊抄』）

- **法華経至上主義**…日蓮は，権力者をはじめ人々が『法華経』を所依の経典とすることを求め，「**南無妙法蓮華経**（法華経に帰依する）」と唱えれば（**唱題**），その功徳を譲り与えられ，誰でも仏になることができると主張。
- **他宗排撃**…「**念仏無間・禅天魔・真言亡国・律国賊**（念仏宗は無間地獄に堕ちる教え・禅宗は悪魔のなすわざ・真言宗は国を滅ぼす・律宗は国賊，いわゆる**四箇格言**）」という立場から，**法華経重視の天台宗を除く，他宗を排撃**。
- 日蓮の望み…仏法（法華経）に基づく王法（政治）を行い（**王仏冥合**），来世ではなく，**現世を，万人が救済される仏国土**（仏の世界）とすること。

4 旧仏教界の動き

相次ぐ新宗派の誕生に対して，旧仏教界も黙っていたわけではない。

例えば，法相宗の**貞慶**（1155～1213）や『摧邪輪』を著した華厳宗の**明恵**（**高弁**）（1173～1232）は，法然の教えを邪見だと批判。また，貧民や癩病（ハンセン病）患者などの非人の救済に努め，真言律宗を興した**叡尊**（1201～90）や，その弟子の**忍性**（1217～1303）らは，戒律の復興を志した。

5 神と仏の関係（本地垂迹説から反本地垂迹説へ）

元寇（元と高麗による日本侵攻）により鎌倉幕府は弱体化。後醍醐天皇が鎌倉幕府を倒し，親政（建武の中興）をはじめたころには，日本は神の国だとする**神国思想**が広がる。

この流れを受け，伊勢神宮外宮の神官である度会家行は，本地垂迹説を否定し，**正直**の徳を重視する**伊勢神道**（**度会神道**）を大成した。これは，**仏や菩薩は日本の神々が化身として現れた姿だとする神本仏迹説**（**反本地垂迹説**）を説く神道説である。

さらに，室町時代になると，室町幕府に反した伊勢神道に代わり，吉田兼倶が，神本仏迹説を大成し，創始した**吉田神道**（**唯一神道**・**卜部神道**）が興隆した。

ここが共通テストのツボだ!!

ツボ1 禅宗の基本的な考え方と，栄西の伝えた臨済禅と道元の伝えた曹洞禅の違いを押さえよう。

禅宗の開祖とされる，南インド出身で中国に渡った**達磨**(だるま)（ボーディダルマ）が説いた「**不立文字**(ふりゅうもんじ)・**経外別伝**(きょうげべつでん)・**直指人心**(じきしにんしん)・**見性成仏**(けんしょうじょうぶつ)」が禅宗の基本的立場を示す言葉（四聖句）として知られている。

これは，「悟りは文字や言葉によることなく，修行を積んで，心から心へ伝えるものであり，坐禅によって，自分の奥底に存在する仏心・仏性になりきって，真実の人間となれ」という意味である。**達磨の精神を受け継いでいるのが臨済宗や曹洞宗であるが，「公案**(こうあん)**（問題）」を重視する・重視しないなどの坐禅の仕方には違いがある。**

- 臨済禅…師家(しけ)（先生）から与えられる「公案（問題）」を検討しながら，自己の本性を見る坐禅（公案禅・看話禅(かんなぜん)）。壁を背にして坐禅をする。
- 曹洞禅…公案を重視せず，一切の思慮分別を絶滅し，自己の本性を見る坐禅（黙照禅）。壁に向かって坐禅をする（面壁(めんぺき)）。

ツボ2 法華経の重要性を知り，法華経をめぐる日本仏教の流れをまとめよう。

「諸経の王」と呼ばれる『**法華経**』（正しい教えである白い蓮(はす)の花の経典）は，古くは聖徳太子・最澄・日蓮，近代にはいってからは，宮沢賢治・河上肇・北一輝ら多くの人々に影響を与えてきた。**日本の思想は，法華経抜きで語ることはできない。**

法華経は，部派仏教と大乗仏教の対立を乗り越え，仏教を統合しようという意図をもって書かれた，大きく二部からなる経典である。前半（迹門(しゃくもん)）では，**誰もが平等に成仏できる**という仏教思想の原点が説かれている。後半（本門）では，**釈迦は遠い過去に悟りを開き成仏し（久遠実成**(くおんじつじょう)**），以来，輪廻**(りんね)**転生して人々を教化し続けた**ことが明らかにされる。

日本仏教の展開は，大きく見ると，「聖徳太子による法華経の導入⇒奈良仏教の隆盛⇒平安時代の法華経主義と密教(みっきょう)の隆盛⇒念仏を説く浄土思想・坐禅を説く禅宗の隆盛⇒日蓮による『法華経』主義の復活」という流れで捉えられる。

基礎力チェック問題

問1 日本臨済宗の開祖である栄西の教えとして最も適当なものを，次の①～④のうちから一つ選べ。（10年倫理本試〈改〉）

① 『法華経』には，釈迦は時を超えて永遠に存在し続けるとあるのだから，末法の世であっても救済は達成され得る。
② この世界は，欲望や苦悩に満ちている。この世をけがれた世として厭(いと)い，極楽浄土に往生することを願い求めなければならない。
③ 山川や草木といった，心をもたないものさえも仏性をもち，ことごとく真理と一体になって成仏することができる。
④ 末法の時代であっても戒律を守り，坐禅の修行に励み，国家に役立つ優れた人物を育成することが重要である。

問2 道元の言う悟りについての説明として最も適当なものを，次の①～④のうちから一つ選べ。（10年倫理追試）

① 自分の力を頼りに善をなそうとする人は，ひたすら仏の他力をたのむ心が欠けているから，阿弥陀仏による救済の誓願の対象ではない。だが，自力の心を捨てて他力をたのめば，極楽往生ができる。
② 他人が是とすることを自分は非とし，自分が是とすることを他人は非とする。だが，自分が必ず聖人であるわけではなく，他人が必ず愚人であるわけでもない。ともに凡夫にすぎない。
③ 手に印を結び，口に真言を唱え，心を仏に集中させるという身・口・意の三密の修行によって，仏の力が修行者に加わり，速やかに悟りの境地に至ることができる。
④ 仏道を習うということは自己を習うことである。それは自己を忘れることである。自己を忘れることはあらゆる存在に実証されることである。そして，それは自己や他者への執着から解き放たれることである。

問3 神仏習合の説明として適当でないものを，次の①～④のうちから一つ選べ。（09年倫理本試）

① 神道と仏教が重なり合うことを意味し，それぞれの要素は変質しつつも消滅はしない。神社に神宮寺がおかれるなどはその例である。
② 神道と仏教が重なり合うことを意味し，神道または仏教いずれかが支配的に理解されることもある。本地垂迹説などはその例である。
③ 神道と仏教が重なり合うことを意味し，神と仏が同体であるとみなされることもある。権現信仰などはその例である。
④ 神道と仏教が重なり合うことを意味し，そのことで両者は一つの教えへと昇華される。近代の国家神道などはその例である。

問1 [答] ④

④ **適当**
① **不適当**：日蓮の教えを想定した記述[☞p.157]。
② **不適当**：源信(げんしん)の教えを想定した記述[☞p.149]。
③ **不適当**：涅槃(ねはん)経にある「一切衆生悉有仏性」という思想[☞p.123]のもと，ひろく日本の仏教界で受け入れられてきた草木成仏などの教えを想定した記述。

問2 [答] ④

④ **適当**：『正法眼蔵』にある「**仏道をならふといふは，自己をならふなり。自己をならふといふは，自己をわするゝなり。自己をわするゝといふは，万法に証せらるゝなり。万法に証せらるゝといふは，自己の身心および他己の身心をして脱落せしむるなり**」という道元の言葉を解釈した内容。
① **不適当**：親鸞(しんらん)が説いた他力本願や悪人正機の説明[☞p.153]。
② **不適当**：聖徳太子による憲法十七条の第十条についての説明[☞p.145]。
③ **不適当**：真言密教の三密(さんみつ)の行についての説明[☞p.149]。

問3 [答] ④

④ **不適当**：「一つの教えへと昇華される」が不適当。近代の明治政府は，従来の神仏習合の慣習を否定し，国家神道と仏教を明確に分離した[☞p.189]。
①②③ **適当**

第5編 日本思想 1 日本の古代・中世思想

チャレンジテスト⑦（大学入学共通テスト実戦演習）

問1 次のレポートは，ある仏教者について簡潔にまとめ，題と副題とを付けるよう指示された課題に対し，生徒Aが途中まで作成したものの一部である。後の会話中の［a］・［b］に入る記述の組合せとして最も適当なものを，後の①～⑥のうちから一つ選べ。

（22年倫理追試）

> **レポート**
> 彼は誰もが仏になり得るという教えを学び，それに基づいてマントラを唱える修行などに励んだ。彼はまた，この宇宙の大本に働く不思議な力とこの身のままで一体になろうとした。その一方で，自己と世界とを貫くその力を自覚しつつ，庶民のための学校の設立など様々な活動に尽力したのである。

先生：この後は，どのように**レポート**を展開させるのですか。

A：はい。この後は，彼の思想と多様な活動との関係をさらに説明します。だから，全体の題は，「［a］の思想と活動」に決めたのですが，副題を「［b］」にしようかと悩んでいます。

先生：彼の人生に合っていますので，良いと思いますよ。

① a 行　基　b 加持祈禱を通じてあらゆるものの幸福を求めた僧
② a 行　基　b 東大寺の大仏造立に加わり民間布教をした私度僧
③ a 空　海　b 加持祈禱を通じてあらゆるものの幸福を求めた僧
④ a 空　海　b 東大寺の大仏造立に加わり民間布教をした私度僧
⑤ a 空　也　b 加持祈禱を通じてあらゆるものの幸福を求めた僧
⑥ a 空　也　b 東大寺の大仏造立に加わり民間布教をした私度僧

問1 ［答］ ③

レポートや会話文の読解と知識問題を組み合わせた問題。

a：「空海」が入る。レポートにある「マントラを唱える修行（＝「**口密**」のこと）」「不思議な力とこの身のままで一体になろうとした（＝「**即身成仏**」のこと）」「庶民のための学校（＝「**綜芸種智院**」のこと）」などの記述から判断できる［☞p.149］。

b：「加持祈禱を通じてあらゆるものの幸福を求めた僧」が入る。先生が「彼の人生に合っています」と発言していることから，空海に関連する言葉を入れる必要がある。「東大寺の大仏造立に加わり民間布教をした私度僧」は行基の事績を想定した記述である。

以上のことから，最も適当な組合せは③となる。

問2 『法然上人絵伝』の中にある挿し絵を模写した絵を資料として用いた「倫理」の授業でのことである。ある生徒がその要点をノートに書き留めた。後のノート中の空欄［ア］～［ウ］に当てはまる語句の組合せとして正しいものを，後の①～⑧のうちから一つ選べ。

（22年試作問題『公共，倫理』〈改〉）

ノート

> 絵の右側の人物が法然で，左側の人物が唐の僧侶［ア］である。雲は極楽浄土を象徴する紫雲で，極楽浄土に住むとされるクジャクやオウムの姿も見える。［ア］の教えを尊崇していた法然が夢で［ア］と対面したという言い伝えを描いたものである。
>
> 法然は，称名念仏こそすべての衆生を救おうという阿弥陀仏の［イ］に適った行であると説いたが，こうした教えは［ア］の思想に基づくものである。［ウ］の『往生要集』が，法然が［ア］の教えと出会う一つの機縁となっている。

① ア 竜樹 イ 正機 ウ 源信　② ア 善導 イ 正機 ウ 源信
③ ア 竜樹 イ 正機 ウ 空也　④ ア 善導 イ 正機 ウ 空也
⑤ ア 竜樹 イ 本願 ウ 源信　⑥ ア 善導 イ 本願 ウ 源信
⑦ ア 竜樹 イ 本願 ウ 空也　⑧ ア 善導 イ 本願 ウ 空也

問2 **［答］** ⑥

出題に絵や写真などの図版も用いられる可能性があるということを示唆している問題。

ア：法然が尊崇した「善導」が入る。「竜樹」は，空の思想を確立した2世紀の学僧[☞p.123]。

イ：仏や菩薩が過去において立てた誓願を指す「本願」が入る[☞p.150]。「正機」とは，仏の教えや救いを受ける資質をもつ人々のこと。

ウ：『往生要集』の著者である「源信」が入る[☞p.149]。**空也**は，死者を火葬しながら，各地を遊行した，平安時代の聖[☞p.149]である。

以上のことから，正しい組合せは⑥となる。

32 幕藩体制を支える教えと批判 ～朱子学派と陽明学派

1 朱子学派（京学系） ★★★

儒教の伝来は仏教よりやや古く，5～6世紀ごろとされる。聖徳太子の憲法十七条を見てもわかるように，朝廷は儒教の政治思想に注目し，**国家構築の柱として積極的に摂取**。やがて人々の日常的な道徳の支柱としても，広く受け入れられるようになった。

ただし，儒教を体系化した学問である**儒学が大きく発展したのは江戸時代。臨済宗五山の出身の儒者が，徳川幕藩体制を正当化する理論を提供**したことをきっかけに，「正学」とされ，全国の藩校などで教えられるようになってからである。

✤藤原惺窩（ふじわらせいか）(1561～1619)の事績と思想

- 事績…近世儒学の祖。もとは相国寺（しょうこくじ）（臨済宗）の禅僧。**出世間**（しゅっせけん）の道（世俗を離れる道）を説き，人倫（人間関係）を無視する仏教に失望し，還俗（げんぞく）して儒者となる。将軍家康（いえやす）から**仕官を求められたが，辞退**。弟子の林羅山（はやしらざん）を推挙した。
- 思想…包括的に宋明の儒学を受容。惺窩にはじまる朱子学派を京学（きょうがく）という。

✤林羅山(1583～1657)の事績と思想（『三徳抄（さんとくしょう）』『春鑑抄（しゅんかんしょう）』）

- 事績…日本朱子学の祖。大学頭（だいがくのかみ）を輩出する林家（りんけ）の祖。もとは建仁寺（けんにんじ）（臨済宗）出身の禅僧。藤原惺窩の門人。将軍家康に謁見（えっけん）したのち顧問となり，以後，家康・秀忠（ひでただ）・家光（いえみつ）・家綱（いえつな）の四代の将軍に仕え，江戸幕府の文教政策の確立に尽力した。

  林家の私塾は，1790年の寛政異学（かんせいいがく）の禁（きん）（江戸幕府による学問統制）を経て，幕府直轄の**昌平坂学問所**（しょうへいざか）（**昌平黌**（しょうへいこう））に発展した。
- 思想…朱子学の影響のもと，自然の秩序・法則（理）として「天は高く，地は低い」ように，**人間関係にも上下や分（身分・職分）を定める理（上下定分の理（じょうげていぶんのことわり））があり**，その理が保たれれば，国はよく治まると主張。

  さらに，林羅山は，**私利私欲に走らず，理の現れと考えられる礼（礼儀法度（れいぎはっと））に則（のっと）って行動することで，現実社会の秩序を保持せよと主張した**。そして，その心の中に私利私欲がないかと戒め，つつしむ心持ちを「**敬**（けい）」といい，これを心に常にもち続けることを人々に求めた（**存心持敬**（そんしんじけい））。

✤その他の朱子学者

- 木下順庵（きのしたじゅんあん）(1621～98)…将軍綱吉（つなよし）の侍講を務めるかたわら，新井白石(1657～1725)・室鳩巣（むろきゅうそう）(1658～1734)・雨森芳洲（あめのもりほうしゅう）(1668～1755)らすぐれた人材を輩出。弟子たちが木門（もくもん）学派を形成。
- **貝原益軒**（かいばらえきけん）(1630～1714)（『養生訓』『大和本草（やまとほんぞう）』）…筑前（ちくぜん）（福岡県）黒田藩に出仕。動植物・鉱物などの効能を研究する本草（ほんぞう）学や教育，歴史など多くの分野で活躍。

- **新井白石**…家宣・家継の二代の将軍に仕えた。キリスト教宣教師の尋問録『**西洋紀聞**』において，西洋の自然科学には理解を示す一方，**キリスト教は拒絶**。
- **室鳩巣**…家宣，家継，吉宗の三代の将軍に仕え，吉宗期には享保の改革を補佐。
- **雨森芳洲**…対馬藩に仕え，互いに欺かず争わない「**誠信の交わり**（まごころ外交）」を信条に，中国語や朝鮮語を使って朝鮮王朝との外交に活躍。

2 朱子学派（南学系）

朱子学派には，京学以外に，土佐（高知県）の南村梅軒にはじまる南学もある。この流れを汲むのが**山崎闇斎**(1618〜82)であり，その弟子の一人が佐藤直方(1650〜1719)である。

✤南学系の儒者

- **山崎闇斎**…禅宗から還俗した儒者。会津（福島県）藩主で，将軍家綱の輔弼役（実質的な副将軍）の保科正之を指導。弟子たちが崎門学派を形成。林羅山以上に「敬」と「義」の厳格な実践（**大義名分論**）を説く一方，神道を道徳的に解釈して，**神と人の合一（神人合一）や皇統の護持を説く垂加神道**を創唱した。
- 佐藤直方…崎門学派の一人。しかし，垂加神道などを批判したため，破門。彼自身は純粋な朱子学の理解に努めた。備後（広島県）福山藩などの藩儒を歴任。

3 陽明学派

林羅山と同時代の**中江藤樹**(1608〜48)も，朱子学を学んでいた。しかし，その外面的で形式主義的な考え方に満足できなくなり，**人々の心情や，時**（時期），**処**（場所），**位**（身分）**に応じた実践を重視する教え**を説くようになった。

✤中江藤樹の事績と思想（『翁問答』）

- 事績…伊予（愛媛県）大洲藩に仕えていたが，母の介護のために近江（滋賀県）に帰郷。農村生活をしながら，思想形成。そのため，**近江聖人**と仰がれた。
- 思想…身分制度は認めつつも，道徳の主体という点で，すべての人間は平等であると考えた。そして，**あらゆる道徳の根源は「孝」である**と主張した。

  藤樹によれば，**「孝」は，親に対する孝行を意味するだけではなく，宇宙万物を貫く普遍的な原理**。具体的には，愛し敬う心（**愛敬**）のこと。

  晩年には陽明学に傾倒（そのため，藤樹は「**日本陽明学の祖**」とされる）。その影響のもと，人の心の奥底には理非を正しく知る良知が具わっており，その良知を行い，現すこと（**知行合一**）が大切だと説いた。

✤その他の陽明学者

- **熊沢蕃山**(1619〜91)…中江藤樹の門人。岡山藩で藩政に携わり，儒学の精神を農政（治山治水）や教育制度改革に活かして，民衆の生活安定を図った。しかし，経世論を展開した『大学或問』で幕府を批判したとして幽閉され，晩年は隠棲。
- 大塩平八郎(1793〜1837)…江戸後期の陽明学者。もと大坂町奉行の与力。天保の大飢饉のときに幕政を改めさせせようと挙兵した（大塩の乱(1837)）が失敗し，自害した。

ここが共通テストのツボだ!!

ツボ ① 朱子学が後世に及ぼしたさまざまな影響を確認しよう。

儒学には，仏教にない世俗倫理があり，その倫理は中国古代の周時代の封建制度をモデルにしてつくられたものであった。そのため，とりわけ**林羅山らの朱子学派の思想**は**体制擁護という側面が強く**，江戸幕府にとって好都合であった。しかし，後世に対する朱子学派の影響は，それにとどまらない。ここでは，主な四点について指摘しておく。

①朱子学の重視する名分論が，幕末期に，分（朝廷から権力代行を命ぜられた立場）に応じた働きをしていない**幕府は倒すべきだという思想（倒幕論）**を生みだした[☞p.180]。

②朱子学の経験的・合理的思考が本草学や農学の発展を促したのみならず，**西洋自然科学の受容の母胎**になった。

③朱子学の説く「理」が自然法のような役割を果たして，**国家平等の思想と諸国間を律する万国公法（国際法）の存在を受容する基盤**になった。

④朱子学の思想は，仁義忠孝を説く『教育勅語』などに見られるように，**近代日本の道徳にも影響**を与えた。

朱子学派の思想展開は，体制擁護の思想にとどまるものではない。

ツボ ② 日本陽明学の特徴と，その受容史について知ろう。

陽明学派の思想は，開祖の王陽明の意図とは異なり，**反体制的な思想を生み出しやすかった。**そのため，陽明学は，江戸時代には「正学」となることはなく，寛政異学の禁以降は，昌平坂学問所で講じられることもなかった。

しかし，消え入りはしなかった。その性質ゆえ，吉田松陰，西郷隆盛，佐久間象山ら**幕末の維新運動に関係する人々に，陽明学は大きな影響を与えた。**

さらには，明治後期から大正にかけて，陽明学は，明治政府の行きすぎた欧化政策の反動として高揚したナショナリズムや武士道の見直しの動きと結びついて，死生を超えた**純粋な心情と行動力とを陶冶(とうや)する実践倫理**として興隆した。また，「日本資本主義の父」と称される渋沢栄一や作家の三島由紀夫も王陽明に傾倒していた。

影響を受けた人物や傾倒していた人物の事績から，王陽明の思想にせまろう。

基礎力チェック問題

問1 次のXとYは，それぞれ誰についての説明か。その組合せとして最も適当なものを，下の①～④のうちから一つ選べ。

（12年倫理追試〈改〉）

X　万物を貫く普遍的な理を想定し，人の心のうちに宿る理を善とした。理の正しい発現を妨げる人欲を悪とし，善の発現に向けて，事物の理を窮め，心をつつしむ修養を説いて，官学の祖となった。

Y　従来の朱子学者は日本の神々を中心に考えてきたと批判し，朱子のみを尊ぶ立場を選び，家や国家を超えた理に基づいて考えるべきだと説いたため，師に破門された。

① X－林羅山　Y－木下順庵　② X－林羅山　Y－佐藤直方
③ X－貝原益軒　Y－木下順庵　④ X－貝原益軒　Y－佐藤直方

問2 朱子学に関わりのある儒学者について説明した文章として正しいものを，次の①～④のうちから一つ選べ。（13年倫理追試）

① 藤原惺窩は，禅僧として朱子学も学んでいたが，やがて仏教を離れた。彼は，理に従って欲望を捨てることで，本来の心を保ち，天と合一できるとして，神道を取り入れた神儒一致を主張し，垂加神道を創始した。
② 中江藤樹は，はじめ朱子学を学んだが，やがて疑問を抱くようになり，陽明学に共鳴するようになった。彼は，すべての人が良知を身につけ，それを実践する知足安分が重要だと述べた。
③ 雨森芳洲は，朝鮮語に通じた朱子学者であり，対馬藩に仕えて朝鮮通信使との外交などにあたった。彼は，朝鮮の風俗・慣習を理解し，日朝の友好的な関係のあり方を模索した。
④ 新井白石は，朱子学を学び，やがて幕府の政策立案に関与した。彼は，宣教師から西洋各国の政治や地理を聞いて記録し，朱子学の立場にありながらキリスト教の信仰に寛容さを示した。

問3 次の文章は，中江藤樹について述べたものである。文章中の［　　］に入る語句として最も適当なものを，下の①～④のうちから一つ選べ。（94年倫政本試〈改〉）

中江藤樹は，孝を宇宙の根本原理であり，人間社会の最高の徳であると主張した。彼の主張の基本にあるのは，［　　］が，天地を貫く道の根本であるとする考えである。

① 血のつながる者同士の自然な情愛
② 弱者に対しておのずとわきおこる憐(あわ)れみの情
③ 親は尊く，子は卑しいという天地の理
④ 先祖代々の家業への専念と富の蓄積

問1 ［答］②

X：林羅山についての説明。彼は，上下定分の理と居敬窮理を説いた。
Y：**佐藤直方**についての説明。彼は普遍的な「理」にもとづいた思考が必要だとして，師の山崎闇斎が創始した神道説（垂加神道）を批判した。

問2 ［答］③

③ **適当**
① **不適当**：「垂加神道を創始した」のは，「藤原惺窩」ではなく，山崎闇斎。
② **不適当**：「知足安分」を唱えたのは，「中江藤樹」ではなく，石田梅岩[☞p.174]。
④ **不適当**：「キリスト教の信仰に寛容さを示した」が不適当。新井白石は，キリスト教を拒絶。

問3 ［答］①

① **適当**：中江藤樹は，まずは親子間に見られる「孝」を愛敬と言い換え，すべての人は，同じ宇宙の根源から生まれた同胞として，身分や立場の違いにかかわらず，互いに愛し合うべきだと説いた。
② **不適当**：惻隠(そくいん)の心についての説明[☞p.130]。
③ **不適当**：上下定分の理についての説明。
④ **不適当**：「孝」と家業や富は，無関係。

33 日本における儒学の展開と深化～古学派

1 聖学（山鹿素行）

仏教や朱子学の教えは，人間の欲望に対して，消極的か否定的である。特に林羅山以下の朱子学派は「理」を強調するあまり，しばしば孔子や孟子の言動とかけはなれた空理空論を展開し，日常生活における実践に欠けるところがあった。

これらを克服して本来の儒学へ復帰しようとしたのが，**山鹿素行**（1622～85），**伊藤仁斎**（1627～1705），**荻生徂徠**（1666～1728）である（彼らは，後に**古学派**とまとめられるが，師弟関係はない）。

✤山鹿素行の事績と思想（**『聖教要録』**『中朝事実』）

- 事績…会津（福島県）生まれ。古学（聖学）の祖。林羅山に朱子学を，小幡景憲や北条氏長に武芸や兵学を学ぶ。はじめは朱子学を奉じていたが，**『聖教要録』**を著し，朱子学を批判したため，保科正之により赤穂藩に幽閉（藩には厚遇される）。
- **士道論**…生業に忙しく，人倫の道を追求する余裕のない農工商の民の**道徳的指導者**（**三民の師表**）となり，**聖人の道を実現するのが**泰平な世の中における**武士の職分である**と主張。
- 日本主義…中国こそ世界の中心（中華）とする朱子学派に反し，易姓革命といいつつも臣が君を倒して王朝がたびたび変わる中国ではなく，万世一系の天皇が支配し，君臣の義が守られている**日本こそが中華（中朝）である**と主張。

2 古義学（伊藤仁斎）

山鹿素行の思索は，朱子学派と同じ四書五経にもとづくものであるため，そこから本来の儒学へ復帰しきれずに終わった。これを果たしたのが**伊藤仁斎**である。

✤伊藤仁斎の事績と思想（『論語古義』『語孟字義』**『童子問』**〔いずれも死後刊行〕）

- 事績…生家は京都の材木商。朱子学をはじめさまざまな思想遍歴を重ねたが，最終的には，後世の解釈によらずに，孔子や孟子を直接理解しようとする**古義学**を提唱。
  36歳のときに堀川に**古義堂**（堀川学校）を開き，全国から門人を集めた。生涯仕官せず，市井の儒者として過ごした。
- 古義学の成立事情…四書の精読にもとづき，朱子学派が孔子の遺書（思想の集大成）と見なしていた『大学』を遺書ではないと論証し，**『論語』こそが孔子の思想を余すことなく伝えている**と主張。『論語』を「**最上至極宇宙第一の書**」と称賛。
- **仁**と**誠**…**孔孟の思想の根幹は，「仁」すなわち愛**であり，これは義（為すべきことを為し，為すべきでないことを為さないこと）によって補われると主張。

また，人間はさまざまであって，朱子学のように情や欲を否定したり条理として人倫を説いたりするのは間違いだと批判。眼前の世界を「一大活物」とみなし，道理は人とともに日常活動のうちにあると説いた（**人倫日用の道**）。

さらに，偽りのない純真な心情として「**誠**」であること（**真実無偽**）が，仁を成り立たせる条件だと考え，**「誠」であるためには，自分を偽らず（忠），他人を欺かないこと（信）が必要である**と説いた。

・和合の思想…仁斎は，上下の関係の秩序を重んじる朱子学派とは異なり，「我よく人を愛すれば，人またよく我を愛す」という確信のもとに，「相愛し相親しむ」人々の和合を理想とした。

◎「清明心（清き明き心）」と「正直」と「誠」

古代の「清明心」，神道が重視する「正直」，伊藤仁斎が説く「誠（偽りのない純真な心情）」，これらは，心の純粋さを尊重する点で共通している。このように，**日本の倫理思想は，西洋のような客観的・普遍的な倫理規範から倫理を語る姿勢と異なる。**

3 古文辞学（荻生徂徠）

朱子学を「憶測にもとづく虚妄の説にすぎない」と喝破し，古代中国の古典を読み解く方法論としての**古文辞学**を確立し，中国思想の研究を深化させたのが**荻生徂徠**。

✤荻生徂徠の事績と思想（『弁道』『弁名』）

・事績…江戸生まれ。林鵞峰・林鳳岡に学ぶものの，父の流罪により上総（千葉県）で独学に励む。将軍綱吉の側近の柳沢吉保に仕えて，幕政にも影響を与えた。のちに日本橋茅場町に蘐園塾を開く。弟子たちが**蘐園学派**（徂徠学派）を形成。

・方法論…古学の考え方を徹底し，孔子らが理想とした六経を古代の中国語（**古文辞**）のまま学ぶべきことを提唱（**古文辞学**）。その結果，中国思想は本来，抽象的な天理や個人的な道徳的修養を目指していたのではないことを解明。

・**経世済民**の学…**中国思想が目指していたのは，よき統治**。その見本は，古代の伝説的統治者の統治法（**先王の道**・**安天下の道**）。具体的な統治法は，**礼・楽・刑・政**（**礼節・音楽・刑罰・政治**）が書かれている六経にあると考えた。この立場から，山崎闇斎や伊藤仁斎を批判し，**六経を探究し，これを時代や国の状況に応じて実践することこそが儒学の役目であった**と主張。

こうした主張は，後の**経世済民**の学（**経世学**・現実社会の諸問題への対策を説いた政治経済論）の発展に寄与した。

✤蘐園学派の事績と思想

・太宰春台（1680～1747）…徂徠学の経世学や訓詁的な側面を発展させた。さらに，『弁道書』などでは徂徠学を宗教論に適用して神道批判を展開。国学界に一石を投じた。

・服部南郭（1683～1759）…京都生まれ。徂徠学の影響を受けつつも，政治的現実からは身を引き，ひたすら詩文を楽しみ，そこに人間性の解放を求めた。

ここが共通テストのツボだ!!

ツボ 1 『葉隠』の武士道を知り，山鹿素行の思想史上の立場を知ろう。

山鹿素行は武士に**三民の師表**となることを求めたが，古来，「兵の道」「武者の習い」とも呼ばれた武士道（武士の生き方）は，名と恥を重視し，主君との心情的な一体関係を理想とするものであった。

例えば，鍋島（佐賀）藩士の**山本常朝**による**『葉隠』**は，山鹿素行より後の時代に著されたものだが，古来の伝統を受け継ぎ，恋にたとえて，**主君への忠誠と死をも厭わない献身**を説き，武士の本質は「**死ぬことと見つけたり**」と論じている。

『葉隠』と比較して，山鹿素行の士道論の先進性を理解しよう。

ツボ 2 赤穂事件を通じて，荻生徂徠の学問の特徴を捉えよう。

江戸時代中期の1702年，のちに**赤穂事件**と称される事件が起きた。これは，赤穂藩主浅野内匠頭の仇を討つため，家臣ら浪士が謀議を行い，江戸の吉良上野介邸に討ち入って吉良を殺害した事件。内匠頭は前年3月に，江戸城で吉良に斬りかかる刃傷事件を起こし，切腹とお家取りつぶしの処分を受けていた。吉良にはお咎めなしとなったことに家臣だった大石内蔵助らが反発して引き起こしたものであった。

事件後，浪士は大名家にて身柄を拘束。その処分をめぐって，論争が起きた。すなわち，赤穂浪士の行動は「義」か否か，浪士への処分はなしかありかというものである。**赤穂事件は，封建制と法治主義の矛盾が顕わになった事件**であった。

朱子学派を代表する室鳩巣や林鳳岡らは，浪士の行動は儒教的道義に適っており，浪士は義士である（義士論）と主張。一方，荻生徂徠や佐藤直方は，これを認めなかった。

特に荻生徂徠は，この事件を「私論では忠義，公論では罪人」とみなす。そして，「**もし私論をもって公論を害せば**」，**今後**「**天下の法は立つべからず**」として，私と公，あるいは道徳と法の連続性を主張する朱子学派の義士論を批判した。幕府もこの意見に従い，浪士ら武士としての面目に配慮しつつも，切腹を命じた。

・肯定派…朱子学派（京学）を代表する室鳩巣や林鳳岡など。
・否定派…古学派（古文辞学）の荻生徂徠や崎門学派の佐藤直方など。

基礎力チェック問題

問1 山鹿素行が説いた士道の記述として最も適当なものを，次の①～④のうちから一つ選べ。 (90年倫政本試)

① 武士の禄(ろく)は奉公に対する代償であり，君臣関係も売買関係で捉えるべきだ。
② 武士はいちずに主君を思うことが大切であり，奉公三昧(ざんまい)に徹するべきだ。
③ 武士は農工商三民を倫理的に導く者としての，自覚と責任を持つべきだ。
④ 武士も遊民として暮らすことは許されず，生産活動に従事すべきだ。

問1 [答] ③
③ **適当**
① **不適当**：江戸中期の経世家である海保青陵(かいほせいりょう)の思想を想定した記述。
② **不適当**：山本常朝による『**葉隠**』の内容を想定した記述。
④ **不適当**：**万人直耕**(ばんじんちょっこう)を唱えた安藤昌益(しょうえき)[☞p.175]の思想を想定した記述。

問2 伊藤仁斎が朱子学者を批判した内容として最も適当なものを，次の①～④のうちから一つ選べ。 (11年倫理本試)

① 彼らは，社会で定まっている上下の身分も徳の有無によって入れ替わるという易姓革命の理を説いたため，他者に対してむごく薄情になりがちである。
② 彼らは，形式的な理によって善悪のあり方を厳しく判断してしまうため，少しの過ちも許さない傾向に陥り，他者に対してむごく薄情になりがちである。
③ 彼らは，天人合一のための修養として私欲を抑える愛敬を重んじたが，私欲を抑えることの強制は，他者に対してむごく薄情になりがちである。
④ 彼らは，心に内在する良知と理としての行為とを一致させるべきであるという知行合一を説いたため，他者に対してむごく薄情になりがちである。

問2 [答] ②
② **適当**：伊藤仁斎は，「理」に偏る朱子学者の姿勢を批判した。
① **不適当**：山鹿素行が『中朝事実』で行った，朱子学者批判にも通じる主張を想定した記述。
③ **不適当**：「私欲を抑える愛敬を重んじた」が**不適当**。中江藤樹(とうじゅ)が説いた「愛敬」を，朱子学が説く「居敬」に替えれば正文になる。
④ **不適当**：「(良知と行為の一致を求める)知行合一を説いた」のは，朱子学者ではなく，中江藤樹ら陽明学者[☞p.163]。

問3 荻生徂徠についての説明として最も適当なものを，次の①～④のうちから一つ選べ。 (09年倫理本試)

① 聖人の言葉に直接触れるために古代中国の言語を研究する必要を訴え，後の国学の方法論にも影響を与えた。
② 孔子以来，儒教が重要視する孝を，人倫のみならず万物の存在根拠とし，近江聖人と仰がれた。
③ 実践を重んじる立場から朱子学を批判し，直接孔子に学ぶことを説き，『聖教要録』を著した。
④『論語』『孟子』の原典に立ち返ることを訴え，真実無偽の心として誠の重要性を主張した。

問3 [答] ①
① **適当**
② **不適当**：「近江聖人と仰がれた」のは，中江藤樹[☞p.163]。
③ **不適当**：「『聖教要録』を著した」のは，山鹿素行。
④ **不適当**：「『誠』の重要性を主張した」のは，伊藤仁斎。

第5編 日本思想 2 日本の近世思想

34 日本的精神を求めて ～国学

1 国学のおこり

儒学は中国の古代社会を理想とするため，それを日本社会に適用しようとするとズレが生じる。神道と儒学との融合を試みた儒者もいたが，違和感は拭えなかった。

こうした状況において，儒学や仏教の規範的かつ説教を中心とする考え方を退け，『古事記』『日本書紀』『万葉集』などの日本の古典の読解を通じて，古道（古の道），すなわち**日本の古代の姿をありのままに捉えようとする国学の運動**が生じた。

この運動の先駆者が，真言宗の僧の**契沖**（1640～1701）や，**荷田春満**（1669～1736）である。

✤契沖の事績（**『万葉代匠記』**）

・事績…**国学の祖**。日本の古典を文献学的・実証的に研究。水戸藩から委嘱を受けて書いた**『万葉代匠記』**やその他の著作は，歴史的仮名遣いの成立など，後世に大きな影響を残した。

✤荷田春満の事績（『創学校啓』）

・事績…京都伏見稲荷の神官の家の生まれ。国粋主義的な感情から，国史・律令・有職故実，さらには和歌や神道を研究。復古神道を説いた。『創学校啓』を幕府に献じて，将軍吉宗に国学を探究する学校の建設を求めたが，実現しなかった。

2 賀茂真淵の活躍

荷田春満の研究を受け継いだのが，浜松の神官の家に生まれた**賀茂真淵**（1697～1769）である。

✤賀茂真淵の事績と思想（**『万葉考』**『国意考』）

・事績…30歳を過ぎて妻子をよそに荷田春満を頼りに学問一途の生活に入る。その研究スタイルは古文辞学の延長線上にあり，『万葉集』を中心に古典研究を進めた。晩年には，田安宗武（将軍吉宗の次男）に仕えたこともある。

・思想…詩人的な精神をもつ彼は，『万葉集』の古歌の調べそのものの中に古代の精神を把握し，理屈に走り人為的で狭苦しい儒学や仏教の影響を受けた「からくにぶり」とは異なる古代日本の理想的な精神を見出した。

賀茂真淵によれば，それは儒学や仏教のような説教めいたところのない**簡素で力強い精神を指す「高く直き心」**であり，**男性的でおおらかな歌風である「ますらをぶり（益荒男振）」によって表現されている**。

・古代への復帰…『国意考』において，儒教倫理による統治の無効性を説き，古代日本の理想的な精神である「高く直き心」に立ち帰ることを主張。

3　本居宣長の活躍

賀茂真淵の研究には，詩人らしい直感的な洞察に富んだものがある反面，実証性に欠ける面があった。これを乗り越え，国学運動を大成したのが**本居宣長**(1730～1801)である。

✤本居宣長の事績と思想（『玉勝間』『**古事記伝**』）

・事績…賀茂真淵の弟子。伊勢（三重県）松阪生まれの医師。京都に遊学。1763年，松阪を来訪した賀茂真淵を訪れて触発され，王朝文学の研究に加え，『古事記』の研究を本格的に開始。30年余りの歳月をかけ，『**古事記伝**』を完成した。

・思想…「師の説なりとて，かならずなずみ守るべきにもあらず」と述べ，賀茂真淵の「ますらをぶり」を受け入れず，**女性的で温厚優和な歌の作風を意味する「たをやめぶり（手弱女振）」を文芸と人間性理解の基礎**に据えた。

　さらに，悲しむべきことを悲しみ，喜ぶべきことを喜び，正しく事物のあり方を知る心で捉える「**もののあはれ**」が和歌や『源氏物語』の本質を読み解く鍵になると主張。

　この「もののあはれ」を知る人こそ真に心ある人，「よくもあしくも，生まれたるままの心」である真心をもつ人，大和心（大和魂）をもつ人である。

　儒教的な考え方を，**漢意**に由来する「さかしら」な態度として否定した彼は，真心の原形が表現されているのが，儒教や仏教が日本に移入される以前の『古事記』だという確信に至る。そして，日本には神によって創始され，天皇によって受け継がれてきた「**惟神の道**」があり，その**神々の振る舞いに発する習俗に，私心を捨てて従うことが，日本固有の道である**と主張した。

4　本居宣長以後の国学

国学は，「宣長没後の門人」を自称した**平田篤胤**(1776～1843)に至って，新たな展開を見る。

✤平田篤胤の事績と思想（『**霊能真柱**』）

・事績…出羽（秋田県）生まれ。江戸に出て苦学の後，『**霊能真柱**』を著し，立場を確立。本居宣長の古道論に大きな影響を受けた平田篤胤の思想は，神道色と実践的な傾向が強く，のちの尊王攘夷や国粋主義などにさまざまな影響を及ぼした。

・思想…霊魂は死後，みな（穢き悪しき）黄泉国に行くとする本居宣長の思想を退け，現世のあらゆる場所に遍在している**幽冥界にとどまる霊魂もある**と主張したり，人は死後に神の賞罰を受けるとも論じたりした。

　また，日本を万国の源の国と捉え，天皇を最高位とする皇国尊厳論を主張し，仏教・儒教的要素のない**古来の神道への復帰を説く復古神道を大成**した。

✤その他の国学者

・塙保己一(1746～1821)（『群書類従』）…盲目の学者。水戸藩による『大日本史』の校正にも携わる。和学講談所を設立して実証主義的な国学の流れを発展させた。

・伴信友(1773～1846)（『比古婆衣』）…宣長の考証学を継承して，近世考証学を大成。

ここが共通テストのツボだ!!

ツボ① 賀茂真淵と本居宣長の研究対象や主張の違い，魂の行方をめぐる本居宣長と平田篤胤の違いを押さえておこう。

	主な研究対象	主張
賀茂真淵	『万葉集』	日本固有の生き方（道）は，「**高く直き心**」に従った生き方であり，「高く直き心」は「**ますらをぶり**（益荒男振）」によって表現されている。
本居宣長	『源氏物語』『古事記』	日本固有の生き方（道）は，「**真心**」にしたがって生きていく**惟神の道**である。「真心」とは，「**もののあはれ**」を感じとる心であり，「**たをやめぶり**（手弱女振）」によって表現されている。

	魂の行方について
本居宣長	身分の貴賤（きせん）や生前の行いのよしあしにかかわらず，**死後は誰の魂もみな黄泉国（よみのくに）に赴く**。
平田篤胤	死後の魂は，生者の世界である**顕世（うつしよ）**から，**顕世の内にある幽冥界（ゆうめいかい）に赴く**。そして，生前によい生き方をした者は，人々に幸せをもたらす神となる。

国学者は漢意を否定する点では共通。差異を見逃さないようにしよう。

ツボ② さまざまな神道説について押さえておこう。

	主要人物	内容
伊勢神道	度会家行（わたらいいえゆき）	**反本地垂迹説（はんほんじすいじゃくせつ）**を唱える。**正直（せいちょく）**の徳を唱える。
唯一（ゆいいつ）神道	吉田兼倶（よしだかねとも）	反本地垂迹説を唱える。
垂加神道	**山崎闇斎（やまざきあんさい）**	朱子学と神道の融合。**天人合一**や天皇への忠誠を唱える。
復古神道	**平田篤胤**	仏儒の教えを排した神道。天皇への忠誠を唱える。

伊勢神道［☞p.157］・垂加神道［☞p.163］・復古神道［☞p.171］が唱えられた時代背景についても確認しておこう。

基礎力チェック問題

問1 朱子の人間観を批判し，儒教的な古典解釈を批判した国学者の一人に契沖がいる。契沖に関する記述として最も適当なものを，次の①～④のうちから一つ選べ。 (07年倫理本試)

① 日本人の心を伝える文献である『万葉集』の研究に取り組み，『万葉代匠記』を著して，古代日本人の精神を学ぶべきだと主張した。
② 『万葉集』の研究によって，日本人の心の典型としての「ますらをぶり」を発見し，儒教や仏教が入る以前の古代精神を復活させようとした。
③ 『万葉集』や『古事記』などの古典研究の基礎を築き，古語の本来の意味である古義を明らかにしようとする復古神道を開いた。
④ 『古事記』などの研究に基づいて『霊能真柱』などを著して，儒教や仏教を強く批判して独自の復古神道を広めた。

問1 [答] ①

① **適当**
② **不適当**：賀茂真淵についての記述。「ますらをぶり」に注目しよう。
③ **不適当**：荷田春満を想定した記述。ただし，復古神道には特定の開祖はいない。
④ **不適当**：平田篤胤についての記述。「『霊能真柱』」や「復古神道」に注目しよう。

問2 賀茂真淵または本居宣長の思想を具体的に説明した文として最も適当なものを，次の①～④のうちから一つ選べ。 (95年倫政本試〈改〉)

① 賀茂真淵は，神話や和歌の世界に「直き心」を見出したが，彼はそれを，当時の町人の精神に通じるものと考えた。
② 賀茂真淵は，神話や和歌の世界に，仏教の来世観とは異なる死生観を発見し，死の恐怖を克服しようとした。
③ 本居宣長は，和歌や物語の本質を，揺れ動く感情を描くことにあると捉え，欲望を規制する道徳とは異なる「道」の存在を説いた。
④ 本居宣長は，和歌や物語の世界に，感情のままにふるまう人間像を発見し，欲求のおもむくままに行為すべきであると主張した。

問2 [答] ③

③ **適当**：なお，「揺れ動く感情」とはもののあはれのこと。
① **不適当**：「直き心」は，「町人の精神に通じる」ものではない。
② **不適当**：一般に国学者は「死の恐怖を克服」しようとはせず，自然なものとして受け入れることが多い。
④ **不適当**：本居宣長が，「欲求のおもむくままに行為すべきである」と主張したことはない。

問3 平田篤胤に関する説明として最も適当なものを，次の①～④のうちから一つ選べ。 (04年倫理追試)

① 古道の研究を，特に歌論の中に展開し，「ますらをぶり」に日本的心情の典型を見いだして，そこにおける「高く直き心」を理想とした。
② 仏教・儒教・神道の教えをそのまま受け取るのではなく，教えの成立過程から，それぞれの思想史上の意義を相対的に見ることを説いた。
③ 功名や利欲を離れた純粋な心情に徹して，己の誠を尽くせば天道と一体になると説き，幕末の志士たちに勤皇の精神を強調した。
④ 古来の神道の姿を求めて，復古神道を提唱し，現実の生の背後にある死後の霊魂の行方を論じて，その教えは民間にも広まった。

問3 [答] ④

④ **適当**
① **不適当**：賀茂真淵についての説明。「高く直き心」に注目しよう。
② **不適当**：富永仲基の主張を想定した記述[☞p.175]。彼が大乗非仏説論を論じていたことを思い出そう。
③ **不適当**：吉田松陰についての説明[☞p.179]。「誠」や「勤皇の精神を強調」に注目しよう。

35 町人としての自覚 ～民衆の思想

1 江戸の文学

17世紀後半から発展した商品経済によって，自給自足を建前とする農業経済が崩れていく中，自らの経済的な力に誇りと満足感をもち，**義理・人情に即して自然のままに生きようとする町人（おもに商人）の姿**を肯定的に描く作家が現れた。

✤町人作家

- 井原西鶴(1642～93)（『日本永代蔵（にっぽんえいたいぐら）』『世間胸算用（せけんむねさんよう）』）…浮世草子（うきよぞうし）作家。**この世を仏教的な憂世（うきよ）（無常の世界）ではなく，浮世（うきよ）（享楽的な世界）と捉え**，恋愛や富を追求して享楽的に生きる町人の姿を生き生きと描いた。
- 近松門左衛門（ちかまつもんざえもん）(1653～1724)（**『曽根崎心中（そねざきしんじゅう）』**）…浄瑠璃（じょうるり）作家。伝統的な規範（**義理**）と自然な感情（**人情**）の板挟みとなる男女の姿を描いた。

2 商人の思想

思想界においても，町人の中から，**形式的な礼を重んじる**武士の朱子学的な価値観とは異なる独自の思想を展開する人々が現れた。

✤代表的な町人思想家

- 石田梅岩（ばいがん）(1685～1744)（**『都鄙問答（とひもんどう）』**）…丹波（たんば）（京都府・兵庫県）の農家の生まれ。京都の商家に奉公しながら独学で諸学を学ぶ。神道・儒教・仏教を基盤としつつ，平易な実践道徳（**石門（せきもん）心学〔心学〕**）を講じた。

  石田梅岩は，「**商人の買利（ばいり）（売利（ばいり））は士の禄（ろく）に同じ**（正直（せいちょく）と倹約にもとづいた商いによる利潤の追求は，天理に適（かな）う正当な行為。武士が俸禄（ほうろく）〔給与〕をもらうのと同じ）」と述べ，当時は卑（いや）しいとされていた商業活動を正当化した。

  また，「四民かけては助け無かるべし」と述べて商人の立場を肯定するとともに，「足るを知り，高望みをせず，自分の境遇に満足せよ（**知足安分（ちそくあんぶん）**）」と諭（さと）す一方で，人間に貴賤（きせん）はなく，**士農工商は社会的分業の表現**にすぎないと主張。

  さらに，誰もが正直と倹約を実践すれば，物が他人や社会に回り，公正さと互助にもとづく「先も立ち我も立つ」社会が実現すると説いた。

> ◯ 石田梅岩よりも約100年早く，もと武士で後に曹洞宗の僧となった**鈴木正三（しょうさん）**（『万民徳用』）は，仏教的な観点から「**世法即仏法**（世人の振る舞いそのものが仏法を行ずること）」と主張し，世俗的な営利活動を肯定する**四民日用（しみんにちよう）**の職業倫理を説いた。

・**西川如見**(じょけん)(1648～1724)(『町人嚢(ぶくろ)』)…町人出身の天文暦学家。封建的身分制を肯定しつつも，人々の間に尊卑があるという考えに根拠はないと主張。「**ただこの町人こそ楽しけれ**」と述べ，武士とは異なる町人独自の生き方を肯定した。
・手島堵庵(とあん)(1718～86)…石田梅岩の弟子。京都に明倫舎などの学校をつくり，自己批判を軸とする精神修養の教えに心学を変換し，その普及に努めた。

3　農民の思想

18世紀中ごろになると，一層，商業経済が発達する一方で，武士は経済的に行き詰まる。その結果，農民への年貢の取り立てが厳しくなり，農村の生活は窮乏の度を増した。こうした状況の下，農民に寄り添う新しい思想が生まれた。

✤農民の立場に立った人物

・**安藤昌益**(しょうえき)(1703～62)(『**自然真営道**(しぜんしんえいどう)』『統道真伝(とうどうしんでん)』)…出羽(でわ)(秋田県)出身の医師。「仁と云(い)ふは，罪人の根なり」と断罪。自ら耕すことなく農民に寄生する**武士や僧侶らを「不耕貪食(ふこうとんじき)の徒」と糾弾し，彼らが支配する身分制社会を「法世(ほうせい)」と呼んで批判**。
　彼は，支配する者も支配される者もおらず，誰もが農耕に従事(**万人直耕**(ばんじんちょっこう))する平等社会を「**自然世**(しぜんせい)」と呼んで理想化し，この**自然世への復帰を主張**した。
・**二宮尊徳**(そんとく)(1787～1856)…相模(さがみ)(神奈川県)出身。**理論先行型の朱子学者とは異なり，「農は万業(ばんぎょう)の大本(たいほん)なり」と唱え，自らの農業体験にもとづいた現実的な教えを展開**。
　彼は，農業は自然の営み(**天道**(てんどう))と人間の営み(**人道**(じんどう))とによって成立すると捉え，貧窮を避けるには，人道を改善して生産力を上げればよいと主張。
　具体的には，「勤労と倹約によって合理的な生活をし(**分度**(ぶんど))，それらによって得られた余剰を将来の自分や社会に還元せよ(**推譲**(すいじょう))」，「天地や人々の恩に報いよ」と説いた(**報徳思想**)。

4　江戸の学問状況

さまざまな町人思想が興隆していく中，18世紀後半には，**朱子学の思弁的な合理主義の伝統に縛られない経験的な合理主義**を展開した人々も現れた。

✤経験的な合理主義を展開した人物

・**富永仲基**(とみながなかもと)(1715～46)(『翁の文』)…大坂の商人が設立した**懐徳堂**(かいとくどう)出身の学者。儒教・仏教・神道を批判・検討し，多くの仏典は上書きを重ねられたもので(**加上説**(かじょうせつ))，大乗仏教はブッダの教えではないと論じた(**大乗非仏説論**)。
・**三浦梅園**(みうらばいえん)(1723～89)(『玄語』)…豊後(ぶんご)(大分県)の医師。朱子学が回避していた天文学などの自然の問題に対し，実証的な研究のみならず，宇宙の諸現象を根源的に説明する**条理学**(じょうりがく)を展開。これは，西洋科学に通じる自然哲学。
・**山片蟠桃**(やまがたばんとう)(1748～1821)(『夢之代(ゆめのしろ)』)…懐徳堂出身の学者。仏教・儒教・神道が唱える神話的・宗教的な宇宙観を批判。霊魂不滅などを否定する経験主義的な**無鬼論**(むきろん)を主張したり，地動説を支持したりした。

第5編　日本思想　2　日本の近世思想

ここが共通テストのツボだ!!

ツボ 1 町人思想は内容だけではなく，それが栄えた時代背景も押さえておこう。

江戸時代初期の学問をリードしてきた儒学者たちは，おもに為政者である武士の道徳を問題にしてきた。ここには，町人や百姓のような人々は，武士に導かれることしかできない存在であるという考えがあった。

しかし，**18世紀の江戸時代中期になると，商業経済が発達して町人が豊かな生活をすることも特別なことではなくなる。また一方で，農村が疲弊して，封建社会の基盤である農業が社会の中でどのような位置を占めるべきかも問われるようになった。**

これらを背景に，農業や生活必需品を生産する自給的な手工業が社会の本(もと)であり，商工業は末(すえ)であるとする，それまでの社会観（農本思想）にかわって，それまで蔑視されてきた商業を見直し，その営利活動を積極的に肯定する思想（**石田梅岩**など）や，農業のあり方を考え直す思想（**安藤昌益**や**二宮尊徳**など）が説かれるようになった。

農業生産の不安定さゆえに，諸子百家の農家をはじめ，東アジア諸国では農本思想がさまざまな形をとって現れることにも注目しておこう。

ツボ 2 石田梅岩・安藤昌益・二宮尊徳が江戸時代の封建制に対してどのような立場をとったかを整理しておこう。

	立　場
石田梅岩	**江戸時代の封建制を表面的には是認**。その一方，身分制度は職分の違いにすぎず，基本的に人間は平等であると考えた。
安藤昌益	**江戸時代の封建制を全面的に否定**。武士らが支配する身分制社会を批判し，万人直耕の平等社会を追求した。
二宮尊徳	**江戸時代の封建制の是非については語らない**。諸藩に仕えたり幕臣(ばくしん)になったりするなどして，諸藩や諸村の窮状を救った。

石田梅岩や二宮尊徳とは異なり，安藤昌益は封建制に批判的なため，江戸時代には知られていなかった。彼が広く知られるようになったのは，駐日カナダ代表部主席であるノーマンが『忘れられた思想家』で紹介してから。

基礎力チェック問題

問1 商人が行うべき道について石田梅岩が説いた内容として適当でないものを，次の①～④のうちから一つ選べ。（11年倫理追試）

① 商人の道においては，倹約が大切である。倹約の徳は，単に物を節約するだけではなく，正直の徳と結び付き，物と人とを有効に生かす原理である。

② 正当な仕方で利益を増やすことが商人にとっての正直であり，商人には，競争相手との駆け引きに勝って，自分の商売が繁盛するように考える競い合いの心が大切である。

③ 商人が正当な利益を得るためには，買い手に自分が養われていると考え，互助の精神を大切にして，買い手が満足するように努力すべきである。

④ 商人が正当な商売で得ることができた利益は，商人の社会的な役割に対する正当な報酬であり，その利益は国を治める武士が報酬として受け取る俸禄と同じである。

問1 [答] ②

② **不適当**：石田梅岩は，皆が正直と倹約を実践すれば，公正さと互助にもとづく社会が実現すると主張した。したがって，彼が「駆け引きに勝」つことを重視することはない。

① **適当**：石田梅岩は，倹約を説いた。

③ **適当**：石田梅岩は，「先も立ち我も立つ」と述べ，互助の大切さを説いたことを思い出そう。

④ **適当**：石田梅岩は，「**商人の買利は士の禄に同じ**」と主張したことを思い出そう。

問2 「封建社会の安定」に批判の目を向けた思想家に，安藤昌益がいる。彼の思想を言い表すものとして適当でないものを，次の①～④のうちから一つ選べ。（93年倫政追試）

① 封建社会のような人為的社会は，人間の差別観や貧富の差を助長するから批判すべきである。

② すべての人々は天地自然の本道である農業に直接従事し，自給自足の生活を営むべきである。

③ いかなる職業も上下の区別がなく神聖であり，仏道の実現のためには各自が職業に精励すべきである。

④ 儒教，仏教，神道といった伝統思想は，堕落した社会を保守するものであるから批判されるべきである。

問2 [答] ③

③ **不適当**：**世法即仏法**の教えを説いた鈴木正三を想定した記述。安藤昌益は，武士や僧侶を「不耕貪食の徒」と糾弾した。

① **適当**：安藤昌益は，法世（封建社会）を批判した。

② **適当**：安藤昌益は，自然世に理想社会を見た。

④ **適当**

問3 生徒Xが記した次のメモ中の［　　］に入る言葉として最も適当なものを，下の①～④のうちから一つ選べ。（11年倫理追試〈改〉）

> **メモ**
> 二宮尊徳は，天道たる自然に対する人道の意義を論じ，「農は万業の大本」と述べ，農民に誇りを与えた。さらに，彼は，人の生き方として報徳思想を説き，その具体的実践として［　　］という生活態度を教え示した。

① 義理と人情　　② 愛敬と良知
③ 真心と勤勉　　④ 分度と推譲

問3 [答] ④

④ **適当**

① **不適当**：近松門左衛門などに関連する言葉。

② **不適当**：中江藤樹などに関連する言葉[☞p.163]。

③ **不適当**：「真心」は，本居宣長に関連する言葉[☞p.171]。

36 蘭学・洋学と幕藩体制を批判する思想 〜江戸中期から幕末の思想

1 西洋文化の受容と対応

江戸時代を通じて，幕府はのちに「鎖国」と呼ばれる情報・貿易を統制する政策を採る。また，**多くの儒学者が，仏教やキリスト教に対して，思想としての儒教の正当性と優位性を確立することや，儒学理論を確立することに知的関心を向けていた。**

こうした中でも，将軍家宣や家継に仕え，『**西洋紀聞**』を著した**新井白石**(1657〜1725)のように西洋の技術に関心をもつ者もいた。もっとも，彼もキリスト教などの**西洋の道徳にはまったく関心を示さなかった**。

キリスト教と日本

室町時代の1549年，イエズス会[☞p.218]の創設者の一人である**フランシスコ・ザビエル**ら一行が鹿児島に上陸し，日本におけるキリスト教の伝道を開始。以後，南蛮貿易が盛んになるとともに，宣教師が相次いで来日し，西洋文化を伝えた。

江戸幕府も当初は布教を許していたが，1613年には全国で布教を禁止。1637年の島原の乱以後は，キリシタン（キリスト教徒）弾圧を強化した。

将軍吉宗が享保の改革の際に実学を奨励すると，唯一の西洋への窓口であったオランダを通じて，医学・天文学・兵学などの**実用的な西洋の知識が日本にもたらされ，蘭学（後には洋学）として興隆**した。

✤代表的な蘭学者・洋学者

- 青木昆陽(1698〜1769)…飢饉対策として，サツマイモの栽培を上申。前野良沢の師。
- **前野良沢**(1723〜1803)・**杉田玄白**(1733〜1817)…日本で最初に人体解剖を行った山脇東洋らの影響のもと，西洋医学書『ターヘル・アナトミア』を『**解体新書**』として翻訳・刊行。翻訳の苦労を杉田玄白は，『**蘭学事始**』に記した。
- 大槻玄沢(1757〜1827)…杉田玄白・前野良沢の弟子。江戸における蘭学の一大中心地となる私塾の芝蘭堂を設立。
- 志筑忠雄(1760〜1806)…ニュートン力学や地動説に関する書物を『暦象新書』で翻訳・紹介。なお，「鎖国」という言葉は，彼による造語。
- シーボルト(1796〜1866)…幕末に来日したドイツ人医師。長崎郊外で鳴滝塾を主催し，高野長英らを育成。
- 緒方洪庵(1810〜63)…大坂で活躍した医師。私塾の適塾（適々斎塾）を主催し，福沢諭吉や大村益次郎などの逸材を輩出。

2 蘭学・洋学の影響

蘭学や洋学が育んだ普遍主義的な思考は，脱中華主義・脱自国中心主義を促した。

例えば，渡辺崋山(かざん)(1793～1841)(『慎機論』)や高野長英(1804～50)(『戊戌夢物語(ぼじゅつ)』)らは，東洋に忍び寄る西洋諸国の圧力に危機感を覚え，蘭学者の団体である尚歯会(しょうしかい)(蛮社(ばんしゃ))を結成し，西洋の実用的知識だけではなく，広く国際情勢の知識を得ようとした。

彼らは，米国商船モリソン号砲撃事件(1837)を知り，幕府の外交政策を無策(むさく)・無謀(むぼう)と批判したため，厳しく処罰された(蛮社の獄)。

3 幕末の思想

幕府も新しい対外政策を掲げたが，復古主義的なものでしかなかったため，世の中は根本的な変革を求めるようになった。

藤田東湖(1806～55)・**会沢正志斎**(せいしさい)(1782～1863)らによって名分論・尊王論・国体論・攘夷(じょうい)論・経世論が有機的に結びつけられ，尊王攘夷運動に大きな影響を与えた(後期)水戸学の影響のもと，国内が倒幕へと傾く一方で，西洋文明に対峙(たいじ)する思想も必要とされた。

改革の担い手も，**儒学者から，儒教的教養をもちつつ，国家大義に従事しようとする在野の人々(志士)**に移っていく。

✤幕末を代表する思想家

- 横井小楠(しょうなん)(1809～69)…肥後(ひご)(熊本県)出身。「**堯舜(ぎょうしゅん)孔子の道を明らかにし，西洋器械の術を尽くす**」べしと主張。列国と平和的な貿易関係を結んで西洋の技術や知識を受容し，民富を増進して東洋的な大義を世界に広めるべきだと考えた。
- 佐久間象山(しょうざん(ぞうざん))(1811～64)…信濃(しなの)(長野県)出身。開国・公武合体を唱えた兵学者。「**東洋道徳，西洋芸術**」(『省諐録(せいけんろく)』)と述べ，東洋の精神を堅持(けんじ)しつつ，西洋の科学技術を学ぶべきだと主張。吉田松陰(しょういん)，勝海舟(かつかいしゅう)，坂本龍馬(りょうま)，加藤弘之(ひろゆき)などを指導。
- 吉田松陰(1830～59)(『講孟余話(こうもうよわ)』)…長州(ちょうしゅう)(山口県)出身。**松下村塾(しょうかそんじゅく)**を主宰し，佐久間象山や横井小楠にはなかった倒幕の理論を打ち出す。高杉晋作，久坂玄瑞(くさかげんずい)，伊藤博文などを指導。日本固有の国体を強調し，尊王論を超えて**一君万民論**を唱え，藩の枠を超えて人々が忠誠を尽くす対象は天皇であると主張。

  さらに晩年(「安政(あんせい)の大獄(たいごく)」において死罪を宣告されたころ)には，「在野の志士よ，立ち上がれ(**草莽崛起(そうもうくっき)**)」と訴えた。

4 江戸幕府の終焉

水戸学や吉田松陰の尊王攘夷論は，やがて久坂玄瑞(げんずい)，真木保臣(まきやすおみ)らの「激派」の志士を経て，攘夷が不可能なことが分かると，尊王倒幕運動へと変質していく。その指導的地位にあったのが，例えば長州(山口県)の高杉晋作(しんさく)，薩摩(さつま)(鹿児島県)の大久保利通，土佐(とさ)(高知県)の坂本龍馬ら政治的リアリズムの立場を採った志士たちであった。

そして，日本は1867年の大政奉還(たいせいほうかん)を経て新時代を迎えることになる。

ここが共通テストのツボだ!!

ツボ 1 江戸から明治に至る思想の流れの概略を押さえておこう。

江戸初期（和魂和才）	→	江戸中後期～幕末（和魂洋才）	→	明治期（洋魂洋才）
道徳…東洋		道徳…東洋		道徳…西洋
技術…東洋		技術…西洋		技術…西洋
↑		↑		↑
林羅山(はやしらざん)などをはじめとする，朱子学者の活躍。		**杉田玄白**や**佐久間象山**などの蘭学者・洋学者の活躍。		**福沢諭吉**ら**明六社**の同人を中心とする西洋主義者の活躍。

ここでの「和」は日本を含む「東洋」を意味していることに注意しよう。

ツボ 2 尊王や攘夷の論理から，明治の国家体制の特徴を推論する。

徳川幕府は，主君への忠誠，社会秩序の維持を重視する朱子学を奨励した。もっとも，この朱子学には，正統な王を尊び（**尊王**），武力に訴えて権力を奪取した者（覇者）は斥(しりぞ)けるという重要な思想（尊王斥覇(せきは)）も含まれていた。これを文字通りに受け取れば，武力に訴えて江戸幕府を開いた徳川家康こそ，覇者にほかならない。そこで江戸幕府は，武力で開府したのではなく，古(いにしえ)から**日本の王たる天皇から将軍は征夷大将軍(せいいたいしょうぐん)を任ぜられている**（**将軍は天皇の臣**）という論理を利用して自らを権威付け，批判をかわした。

やがて幕末に至って外圧が強くなると，公武合体（朝廷と幕藩の連帯）によって難局を乗り切ろうとする主張が現れる。しかし，これに批判的な（後期）**水戸学**の影響の下，志士たちは「名からして将軍には夷（蕃族）を征するという分（職務）がある（**名分論**）。幕藩体制を堅持し，蕃族たる諸外国を攘(はら)うべし」という**攘夷**運動を先鋭化させた。

しかし，諸外国の圧倒的な軍事力の前に攘夷は不可能だとわかると，幕末の志士たちは反対に，**名に応じた分を行わない幕府に対する批判**を強め，攘夷運動を尊王に軸足を置いた倒幕運動へと変容させる。そして，**忠君愛国**(ちゅうくんあいこく)を掲げて近代化を推し進める一方で，攘夷の影を残して諸外国と微妙な関係を築く明治政府を生みだしていった。

人権思想にもとづく西洋の社会契約説とは異なり，朱子学由来の倒幕理論や明治政府は，市民社会を成熟させることはなかったことにも注目しよう。

基礎力チェック問題

問1 江戸時代の日本におけるキリスト教の受容についての記述として最も適当なものを，次の①～④のうちから一つ選べ。（09年倫理追試）

① 神への信仰だけではなく，学問や技術などをもたらし，当時の文化に少なからぬ影響を残した。
② 難解なキリスト教の神学をもとにしていたので，当時の日本人には理解しがたいものとして排除された。
③ 幕府によって禁止され，明治維新まで西洋の思想や学問を学ぶことも一切許されなかった。
④ 江戸中期に新井白石の『西洋紀聞』に詳しく紹介され，江戸の人々に広く受け入れられた。

問2 江戸時代に活躍した蘭学者・洋学者の事績の説明として最も適当なものを，次の①～④のうちから一つ選べ。（95年倫政追試）

① すべての人が直接に生産活動に携わり自給自足する，搾取のない平等な社会を理想として，封建社会を否定した。
② 欧米のアジア進出に対する危機感から，西洋に対抗するためには，西洋の科学技術を積極的に導入すべきだと，開国論を唱えた。
③ 個々人が西洋文明の精神を学び一身の独立をはかることが，欧米列強の中で国の独立を守ることにつながると主張した。
④ 仏教は，現世を離脱することだけを求め，この世における日常的な人間関係をないがしろにするものであると，仏教批判を展開した。

問3 吉田松陰の思想についての記述として最も適当なものを，次の①～④のうちから一つ選べ。（12年倫理本試）

① 天道にかなうとは，功名や利欲を離れた純粋な心情に徹し，己の誠を尽くすことにほかならない。我が国の主君に忠を尽くす勤皇の精神は，この誠において，天道に通じている。
② 日常卑近な人間関係における愛こそが天道にかなうものである。人々が孔子の道に立ち返り，他者に対して忠信や恕の実践に努めるならば，互いに愛し親しむ和合が実現する。
③ 日々営まれる農業こそ，自然の根源的な生成活動としての天道にかなう営みである。万人が直接に農業に携わる自給自足の生活に復帰すべきであり，農民に寄生している武士や町人は無用である。
④ 天道は事物のおのずからなる働きであるが，そこに人道が加わることによって事物の働きは完全になる。分に応じた倹約によって得た富を社会に還元することによって，天地や他者の恩恵に報いなければならない。

問1 [答] ①

① **適当**
② **不適当**：「難解なキリスト教の神学をもとにしていた」からではなく，キリスト教の平等思想が危険視されたことや政治的な理由から「排除された」。
③ **不適当**：蘭学(洋学)も興隆しており[☞p.178]，「一切許されなかった」は不適当。
④ **不適当**：キリスト教は厳しく禁じられており，「広く受け入れられた」は不適当。

問2 [答] ②

② **適当**：渡辺崋山や高野長英ら蘭学者・洋学者の開国論を想定した説明。
① **不適当**：自然世(しぜんせい)を理想とした安藤昌益(しょうえき)の事績を想定した記述[☞p.175]。彼は，蘭学者・洋学者ではない。
③ **不適当**：独立心を求めた福沢諭吉の事績を想定した記述[☞p.184]。彼は，明治期に活躍した。
④ **不適当**：藤原惺窩(ふじわらせいか)などの儒学者の事績を想定した記述[☞p.162]。

問3 [答] ①

① **適当**
② **不適当**：中江藤樹(とうじゅ)の「愛敬(あいけい)」の思想についての記述[☞p.163]。
③ **不適当**：安藤昌益の法世・自然世論についての記述。
④ **不適当**：二宮尊徳(そんとく)の報徳思想についての記述[☞p.175]。

チャレンジテスト⑧（大学入学共通テスト実戦演習）

問1 伊藤仁斎は,「仁」について,「我よく人を愛すれば, 人またよく我を愛す」と説いている。このことを, 生徒Aは同級生に対して, 身近な人間関係に即して説明した。伊藤仁斎が説く「仁」の説明として最も適当なものを, 次の①～④のうちから一つ選べ。

（23年倫理本試）

① 人の心を, 安易に信じては危ないよね。そんなものより, 礼儀により外面を整えることが大事だと思う。私が先輩に挨拶すれば, 先輩も私に挨拶を返す, この礼儀が「仁」だよ。

② 本当に大切なことは, 日常の間柄にあるはずだよ。あらゆる偽りを排することを心掛け, 私が弟に思いやりを持って接すれば, 弟も私に思いやりを返す, この思いやりが「仁」だよ。

③ 人間の私利私欲は, 厳しくつつしまねばならないよね。欲望から完全に脱することによって可能となるような, 私が友人を思いやって友人も私を思いやる, 愛に満ちた間柄が「仁」だよ。

④ 人間関係には, 厳格さが必要だよね。人間の上下関係の秩序を重んじ, その道理と心を一体にすることによって可能となる, 先生に対する正しい振る舞いが「仁」だよ。

問1 ［答］ 

「抽象的な理解は, 無意味である。身近な場面と結びつけられてこそ, 思想を学ぶ意味がある」という共通テストの根本思想が読みとれる問題。

② **適当**：「本当に大事なことは, 日常の間柄にある」は, **伊藤仁斎**が説いた「**人倫日用の道**」に相当し,「あらゆる偽りを排する」は彼が説いた「**誠**」に相当する。「私が弟に思いやりを持って接すれば, 弟も私に思いやりを返す」は, まさに「我よく人を愛すれば, 人またよく我を愛す」に相当する[☞p.166]。

① **不適当**：「人の心を, 安易に信じては危ない」という発言は,「我よく人を愛すれば」に反するものである。

③ **不適当**：「我よく人を愛すれば, 人またよく我を愛す」という発言から,「私利私欲は, 厳しくつつしまねばならない」や「欲望から完全に脱する（べき）」といった考えは読みとれない。

④ **不適当**：「上下関係の秩序を重んじ」るのは, 伊藤仁斎ではなく,「**上下定分の理**」を説いた, **林羅山**の立場である[☞p.162]。

問2 高校生AとBは，本居宣長が説いた真心の働きを，自分たちの身近な事例を通じて説明できないかを話し合った。本居宣長の真心についての考え方に即してなされた発言として最も適当なものを，次の①～④のうちから一つ選べ。　（22年倫理本試）

① 図書館で借りた本を返さない人がいるんだよ。借りた物を期限までに返すのは，人として当たり前のことなのに。誰もが物事の善悪を考えて，道理に従って正しく行動すれば，世の中のことは万事うまくいくと思うんだ。

② 知り合いに，いつも腹を立てている人がいるんだ。何かにつけて怒りをあらわにするなんて，大人げないよね。心の状態にかかわらず，自分の立場や役割をよく考えて，全ての人に親切に接することが大切だと思うんだ。

③ あえて感情を抑えて，理知的に振る舞うことを心掛けている人もいるみたい。でも，悲しいときには泣けばいいし，嬉しいときには喜べばいいんだよ。そうすることが，人の本来の生き方であると思うんだ。

④ 学級委員の二人，文化祭のことで感情的になっちゃって，かなり険悪な雰囲気だったよね。感情に任せて他人と争うなんて，愚かなことだよ。一時の感情に身を任せずに，丁寧に説明すれば分かり合えるはずなのに。

問2 ［答］ 

問1と同様に共通テストの根本思想が読みとれる問題。この出題形式は，「敬」や「孝」や「誠」などをめぐる日本の近世思想で採用される傾向が強い。

③ **適当**：本居宣長（もとおりのりなが）は，「**真心（まごころ）**」に従って生きていくことを理想とした。この「真心」を，本居宣長は，さかしらな「漢意（からごころ）」でなく，「よくもあしくも，生まれたるままの心」と説明している。すなわち，道理や理屈ではなく，「感情のまま」や「自然なまま」と言い換えられる心である[☞p.171]。

① **不適当**：本居宣長のいう「真心」は，「道理」ではない。

② **不適当**：本居宣長のいう「真心」は，「親切に接すること」ではない。

④ **不適当**：「感情に任せて」行動することを否定しており，本居宣長の考え方に反する内容になっている。

37 日本の近代国家化を支える思想 ～啓蒙思想と自由民権運動

1 明六社の活躍～「西洋」の輸入

江戸幕府にかわって誕生した明治政府は，西洋を追いかけるべき目標とすると同時にライバル視して，**富国強兵を柱とする近代化政策**を推進した。

当時のアジアには，欧米諸国が強大な生産力・軍事力を背景に進出してきており，日本の独立を脅かしていたため，政策推進にはスピードが求められた。

この一翼を担ったのが，福沢諭吉(1834～1901)ら明六社(めいろくしゃ)に結集し，**西洋の近代思想の摂取や紹介に努め，国民を文明開化の方向へと導こうとした啓蒙(けいもう)思想家**である。

2 福沢諭吉

明六社の同人のうち，人々に最も大きな影響を及ぼしたのが福沢諭吉である。彼は，豊前(ぶぜん)（大分県）中津藩の下級武士の子として生まれ，幕府の使節の随員として三度も欧米を見聞し，さらには**慶應義塾**を開いた。

✤**福沢諭吉の思想**（**『学問のすゝめ』『文明論之概略』**）

・天賦(てんぷ)人権論…下級武士のみじめさを知っている福沢諭吉は，「**門閥(もんばつ)制度は親の敵で御座(ござ)る**」（『福翁自伝』）と言うように，封建的身分秩序に極めて批判的。

『学問のすゝめ』において，西洋近代の自然権思想に基づき，「**天は人の上に人を造らず，人の下に人を造らずと云(い)へり**」と語り，人間には生まれながらに平等の権利があると唱えた。もっとも，**学問の有無による貴賤(きせん)の差は許容**した。

・保守派への反論…保守派から「西洋かぶれ」と批判された際，『文明論之概略』において，人間の平等を基盤とする**西洋文明は，人類の窮極(きゅうきょく)の文明ではないにしても，「半開」の日本が目標とすべき文明**だと反論。

・独立自尊・実学…西洋文明にあって東洋・日本に欠けているものは，他人や政府に依存せず，自ら判断し行動するという独立心である。

この獲得には，儒学などの観念的な虚学(きょがく)ではなく（ただし，「天賦」というように**儒学を全面否定したわけではない**），「人間普通日用に近き実学（読み・書き・算盤(そろばん)から西洋の実用的・実証的学問まで）」が必要だと主張した。

福沢諭吉が個々人に独立心や実学を求めたのは，「**一身独立して一国独立す**」と言うように，西洋列強に対する国家の独立を可能にするため。

・脱亜論…はじめは封建的意識からの脱却を説き，民権と国権の調和を模索したが，のちには激動する国際的な情勢の中で**官民調和・富国強兵論を支持し，「ア**

ジアの悪友（中国・朝鮮）」とは手を切り，西洋文明を受け入れて西洋列強に対抗すべきだと主張したとされる。

3 自由民権運動

近代化を急いだ明治政府も一枚岩ではなかった。実際には，明治維新に功績のあった薩摩（さつま）・長州（ちょうしゅう）の出身者が政府の要職を占める藩閥（はんばつ）政治の色彩が濃くなる。

この傾向に反対して，1873年の外交問題を契機に，当時の政府首脳である参議の半数が職を辞した事件が発生。さらに翌年，その中心にいた板垣退助らが，左院へ「民撰（みんせん）議院設立建白書」を提出した。

これ以後，日本全国で十数年にわたり，国会開設要求を中心に，国民の自由と権利をめぐって自由民権運動が繰り広げられた。

4 中江兆民

自由民権運動の理論的指導者の一人が，土佐（とさ）（高知県）出身の中江兆民（1847～1901）である。彼は24歳でフランスに留学。帰国後は仏蘭西（フランス）学舎（のちの仏学塾）を開き教育に従事するとともに，フランス流の急進的な民主主義を紹介。「**東洋のルソー**」と称された。

✤中江兆民の思想（『**民約訳解**（みんやくやくかい）』〔ルソー『社会契約論』の翻訳・解説〕，『三酔人経綸問答（さんすいじんけいりんもんどう）』）

・植民地政策批判…当初は「**自由は取るべきものなり貰（もら）う可（べ）き品（しな）に非（あら）ず**」と主張し，選挙民の心得などの民主主義の理論を展開。

　さらには，「**民権これ至理（しり）なり，自由平等これ大儀（たいぎ）なり**」と述べて，**民権の普遍性を主張し，列強による植民地政策を批判**した。

・二つの民権…自由民権運動がひとまず終息（しゅうそく）し，政府主導での立憲制の樹立の道程が見えはじめたころ，『三酔人経綸問答』を出版。姿勢をやや軟化させた。

　この中で，民権を恩賜（おんし）的民権と恢（かい）（回）復（ふく）的民権にわけ，日本の現状を鑑（かんが）みて，立憲政治を確立し，**恩賜的民権を恢（回）復的民権へと育てていくことが大切だ**と主張した。

恩賜的民権	為政者が上から人民に恵み与える民権。
恢（回）復的民権	人民が自らの手で獲得する民権。

　もっとも，これは天賦人権論を日本に根付かせられなかったがゆえの苦渋の主張。最後には『一年有半（ゆうはん）』で，「**我日本古（いにしえ）より今に至る迄（まで）哲学無し**」と喝破（かっぱ）。

✤その他の自由民権運動家

・植木枝盛（1857～92）…土佐出身。私擬憲法案の一つ『東洋大日本国国憲按（こっけんあん）』を起草。これは，中江兆民が晩年に説いた漸進（ぜんしん）的な近代化を目指す民権思想とは異なり，連邦制国家や一院制議会の開設とともに，**抵抗権・革命権を明記**するなど，人民と政府は対立するものだという前提に立った，民主的かつ急進的な内容をもつ憲法案。

第5編 日本思想 3 日本の近現代思想

ここが共通テストのツボだ!!

ツボ 1 明六社の同人10人のうち，主要な人物の事績を区別できるようにしよう。

人物	事績
西周（『百一新論』）	石見（島根県）出身。オランダに留学。百科全書派的な学風をもち，「哲学」や「理性」などの多くの**翻訳語を考案**。**西洋哲学の普及に尽力**。また，兵部省（陸軍省）に出仕，軍人訓戒などの起草に関係。
中村正直	江戸（東京都）出身。昌平坂学問所の教授だったが，洋学を志してイギリスに留学。個人主義道徳を強調し，**スマイルズ『西国立志編』やミル『自由之理』を翻訳・出版**。キリスト教解禁にも影響を与えた。
加藤弘之（『人権新説』）	但馬（兵庫県）出身。佐久間象山に兵学を学ぶ。天賦人権論者であったが，**後年はドイツ流の国家主義と進化論を信奉し，天賦人権論や民権論やキリスト教を攻撃**。帝国大学（現・東京大学）第2代総長。
森有礼	薩摩（鹿児島県）出身。イギリスおよびアメリカに留学。**初代文部大臣**として学校令を制定（1886年）。廃刀論や男女同権の**一夫一婦制**や婚姻契約による結婚を説く一方，良妻賢母を国是とすべきと主張。

その他，箕作秋坪・西村茂樹・杉亨二・津田真道・箕作麟祥，そして福沢諭吉。

> 同人の多くが明治政府と関わりが深いことに注目しよう。

ツボ 2 啓蒙思想家と自由民権運動家の共通点と相違点を押さえておこう。

明六社に集った啓蒙思想家も自由民権運動の理論的指導者も，ともに日本の近代化を志向した。しかし，前者の多くが，明治政府との関わりをもっており，**「上からの（政府主導による）近代化」を志向する**。

これに対して，後者は，**「下からの（民衆の立場に立った）近代化」を志向する**。それゆえ，自由民権運動に共鳴したのは，封建制度がなくなり特権を奪われた士族階級や地租の軽減を求める地主たちであった。この後，政府の失策によって経済的に困窮した農民も加わり，埼玉県秩父郡などで農民が武装蜂起する事件が起きた。

> ・啓蒙思想家………「上からの（政府主導による）近代化」を志向する傾向。
> ・自由民権運動家…「下からの（民衆の立場に立った）近代化」を志向する傾向。

基礎力チェック問題

問1 次のア・イは明六社のメンバーに関する記述であるが，それぞれ誰のことか。その組合せとして正しいものを，下の①〜④のうちから一つ選べ。 (06年倫理本試)

ア 夫婦の相互的な権利と義務に基づく婚姻形態を提唱し，自らも実践した。

イ 「哲学」，「理性」等の訳語を案出し，西洋哲学移入の基礎を作り上げた。

① **ア** 中村正直 **イ** 加藤弘之　② **ア** 中村正直 **イ** 西　周

③ **ア** 森有礼 **イ** 加藤弘之　④ **ア** 森有礼 **イ** 西　周

問1 [答] ④

ア：一夫一婦制を説いたのは，**森有礼**。**中村正直**は，ミルの紹介者として知られている。

イ：これらの翻訳語を考案したのは，**西周**。**加藤弘之**は，後年，進化論の立場を信奉したことで知られている。

問2 福沢諭吉の西洋文明観の説明として最も適当なものを，次の①〜④のうちから一つ選べ。 (06年倫理追試)

① 当時の世界を野蛮，半開，文明の三つに分け，ヨーロッパ諸国とアメリカを文明国，日本や中国などアジア諸国を半開の国としたが，それは相対的な分類であって，ヨーロッパやアメリカの文明は日本が文明化するための当面の目標なのだ，と唱えた。

② 西洋文明は日常の生活に役立つ実学において優れているから，日本はそれを西洋から積極的に導入しなければならないが，道徳は西洋のまねをすべきでなく，儒学のために損なわれた日本の伝統を復活して，新しい国民道徳を作るべきだ，と主張した。

③ 当初，政府の表層的な西洋模倣策を批判して，平民の生活レベルにおける全面的な西洋的文明化を説いたが，後にその立場を捨て，西洋列強に対抗するために，日本の軍事的膨張を積極的に主張した。

④ 普遍的な天賦人権の立場からみて，西洋の文明にも良い点と悪い点があるとし，日本はその良い点のみを学んで取り入れ，植民地主義などの悪い点に関しては正々堂々と批判をしていくべきだ，と唱えた。

問2 [答] ①

① **適当**：**福沢諭吉**の西洋文明観の説明として適当。

② **不適当**：福沢諭吉の思想に照らして，「道徳は……日本の伝統を復活」は不適当。「新しい国民道徳を作るべきだ」と主張したのは**西村茂樹**。ただし，**彼は儒学を中心とする国民道徳の必要性を説いた**[☞p.188]。

③ **不適当**：**徳富蘇峰**(そほう)の**平民主義**や後年の国家主義を想定した説明[☞p.188]。

④ **不適当**：**三宅雪嶺**(せつれい)の**国粋保存主義**を想定した説明[☞p.188]。

問3 啓蒙思想家の一人である中江兆民に関する説明として**適当でないもの**を，次の①〜④のうちから一つ選べ。 (08年倫理追試)

①『三酔人経綸問答』を著し，恩賜的民権から立憲君主制を経て恢復(かいふく)(回復)的民権に移行すべきだと説いた。

② ルソーの『社会契約論』を『民約訳解』として翻訳するなど，急進的なフランス啓蒙思想の移入に努めた。

③ 平民社を設立し，『平民新聞』で反戦平和の大切さを訴えるなど，自由民権運動を積極的に推進した。

④『一年有半』『続一年有半』を著し，神や霊魂の存在を否定するなど，独自の唯物論を述べた。

問3 [答] ③

③ **不適当**：**幸徳秋水**(こうとくしゅうすい)の考えを想定した記述[☞p.192]。

①② **適当**

④ **適当**：**中江兆民**は，神や霊魂の存在を信じない唯物論的な思想の持ち主であったことも覚えておこう。

38 日本社会を支える精神の拠り所を求めて ～国粋主義・国家主義とキリスト教の受容

1 国粋主義と国民道徳

明治の文明開化以来，政府の欧化（おうか）政策による西洋の文物の急激な流入は，鹿鳴館（ろくめいかん）に代表される西洋の風俗の模倣に走る皮相な欧化主義や西洋崇拝の風潮を生んだ。

こうした風潮への反発や自由民権運動の過激化への反省から，**日本独自の伝統を再評価して国家意識・民族意識を高揚しようとする**国粋主義（こくすい）の動きが現れる。さらには，国家の権力が強化・拡張されてこそ人民の権利・自由が確保されるという国権論も唱えられた。

明治政府も1890年（明治23年），これらに呼応して，井上毅（こわし）と元田永孚（ながざね）の起草による，**忠と孝を中心徳目として国家・天皇への忠誠（忠君愛国）を説く**教育勅語を発布。これを全国の学校に配布し，その精神に則（のっと）った国民道徳を形成しようとした。

✤主な国粋主義者・国家主義者

- 西村茂樹（1828～1902）（『**日本道徳論**』）…明六社の同人。表面的な西洋崇拝を批判し，**西洋哲学の長所を取り入れつつ，儒教を基盤とする**国民道徳の必要性を主張。東京修身学社（現・日本弘道会）を創設し，国民道徳の普及に尽力した。
- 井上哲次郎（1855～1944）…哲学者。ドイツ観念論の移入に努めるとともに，キリスト教を反国体的と攻撃。天皇制にもとづく国家主義を主張した。
- **陸羯南**（くがかつなん）（1857～1907）…ジャーナリスト。新聞『日本』を発刊。国民の対外的独立と国内統一を説く国民主義を主張した。
- 穂積八束（ほづみやつか）（1860～1912）…法学者。国家権力と天皇の権威を絶対化した忠孝一致の国民道徳を展開。天皇主権説を主張した。
- 三宅雪嶺（みやけせつれい）（1860～1945）（『真善美日本人』）…哲学者。教育者の井上円了（いのうええんりょう）や志賀重昂（しがしげたか），宗教者の島地黙雷（しまじもくらい）らと政治評論団体の政教社を結成し，雑誌『日本人』を刊行した。

  各国文化の特性を認める立場から，**日本もその固有の風土や文化に即した改革が必要だとする**国粋保存主義を主張し，政府の欧化政策や専制を批判した。
- **岡倉天心**（てんしん）（1862～1913）（『茶の本』『東洋の理想』）…思想家。「**アジアは一つ**」と述べ，西洋文化に対抗するアジアの覚醒と，アジアにおける日本の指導的役割を強調した。
- 徳富蘇峰（そほう）（1863～1957）…ジャーナリスト。民友社を興して雑誌『**国民之友**』を発刊。**民衆の立場に立った西洋文化の受容が必要だとする**平民主義を唱えていたが，日清戦争（1894～95）後は，国家に最高の価値をおく国家主義や国権論を唱えた。
- 高山樗牛（ちょぎゅう）（1871～1902）…雑誌『太陽』の主筆。日本の大陸進出を肯定する日本主義を主張した。

2 明治政府の宗教政策

明治政府は武家政治を廃し，祭政一致と王政復古を目指す。

この実現のためには，根幹となる**神道の国教化が必要**だと考え，1868年（明治元年）に神道と仏教を切り離す神仏分離令（神仏判然令(しんぶつはんぜんれい)）を発し，修験道や神仏習合を禁じた。これを受け，民間でも仏教の廃止を求める**廃仏毀釈(はいぶつきしゃく)運動**（**廃仏運動**）が起きた。

キリスト教に関しても，明治政府は当初，江戸幕府と同様に弾圧。しかし，**欧米諸国からの批判に応じて，1873年（明治6年）に禁教令（キリシタン禁止令）を解く**。

これとともに多くの宣教師が来日。士族や商人の子らが，新しい生き方を求めて，西洋社会への憧れとともにキリスト教に入信した。

3 キリスト教の受容

この時期にキリスト教に入信した代表的な人物の一人が内村鑑三(1861～1930)である。彼は，「少年よ，大志を抱(いだ)け」と若者を鼓舞(こぶ)したアメリカ人宣教師クラークの影響が強く残る札幌農学校（現・北海道大学）で学び，その後，アメリカに留学した。墓碑銘は，「**われは日本のため，日本は世界のため，世界はキリストのため，すべては神のため**」。

✤内村鑑三の事績と思想（『基督信徒(きりすとしんと)の慰(なぐさめ)』『余(よ)は如何(いか)にして基督信徒となりし乎(か)』）

- キリスト教の受容…**日本の進歩・発展には，西洋文明の根底にあるキリスト教の受容が必要である**と考えた。ただし，それは，**伝統的精神を基盤とする西洋文化の受容であった**（「**武士道に接木されたるキリスト教**」）。
- 二つのJ…**イエス**（Jesus）と**日本**（Japan）に仕えることを念願。
- 不敬事件…第一高等中学校の講師時代，教育勅語の奉読式のときに最敬礼（天皇・神霊などに対して行う敬礼）をしなかったため非難され，社会問題化。
  その後，自ら教職を辞し評論活動に転じ，多くの著作・論説を発表した。
- 非戦論…日清戦争時に義戦論を唱えた自己の態度を反省し，日露戦争時には，政府と世論の圧倒的な主戦論に反対。以後，**絶対平和主義**を貫いた。
- 無教会主義…教会の伝統的・権威的な教義や儀式に囚(とら)われることなく，聖書のみにもとづく信仰を主張し，独立した個人として神の前に立つことのできる交流の場を設けようとする内村鑑三独自の信仰。

✤その他の主なキリスト者

- 新島襄(じょう)(1843～90)…幕末，国禁を犯して渡米。帰国後，同志社英学校（現・同志社大学）を設立し，**キリスト教にもとづく教育**を実践。門下に，徳富蘇峰(そほう)や安部磯雄(あべいそお)がいる。
- **植村正久(まさひさ)**(1857～1925)…東京神学社（現・東京神学大学）を設立するなど伝道者の育成や神学研究，さらには評論活動を通して**日本の教会形成に尽力**した。
- 新渡戸稲造(にとべいなぞう)(1862～1933)（『**武士道**』〔英文〕）…内村鑑三らとともに札幌農学校に学ぶ。「**われ太平洋の橋とならん**」と志し，のちには国際連盟事務次長として活躍。**キリスト教徒の立場から，日本固有の精神としての武士道を世界に紹介した。**

ここが共通テストのツボだ!!

ツボ 1 第二次世界大戦前から活躍している国家主義者や国粋主義者について，理解を深めよう。

「国粋主義者」や「国家主義者」という言葉だけで即断し，彼らを「ただ日本的・アジア的精神の昂揚(こうよう)を唱えた人々だ」と見なしてはいけない。

例えば，西村茂樹は，もともとは日本の西洋化の一翼を担った**明六社**の同人である。井上哲次郎や穂積八束は海外留学の経験がある。

徳富蘇峰は熊本洋学校や同志社英学校の出身であるし，日本美術の評価・紹介に努めた**フェノロサ**や**ビゲロー**と親交が深く，ボストン美術館に勤務したこともある岡倉天心の主要な著作はすべて英文である。

総じて，彼らは，**西洋社会や日本社会のメリットやデメリットを相対的・客観的に見ることができる人々**であった。さらには，日本的・アジア的精神のよさを，外国語で発信することもできる人々であった。

> 第二次世界大戦前から活躍している国家主義者や国粋主義者の多くが，西洋思想や西洋社会に関する深い知識をもっていたことに注意しよう。

ツボ 2 内村鑑三の「二つのＪ」について，理解を深めよう。

内村鑑三も，はじめは西洋文明への憧れからキリスト教に入信したのかもしれない。しかし，彼はアメリカ留学を経て，拝金主義と人種差別に陥ったキリスト教国の現状に幻滅し，独自のキリスト教（**無教会主義**）を模索した。

彼はキリスト教徒であるから，天皇を神（信仰の対象）とみなすことはしない。しかし，**日本で最も古い家族として天皇家を尊敬**していた。つまり，当時の一般的な日本人にとって，「天皇＝神＝日本」であったが，内村鑑三の場合は，ここから「天皇＝神」が抜け落ち，「神＝日本」となる。それゆえ，**彼がイエス（Jesus）と日本（Japan）に仕えることを念願することになっても不思議はない。**

> キリスト者は天皇制に批判的だと早合点してはいけない。また，内村鑑三をはじめ明治期のキリスト者の多くが，キリスト者であると同時に愛国者である。

基礎力チェック問題

問1 西村茂樹は，何によって国民道徳を確立すべきであると説いたか。最も適当なものを，次の①～④のうちから一つ選べ。(94年倫政追試〈改〉)

① 西洋哲学の長所を取り入れ，儒教を根幹とすること。
② 自己の禅体験をもとに東洋思想の持つ意義を強調すること。
③ 主権在民・天賦人権を主張し，抵抗権を認めること。
④ 唯物論の立場と東洋的かつ宗教的境地を融合すること。

問2 岡倉天心についての記述として最も適当なものを，次の①～④のうちから一つ選べ。(00年倫理本試〈改〉)

① 自己の哲学の根底に坐禅の体験をおいたが，ギリシア以来の西洋哲学の伝統を広く受容し，マルクス主義や現象学などの現代哲学の提示した問題にも答えようとした。
② 日本の文化には，過去の多様なアジアの文化を保存する「博物館」としての意義があると考えたが，「アジアは一つ」であると説いて，その文化的共通性を強調した。
③ 無名の職人によって作られた日本の「民芸」に新たな美を発見したが，朝鮮の芸術にも同様の価値を見いだして高い評価を与え，朝鮮民族への敬愛を説いた。
④「国粋保存主義」を唱えて，日本の伝統や国情に即した改革を説き，欧化主義を批判したが，一方で広く世界人類の幸福実現に対する日本人の使命の自覚をも強調した。

問3 次のア～ウは，それぞれ誰のことか。その組合せとして正しいものを，下の①～⑥のうちから一つ選べ。(13年倫理追試)

ア 武士の家に生まれたが，脱藩して米国で受洗し，帰国後，キリスト教精神に基づく学校を創立した。キリスト教道徳に則(のっと)った良心教育を重んじた。
イ 「太平洋の架け橋」となることを志して，英文の著書を刊行した。そのなかで，西洋文明の精神的基盤であるキリスト教を日本人が受け容れる倫理的な素地として，武士道があると述べた。
ウ キリスト教と武士道の道徳心を結び付け，イエスを信ずることと日本を愛することは矛盾しないと述べたが，日露戦争に際しては，真の愛国心とは武器をもって戦うことではないと主張した。

① **ア** 内村鑑三　**イ** 新渡戸稲造　**ウ** 新島襄
② **ア** 内村鑑三　**イ** 新島襄　**ウ** 新渡戸稲造
③ **ア** 新渡戸稲造　**イ** 内村鑑三　**ウ** 新島襄
④ **ア** 新渡戸稲造　**イ** 新島襄　**ウ** 内村鑑三
⑤ **ア** 新島襄　**イ** 新渡戸稲造　**ウ** 内村鑑三
⑥ **ア** 新島襄　**イ** 内村鑑三　**ウ** 新渡戸稲造

問1 [答] ①
① **適当**
② **不適当**：西田幾多郎(きたろう)の考えを想定した記述[☞p.200]。
③ **不適当**：植木枝盛の考えを想定した記述[☞p.185]。
④ **不適当**：そもそも唯物論と宗教的境地は融合できない。

問2 [答] ②
② **適当**
① **不適当**：西田幾多郎についての記述。「坐禅の体験」に注目しよう。
③ **不適当**：柳宗悦(やなぎむねよし)についての記述[☞p.201]。「民芸」に注目しよう。
④ **不適当**：三宅雪嶺についての記述。「国粋保存主義」に注目しよう。

問3 [答] ⑤
ア：新島襄についての記述。「キリスト教精神に基づく学校」とは，同志社英学校のこと。
イ：新渡戸稲造についての記述。「英文の著書」とは，『武士道』のこと。
ウ：内村鑑三についての記述。彼は，日露戦争時，非戦論を唱えた。

39 早急すぎた近代化による矛盾の露呈 ～社会主義運動と大正デモクラシー

1 社会主義思想の芽生えと展開

官営工場の設立とともに出発した日本における産業の近代化は，1887年ごろから軌道に乗り，日清・日露戦争を経て，目覚ましく発展した。

その一方，工場労働者の増加，軍備拡張による物価の上昇，労働者と資本家の対立などの諸状況を背景に，このころから日本でも社会主義思想が広がる。

✤キリスト教的人道主義から社会主義運動へ

・片山潜(かたやません)(1859～1933)・安部磯雄(あべいそお)(1865～1949)・**木下尚江**(なおえ)(1869～1937)ら…研究会や協会を経て，1901年，日本初の社会主義政党の社会民主党を結成。ただし，治安警察法に反するとして即日禁止。

彼らは，国家主義に妥協したプロテスタントの指導者たちに満足せず，**キリスト教の愛の精神から貧しい労働者階級に同情を寄せ，社会主義を学び，社会問題の解決に取り組んだ。**

✤自由民権運動から社会主義運動へ

・幸徳秋水(こうとくしゅうすい)(1871～1911)（**『廿世紀(にじっせいき)之怪物帝国主義』**『社会主義神髄(しんずい)』）…中江兆民に師事した思想家。万朝報(よろずちょうほう)（新聞社）の記者時代，社会民主党の結成にも参加。同年，**明治政府の政策を好戦的で排他的な愛国心による軍人的帝国主義であると批判**した**『廿世紀之怪物帝国主義』**を刊行。

しかし，日露戦争前に反戦論を唱えていた万朝報が，開戦論に転向したため，堺利彦(さかいとしひこ)(1870～1933)とともに退社し，**平民社**を設立（1903年）。平民主義・社会主義・平和主義を唱えて「**平民新聞**」を発刊。

日露戦争後にアメリカに渡り無政府主義の影響を受け，帰国後は直接行動論を唱えるようになった。これを危険視した明治政府は，明治天皇暗殺を企てたとして（1910年），幸徳秋水ら12名を処刑（**大逆事件**(たいぎゃく)）した。

これ以後，日本における社会主義運動は急速に衰えていく。

・大杉栄(1885～1923)…大正時代の社会主義者。東京外国語学校在学中に平民社に参画。卒業後，幸徳秋水の影響により無政府主義者（アナーキスト）となる。しかし，関東大震災の混乱の中，伊藤野枝(のえ)らとともに憲兵によって殺害された。

✤マルクス主義の研究から社会主義運動へ

・河上肇(かわかみはじめ)(1879～1946)（**『貧乏物語』**）…経済学者・社会思想家。「文明国に於(お)ける多数人の貧乏」の研究を通じてマルクス主義的な主張に傾倒。京都帝国大学経済学部教授を辞して，社会主義運動に参加した。

2 大正デモクラシーの開化

大正の初期から，昭和の初期にかけての時代，日本社会は比較的安定した時期を迎える。ますます発達した資本主義を背景に中間階級が増加した。

彼らは，資本主義的な経済組織・立憲政治・議会主義を信頼し，共産主義や独裁政治に対しては批判的な態度をとった。そして，普通選挙による議会を通じた国民大衆の解放を目指し，いわゆる大正デモクラシーを開化させた。

✤大正デモクラシーを象徴する人物

- **美濃部達吉**(1873〜1948)…政治学者。主権は国家にあると考え，天皇は主権者である国家の諸機関の中の最高機関であるとする**天皇機関説**を唱えた。しかし，不敬罪で告発され（告発は起訴猶予），憲法に関するその全著書が発禁となった。
- 吉野作造(1878〜1933)（「憲政の本義を説いて其(その)有終の美を済(な)すの途(みち)を論ず」〔評論〕）…政治学者。**政治の目的は「一般民衆の利福（福祉）と意向」に沿うことにある**と論じ，民意の尊重を主張する民本主義を唱えた。ただし，主権在民に立つ西洋のデモクラシーとは異なり，天皇制との摩擦を避けるために**主権の所在は問わなかった。**

✤解放運動や社会運動

- 女性解放運動…新時代の女性としてのあり方に目覚め，その個性の解放と自由を目指して，平塚らいてう(1886〜1971)らが文学的な思想啓蒙運動団体である**青鞜社**(せいとうしゃ)を結成（1911年）。文芸誌「**青鞜**」を発刊。

  平塚らいてうは，その創刊の辞に「**元始，女性は実に太陽であった。**真正の人であった。今，女性は月である。他に依(よ)って生き，他の光によって輝く，病人のような蒼(あお)白い顔の月である」と寄せた。
- 新婦人協会…大正時代の社会・労働運動の高まりの中，平塚らいてうの主唱のもと**市川房枝**(いちかわふさえ)(1893〜1981)や**奥むめお**(おく)(1895〜1997)らは，婦人の参政権の拡大を図って，新婦人協会を設立（1920年）。同会は，女子高等教育の拡充・母性保護・婦人参政権などの要求を掲げ，機関誌「女性同盟」を発刊した。
- 部落解放運動…過酷な身分差別と貧困に苦しむ被差別部落の人々も，「**人の世に熱あれ，人間に光あれ**」と訴える宣言（**西光万吉**(さいこうまんきち)(1895〜1970)が起草）を発表し，部落解放を目指す全国水平社を結成（1922年）。この運動は部落解放にとどまらず，労働者・農民の闘争と結合して発展していった。

3 大正デモクラシーの終焉(しゅうえん)

十分な基礎を確立することのできなかった大正期の政党政治は，関東大震災（1923年）に始まる日本経済の悪化や世界恐慌により社会が不安定化する中で機能しなくなり，軍部の支配に屈することになる。

思想面では国粋主義や国権論が排外主義・国家至上主義と結びつき，**1930年頃からは軍国主義が台頭**するようになった。

ここが共通テストのツボだ!!

ツボ ① 明治期から大正期にかけての社会主義運動の源泉と系譜を見極めよう。

明治期から大正期にかけての社会主義運動には，大きく，①キリスト教的人道主義，②自由民権運動，③マルクス主義の研究という三つの源泉がある。

①の系譜には**片山潜**・**安部磯雄**・木下尚江らが属するが，社会主義思想を確立したマルクスは「宗教は，…民衆の阿片（あへん）」（『ヘーゲル法哲学批判序説』）とキリスト教を批判している。

②の系譜に属する**幸徳秋水**は，中江兆民の弟子であり，自由民権運動の「下からの（民衆の立場に立った）近代化」という思想傾向を受け継いでいるといえる。

③の系譜に属する**河上肇**は，東洋的な境地に生きた求道者でもある。

> 明治期から大正期にかけての社会主義者には，非戦論の展開や，貧困撲滅や労働運動への参加などの共通点があるが，その活動には大きく三つの源泉がある。

ツボ ② 平塚らいてうが関わった母性保護論争について知ろう。

働く女性と子育てについて，さらには女性の社会的・経済的地位の向上の方法論をめぐり，与謝野晶子と平塚らいてうの間ではじまった論争をきっかけに，1918年から1919年にかけて母性保護論争が繰り広げられた。

与謝野晶子は，「（女性の）依頼主義」を批判。女性の経済的自立こそが女性解放の第一歩であり，経済的に自立ができないうちは結婚や出産は控えるべきだと主張した。

これに対して，**平塚らいてうは，女性は母になることによって社会的な存在になるとして，国家は母性を保護し，妊娠・出産・育児期の女性は国によって保護されるべきだという「母性中心主義」を唱えた。**

この論争には，のちに女性差別撤廃を唱える山川菊栄（きくえ）や，良妻賢母主義の立場から女性の誇りを唱える山田わか等が参入し，賛否両論が繰り広げられた。

> 与謝野晶子は「女性は母性に甘えるな！」と主張したのに対して，平塚らいてうは「母性を社会で支えよう」と主張したのである。彼女らのイメージに囚（とら）われると母性保護論争を誤解するので注意しよう。

基礎力チェック問題

問1 幸徳秋水についての説明として最も適当なものを，次の①～④のうちから一つ選べ。（09年倫理本試）

① 国は人民によってできたものであると平易に民権思想を説き，主権在民を謳（うた）い抵抗権を認める私擬憲法を起草した。
② 国を支える農業と農民を大切に考え，農民が苦しむ公害問題を解決する運動に身を投じ，その解決の必要性を説いた。
③ 東洋の学問を実生活に役立たない虚学，西洋の学問を実生活に役立つ実学と呼び，後者を学ぶことの必要性を説いた。
④ 社会主義の立場から，当時の帝国主義を，愛国心を経（たていと）とし軍国主義を緯（よこいと）とする20世紀の怪物と呼び，批判した。

問1 ［答］④

④ **適当**
① **不適当**：植木枝盛についての説明［☞p.185］。「抵抗権を認める私擬憲法」に注目しよう。
② **不適当**：田中正造を想定した記述。「農民が苦しむ公害問題」とは，足尾鉱毒事件のこと［☞p.76］。
③ **不適当**：福沢諭吉を想定した記述［☞p.184］。「虚学」や「実学」に注目しよう。

問2 吉野作造は「民本主義」を提唱した。その記述として最も適当なものを，次の①～④のうちから一つ選べ。（02年倫理追試）

① 憲法の規定内で民本主義を貫徹させるには，国民の意思がより反映する普通選挙の実施と政党内閣制の実現が望ましいと主張した。
② 民本主義の具体化のため，まず主権者である天皇の権力を制限することが重要であるとし，国民の意向による民定憲法の制定を主張した。
③ 国民が政治的に中立の立場を貫くことが民本主義にとって重要であるとし，国民を主体とした中道勢力による政党政治の実現を主張した。
④ 民本主義をデモクラシーの訳語として把握するかぎり，国民主権の確立こそが最初に達成すべき政治的な目標であると主張した。

問2 ［答］①

① **適当**
② **不適当**：「天皇の権力を制限」が不適当。明治憲法は，天皇を神聖不可侵とした。
③ **不適当**：「国民を主体とした」のでは明治憲法の理念（天皇主権）に反することになる。
④ **不適当**：「国民主権の確立」は，明治憲法の理念（天皇主権）に反することになる。

問3 平塚らいてうは，『青鞜』の発刊に際し，「元始，女性は実に太陽であった。真正の人であった」述べた。この言葉の意味として最も適当なものを，次の①～④のうちから一つ選べ。（00年倫理追試）

① 原始時代には，人間の生活は女性中心に営まれていた。主導権を男性の手に委（ゆだ）ねず，女性中心の社会に改革していかなければならない。
② 女性には輝かしい天性の能力が潜んでいる。男性に依存してひ弱になることなく，その能力を発揮して生きなければならない。
③ 元来，女性は愛によって子や男たちを育（はぐく）んでいた。母性こそは真に人間を動かす生命力であり，これに目覚めなければならない。
④ 天照大神が女性であるように，日本にも元来女性崇拝の伝統があった。その伝統を掘り起こして新しい女性の美を発見しなければならない。

問3 ［答］②

② **適当**
① **不適当**：平塚らいてうの事績に照らして，この言葉から「女性中心の社会に改革していかなければならない」とは読みとれない。
③ **不適当**：母性保護論争の時の平塚らいてうの立場を想定した記述。そもそも，「元始，女性は……」からは読み取れない内容。
④ **不適当**：平塚らいてうの事績に照らして，この言葉から「新しい女性の美を発見しなければならない」とは読みとれない。

40 近代的自我の模索 ～森鷗外や夏目漱石などの文人

1 文学の近代化

幕末から明治初期にかけての知識人の主な関心は，西洋列強に対峙（たいじ）できる国家体制と社会制度を構築することにあった。

しかし，明治憲法が施行され国会が設立されたころ（1890年）から，近代日本が歩んできた過程を現実的かつ内省的に捉えていこうとする文人が現れた。

その誕生に大きく貢献したのが写実主義を唱えた坪内逍遙（しょうよう）(1859～1935)（『小説神髄』）や，言文一致を模索した二葉亭四迷（ふたばていしめい）(1864～1909)（『浮雲』『あひゞき』〔翻訳〕）らである。

2 ロマン主義

憲法施行や国会設立に前後して，国粋主義の運動が盛んになったのを受け，尾崎紅葉などの復古的な文人が活躍する一方，ロマン主義を標榜（ひょうぼう）する文人たちも活躍した。

彼らは，**近代化による自我意識の目覚めと，それに伴う人間性の解放という問題**を敏感に捉え，開放的な自由を求めた。

✤ロマン主義を代表する主な文人

- 北村透谷(1868～94)（**『内部生命論』**）…自由民権運動に参加し絶望した経験がある。自己の自由な精神活動（内部生命）の要求を，政治などの現実の場（実世界）において実現しようとするのではなく，キリスト教信仰と愛を通じて，**内面的・精神的世界（想世界）において実現すべき**ことを説いた。
- **与謝野晶子**(1878～1942)（『みだれ髪』〔歌集〕）…女性の自我や性愛を表現するなどして，古い道徳に縛られずに自由に生きるべきことを主張した。

3 自然主義

日本社会が国家主義的な傾向を強める一方で，文学界では，**ありのままに事実を見て，正直に日常や自己の自然な生を描こうとする**自然主義の立場をとる文人を中心に，人間の内面性を追求し，自我の解放を求める動きが強まった。

✤自然主義を代表する主な文人

- 島崎藤村（とうそん）(1872～1943)（『破戒（はかい）』『夜明け前』）…『若菜集（わかな）』（詩集）で知られるロマン主義の詩人であったが，のちには，自然主義を代表する小説家となり，人間性の解放，そして自我の確立を目指した。

4 森鷗外（高踏派）

自然主義の興隆に批判的だったのが**森鷗外**(1862～1922)である。ロマン主義の作家として知られていた彼は，明治の人々が遭遇した現実生活と心の乖離，つまり**足場をもたない近代的自我という不安**について考えた。

✤**森鷗外の思想**（『舞姫』『雁』『高瀬舟』）

・**諦念**…ロマン主義文学を代表する初期の小説『舞姫』において，留学地のドイツでの**恋愛を通じて近代的な自我に目覚めた**が，その恋愛を諦めて日本へ帰国し，組織の一員として生きる青年の苦悩を描いた。

晩年は，歴史小説を多く著すようになり，時代という制約の中で自らの生き方を模索する人物を描いた。これらに共通するのは，他国に類を見ないほど功利主義的な思考が広がった日本の将来についての危惧である。

これらに対し，**森鷗外自身は，社会の制約に順応しつつも社会に埋没しない，冷静な心持ち（諦念〔レジグナチオン〕）によって不安を免れている**と論じた。

5 夏目漱石（余裕派）

自然主義からは距離を置きつつも，日本の近代化のあり方に関心を寄せ，新しい時代を生きる人のあり方を模索したもう一人の作家が**夏目漱石**(1867～1916)である。

✤**夏目漱石の思想**（『吾輩は猫である』『坊っちゃん』『草枕』『行人』『こゝろ』『明暗』）

・**自己本位**…**日本の近代化は，内発的開化ではなく外発的開化だと批判**。

内発的開化のためには，利己主義（エゴイズム）にも，他者や伝統や権威への迎合（他人本位）にも陥ることなく，**自らの考えに拠って立ち，自分の自我と他人の自我をともに尊重しようとする自己本位の精神が必要である**と主張した。

・**則天去私**…晩年には，**自我（小我）に対する執着を捨てて，自然の道理（大我）に従う則天去私の境地**を求めるようになったといわれている。

6 大正の文学

反自然主義の流れを受け継いだのが，永井荷風(1879～1959)らを代表とする耽美派や，**武者小路実篤**(1885～1976)を代表とする白樺派，新現実主義の芥川龍之介(1892～1927)である。

・永井荷風（『断腸亭日乗』『墨東綺譚』）…美を人生の最高の価値とし，美の享受と創造を目指した。

・**武者小路実篤**（『お目出たき人』『友情』『真理先生』）…ロシアのトルストイ〔☞p.259〕に影響を受け，理想主義的・人道主義的・個人主義的な作品を発表。それらに描かれる世界を現実化しようとして，農村共同体「**新しき村**」を建設した。

・芥川龍之介（『羅生門』）…理知的・意識的な小説作法を模索。しかし，「利他主義的な或は共存主義的な道徳」の出現を予言して1927年（昭和2年）に自殺した。

ここが共通テストのツボだ!!

ツボ 1 より多くの作家や作品について知ろう。

・国木田独歩…ロマン主義文学の文人かつ自然主義文学の先駆者。主要作品『武蔵野』。
・田山花袋…自然主義文学の文人。私小説の先駆者。主要作品『蒲団』『田舎教師』。
・樋口一葉…ロマン主義文学の先駆者だが，早世した。主要作品『たけくらべ』。
・有島武郎…白樺派の文人。主要作品『或る女』『カインの末裔』。
・志賀直哉…白樺派の文人。主要作品『和解』『城の崎にて』『暗夜行路』。
・石川啄木…早世した歌人・詩人。「時代閉塞の現状」(評論)(没後発表)では，強権政治に対する抵抗と自然主義との決別を表明。主要作品『一握の砂』(歌集)。

北村透谷・森鷗外・夏目漱石の事績や思想が問われることが多いが，その際，誤答の選択肢に上記の人物が登場することがある。

ツボ 2 昭和の文学の主な流れについても知ろう。

昭和に入ると，明治以来の精神の空白状態に耐えられなくなった知識人たちが，新しい道徳としてマルクス主義を受け入れていった。これに呼応して文学でも，小林多喜二(『蟹工船』)らのプロレタリア文学が流行する。

その一方で，プロレタリア文学の観念性を強く批判しつつ，多岐にわたる分野を批評し，近代批評を確立した**小林秀雄**(『無常といふ事』『様々なる意匠』)[☞p.205]や，文学の芸術性を追求した新感覚派を代表する川端康成(『伊豆の踊子』『雪国』)らも活躍した。

第二次世界大戦後には，川端康成らの大家に加え，戦後すぐに「堕ちよ」と訴えた**坂口安吾**(『堕落論』『白痴』)や太宰治(『人間失格』『斜陽』)ら無頼派や，戦前のプロレタリア文学を継承した人々が民主主義文学運動を力強く展開した。

さらに，三島由紀夫(『仮面の告白』『金閣寺』)や**安部公房**(『壁』『砂の女』)は，シュールレアリズムの影響を受け，人間存在の本質を見据えた前衛的な作品を発表。これらの戦後派作家は，時代状況に抗い，人間存在の意味を問う実存主義的傾向が強い。

文学は人間存在の秘密を解き明かそうとするばかりではなく，時代を映す鏡ともなる。可能な限り，主要作品を読んでみよう。

基礎力チェック問題

問1 生徒Aが記した次のメモ中の[　　]に入る言葉として最も適当なものを，下の①～④のうちから一つ選べ。（99年倫理本試〈改〉）

> **メモ**
> 自由民権運動の衰退の中で，自由の追求は，文学の領域でもさらに展開されていく。北村透谷は，「想世界」に根源的な[　　]を認め，その横溢(おういつ)に現実世界に対する自己の自由の立脚点を求めた。こうした考え方は，個性や感情を尊重するロマン主義運動として展開していく。

① 力への意志　② 浩然の気　③ 内部生命　④ 良知良能

問1　[答] ③

③ **適当**
① **不適当**：ニーチェ［☞p.254］に関連する言葉。
② **不適当**：孟子［☞p.130］に関連する言葉。
④ **不適当**：王陽明［☞p.135］，および中江藤樹(とうじゅ)ら陽明学派［☞p.163］の人々が重視する言葉。

問2 夏目漱石が唱えた「個人主義」の主張として最も適当なものを，次の①～④のうちから一つ選べ。（92年倫政追試）

① 美や享楽の世界に自己を確立することが個人の本来のあり方であり，そのためには，政治や俗世間をのがれて生きることが大切である。
② 自己の本領を発揮し個性を伸ばすことが各自の幸福であるが，そのためには同時に他人がその個性を伸ばすことも認め，それを尊重しなければならない。
③ 自由に自己の人生の目的を達成することが個人の生得の権利であり，その実現を妨害する社会がまず変革されなければならない。
④ 自己の欲求を実現することが各自の幸福であるが，そのためには国家の存在が不可欠であるから，国民としての自覚をもつことが大切である。

問2　[答] ②

② **適当**
① **不適当**：夏目漱石が唱えた「個人主義」（自己本位）と「美や享楽の世界」は無関係である。
③ **不適当**：自然権思想を想定した記述になっている［☞p.226］。
④ **不適当**：夏目漱石が唱えた「個人主義」（自己本位）と「国家の存在」や「国民としての自覚」は無関係である。

問3 森鷗外が自らの立場とした「諦念」について説明した記述として最も適当なものを，次の①～④のうちから一つ選べ。（05年倫理本試）

① 自我と社会の矛盾に遭遇したとき，あくまで自己を貫くのではなく，自らの社会的な立場を冷静に引き受けながらも，なおそこに自己を埋没させまいとする立場。
② 自我と社会の矛盾に遭遇したとき，小さな自我に対するこだわりを捨て，自我を超えたより大きなものへと自らを委ねることで，心の安らぎを得ようとする立場。
③ 自我と社会の矛盾に遭遇したとき，あくまで自己を貫くのではなく，欲求の実現を断念し現実から逃れることで，社会から独立した自己を実現しようとする立場。
④ 自我と社会の矛盾に遭遇したとき，小さな自我に対するこだわりを捨て，社会的要請に応えることに自らの理想を見いだして，人格の完成を目指そうとする立場。

問3　[答] ①

① **適当**
② **不適当**：夏目漱石が晩年に到達した則天去私(そくてんきょし)についての記述。
③ **不適当**：「諦念(ていねん)」には，社会の制約に応えるという側面もある。「諦念」は，現実逃避の思想ではない。
④ **不適当**：「社会的要請」を「自らの理想」としたのでは，自我が社会に埋没してしまう。「諦念」は，いわゆる没我の思想ではない。

41 西洋思想と日本的伝統の狭間で ～西田幾多郎，和辻哲郎，柳田国男など

1 日本の哲学～西田幾多郎

明治時代も終わりが近づくと，明治維新直後の西洋思想の受容期とは異なり，主体的かつ批判的に西洋思想を検討し，独自の思想を展開する人々が現れた。その代表者が，「**日本最初の哲学者**」ともいわれる**西田幾多郎**（きたろう）(1870～1945)である。

東西思想に精通するのみならず，参禅経験の豊かな彼の探究は，明治期の知識人たちが共有していた**「個の確立」という思想的課題に応えようとするもの**ともいえる。

✤西田幾多郎の思想（**『善の研究』**）

・西洋思想批判…主観と客観の分離・区別を根源的な事態であるとする**近代西洋哲学を独我論的であると批判**。**主観と客観が分かれていない主客未分**（しゅかくみぶん）**の純粋経験においてこそ真の実在が現れる**と主張した。

知識では真理として，感情では美として，意志では善として現われる実在の働きに従い，世界の働きと一体となって**真・善・美の価値**を創造するところに，**真の人格**が実現すると西田幾多郎は考えた。

この純粋経験という概念は，親友であり，禅思想を英文著作で紹介したことで知られている**鈴木大拙**（『日本的霊性』）から贈られたジェームズ[☞p.258]の著作から着想を得たものであるともいわれている。

・後期思想…純粋経験の探究をつきつめ，すべての意識や実在を包みこみ，すべてを生み出す根源である「**絶対無**（ぜったいむ）」の探究へと向かった（「**場所」の論理**）。

そして，この絶対無の限定である**現実の世界においては，さまざまな事物や事象が絶対的な矛盾や対立を残したまま統一されている**（**絶対矛盾的自己同一**）と考えた。

・京都学派…西田幾多郎やその理解者の田辺元（たなべはじめ）に師事した三木清や戸坂潤らは京都学派を形成し，思想界に大きな影響を残した。

2 日本の倫理学～和辻哲郎

ハイデガーらの近代西洋思想を受け入れながらも，**日本人の伝統的な生き方に根ざした独自の思想**を展開したのが**和辻哲郎**（わつじてつろう）(1889～1960)である。

✤和辻哲郎の思想（『古寺（こじ）巡礼』『風土』**『人間の学としての倫理学』**）

・西洋思想批判…「人間」をポリス的存在として捉えていたアリストテレスを代表として，古来，西洋哲学も人間を全体的に捉えていたが，近代に入ると専（もっぱ）ら個的

な存在としてのみ扱うようになってしまったと批判。

・「人間」とは？…**「人間」は個的な存在ではなく，生まれたときから他人と切っても切れない関係の中で，対立や矛盾を抱えながらも生きる**間柄(あいだがら)的存在であり，さまざまな「間柄」に応じた「役割」を引き受けて生きていると分析。

この「間柄」は「信頼」，すなわち昔から日本人が重んじてきた「和」に支えられている。**社会もまた，単に個が集まってつくられるものではなく，個が人間関係の連関において存在するようになる場**であると考えた。

・倫理とは？…倫理とは，社会を否定して個としての自己を自覚することと，その自己を再び否定して，社会のために生きようとすることとの相互運動（**弁証法的統一**）であり，この運動が停滞すると，利己主義や全体主義に陥ると主張。

つまり，倫理学は，個の振る舞いのみを問うものでも，社会のあり方のみを問うものでもなく，**個や社会が利己主義や全体主義に陥らないために，個と社会の関係の正しい筋道・理法とは何かを問うもの**と和辻哲郎は考えていた。

3 日本人の習俗の再発見～民俗学

近代化の中で薄れゆく，かつての日本人の姿を，日本人の伝統的な共同生活の中に見出そうとしたのが**民俗学**（**新国学**）であり，その創始者が**柳田国男**(やなぎたくにお)(1875～1962)である。

✤柳田国男の思想（『**遠野物語**』『先祖の話』『蝸牛考(かぎゅうこう)』）

・研究対象…文字資料に記録が残らないごく普通の人々を「**常民**(じょうみん)」と呼び，彼らが「何を信じ何を怖(おそ)れ何を愛し何を願っていたか」を，その**生活様式，信仰，歌謡，伝説といった習俗を通じて明らかに**しようとした。

・**祖霊**(それい)**信仰**…死者の霊が先祖の霊と一体となって，田の神や山の神として人々を見守り，生者は正月や盆(ぼん)などに先祖の霊と交流すると主張した。

✤その他の民俗学者

・**南方熊楠**(みなかたくまぐす)(1867～1941)…民間の粘菌学者。日本の習俗のみならず，アメリカやイギリスへの留学経験や国内外の文献を踏まえた比較民俗学ともいうべき研究を行った。

一方，生態系上の意義を主張して，明治政府の神社合祀令(ごうしれい)による鎮守の森の破壊に反対するなど，**環境保護運動の先駆け**としても活躍した。

・伊波普猷(いはふゆう)(1876～1947)…文字に残っていない琉球・沖縄の伝承や古歌謡「おもろ」に注目し，沖縄固有の民俗学（沖縄学）の確立に尽力した。

・**折口信夫**(おりくちしのぶ)(1887～1953)…柳田国男に師事。日本の神の原型を，柳田国男が祖霊と捉えたのに対し，海の向こうの他界である「**常世**(とこよ)**の国**」から来訪する**客人**（**まれびと**）と捉えた。

この客人をもてなす神事(しんじ)での言葉に日本の文学や芸能の源流を見出す。

・**柳宗悦**(やなぎむねよし)(1889～1961)…日常的な暮らしにおいて使われてきた，手仕事の日用品，すなわち「民芸（民衆的工芸）」に「**用の美**」を見出して活用する**民芸運動**を起こす。

彼は，当時の日本の朝鮮半島政策や，その**エスノセントリズム**（**自民族中心主義**）**的傾向を批判**したことでも知られている。

ここが共通テストのツボだ!!

ツボ 1 西田幾多郎が説く「純粋経験」を具体的に理解しておこう。

西田幾多郎は，「純粋経験」**を**「主客未分」**などとも表現**しているが，次のA～Dの4人の経験のうち，純粋経験の具体例として**適当でないもの**を考えてみよう。

・コンサートに出かけたAさんは，オーケストラの見事な演奏に心を奪われて，自分が空腹であったこともすっかり忘れていた。

・将棋好きのBさんは，公開対局でプロ棋士の一心不乱に考える姿を生で見て，対局会場まで夢中で駆けつけた甲斐(かい)があったと喜んだ。

・登山家のCさんは，難コースといわれる断崖(だんがい)を登っていたが，途中から自分で自分の体をどう動かしたのか意識せず最後まで登りきっていた。

・読書好きのDさんは，クライマックスに差し掛かった長編小説を読むことに没頭していたため，電話の鳴る音にまったく気づかなかった。

Bさんの経験は，**対象（将棋の対局）を最後まで客観視しており，「純粋経験」とはいえない**。他は，没我の状態ともいえる主客未分の「純粋経験」といえる。このように，**「純粋経験」を具体例で理解しておくことが必要。**

ツボ 2 和辻哲郎の『風土』についても知ろう。

和辻哲郎は，**ハイデガーの人間学的な考察を批判的に受容**して，存在（人間）は時間に規定される以前に，風土に規定されていると考えた。

そこで，『風土』において，**風土（人々の生活様式や文化）が人々の心や感じ方にどう影響するのか**を，以下のように類型化して論じた。

類型（地域）	自然	民族性
モンスーン型（南・東南・東アジア）	暑熱と湿潤	受容的・忍従的
沙漠（砂漠）型（北アフリカ，西アジア）	厳しい	対抗的・戦闘的
牧場型（ヨーロッパ）	穏やか	自発的・合理的

『風土』を絶対視する必要はなく，一つの文化論として理解しておけばよい。

基礎力チェック問題

問1 次の文章は，『善の研究』から始まる西田幾多郎の哲学的思索の展開について述べたものである。［ a ］・［ b ］に入れる語句の組合せとして正しいものを，下の①～④のうちから一つ選べ。

（13年倫理本試〈改〉）

> 純粋経験とは，［ a ］の状態で成立するものであるが，純粋経験からすべてを説明するためには，［ a ］だけではなく，主観と客観の分化を論理的に基礎づける必要がある。そのために彼は，主客の根底を問うて，主観と客観を成立させると同時にそれを包む「場所」の論理を求めた。西田によれば，「場所」の論理は，有と無の対立を超えて，事物事象そのものを可能にする「［ b ］」に基づくものであった。

① a 主客未分 b 絶対無　② a 主客未分 b 絶対他力
③ a 主客対立 b 絶対無　④ a 主客対立 b 絶対他力

問1 ［答］①

a：「主客未分」が入る。西田幾多郎は，「主客対立」を基本とする西洋哲学を批判し，真の実在が現れる「主客未分」の「純粋経験」を探究した。

b：「絶対無」が入る。晩年の西田幾多郎は，「有と無の対立を超えて，事物事象そのものを可能にする」ものを「絶対無」と呼んだ。「絶対他力」は，親鸞（しんらん）の立場や思想を示す言葉。

問2 個人と他者・社会についての和辻哲郎の考え方を述べた文として**適当でないもの**を，次の①～④のうちから一つ選べ。（99年倫理本試）

① 自我の確立を重視するあまりに，社会や人間関係から切り離して人間存在を捉（とら）えることは，西洋近代の個人主義的人間観の誤った考えである。
② 独立した個人である人間同士が，ともに社会の新たな規範を創造していくところに，間柄的存在としての人間のあるべき姿がある。
③ 人間とは，「世の中」であるとともに「世の中」における人であるから，単なる個人でもなく，また単なる社会でもない。
④ 社会があるところには信頼があり，危急の際に人が救いを求めるのも，そうした信頼の表現にほかならない。

問2 ［答］②

② **不適当**：和辻哲郎は，例えば社会契約論者[☞p.226]のように，「独立した個人」が「社会の新たな規範を創造していく」とは考えてはいない。
①③ **適当**
④ **適当**：和辻哲郎によれば，「信頼」は「和」によって支えられている。

問3 日本人の先祖の霊の行方について論じた人物に，民俗学者の柳田国男がいる。先祖と子孫の関係についての柳田の説明として最も適当なものを，次の①～④のうちから一つ選べ。（08年倫理追試）

① 先祖の霊は，住み慣れた集落近くの山に留（とど）まっているので，子孫は正月やお盆に自分の家に先祖の霊を招いて，共食の儀礼を行う。
② 先祖の霊は，この世から遠く離れた浄土に往生して子孫を守護しているので，子孫は仏壇で先祖を供養することが務めである。
③ 先祖の霊は，国家の神として，子孫ばかりでなく国民全体からも祀られているので，子孫は神社に行けば先祖に祈ることができる。
④ 先祖の霊は，遠方から「まれびと」として現れて幸福をもたらすので，子孫はこれを呼び寄せる祭礼を行って来訪を待ち望んでいる。

問3 ［答］①

① **適当**
② **不適当**：柳田国男の考えの説明ではなく，主に浄土教系の仏教的な説明である。
③ **不適当**：柳田国男の事績から考えて，彼が「国家の神」について論じるとは考えにくい。
④ **不適当**：折口信夫の考えを想定した記述。

42 軍国主義の末路と近代的自我の確立に向けて ～丸山真男や小林秀雄など

1 昭和初期の状況

昭和の初期，ますます政党政治の不全が顕著になり，議会の統制を受けない軍部が台頭して軍国主義が唱えられるようになった。

こうした状況に対し，明治維新以来の国体のあり方を批判し，「天皇の国民」ではなく「国民の天皇」を実現せよと主張する『日本改造法案大綱』を著した**北一輝**(きたいっき)(1883~1937)が現れて**超国家主義**の思想を唱え，国民道徳や国民思想に大きな影響を与えた。

彼の影響を受けた青年将校たちが，天皇による親政を求め，「昭和維新」を掲げて二・二六事件(1936)を起こしたが失敗。この後，この事件を鎮圧した軍部は政治への発言力を強め，日本の特殊性や優位性を主張する**国体思想**がますます喧伝(けんでん)されるようになった。

2 第二次世界大戦前夜

国体思想と教育勅語を中心とする忠孝の実践が強調され，日本社会のファシズム化が進むとともに，学問・思想に対する弾圧が激しくなり，社会主義運動家などに留まらず，**美濃部達吉**らの学者や，自由主義や民主主義思想を唱える者にも及んだ。

✤天皇機関説事件[☞p.193]**以外の思想弾圧事件**

- 津田左右吉(そうきち)(1873~1961)…歴史学者。『古事記(こじき)』や『日本書紀』の記述が歴史的事実ではないことを文献学的に論証していたが，不敬罪に問われ，関連著書が発禁とされた。
- 三木清(1897~1945)・戸坂潤(1900~1945)…マルクス主義の立場をとる京都学派左派を代表する思想家。反ファシズムの立場をとったため検挙。ともに1945年に獄中死した。

3 第二次世界大戦

日本は大陸への侵略をはじめとして，**国家総動員体制**で未曾有(みぞう)の大戦に突入した。しかし，この軍国主義一色の時代にも，反戦・平和を唱える人々はいた。

例えばジャーナリストで，植民地の放棄を主張する「小日本主義」を唱えた**石橋湛山**(いしばしたんざん)(1884~1973)，キリスト者の矢内原忠雄(やないはらただお)，ジャーナリストの桐生悠々(きりゅうゆうゆう)，弁護士の正木ひろしらである。しかし，彼らの声は無力にも等しかった。

この戦争も，各地への空襲，沖縄戦，広島・長崎への原子爆弾の投下による惨劇を経て，民間からも国内外で多大な犠牲者を出し，1945年に終わった。それとともに，人々はそれまでの精神的な支えを失ったかのようであった。

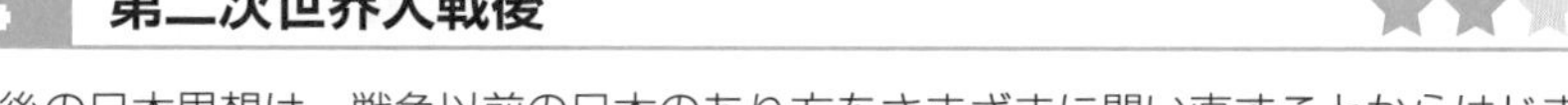

4 第二次世界大戦後

戦後の日本思想は，戦争以前の日本のあり方をさまざまに問い直すことからはじまった。その代表者が丸山真男(1914〜96)である。

✤丸山真男の思想（**『日本政治思想史研究』**『「文明論之概略」を読む』「超国家主義の論理と心理」〔論文〕）

・戦前の日本社会の構造…自由と民主主義という西欧近代によって生み出され発展してきた価値が，日本において，どのように受け入れられてきたかを論じ，無謀な戦争へと突き進んだ**大日本帝国の構造は，個が政治的な責任をとらない「無責任の体系」である**と批判した。

・戦後日本の思想的課題…丸山真男によれば，政治とは，個が常に主体的に関わるところに成立するものであり，自由と民主主義も同様に個による絶えざる関わりにおいて成立するものである。

この立場から彼は，**戦後日本の思想的課題は，「主体的な個」と民主主義の確立にある**と考えた。そのためには，外来思想を日本的に変容させる日本の「古層」を自覚して乗り越える必要があると主張。こうした思想は学生運動や市民運動に大きな影響を与えた。

✤その他の戦後思想を代表する人々

・小林秀雄(1902〜83)（『様々なる意匠』『無常といふ事』）…文芸評論家。**明治以降の日本において，思想や理論がその時々の意匠（趣味）として捉えられてきたことを批判**。

そして，外から借りてきた既成の思想ではなく，自らの生に脈打つ思想を求め，古典文学や本居宣長の著作などの中に，過去の日本人が生みだした主体的な思想を見出そうとした。

・加藤周一(1919〜2008)（『日本文学史序説』『雑種文化』）…戦後日本を代表する評論家。日本文化を，「伝統的日本」と「西洋化された日本」という二つの要素が絡んだ「雑種文化」と特徴づけた。

そして，**それを認め，そこに積極的価値を見出していくべきだ**と主張。

・**吉本隆明**(1924〜2012)（『共同幻想論』）…思想家。軍国主義のみならず，社会主義運動にも否定的であり，在野の立場から大衆の側に立ち，あらゆる権力や政治的権威を批判。

さらには，人間の生の関係構造を**自己幻想**・**対**(つい)**幻想**・**共同幻想**などに概念化し，多くの領域にわたって独自の思想を構築した。

・大江健三郎(1935〜2023)…小説家。広島や沖縄の人々と語り合う中で，平和もまた繰り返しその意義を確認した上で，持続的に創造されなければならないと主張。

・その他…経済学の大塚久雄，哲学者の鶴見俊輔や廣松渉(ひろまつわたる)，比較思想学の先駆者の中村元(はじめ)，イスラーム思想の研究者だった井筒俊彦，科学哲学者の大森荘蔵，仏教学の梅原猛，文芸批評家の江藤淳や蓮實(はすみ)重彦や柄谷行人(からたにこうじん)，ポストモダン思想を紹介した浅田彰など，多彩な人々がいる。

ここが共通テストのツボだ!!

ツボ 1 丸山真男『日本の思想』の概略（二つの論文体の論考と二つの講演体の論考）を知り，丸山真男についての理解を深めよう。

・「日本の思想」…マルクス主義など（**理論信仰**）と対比される，日本の思想がもつ「無構造」という構造（**実感信仰**）に注目し，その問題点を検討。

・「近代日本の思想と文学」…プロレタリア文学の問題を題材に，小林秀雄の議論などを参照しながら，近代日本の文学と思想の関係について論じている。

・「思想のあり方について」…「**タコ壺**（つぼ）**文化**」と「**ササラ文化**」という文化類型を用いて，「**タコ壺」型である日本文化**の問題点を指摘。

・「『である』ことと『する』こと」…「である」と「する」という図式を用いて，日本の近代化（「民主化」の実質的な進展の程度など）の失敗・未発達を指摘。

思想家としては貧弱であり，学者としては生々しすぎるなどさまざまな批判もあるが，丸山真男は戦後日本を代表する思想家であることを知ろう。

ツボ 2 日本人論・日本文化論についてまとめておこう。

日本人論・日本文化論には，古くは安土桃山時代や江戸時代に来日した宣教師の報告書，幕末から明治にかけての海外視察団によるものや，**新渡戸稲造**（にとべいなぞう）『武士道』などがある。日清・日露戦争から第二次世界大戦期には，軍事的な理由などから日本研究が進んだ。第二次世界大戦後には，高度経済成長期を支えた精神的基盤に対する関心が高まって，さまざまな日本人論・日本文化論が著された。

それらは**集団主義や「タテマエとホンネ」や「甘え」などを鍵に日本人や日本文化の特殊性を論じる**ことが多い。以下は，古典的著作である。

・ベネディクト（1887～1948）『**菊と刀**』…「罪の文化」**の欧米に対して，**「恥の文化」**の日本**では，人々は内面的な恥の自覚にもとづき行動する傾向が強いと分析。

・中根千枝『タテ社会の人間関係』…日本社会は，個人の能力や資格よりも，**集団内での地位や上下関係を重視する傾向が強い「タテ社会**」であると分析。

いずれの日本人論・日本文化論も絶対視する必要はなく，そういう見方もあるのだなという程度に理解していればよい。

基礎力チェック問題

問1 人道主義や社会主義の思想に影響を受けて，社会に対する批判や論争が生まれた。それらに関する記述として適当でないものを，次の①～④のうちから一つ選べ。 (09年倫理追試)

① 石橋湛山は，日本の対外侵略を批判して，「小日本主義」を唱えた。

② 吉野作造と美濃部達吉との間に，天皇機関説をめぐって論争が起きた。

③ 木下尚江は，廃娼(はいしょう)運動や足尾銅山鉱毒事件に積極的に関(かか)わった。

④ 与謝野晶子と平塚らいてうとの間に，母性保護についての論争が起きた。

問1 [答] ②

② **不適当**：主権の所在については触れなかった吉野作造が，こうした論争に加わることはない。なお，天皇機関説を唱えた美濃部達吉との論争相手は，天皇主権説を唱えた憲法学者の上杉慎吉。

①③④ **適当**

問2 小林秀雄の事績の説明として最も適当なものを，次の①～④のうちから一つ選べ。 (16年倫理本試)

① 夏目漱石に師事し，青春の苦悩と思索を綴(つづ)った『三太郎の日記』を著す一方，人格主義を説く哲学者としても活動した。

② 既存の道徳に安住することを偽善と批判し，むしろそこから「堕(お)ちきる」ことで偽りのない自己を発見すべきだと主張した。

③ 思想や理論を流行の意匠のようにもてあそぶあり方を批判し，批評という独自の方法を用いて主体的な自己の確立を目指した。

④ 各自の人間的な成長が人類の文化の発展につながると説き，「新しき村」を創設して，理想の共同体の実現に努めた。

問2 [答] ③

③ **適当**

① **不適当**：哲学者・評論家の阿部次郎の事績についての説明。

② **不適当**：無頼派の**坂口安(あん)吾(ご)**の事績についての説明[☞p.198]。第二次世界大戦後の混乱期に『**堕落論**』で話題を呼んだ。

④ **不適当**：白樺(しらかば)派の代表的作家である**武者小路実篤(さねあつ)**の事績についての説明[☞p.197]。

問3 丸山真男が戦後の日本人の課題と考えたことを説明した記述として最も適当なものを，次の①～④のうちから一つ選べ。 (07年倫理本試)

① 西洋の哲学と東洋の儒教とを融合させ，世界に通じる普遍的な道徳を日本という個別の場で実現できる，新しい国民道徳を確立しなければならない。

② 外来の思想をとって伝統を捨てるのではなく，逆に伝統に固執するのでもない，自己本位の能力に基づいた内発的な開化を推進しなければならない。

③ 日本という風土の中で培われてきた文化と歴史を尊重し，日本民族の独自性を守りつつ，西洋の学問・技術の長所を採用していかなければならない。

④ 他者を他者として理解し，また自分の中に巣くう偏見に常に反省の目を向けることのできる，自主独立の精神をもつ個を確立しなければならない。

問3 [答] ④

④ **適当**：丸山真男は，近代的個の確立を戦後の思想課題とした。

① **不適当**：『**日本道徳論**』を著した西村茂樹の考えを想定した記述。「新しい国民道徳」に注目しよう。

② **不適当**：日本の**内発的開化**を求めた**夏目漱石**についての記述。「自己本位」に注目しよう。

③ **不適当**：国粋保存主義を主張した三宅雪嶺(みやけせつれい)の考えを想定した記述。

チャレンジテスト⑨（大学入学共通テスト実戦演習）

問1 次のア～ウは，近代以降の社会や思想のあり方を考察した思想家についての説明であるが，それぞれ誰のことか。その組合せとして正しいものを，下の①～⑥のうちから一つ選べ。　（21年倫理第1日程）

ア　近代社会を担う主体性の確立を思想的課題として位置付け，伝統的な日本の思想のあり方を，様々な思想の「雑居」にすぎないと批判した。

イ　近代批評の確立を目指すとともに，明治以来，思想や理論が，その時々の流行の「意匠」として弄(もてあそ)ばれてきたと批判した。

ウ　国家や社会組織の本質を問い直す『共同幻想論』を著すとともに，大衆の実生活に根ざす，自立の思想の確立を目指した。

① **ア**　小林秀雄　**イ**　吉本隆明　**ウ**　丸山真男
② **ア**　小林秀雄　**イ**　丸山真男　**ウ**　吉本隆明
③ **ア**　吉本隆明　**イ**　小林秀雄　**ウ**　丸山真男
④ **ア**　吉本隆明　**イ**　丸山真男　**ウ**　小林秀雄
⑤ **ア**　丸山真男　**イ**　小林秀雄　**ウ**　吉本隆明
⑥ **ア**　丸山真男　**イ**　吉本隆明　**ウ**　小林秀雄

問1 [答] ⑤

出題形式は標準的だが，目新しい人物について出題しようという意図が読みとれる問題。

ア：丸山真男についての説明である[☞p.205]。彼は，**「超国家主義の論理と心理」**において，責任を負おうとしない指導者たちを糾弾し，大日本帝国の構造を「**無責任の体系**」と批判した。そして，戦後日本の思想的課題は，「主体的な個」と民主主義の確立であるとした。

イ：小林秀雄についての説明である[☞p.205]。彼は，『様々なる意匠』において，日本ではマルクス主義をはじめさまざまな思想や理論が，その時々に流行する「意匠」と捉えられてきたことを，批判的に論評した。

ウ：吉本隆明についての説明である[☞p.205]。彼は，『共同幻想論』において，国家が人々の共同幻想によって成立しているに過ぎないことを指摘し，人々の実生活に根ざした思想が必要であると主張した。

以上のことから，正しい組合せは⑤となる。

問2 近代における縁について関心を持った生徒Aは，次のレポートを書き始めた。ただし，レポートには，適当でない箇所が一つある。夏目漱石または和辻哲郎の思想について説明した記述として適当でないものを，レポートの中の下線部①～④のうちから一つ選べ。

（23年倫理追試）

レポート

日本では，近代以降，個としての自立を模索する様々な思想運動が登場した。それはある意味で，古い縁を乗り越えて，個人としての新たな生き方を探求していく試みと言うことができると思う。

例えば，人とのつながりの中で，いかに生きるかを考えた人物に，夏目漱石がいる。①夏目漱石は，エゴイズムに囚われた人間を描くことを通じて，自己ではなく他者を優先する高次の社会的関わりを追い求めた。また，②晩年になって夏目漱石は，自我への執着を捨て去り，自然のままに生きる則天去私の境地を求めた。

一方，西洋思想に由来する個人主義を批判したのが和辻哲郎である。人は孤立して存在するのではなく，人と人との関係において生きているがゆえに，和辻哲郎は共同体に注目した。③和辻哲郎によると，日本人には自然に対して受容的・忍従的な特質が見られる。また，④和辻哲郎は，『風土』の中で，日本の風土はモンスーン型，砂漠型，牧場型という三つの類型のうち，モンスーン型に属すると述べた。

……

両者の思想は対立するように思えたが，しかし彼らの著作をよく読んでみれば，どちらにおいても個人はあくまで他者や自然との関わりの中での個人であるように思われた。このように見てきたとき，近代の人たちは，個の確立を目指しつつも，世界における新たなつながりのあり方を模索したと言えるのかもしれない。

問2 **[答]** ①

二人の思想家やその思想をめぐる共通テスト形式の出題だが，本質的には正誤を判断する四択問題。

① **誤文**：夏目漱石が求めたのは，自らの考えに拠って立ち，自分の自我と他人の自我をともに尊重しようとする自己本位の精神である。したがって，「他者を優先する高次の社会的関わりを追い求めた」という記述は不適当[☞p.197]。

② **正文**：則天去私（そくてんきょし）の境地を求めた晩年の夏目漱石についての説明として適当[☞p.197]。

③ **正文**：和辻哲郎（わつじてつろう）の『風土』における日本人の民族性についての説明として適当[☞p.202]。

④ **正文**：和辻哲郎の『風土』における日本の風土についての説明として適当[☞p.202]。

問3 生徒Bは学習のまとめとして改めて縁について考え，次のレポートを書いた。レポートの内容に合致する記述として最も適当なものを，次ページの①～④のうちから一つ選べ。

（23年倫理追試）

レポート

人生には色々な出会いや別れ，つながりや巡り合わせがある。そのような関わりを、日本人は縁と呼んできた。例えば，芸術鑑賞の授業では，親子の縁をテーマにした作品もあった。また,「南方曼荼羅」の学習では，様々な線や渦巻模様は，縁によって万物はつながり合うというイメージを呼び起こしてくれた。

まず，縁には全体的なつながりという要素が重要になってくる。すると，偶然に思える出会いや出来事であっても，縁というものに気が付いていないから，それを私たちは偶然とみなすのかもしれない。しかし，人間を含めた，生きとし生けるものは，もともと縁によって皆つながり合っている。そう考えてみれば，全ての生き物は縁の結び目のような存在である。

このことを自覚できるのは，やはり人間だけであろうと私は考えを発展させてみた。自分が縁の結び目であることを知り，主体的に受け止めることができるのは，人間に感受性や認識の働きがあるからである。様々な出会いや別れを繰り返す世のあり方を無常と感じる考え方も日本の思想では見られる。無常だからこそ，縁によって生かされて生きるという感覚を大切にしてきたと言える。

そうした気付きにより，私たちの内に全ての生き物を含めた他者に対する責任の自覚が生まれてくる。つまり，この自覚は，縁によって生かされて生きることへの感謝の念だけではなく，自分自身もまたそのような縁を支え，結び付けるべき存在でもあることを，私たちに教えてくれるのである。そこから，縁に基づいた新たな生き方も可能になるのではないだろうか。

① 私たちは皆，いわば縁の網の目の中で生きているが，日本人は人と生き物の関係における縁のことは念頭になく，もっぱら人と人との縁だけについて思いを巡らせてきた。

② 人間を含めた全ての生き物は縁によって皆つながり合っているが，現実の中で経験される出会いや出来事そのものは全く偶然なものであるがゆえに，そこに縁の介在する余地はない。

③ 人間だけが縁の存在を自覚することができるが，そのことにより自らが生かされて生きるという実感が生まれ，また他者とのつながりを支えようとする主体性が得られる。

④ 私たちの内に生まれる他者への責任の自覚は，私たち自身もそのような縁を支え，結び付けるべきだと教えてくれるが，責任を負う範囲は人間社会に限られるものである。

第5編 日本思想

問3 ［答］ ③

近年の「倫理」分野の出題が，読解を重視していたセンター試験時代の出題方法（リード文読解ありの出題形式）に回帰していることを示す問題。いずれにせよ，「倫理」の本質は，文章の読解である。

③ **適当**:「人間だけが縁の存在を自覚することができる」と断言できるかには疑問の余地が残るが（レポートでは，生徒の想定である），ほぼ第三段落を言い換えた内容になっていることと，他の選択肢が明確にレポートに反する内容なので，③が正答となる。

① **不適当**：「日本人は人と生き物の関係における縁のことは念頭になく」という記述は，レポートの第一段落の「縁によって万物はつながり合うというイメージを呼び起こしてくれた」という記述に反する。

② **不適当**：「現実の中で経験される出会いや出来事そのものは全く偶然なものであるがゆえに，そこに縁の介在する余地はない」という記述は，第二段落の「偶然に思える出会いや出来事……を私たちは偶然とみなすのかもしれない。しかし，人間を含めた，生きとし生けるものは，もともと縁によって皆つながり合っている」という記述に反する。

④ **不適当**：「責任を負う範囲は人間社会に限られるものである」という記述は，第四段落の「そうした気付きにより，私たちの内に全ての生き物を含めた他者に対する責任の自覚が生まれてくる」という記述に反する。

第6編　西洋思想

第6編では，西洋思想を学んでいこう。西洋思想は主要な思想家についての正確な理解が問われることが多く，マイナーな思想家についての出題は少ない。ゆえに，表面的な語句の暗記だけでは太刀打ちできないことを肝に銘じておこう。

第6編は，十五のテーマで構成されている。そのうち，テーマ43～50では近代思想（ルネサンス～功利主義など1900年ころまで）を，テーマ51～57では現代思想（社会主義思想など1900年あたり以降の思想）について学んでいく。

近代思想に関しては，認識論（経験論と合理論）と社会哲学（社会契約説）と道徳論（観念論と功利主義）をめぐる議論をしっかり整理していくことが重要だ。各思想家の思想系譜や影響関係を確認し，関連する思想家を相互に比較しながら，その特徴を掴んでいくとよいだろう。

現代思想は，それまでの近代思想への批判や反省から生み出されていった。それゆえ，現代思想の理解には，それらが近代思想の何を批判しているのかを押さえることが重要になる。なお，第二次世界大戦後の思想はとりわけ難解だが，語圏ごとに異なる思想的な課題を意識することが大切であり，それには各章の題名が一助となるはずである。

それでは，講義を始めよう。

43 西洋近代思想の幕開け ～ルネサンスと宗教改革

1 ルネサンス

中世カトリック教会は，やがて人々を封建的身分制度の枠内に押し込める足枷（あしかせ）となり，宗教的純粋さも信望も失っていった。11～13世紀，教会は威信をかけて，イスラーム諸国が支配していた聖地エルサレムを奪還すべく十字軍を派遣した。

その結果，イスラーム世界で高度に発展していたギリシア・ローマの学問が一層ヨーロッパにもたらされ，東方貿易によって富を蓄積していた14～16世紀のイタリアの都市を中心に，ギリシア・ローマ文化の再生・復興運動（ルネサンス）が起きた。

この運動は，やがてカトリック教会の権威や神中心の中世社会の呪縛（じゅばく）から離れ，**人々に尊厳のある生き方を教える人文主義（ヒューマニズム）**の運動を伴う。その担い手を人文主義者（ヒューマニスト）という。

✤代表的な人文主義者

- レオナルド・ダ・ヴィンチ（1452～1519）…**ルネサンス期の理想の人間像**である，さまざまな分野で能力を発揮し，すぐれた業績を残した**万能人（普遍人）の代表**。代表作は，人間が見るように世界を描く**遠近法**を駆使した『モナ・リザ』『最後の晩餐（ばんさん）』。
- ピコ・デラ・ミランドラ（1463～94）…動植物と同じく被造物だが，**人間には自由意志があるがゆえに尊厳**があると主張。主著は，演説草稿『**人間の尊厳について**』。
- エラスムス（1466～1536）…ギリシア語を駆使した聖書の文献学的研究を通じて，教会の権威によってゆがめられていない福音書の復興を目指した。ルターとも親交があったが，後に決別。主著は，僧侶の腐敗を風刺した『**愚神礼讃（ぐしんらいさん）（痴（ち）愚神礼讃）**』。
- マキャヴェリ（1469～1527）…**政治と宗教・道徳を分離**して考え，「**ライオンの力とキツネの狡猾（こうかつ）さ**」を備えた君主を求めた。主著は，『**君主論**』。

✤その他，ルネサンス期に活躍した人々とその主著や作品

- 思想分野…**トマス・モア**（私有財産制のない理想社会を描いた『ユートピア』），カンパネッラ（『太陽の都』）
- 文学分野…**ダンテ**（トスカナ語による『神曲』），**ペトラルカ**（恋愛を通じた個人の意識の目覚めを描いた『カンツォニエーレ』），**ボッカチオ**（人間解放の精神を表現した『デカメロン（十日物語）』），セルバンテス（『ドン・キホーテ』），シェイクスピア（『ハムレット』『リア王』）
- 芸術分野…**ボッティチェリ**（『春（プリマヴェラ）』），**ミケランジェロ**（『ダヴィデ像』『最後の審判』），**ラファエロ**（『アテネの学堂』『聖母子像』）

2 宗教改革 ★★★

中世末，カトリック教会は，大聖堂の改修などの資金集めのために，購入すれば罪の償いが免除されるという贖宥状（免罪符）の発行や，聖職者の位の販売，祈りや儀式の形骸化などにより，**人々に救いをもたらすものではなくなっていた。**

こうしたカトリック教会の腐敗や堕落に対し，キリスト教内部からイギリスの**ウィクリフ**や，その思想に賛同したチェコ出身の**フス**などの批判者・改革者が現れた。

改革運動はドイツの**ルター**(1483~1546)が「**95カ条の意見書**（**論題**）」を公表したときに頂点に達し，教会よりも聖書を重視する**福音主義**を唱える人々（**プロテスタント**〔**新教徒**〕）がカトリック教会から分離・独立しようとする**宗教改革**の運動にまで発展した。

さらに，ルターの教えを徹底し，改革運動を進めたのが，ジュネーヴにおいて宗教改革運動を指導した，フランス出身の**カルヴァン**(1509~64)である。

カルヴァンの教えは，ジュネーヴにとどまらず，フランスの**ユグノー戦争**(1562~98)やイギリスの**ピューリタン革命**(1642~49)（**清教徒革命**）などにも影響を与えた。

✤**ルターの思想**（『**キリスト者の自由**』，『ルター聖書（ドイツ語訳聖書）』）

- **信仰義認説**…神によって義しく生きていると認められるのに，贖宥状の購入や教会への寄進などは不要。悔い改め，十字架の贖いに示された，神の愛と赦し（恩寵）を信じることが必要（「**信仰のみ**」←パウロの教え［☞p.105］への回帰）。
- **聖書中心主義**…信仰の拠りどころは，**聖書のみ**（ルターは，聖書をドイツ語訳）。
- **万人司祭主義**…信仰に徹する者は，神の前ではすべて等しく司祭である。
- **職業召命観**…**職業に貴賤なし。どの職業も神からの召命**（**命令**）であり，各々の職業に努め励むことが神の意志に沿うこと。
- エラスムスとの論争…「救済は人間の自由意志による善行と神の恩寵によりもたらされる」と論じたエラスムスに対し，ルターは信仰義認説を唱えて反論。

✤**カルヴァンの思想**（『**キリスト教綱要**』）

- **予定説**…神は絶対であり，救われる者と救われない者をあらかじめ決めている。**人間は，神の決定を知ることも変えることもできない。**
- **職業召命観**…ルターの職業召命観を徹底。ひたすら勤勉に働き，質素・倹約に努めなければならず（禁欲主義），**勤勉に働いた結果として得られる利益は神の栄光を実現するための奉仕の結果であり，これが救いの確信を生む。**
- **神権政治**…ジュネーヴに招かれ，教会や市政の改革を進め，教会法を制定し，教会の指導のもとに市民に厳格な信仰生活を要求。

✤**ウェーバー**(1864~1920)**の分析**（『**プロテスタンティズムの倫理と資本主義の精神**』）

- 聖職のみを召命とする中世的な思考を離れ，**職業人**（**専門人**）を理想とし，禁欲主義を説くカルヴィニズム（カルヴァンの思想）を受け継ぐ**プロテスタントの人々の職業倫理が資本主義の精神**（**エートス**）**を育む基盤**を，教会や聖礼典（秘蹟）による救済を廃棄する思想が合理的な精神を育てた（**魔術**〔**呪術**〕**からの解放**）と分析。

ここが共通テストのツボだ!!

ツボ① 自由意志をめぐる論争と近代的人間観について確認しておこう。

自由意志をめぐる論争は，中世のペラギウス対アウグスティヌスの論争（「**救済されるのに自由意志が必要か不要か**」）から見られるものである。

この論争は，極論すると，**自由意志による救済の肯定は神の存在の否定につながり，自由意志による救済の否定は人間の努力の否定につながる**ことをめぐり引き起こされた。

こうした背景を知っていれば，「**神に似せてつくられた存在**」とはいえ，「個」が抑圧された中世を離れ，**従来の宗教的権威から自己を解放し，自己の理性に基づいて，尊厳をもって，この世界を生きていく近代人の姿**が形成されつつあった近代初頭に，人文主義者のエラスムスと神学者のルターの間で自由意志をめぐる論争が再燃したことも納得できるだろう。

自由意志必要派…ペラギウス，ピコ・デラ・ミランドラ，エラスムスなど
自由意志不要派…アウグスティヌス，ルターなど

ツボ② カトリックとプロテスタントの違いを押さえておこう。

	カトリック	プロテスタント
共通点	神とイエス=キリストへの信仰は共通。聖霊の働きも認める。聖書もほぼ同じ（カトリックには外典がある）。	
教　会	人間的要素と神的要素が一体化したもの。	地上の教会は人間がつくった組織。
聖書解釈	教会が専有。	個人の良心に任される。
その他	司祭（神父）は，宗教的権能がある聖職者（男性のみ。原則，結婚不可）。十字を切る。マリア信仰。祭儀を「ミサ」と呼び，聖歌を歌う。	牧師は聖職者ではなく，信徒の代表（女性の牧師もいる。結婚可）。多くの宗派で十字を切らない。祭儀を「礼拝（れいはい）」と呼び，賛美歌を歌う。

総じて，神がつくった世界の階層的秩序を重視するカトリックに対して，神と人間の絶対的な相違と徹底した人間の平等を唱えるプロテスタントという大きな違いがある。

基礎力チェック問題

問1 ルネサンス期の人物の説明として最も適当なものを，次の①〜④のうちから一つ選べ。〈オリジナル〉

① ピコ・デラ・ミランドラは，植物や動物とは異なり，人間は自分で自分の生き方を決定できるという点に，人間の尊厳を見いだした。
② エラスムスは，人間は神の前で平等であり，誰もが聖書を拠り所とする信仰のみによって義とされると考えた。
③ トマス・モアは，現実社会のあり方を批判して，政治を宗教や道徳から分離して捉えるべきであると主張した。
④ ラファエロは，古典と聖書の文献学的な研究を通じて，教会の解釈によってゆがめられていない福音書の復興をめざした。

問1 [答] ①
① **適当**
② **不適当**：「エラスムス」をルターに替えれば正文になる。
③ **不適当**：「トマス・モア」をマキャヴェリに替えれば正文になる。
④ **不適当**：「ラファエロ」をエラスムスに替えれば正文になる。

問2 プロテスタンティズムに関する説明として適当でないものを，次の①〜④のうちから一つ選べ。(08年倫理追試)

① ルターによれば，キリスト者はみな等しく神の前に立つものであり，その観点からは，世俗の者も司祭である。
② カルヴァンによれば，神は救済される人間とそうでない人間とをあらかじめ決定しているが，人間はその決定を知ることはできない。
③ ルターによれば，救済のために必要なのは，教会が勧める善行や功徳を積むことではなく，ただ神の恵みを信じることである。
④ カルヴァンによれば，現世での善行によっては救いを実現することができないので，現世の生活は積極的な意味をもたない。

問2 [答] ④
④ **不適当**：カルヴァンは，人々が現世の職業に励むことを奨励。
① **適当**：ルターが説いた万人司祭主義についての説明。
② **適当**：カルヴァンが説いた予定説についての説明。
③ **適当**：ルターが説いた信仰義認説についての説明。

問3 人間の自由意志と神の恩寵との関係をめぐる，ルターとエラスムスの立場の相違に関する記述として最も適当なものを，次の①〜④のうちから一つ選べ。(94年倫政本試〈改〉)

① 両者はともに，現実の行為の原因が人間の自由意志であることを認めた。その意志的行為に関し，エラスムスはそれが神の恩寵によってのみ可能となったと主張し，ルターは人間本性と神との協力によるとした。
② エラスムスは，人間の救いに有効な善行の根拠として，神の恩寵に応答する自由意志を認めた。ルターは，神の恩寵によらなければ原罪を負った人間は善を欲することもできないとした。
③ エラスムスは，善悪両方に向かい得る自由を獲得することは，原罪を負った人間には不可能であるとした。ルターは，原罪によっても破壊されない人間本性によって，自由が可能となっているとした。
④ 両者はともに，人間の自由意志の存在を認めなかった。それを，エラスムスは自然全体の有する必然性を人間が免れ得ないからだとし，ルターは神の決定を免れ得ないからだとした。

問3 [答] ②
② **適当**
① **不適当**：エラスムスの見解とルターの見解が逆になっている。
③ **不適当**：エラスムスは，自由意志に積極的な意味を認めた。
④ **不適当**：ルターもエラスムスも「自由意志の存在」は認めている。

44 伝統の保持と科学による革新 ～カトリック改革と科学革命，そしてモラリスト

1 カトリック改革

プロテスタントの勢力が強くなる以前から，カトリック内部でも改革運動，すなわち**カトリック改革**（**対抗宗教改革**）が起きていた。

✤修道会の活躍

・**カトリック改革**の主役…**修道会**（誓願によって結ばれ，共同生活をするキリスト教信徒の組織）の活動。その代表的なものが，スペイン（バスク）出身の**イグナティウス・デ・ロヨラ**(1491～1556)が創設した**イエズス会**。厳格な内部規律と軍隊的な組織のもと，布教活動を行い海外へカトリックをもたらした。

2 モンテーニュ

カトリックの多いフランスにおいて，カルヴァン派の人々（ユグノー）が勢力をもちはじめると，やがて40年近くにわたるカトリック対プロテスタントの陰惨（いんさん）な内戦が勃発した。

この**ユグノー戦争**(1562～98)のさなかに，モラリスト（人間性や道徳に関する思索を格言や箴言（しんげん）の形で書き記した人々）の一人とされるモンテーニュ(1533～92)が活躍した。

✤モンテーニュの思想（『エセー（随想録（ずいそうろく））』）

・主張…宗教や思想を絶対視する**独断**や**傲慢さ**（ごうまん）が残虐行為や野蛮な戦争を引き起こす。それゆえ，常に「**私は何を知っているか**（**ク・セ・ジュ？**）」と内省的に問いかけ（**懐疑主義**），**自分を絶対視しない謙虚さと他人への寛容**が必要。

3 科学革命

真実について自ら考える人間の精神の自立を促したルネサンスと宗教改革の流れを受け，ヨーロッパでは近代科学が成立した。

それは，アリストテレス以来の**目的論的自然観**から，自然を精巧な機械のようなものと捉える**機械論的自然観**への転換を人々に促すものであった（**科学革命**）。

✤近代科学の特徴

・方法…**観察や実験に基づいて**，自然そのものに内在する法則（自然法則）を見出す。そして，自然を質的にではなく量的に捉える（**数学的な量的定式化**）。

・立場…**自然の秩序を明らかにすることは，宇宙を創造した神の栄光を讃（たた）えること**。したがって，科学革命を推進した人々に無神論者はいない。

✤科学革命の時代に活躍した人々

・**コペルニクス**(1473〜1543)(『天球の回転について』)…ポーランドのカトリックの司祭。古代のプトレマイオスの**天動説**を否定して，**惑星は真円軌道を描きながら太陽の周りを公転するという地動説**を研究した。

・**ブルーノ**(1548〜1600)(『無限，宇宙および諸世界について』)…ドミニコ会の修道士だったが，修道会をぬけ，無限の宇宙には恒星を太陽とした無数の太陽系があるとする**汎神論**(はんしんろん)を主張。異端とされ，宗教裁判によりローマで火刑に処された。

・**ガリレイ**(1564〜1642)(『天文対話』)…「**自然という書物は数学の言葉で書かれている**」という信念のもと，「物体落下の法則」などを発見。自作の望遠鏡による天体観測を行い，地動説を唱えたため，**宗教裁判にかけられ，有罪判決**を受けた。

・**ケプラー**(1571〜1630)(『世界の調和』)…ブラーエの天体観測の記録をもとに，いわゆる**ケプラーの三法則**を発見。**惑星は楕円**(だえん)**軌道を描きながら太陽の周りを公転するという地動説**を提唱した。

・**ニュートン**(1643〜1727)(『**プリンキピア**(自然哲学の数学的諸原理)』)…**万有引力の法則**によって，天体の運動を体系的・合理的に説明。**古典力学を大成**。彼は，「**私に遠くが見えていたとすれば，巨人の肩の上に乗っていたからである**」と述べた。

・**ゲーテ**(1749〜1832)…人間と自然を分離する**機械論的な自然観を批判**。**汎神論**の影響のもと，人間を取り巻き，人間もその一部をなす「**生きた自然**」という考え方(**有機体論的な自然観**)を提唱した。

✤パラダイム転換

・科学の歴史…現代の科学史家**クーン**(1922〜96)は，科学の歴史は知識の累積的な進歩ではなく，その時代に応じた**パラダイム**(時代を制する科学的な常識・理論的範疇(はんちゅう))が転換(**パラダイム・シフト**)する歴史であると捉えた(『科学革命の構造』)。そして，この17世紀に起きた科学的大転換を一つのパラダイム転換と見なした。

4 パスカル

17世紀，近代科学が宇宙や自然の法則を科学的に解明する一方，政治的・宗教的対立による悲惨な争いも続いていた。こうした状況を生きたのが，モンテーニュとともに**モラリスト**と称せられる，科学者であり哲学者でもある**パスカル**(1623〜62)である。

✤パスカルの思想(『**パンセ**(**瞑想録**(めいそうろく))』)

・人間とは…「**人間はひとくきの葦**(あし)**にすぎない。自然の中で最も弱いものである。だが，それは考える葦である**」。ただし，人間の合理的な精神である**幾何学的精神**(推論と論証を行う科学的・合理的な精神)では人生の根本的な真理に触れられず，心の安らぎも得られないと考えた。

・主張…人間は，**偉大と悲惨の中間者**。賭事や娯楽などの**気晴らし**は，不安を増大させるだけ。**心の安らぎは，繊細の精神(直感する心情)を働かせて，キリスト教の愛にならって生きることによって得られる**。

第6編 西洋思想 1 西洋の近代思想

ここが共通テストのツボだ!!

ツボ① モラリストとまとめられるモンテーニュとパスカルは，生きた時代が異なる。二人が生きた現実を確認しておこう。

人間の本性やさまざまな生き方を実生活に即して冷静かつ精密に観察し，人間としての生き方を追求した人々をモラリストという。この代表者が，モンテーニュとパスカル。ただし，二人は生きた時代も，その思想も異なる。

モンテーニュが思索を重ねたのは，フランスがユグノー戦争を経験した16世紀である。彼は，人類救済の悲願を掲げている宗教の名においてさえ，人は凶暴性を発揮することを反省し，**ソクラテスの無知の知，対話の精神に学ぶべきだ**と説いた。

一方，デカルトと同時代人の**パスカル**が思索を重ねたのは，近代科学が大きく発展した17世紀である。彼は科学者でもあったが，**近代的な理性に限界を見て**，心の安らぎをキリスト教の信仰と愛に生きる生活に求めた。

> モンテーニュ…ユグノー戦争（16世紀）。宗教に対する懐疑→理性への信頼。
> パスカル…科学の時代（17世紀）。理性の限界→宗教に救いを求める。

ツボ② 科学革命の時代に活躍した人々の特徴を押さえよう。

①古代の自然哲学者［☞p.92］は，**思索**が中心。コペルニクスら科学革命を推進した人々は，**観察**・**実験**を重視した。

②古代の自然哲学者は，純粋な知的関心から自然について思索。コペルニクスら科学革命を推進した人々は，神が創った秩序を天文学や数学で読み解こうという宗教的な関心・情熱から自然について思索（したがって，彼らのなかに**無神論者はいない**）。

③コペルニクスは，神の完全性への信頼から惑星は**真円軌道**を描くと考えた。ケプラーは，科学的なデータをもとに惑星は**楕円軌道**を描くと考えた。

④科学革命を推進した人々のうち，ブルーノは火刑に処された。**ガリレイは宗教裁判**にかけられたものの，死刑にはなっていない。

⑤科学革命を推進した人々は世界を創造した**超越神**を信じつつ，**機械論的な自然観**の立場に立つが，ゲーテは**汎神論**を唱え，「**生きた自然**」という考え方（**有機体論的な自然観**）を提唱した。

> とりわけ，科学者だからといって無神論者とは限らないことに注意しよう。

基礎力チェック問題

問1 モンテーニュの説明として適当でないものを，次の①〜④のうちから一つ選べ。 (04年倫理追試〈改〉)

① ギリシアやローマの賢者たちに倣って，よりよく生きるための方策を求めた。
② 鋭い人間観察に基づき，人間の生き方を独自の視点から探究した。
③ 神への信仰を否定し，地上の生活に積極的な意義を見いだして，多彩な能力を発揮した。
④ 思想の体系化を図らず，日々の思索を随筆の形で丹念につづった。

問1 [答] ③
③ **不適当**：「神への信仰を否定」が不適当。モンテーニュは，無神論者ではない。
①②④ **適当**

問2 様々な科学者についての記述として最も適当なものを，次の①〜④のうちから一つ選べ。 (99年倫理本試〈改〉)

① コペルニクスは，地動説を提唱し，『天球の回転について』という書物を著した。これを書いた彼の考えは，この世界を支配しているのは神である，という信念によって規定されていた。
② パスカルは，「パスカルの原理」を発見する一方で『パンセ』を著した。この中で彼は，神との対比において人間を考える葦(あし)とみなし，考えている限りにおいて存在するものであると論じた。
③ ガリレイは，宇宙は神が創造した絶対空間であり，地球はその中を動き回る惑星だと主張し，『天文対話』を著した。これは教会の見解を自然科学によって実証するもので，ひろく受け入れられた。
④ ニュートンは，万有引力の法則を発見して，『プリンキピア(自然哲学の数学的諸原理)』を著した。そこでの見解が聖書の記述に反するという理由で，彼は宗教裁判にかけられたが，自説は神の意にかなうものだと主張した。

問2 [答] ①
① **適当**
② **不適当**：「(人間の精神を)考えている限りにおいて存在するもの」と論じたのは，「パスカル」ではなく，デカルト[☞p.222]。
③ **不適当**：ガリレイの主張は，「教会の見解を自然科学によって実証するもの」ではない。
④ **不適当**：ニュートンは，宗教裁判にかけられていない。

問3 パスカルの思想の説明として最も適当なものを，次の①〜④のうちから一つ選べ。 (14年倫理本試)

① 人間には外的なものから受ける影響で様々な情念が生じるが，人間は，自らの意志によってそれらの情念を支配し，自分の行動を決定していくことができる高邁の精神をもつと考えた。
② 考えることに人間の尊厳を見いだし，特に，人間のあり方や事柄の本質を捉えるためには，推理や論証を行う能力だけではなく，直感的に物事を把握する能力が必要であるとした。
③ 人間にはその本性や感覚によって誤謬や錯覚が生じるが，実験と観察を通じて得られた知識によって，それらを取り除き，自然の一般的な法則を捉えることで，自然を支配できると考えた。
④ 自己自身を形成することに人間の尊厳を見いだし，特に，人間が自分の生き方を選択し，自らの存在のあり方を決定するためには，各自の自由意志が必要であるとした。

問3 [答] ②
② **適当**：「推理や論証を行う能力」とは，**幾何学的精神**のこと。「直感的に物事を把握する能力」とは**繊細の精神**のこと。
① **不適当**：デカルトの思想についての説明[☞p.222]。
③ **不適当**：ベーコンの思想についての説明[☞p.222]。
④ **不適当**：ピコ・デラ・ミランドラなどの人文主義者(ヒューマニスト)の思想についての説明[☞p.214]。

45 新しい学問方法の模索 ～ベーコンとデカルト

1 ベーコン

ヨーロッパでは，ルネサンスや宗教改革の進展，さらには自然科学の発展に触発されて，中世の人間観や世界観が否定され，哲学も大きな進歩を遂げる。

この一翼を担った一人が，「（**イギリス**）**経験論の祖**」とされるベーコン（1561～1626）。彼は，スコラ哲学を「効用のない真理」を追求する学問であると批判した。

✤ベーコンの思想（**『学問の進歩』『ノヴム・オルガヌム（新機関）』**）

・「知は力なり」…**新しい学問が追求すべきは，自然を支配して人類の生活を改善するような力となる知識**である。

　こうした知識を得るには，自然をありのままに観察することが重要。そのためには，人間の内にある偏見・先入見（イドラ）を取り除くことが必要。

偏見・先入見（イドラ）について	
種族のイドラ	人間の本性に根差し，人間という種族に共通する感覚的な偏見。
洞窟のイドラ	個人の視野の狭さや生い立ちなどに由来する，個人的な偏見。
市場のイドラ	言葉の不適切な使用など，人間相互の接触から生じる偏見。
劇場のイドラ	権威や伝統を無批判に受け入れることによって生じる偏見。

・新しい学問の方法として，帰納法を提唱…帰納法とは，イドラに惑わされず，**経験（自然をありのままに観察・実験すること）から集められた情報をもとに，有用で確実な一般的な法則を見出す方法**。スコラ哲学の思考法とは，まったく異なる。

2 デカルト

哲学の進歩のもう一翼を担った人物が，「（**大陸**）**合理論の祖**」あるいは「**近代哲学の父**」とされるデカルト（1596～1650）。数学者でもあった。彼は，イエズス会の学校でスコラ哲学を学んだものの，「世間という大きな書物」から学ぶために各地を遍歴した。

✤デカルトの思想（**『方法序説』『省察（せいさつ）』**『情念論』）

・新しい学問の方法として，演繹法（えんえきほう）を提唱…演繹法とは，**万人に平等に与えられている理性（良識（ボン・サンス））が，明晰（めいせき）・判明な真理をもとに，合理的・論理的に推論を重ねて真理に至る方法**。スコラ哲学の思考法に似ているが，推論の出発点が異なる。

デカルトが挙げた理性を正しく使用するための四つの規則	
明　証	疑いの余地なく明らかなものだけを真理として認める。
分　析	単純なものに分析する。
総　合	分析したものを総合する。
枚　挙	漏れがないようにすべてを数え上げる。

・哲学的思索の出発点…デカルトは，哲学の領域において，教会の教えや聖書の記述に代わる明晰・判明な真理を見つけようと，理性を駆使して，あらゆる経験，感覚による知識，数学的知識，さらには身体の存在まで疑った（**方法的懐疑**）。

この結果，**すべてを疑わしいと考えている間も，わたしは存在しなければならない。ゆえに，「考えるわたし」があることは疑い得ない**と確信するに至る。

そして，哲学的思索は，「**わたしは考える。それゆえにわたしはある**（**コギト・エルゴ・スム**）」という真理（**哲学の第一原理**）が出発点となると主張。

・真偽の基準…デカルトにとって，**真理とは教会や聖書などの権威によるものではなく，疑い得ない確実な真理である「考えるわたし」，すなわち人間のただ内なる精神（理性）にとって明晰・判明なものだけである。**

✤物心二元論・心身二元論をめぐる問題

実体～属性（本質的な特徴）
精神～思惟（考えること）
物体～延長（空間的な広がり）

・神の存在と物体の実在…デカルトによれば，不完全な人間が「完全な神」という観念をもっているのは，「完全な神」が存在しているから（神の人間学的証明）。

その誠実な神が世界を支えているのだから，**この世界には思惟（しい）を属性とする実体（ほかに依存しない独立した存在）である精神とともに，数量化可能で延長（えんちょう）を属性とする物体（身体）も実体として実在**しているとデカルトは主張した。

- メリット…何ものにも依存しない自由な主体としての自己（**近代的自我**）という考え方を確立。他方，**自然を機械のような単なる物体と見なす哲学的な機械論的自然観を論証し，科学の発展に寄与。**
- デメリット…**心と身体が別であるとすると，心と身体が連動しているという現実をうまく説明できない（心身問題）**。また，自然を単なる物体と見なすことは，人間の身体を含む自然の飽くなき利用への道を開くことになった。

✤道徳論～暫定（ざんてい）道徳から高邁の精神へ

・道徳について…デカルトは，『方法序説』では，完全に基礎づけられた道徳の体系ができあがるまでは，社会常識などの**暫定道徳**に従うのがよいと主張。

しかし，後の『情念論』では，外部の影響から生まれた情念（感情や欲情）を，自ら統御する理性的な自由な精神（**高邁（こうまい）の精神**）の大切さを訴えた。

第6編　西洋思想　1　西洋の近代思想

ここが共通テストのツボだ!!

ツボ 1 近代の帰納法や演繹法と，スコラ哲学との思考法の違いを知ろう。

帰納法（ベーコン）

事実　事実　事実　事実
↓　↓ 観察・実験 ↓　↓
一般的法則

（実例）ソクラテスもプラトンもアリストテレスも死んだ。
↓
人間は死ぬ

演繹法（デカルト）

確実な真理
↓　↓ 推理 ↓　↓
判断　判断　判断　判断

（実例）人間は死ぬ
↓
ソクラテスは人間である。
ゆえに，彼は死ぬ。

スコラ哲学…聖書の記述を推論の出発点とし，真理に至る演繹法。
ベーコン……経験（観察・実験）を積み重ねて一般法則を導く帰納法。
デカルト……「考えるわたし」を推論の出発点とし，真理に至る演繹法。

ツボ 2 ベーコンやデカルトの思想と現代の諸問題を関連させておこう。

ベーコンやデカルトの思想に代表される近代的な人間観や自然観によって，科学技術は大いに発展した。その一方で，人間の自我は，自然界から完全に切り離されてしまい，自らを理性の内に閉じ込めてしまった。

自然も，人間の自我によって支配・操作される物質に貶(おとし)められた。そして，自然は，生産のための手段としてのみ扱われ，人間の身体を含めた自然や生態系の豊かさが見失われることにもなった。

これらの結果，**地球規模での環境破壊**が生じたり，動物や人間を機械としか見なさない**動物機械論**や**人間機械論**が唱えられたりすることになる。**前者は人類の生存そのものを脅かすことになり，後者は生の尊厳を無視することになりかねない**。また，二元論的な思考では，心身症などの心因性の身体疾患をうまく説明できない。

環境・生命倫理の問題の根底には，多くの場合，近代哲学に由来する問題が横たわっている。

基礎力チェック問題

問1 ベーコンが批判した四つのイドラの記述として最も適当なものを，次の①～④のうちから一つ選べ。 (10年倫理本試)

① 種族のイドラ：人間は，正確な感覚や精神を具(そな)えているが，個人的な性格の偏りや思い込みによって，事物の本性を取り違える可能性があるということ。

② 洞窟のイドラ：人間は，種に特有の感覚や精神の歪(ゆが)みを免れ得ないため，人間独自の偏見に囚(とら)われて，たやすく事物の本性を誤認してしまうということ。

③ 市場のイドラ：人間は，他者との交流の中で人が発した言葉を簡単には信頼しないため，しばしば真実を見失い，不適切な偏見を抱きやすいということ。

④ 劇場のイドラ：人間は，芝居等を真実だと思い込むように，伝統や権威を盲信して，誤った学説や主張を無批判的に受け入れてしまいがちだということ。

問1 [答] ④

④ **適当**
① **不適当**：「種族のイドラ」を**洞窟のイドラ**に替えれば正文になる。
② **不適当**：「洞窟のイドラ」を**種族のイドラ**に替えれば正文になる。
③ **不適当**：「人が発した言葉を簡単には信頼しない」が不適当。「市場のイドラ」は言葉の不適切な使用から生じる。

問2 精神に関するデカルトの見解として最も適当なものを，次の①～④のうちから一つ選べ。 (09年倫理本試)

① 精神は，人間の根源にある欲望を統御する良心であり，教育を通じて社会の規範が内面化されたものである。

② 精神は，誠実なる神によって人間に与えられた良識であり，信仰に応じて各人に配分されているものである。

③ 精神は，思考を属性とする実体であり，延長を属性とする物体である身体から明確に区別されるものである。

④ 精神は，客観的な真理を追究しようとする高邁の心であり，情念と関(かか)わりをもたずに存在するものである。

問2 [答] ③

③ **適当**
① **不適当**：フロイトのいうスーパーエゴ(超自我)を想定した記述[☞p.262]。
② **不適当**：デカルトは，良識は，「信仰」とは無関係に，万人に平等に与えられていると考えた。
④ **不適当**：精神は，高邁の精神として情念(感情や欲情)を統御するので，「情念と関わりをもたずに存在するもの」ではない。

問3 道徳についてのデカルトの考え方として**適当でないもの**を，次の①～④のうちから一つ選べ。 (99年倫理本試)

① 神の善性は懐疑をとおして認識される真理であり，この真理の認識が善い生き方にとって必要である。

② 情念とは精神の受動的な状態のことであって，情念を統御するところに徳がある。

③ 善と悪の根拠を明晰(めいせき)かつ判明に認識するまでは，行為についてのどのような判断も下すべきではない。

④ 真偽を弁別する能力である良識は，すべての人間に平等に賦与されたものである。

問3 [答] ③

③ **不適当**：デカルトの**暫定道徳**論に照らして，「どのような判断も下すべきではない」は不適当。このような場合，彼は社会常識などに従うべきと主張した。
①②④ **適当**

46 市民社会と人権思想の展開 ～ホッブズ，ロック，ルソー

1 王権神授説と社会契約説

ヨーロッパでは，中世の封建社会が衰退すると，王権神授説を援用して国王の権力を正当化し絶対視する絶対王政の時代が到来した。

しかし，財産や教養のある人々（市民階級）を中心とする各地の民衆は，やがて君主による専制政治を打倒し，**市民革命**を成し遂げ，議会政治を確立した。こうした市民革命を支えたのが，ホッブズ（1588～1679）やロック（1632～1704）やルソー（1712～78）らが展開した社会契約説である。

◯ 王権神授説

王権は神に由来する絶対的なものであり，人民は国王・国家の権威に服従しなければならないという説。フランスのボシュエらが説いた。

◯ 社会契約説・自然法・自然権

社会契約説とは，自然法・自然権思想によって立ち，**社会・国家は，それを構成する主体間の，自由意志に基づく契約によって成立する**という理論。

この社会契約説のもとになったのが，人間社会には自然界と同じように，人間の定めた約束事を超える普遍法則が存在するとする自然法**思想**。この自然法思想に基づいて主張される権利が自然権（**個人が生まれながらにもつ権利**）である。

2 ホッブズ

社会契約説を唱えた一人が，17世紀の清教徒革命期に悲惨な内乱状態を経験したホッブズ。彼は，人間を単なる物体と捉える唯物論を唱えたことでも知られている。

✤ホッブズの社会契約説（『リヴァイアサン』）

・自然状態（国家が存立する以前の状態）…利己的であり，自然権として**自己保存権**（自己保存のために必要なことをなす権利）をもつ人々が，自己保存の欲求を満たすために争う（「**人は人に対して狼**（おおかみ）」「**万人の万人に対する闘争**（**戦争**）」）。

・社会契約…自然状態では，「人間の生活は孤独で，貧しく，険悪で，残忍で，短い」ので，**理性の命令（自然法）に従って，人々は自然権を統治者に全面的に譲渡**する約束をし，自然状態から脱して自らの命を保障されようとした。

・意義と影響…**ホッブズの思想は，国家権力の根拠を，神ではなく市民相互の契約に求めたものであり，近代的な民主政治の理論の先駆け**となるものであった。しかし，結果的に，当時の絶対王政を肯定することにもなった。

3 ロック

名誉革命に参加し，「権利章典」の起草にも携わり，政教分離と寛容を説いた**ロック**も，独自の社会契約説を展開し，国家と社会のあり方を理論的に基礎づけた。

✤ロックの社会契約説（『市民政府二論（統治二論）』）

・自然状態…人は理性的で，自然権として**生命・自由・財産の所有（所有権）**をもって，おおむね自由かつ平和に暮らしている。しかし，自然状態では，法も公正に裁いて処罰する公的権力も存在しないので，**自然権の侵害をめぐって争いが生じても解決できない**。

・社会契約…自然権の確保（所有権の保護）のために，人々は**代表者である政府（立法権は議会，執行権・同盟権は国王がもつ）に統治を信託**する約束をした（**議会制民主主義**・**代議制民主主義**）。なお，人々には**抵抗権**・**革命権**（信託に反する悪しき政府に抵抗したり，政府を取り替えたりする権利）があるとした。

・意義と影響…ロックは，国家の主権が人民にあることや，政治における法の支配の必要性を主張。**アメリカの独立宣言（1776）やフランスの人権宣言（1789）に影響**を与えた。

4 ルソー

18世紀のフランスの絶対王政下で，文明社会に批判的な目を向けた**ルソー**も社会契約説を展開した一人である。

✤ルソーの社会契約説（『人間不平等起源論』『社会契約論』）

・自然状態…人々は**自己愛**と**憐憫（れんびん）の情**（**憐（あわ）れみの心**）をもち，単純素朴で純粋無垢な自然人として，自由・平等・平和な理想的生活をしている。しかし，孤独。

・文明の形成…孤独を避けようと，人々は**私有財産制**と代議制を基礎とする文明を発達させた。しかし，「イギリス人は選挙の時だけ自由人で，選挙が終われば奴隷になる」と述べたように，そうした社会では一部の人に政治的決定権が集中しているため，**不平等や悪徳が栄え，かえって自由が失われた**。

・社会契約…人々は，**特殊意志**（個人の意志）でも**全体意志**（特殊意志の総和）でもない，全員が参加する議論で形成される**一般意志**（**譲渡も分割もできず，公共の利益を目指す全人民の普遍的意志**）**へ自分の全権利の譲渡と絶対的服従を相互に契約**し，**市民的自由**を保障する共同社会（**共和国**）を樹立することが必要。

　そこでは，人々全体で政治的決定権をもち，法律や政策は一般意志に従って作成されるので（政府はあくまで一般意志の代弁者），それらに従っている限り，人々は自らが自らの制する社会の主人公となる（**道徳的自由**の獲得）と主張。

・意義と影響…代議制の欠点を克服するルソーの**直接民主制**の構想は，**人民主権の確立を目指したフランス革命（1789～99）の大きな原動力**となった。しかし，人々が一般意志に反対することは不可であり，**全体主義の先駆け**であるという批判もある。

ここが共通テストのツボだ!!

ツボ 1 社会契約説のもとになった自然法思想の起源について知ろう。

自然法思想の起源は，**理性が宇宙（自然）を支配している**と考えた古代ギリシアのストア派の思想［☞p.101］にまで遡（さかのぼ）ることができる。

中世においては，キリスト教神学者が自然法思想を展開した。例えば，トマス・アクィナス［☞p.105］は，世界は神の永遠の法（**永遠法**）によって支配されており，その法を**人間が理性によって捉えたものが自然法**であり，これは人間社会の基本規範であると説いた。

近代では，「**自然法の父**」や「**国際法の父**」と呼ばれるオランダの法学者**グロティウス**（1583～1645）（『戦争と平和の法』）が，**人間の理性に基づき，自然状態や自然権について考察**した。

> 自然法思想の起源は，ストア派とキリスト教神学が説く法思想。
> 自然状態や自然権について近代的な考察を行ったのがグロティウスら。

ツボ 2 ホッブズ・ロック・ルソーの思想の相違点を整理しておこう。

	ホッブズ	ロック	ルソー
人間の本性	自己保存の衝動に従って行動	理性に従って行動	自己愛と憐憫の情に従って行動
自然状態	「万人の万人に対する闘争（戦争）」状態	自由・平和・平等だが，所有権が不安定	自由・平和・平等だが，人々は孤独
社会契約説	絶対権力者／〈力〉／人民の安全／契約／自然権の譲渡／〈絶対服従〉／市民／相互に契約	民主的代議政体／〈法〉／市民の幸福と安寧／契約／所有権の保護を信託／〈抵抗権と革命権〉／市民／相互に契約	直接民主政体／〈公僕〉／絶対服従／一般意志＝主権／絶対服従／〈主権者〉／市民／各自が一般意志と契約

> ホッブズ…宗教によらず，国家や法律の根拠を示したことに注目しよう。
> ロック……私的所有権の根拠づけと，人民主権，法の支配をめぐる議論に注目しよう。
> ルソー……人民主権を明確に基礎づける議論に注目しよう。

基礎力チェック問題

問1 近代民主政治の基礎理論に関連する記述として最も適当なものを，次の①～④のうちから一つ選べ。（01年政経追試）

① ホッブズは，君主は外交権を握るべきであるが，国内においては，国民の信託を得た代表が国政を担当すべきであると説いた。
② ロックによれば，政府が国民の生命や財産を侵害した場合，国民は政府に抵抗する権利をもっている。
③ アメリカ独立革命を目撃したモンテスキューは，一般人民を主権者とする社会契約論を唱えて，フランス革命に影響を与えた。
④「人民の人民による人民のための政治」というリンカーンの言葉は，ルソーの説く一般意志と同じように，間接民主政治を否定している。

問1 ［答］②

② **適当**
① **不適当**：「ホッブズ」をロックに替えれば正文になる。
③ **不適当**：「モンテスキュー」をルソーに替えれば正文になる。
④ **不適当**：アメリカ第16代大統領リンカーンは，「間接民主政治を否定」しているわけではない。

問2 ロックの思想の説明として最も適当なものを，次の①～④のうちから一つ選べ。（96年倫政本試〈改〉）

① 権利は，すべて国家によって保障されるのだから，自然状態は万人の万人に対する戦いである，と説いた。
② 自然状態から社会状態への移行を可能にするのは人間の本性であって，社会契約は関係ないと説いた。
③ 平和状態は，社会契約後の国家間に成立するものだから，自然状態には存在しえない，と説いた。
④ 理性と自然法が自然状態を支配しているかぎり，自然状態は基本的には平和状態である，と説いた。

問2 ［答］④

④ **適当**
① **不適当**：「自然状態は万人の万人に対する戦い（闘争）である」と説いたのはホッブズ。
② **不適当**：「社会契約は関係ない」は不適当。
③ **不適当**：ロックは，自然状態を基本的に平和な状態と見なした。

問3 ルソーの社会契約説を説明した次の文章を読み，［a］～［c］に入る語句の組合せとして正しいものを，下の①～⑥のうちから一つ選べ。（11年倫理本試〈改〉）

各個人は，人間としては［a］をもち，それは各個人が人民としてもっている［b］に反する，あるいは，それとは異なるものである。したがって，社会契約を空虚なルールとしないために，この契約は，次のような約束を暗黙のうちに含んでいる。すなわち，［b］への服従を拒む者は，共同体全体によってそれに服従するように強制されるという約束である。このことは，［c］であるように強制されることを意味する。

①	a	特殊意志	b	全体意志	c	平等
②	a	全体意志	b	一般意志	c	平等
③	a	一般意志	b	全体意志	c	自由
④	a	特殊意志	b	一般意志	c	自由
⑤	a	全体意志	b	特殊意志	c	平等
⑥	a	一般意志	b	特殊意志	c	自由

問3 ［答］④

［a］：「特殊意志」が適当。「**全体意志**」は特殊意志の総和，「一般意志」は全人民の普遍的意志のこと。
［b］：「一般意志」が適当。**ルソーは，一般意志への絶対服従を説いた。**
［c］：「自由」が適当。ルソーによれば，**人々が共同体を形成し，一般意志に従うのは，文明において失われた「自由」を取り戻すため**である。

第6編 西洋思想 1 西洋の近代思想

47 哲学的議論の深まり ～経験論者と合理論者，そして啓蒙思想家

1 （イギリス）経験論

新しい学問の方法として，帰納法を提唱したベーコンと演繹（えんえき）法を提唱したデカルトの二人を出発点に，ヨーロッパの哲学界には，二つの哲学潮流が生まれた。

そのうちの一つの潮流が，経験（観察・実験）を重視した**ベーコンにはじまる経験論**。イギリスを中心に発展していったことから，「**イギリス経験論**」とも呼ばれる。

✤（イギリス）経験論の系譜にある思想家

・**ロック**（『人間悟性論（人間知性論）』）…社会契約論者でもあるロックは，人の心はもともと「**白紙**（**タブラ＝ラサ**）」であると主張。つまり，人は生まれながらにはいかなる観念ももたず（**生得観念**の否定），**すべての観念は経験と反省によって得られる**と主張した。

・**バークリー**（1685～1753）（『視覚新論』）…アイルランドの聖職者でもあった彼は，経験論を徹底し，**唯心論**の立場から「**存在するとは，知覚されること**」と主張。つまり，存在するのは，人間の知性とその経験，そして経験そのものを根底から支える神だけだと考えた。

・**ヒューム**（1711～76）（『人間本性論』）…バークリーが存在を認めていた人間の知性さえ，単一の実体ではなく，「**知覚の束**」にすぎないと主張。加えて，経験論を一層徹底し，**因果性（原因と結果のつながり）というものは，経験にもとづいて人間の想像力が作り上げた主観的な信念・仮説にすぎない**と主張（**哲学的懐疑論**）した。
→ヒュームの主張は，原因と結果によって成立する自然科学の存在根拠を脅かすものである。

2 （大陸）合理論

もう一つの潮流は，真の認識は経験に基づかない，先天的な理性による認識であると考えた**デカルトにはじまる合理論**。特にオランダやドイツなどのヨーロッパ大陸で発展したことから，「**大陸合理論**」とも呼ばれる。

✤（大陸）合理論の系譜にある思想家

・**スピノザ**（1632～77）（『**エチカ**』）…「神が実在し，無限で完全なら，神に境界があってはならず，境界がないなら世界は神で満ちている」と論じた（**汎神論**（はんしんろん））。この汎神論的な主張をもとに，デカルトが残した心身二元論（物心二元論）を乗り越え，**精神と物体（身体）は別々の実体ではなく，同じ神から流出する別の属性**なのだか

ら，精神と身体の作用は同時に起こると論じた。そして，些細(ささい)な人間的なことがらに囚(とら)われず，**事物を必然的なものとして（永遠の相のもとに）認識することを，学問は為(な)すべき**であると主張した。

また，スピノザによれば，完全な神に偶然はないので，この世界の出来事は，すべて必然的に生起する。よって，人間の自由な行為というものはない。

・ライプニッツ(1646〜1716)（『**モナドロジー（単子論）**』）…**世界はモナド（単子）という非物質的で精神的かつ分割不可能な実体によって構成**されており，無数のモナドの間には神によって調和的な関係が定められていると主張した（予定調和説）。

3 啓蒙主義

18世紀のフランスに，ロックなどの影響を強く受けた啓蒙主義(けいもう)を唱える思想家が現れた。彼らは，野蛮で未熟な状態からの脱出，すなわち身分制度などの因習や伝統という闇(やみ)に支えられた**アンシャン・レジーム（旧体制）の束縛を否定して，理性の光によって，個人の自由や理性的精神を確立し，人間を解放しようとした。**

この代表が，『百科全書』（当時の最先端の科学的・技術的知識を紹介した大百科事典）の出版に協力した百科全書派をはじめとする**啓蒙思想家**たちである。

✤主な啓蒙思想家

・モンテスキュー(1689〜1755)（『**法の精神**』）…二権分立論を説いたロックに対し，**三権分立論**（立法権・執行〔行政〕権・司法〔裁判〕権相互の抑制と均衡）を主張した。

・ヴォルテール(1694〜1778)（『**寛容論**』）…宗教的不寛容や教会の横暴に対する批判を展開。**市民的自由**と**寛容の精神**を擁護した。

・**ディドロ**(1713〜84)（『ダランベールの夢』）…宗教界や特権階級からの弾圧にあいながらも，『百科全書』を編集・刊行。その中心的役割を担う。**唯物論者**。

・ダランベール(1717〜83)…『百科全書』では，数学や力学など150の項目を執筆した。

4 ルソーの文明批判

社会契約説を展開したルソーは，『百科全書』にも関わった。しかし，彼は文明化を進歩と見なして称揚したほかの思想家とは異なり，政治組織や社会制度を考察するだけではなく，人間性に立ち返って独自の思想を展開した。

・文明批判…ルソーにとって，**文明は悪徳のもと**であり，ほかの思想家が考えているように望ましいものではない。

・「**自然に帰れ**」…ルソーは，人々が自然状態においてもっていた人間らしさや感情を素直に表現できる，**自由で平等な社会を求めた**[☞p.227]。ただし，「自然に帰れ」という標語は，ルソー自身による言葉ではない。

・教育論…理性や自己抑制よりも**情緒(じょうちょ)と感情を高く称揚**し，『**エミール**』において，自由教育（児童の本性を尊重して自然な成長を促す教育）**を礼讃(らいさん)**した。こうした思想は，のちのカントに大きな影響を与えた。

第6編 西洋思想 1 西洋の近代思想

ここが共通テストのツボだ!!

ツボ 1 ヒュームの主張が及ぼした影響について知ろう。

ヒュームは，①「**因果関係は，主観的な信念・仮説にすぎない**」と主張した。さらに，②「（キリストが復活したという）奇跡を見たという人がいたからといって奇跡が実際に生じたとはいえない」とも主張した。①は**自然科学の存在根拠を脅かす主張**であり，②はキリスト教の根源を否定することにもなる刺激的な主張であった。

①に関しては，このヒュームの主張によって，**カント**は外界に因果律が支配する物体が実在すると思い込んでいた「**独断のまどろみ**」を覚まされたとして，**因果律の客観性の根拠を先験的な理性の能力に求める**批判哲学**を構想**した［☞p.234］。

②に関して，イギリスの牧師であり哲学者・数学者でもあったベイズ(1702~61)は，ヒュームの主張が間違っていることを数学的に証明しようとした。ベイズの思索は信仰を擁護することを動機として行われたものであったが，**この因果関係を確率で表現するベイズの着想は，現在，AI（人工知能）の基本原理の一つをなすもの**となっている。

近代の哲学的議論は，現在の最先端の科学技術にさえ影響を与えている。

ツボ 2 スピノザが説いた「神即(すなわち)自然」への理解を深めよう。

物理学者のアインシュタイン(1879~1955)は，宗教的な見解についてラビから尋ねられたとき，「**私はスピノザの神を信じている。**それは，あらゆる存在の秩序（ハーモニー）の中に現れ出る神であって，人間の運命や行動に関わる神ではない」と応えたという。また，彼は，しばしば「**神は，サイコロを振らない**」とも発言した。

これらの発言から，アインシュタインは，ユダヤ教・キリスト教が教えるような人格神を認めない汎神論者であり，この宇宙（自然）は合理的・調和的なものであって，そこに偶然はないと考えていたことが分かる。

さらには，アインシュタインが親近感をもって「スピノザの神」に言及したのは，**スピノザがこの宇宙（自然）を貫く，偶然のない物理法則を「神」と呼び**，その「**神**」**の現れが，この宇宙（自然）だ**（神即自然）と考えていたからだともいえる。

「西洋思想における神＝ユダヤ教・キリスト教的な神」だと即断しないように。

基礎力チェック問題

問1 ヒュームの懐疑論の説明として最も適当なものを，次の①～④のうちから一つ選べ。　（10年倫理本試）

① 科学の方法は絶対的な真理を保証するものではないのだから，すべての判断を停止することによって心の平静を保つべきである。

② 最も賢い人間とは，自分自身が無知であることを最もよく知っている人間なのだから，自己の知を疑うよう心がけるべきである。

③ 帰納法から導かれる因果関係は，観念の習慣的な連合によって生じたのだから，単なる信念にすぎないことを認識すべきである。

④ 人間はたえず真理を探究する過程にある以上，真理は相対的なものでしかあり得ないので，つねに物事を疑い続けるべきである。

問1　[答] ③

③ **適当**

① **不適当**：「すべての判断を停止することによって心の平静を保つべき」と唱えたのは，古代ギリシアの懐疑論者ピュロン。

② **不適当**：人々に**無知の知**の自覚を求めたのは<u>ソクラテス</u>[☞p.93]。

④ **不適当**：**プラグマティズム**の考え[☞p.258]などを想定した説明。

問2 ライプニッツの思想の説明として正しいものを，次の①～④のうちから一つ選べ。　（07年倫理追試〈改〉）

① 真理を主張するには，個人の性癖や境遇などに囚（とら）われることで生ずる偏見を排除することが必要だと考える。

② ある主張は必ずそれと対立するものを含んでおり，それらを統一するところに真理の認識があると考える。

③ 個々人の精神はモナドであり，それぞれが表現する真理は，異なったままにあらかじめ調和がとれていると考える。

④ 真理というものは，自分にとって役立つものであり，個別的で相対的であるとともに条件的なものだと考える。

問2　[答] ③

③ **適当**

① **不適当**：<u>イドラ</u>の排除を唱えた<u>ベーコン</u>の思想を想定した説明[☞p.222]。

② **不適当**：<u>弁証法</u>で世界のあり方を説明しようとした<u>ヘーゲル</u>の思想を想定した説明[☞p.238]。

④ **不適当**：<u>プラグマティズム</u>の立場から真理の相対性を唱えた**ジェームズ**の思想を想定した説明[☞p.258]。

問3 18世紀に，当時のフランス社会を批判した思想家についての記述として正しいものを，次の①～④のうちから一つ選べ。　（13年倫理本試）

① ディドロは，様々な国家制度を比較し，立法権・執行権・裁判権が互いに抑制し均衡をはかるシステムの重要性を認識し，それを欠いたフランスの専制政治を批判した。

② モンテスキューは，フランス政府からの度重なる発禁処分にもかかわらず，様々な学問や技術を集大成した著作を出版するとともに，人民主権の立場から，封建制を批判した。

③ ヴォルテールは，書簡形式の著作において，イギリスの進歩的な政治制度や思想をフランスに紹介することを通じて，フランスの現状が遅れていることを批判した。

④ パスカルは，人間が生まれながらにもつ自然な感情である憐（あわ）れみの情が，文明の発展とともに失われていくと分析し，不平等と虚栄に満ちたフランス社会を批判した。

問3　[答] ③

③ **適当**

① **不適当**：「ディドロ」を<u>モンテスキュー</u>に替えれば正文になる。

② **不適当**：「モンテスキュー」を<u>ディドロ</u>に替えれば正文になる。

④ **不適当**：「パスカル」を<u>ルソー</u>に替えれば正文になる。

48 認識論の展開と人格の尊重の思想 ～カント

1 カント

科学が進展した理性万能の時代に，理性の働きを再検討したのがドイツの**カント**（1724～1804）。

彼は認識論のみならず，**啓蒙**（けいもう）**主義者やルソーの影響のもと**，道徳哲学や人間学，さらに晩年には世界平和を唱える思想も展開した。こうした彼の思索を**批判哲学**（批判主義）といい，カントに代表されるドイツの思想を「（**ドイツ**）**観念論**」という。

✤カントの代表的な著作

・『**純粋理性批判**』『**実践理性批判**』『判断力批判』『**永遠平和のために**』など。

2 カントの認識論

カントは，哲学の二大潮流である**合理論と経験論に対する不満**を出発点に，人間の理性（精神）の働きのうち，まずは**理論理性**を分析。そして，合理論と経験論を総合し，**人間の認識は感性（感覚）と悟性（知性）が協働することで成立する**と主張した（『純粋理性批判』なお，カントのいう「批判」とは「分析」のこと）。

・出発点…合理論は独断論に，経験論は懐疑論に陥る（合理論は事実から遊離。経験論では認識の普遍的な正しさが保証されない）。つまり，**合理論もしくは経験論のいずれかでは，あらゆる学問の基礎となる人間の認識を十分に説明できない**。

・主張の核心…認識の根拠を，認識の対象ではなく，先験的（ア・プリオリ）な理性の能力に求めた（「**認識が対象に従うのではなく，対象が認識に従う**」）。こうした変更を，カント自身が認識論における**コペルニクス的転回**と表現している。

✤理性について

理性	**理論理性**…現象界における科学的な認識に関わる理性の働きのこと。 ┌**感性**…時間と空間という形式に従って，認識の素材を外から受け取る。この働きが直観。 ＋ └**悟性**…量・質・関係・様相という形式（カテゴリー）に従って，感性が受け取った素材を整理し，概念をつくる。この働きが思考。
	実践理性…道徳法則に従うように意志に働きかける理性の働きのこと。

3 カントの道徳哲学

カントは，人間の行為に関する分析を行い，**人間が自然法則（本能）のみに縛られた存在ではない**ことに注目した。そして，**行為の道徳性の有無を，その動機に従って**

判断する動機説（動機主義）の思想を展開し，人間の尊厳を謳った（『実践理性批判』）。

・理性の命令と義務…カントは，自然界に自然法則があるように，人間にも普遍的な道徳法則（良心の声）があるという。そして，**個々人の理性（実践理性）が，道徳法則に合致するように行為せよと命じるから，人はさまざまな場面で義務を感じる**という現実があると論じた。

カントによれば，この理性の命令は，世間一般の忠告・助言のような仮言命法の形ではなく，常に普遍性を求める定言命法の形をとる。

✤仮言命法・定言命法の具体例と適法性・道徳性について

	意志が仮言命法に従って行為する場合	意志が定言命法に従って行為する場合（善意志による行為）
具体例	もし商売で成功したいならば，客に愛想よくせよ（「**もし～ならば，…せよ**」という形式）という命令。	いついかなるときも，偽りの約束をしないようにせよ（「**…せよ**」という形式）という命令。
適法性 道徳性	適法性**はあっても，道徳性のない**行為（見かけ上は善い行為）。	**普遍的な**道徳性**のある**行為（真に善い行為，人間的な行為）。

・道徳法則の定式化…理性はさまざまな命令を定言命法の形で下す。その命令は，「**汝の意志の**格率（**個人的な行動の原則**）**が常に同時に普遍的立法の原則として妥当し得るように行為せよ**（何かを為すとき，自分を含む万人が納得すると思えることを為せ）」という形式に集約できるという。

・道徳性のある行為…カントは，道徳法則と合致した行為を為そうとする意志を善意志と呼び，これだけが，**この世で無条件に善いといえるもの**だと主張。よって，**行為が道徳性をもつには善意志を動機とするしかない**と論じた。

✤カントにとって人間とは？　そして，人間の尊厳の根拠は？

・人間の尊厳…人間は，ほかの動物と同様に自然法則（本能）にも従う。しかし，ほかの動物とは異なり，道徳法則にも従い得る。ここに人格（**道徳法則に自ら進んで従う〔自律〕，自由な主体**）**としての**人間の尊厳があるとカントはいう。

・人格主義…こうした尊厳をもつ人間の「**人格を単なる手段としてのみ扱うのではなく，目的そのもの**（**絶対的価値をもつもの**）**として尊重しなければならない**」とカントは説いた（**人格主義**）。

4　カントの社会哲学

カントは晩年，**道徳法則に従い，互いを人格として尊重する人々が住む国**（目的の国〔目的の王国〕）**を，人類が達成すべき究極の理想社会**として掲げ，この理想社会の実現への第一歩として，世界平和が必要であると主張した（『永遠平和のために』）。

・世界平和の実現方法…①将来の戦争を留保した平和条約の禁止，②軍隊の漸進的な削減，③各国の政治体制の民主化，④民主化された諸国による**世界平和機構の創設**などを国際連盟設立の約100年前に提案。

ここが共通テストのツボだ!!

ツボ① カントの認識論を具体的に理解しておこう。

猫の動体視力は人間の４倍程度，暗視能力は人間の６倍以上だが，猫は遠くを見るのは苦手で，色覚も人間の方が勝っている。例えば，猫は緑や青色は識別できるようだが，人間なら識別できる赤は識別できないだろうといわれている。

このことをカント的に考えると，人間も猫も認識の対象から**感性**が受け取る素材は同じだが，それを整理し概念にする**悟性**（**知性**）が人間と猫で異なっている結果だと説明できる。さらに考えると，人間には同じ赤に見えているものも，人間以上の高い能力の悟性をもつ宇宙人には別々の色に見えるのかもしれない。

結局のところ，見ている対象の本当の色（物自体）は分からないのである。ましてや，神の存在など，**経験できないものを人間が認識することなどできず**，無理に議論しようとすれば，理論理性は**二律背反**（にりつはいはん）の結論（相矛盾する結論）を導き出してしまう。

> カントは，認識の根拠を人間の外ではなく内に求め，その限界を明らかにした。

ツボ② カントがいう道徳性のある行為について，具体的な場面で考えてみよう。

①将来も健康でありたいと思って，毎日ジムに通って体を鍛えている。

②何があっても嘘をつかないことにしている。

③恥ずかしいから，分からなくても，教室では質問しないことにしている。

④お金持ちになれそうだからという理由で，医学部を受験した。

⑤赤信号で止まることは法律上の義務だから，毎回，止まるようにしている。

上記の例のうち，カントのいう道徳性のある行為は②だけである。それ以外の①・③・④・⑤には，道徳法則に従う以外の動機が見出せるので，カントは道徳性を認めないだろう。もっとも，⑤に関しては，**道徳性はないものの，一般的には道徳的な行為**（**世間一般でそうすることが当然だと考えられていること**）**と考えられる**。

> カントは，たとえ行為の動機がよいものであろうと（例えば①），道徳法則に従うこと以外の動機に従った行為に道徳性を認めないことに注意。

基礎力チェック問題

問1 カントの批判哲学についての記述として正しいものを，次の①～④のうちから一つ選べ。（13年倫理本試）

① 合理論と経験論の一面性を乗り越えるべく，両者の立場を総合して，人間が物自体を理性によって認識できると論じた。
② ヒュームの著作に影響を受け，自然科学の客観性を疑問視して，その基礎にある因果関係が主観的な信念であると論じた。
③ ロックの著作に影響を受け，人間の霊魂や神など，人間が経験できる範囲を超えた対象については，その存在を否定できると論じた。
④ 認識が成立する条件を考察し，人間の認識は，認識の素材を受け取る能力と，その素材を整理し秩序づける能力の両者から生じると論じた。

問1 [答] ④

④ **適当**
① **不適当**：カントは，理性は物自体を認識できないと説いた。
② **不適当**：カントは，「因果関係が主観的な信念である」という懐疑論を克服して，批判哲学を確立。
③ **不適当**：カントは，「人間の霊魂や神」の存在について，理論的には存在するともしないとも言えると論じた。

問2 カントにとって，道徳的な人とはどのような人か。次の文章を参考にしながら，その事例として最も適当なものを，次の①～④のうちから一つ選べ。（02年倫理追試）

　無制限に善いと見なしうるものとしては，世界の内でも外でも，ただ善き意志しか考えられない。……善き意志は……意図された目的の達成に役立つことによってではなく，ただ意志することによって，つまり，それ自体で善いのである。

（カント『道徳形而上学原論』）

① Aさんは商売で客を公平に扱うことにしているが，それは，そうすることで信用が得られると考えているからである。
② Bさんは絶望的な状況にあっても死を選ばなかったが，それは，生き続けることが人間の義務であると考えたからである。
③ Cさんはいつも他人に親切であろうと努めているが，それは，他人からも親切にされたいと考えているからである。
④ Dさんはある嘘(うそ)をついたが，それは，自分が嘘をつけば友人が助かることを知り，友情を大切にしたいと考えたからである。

問2 [答] ②

② **適当**：定言命法に従った「道徳的な」行為を行った人についての記述。
① **不適当**：「信用が得られる」ことを動機とする，仮言命法に従った行為を行った人についての記述。
③ **不適当**：「親切にされたい」ことを動機とする，仮言命法に従った行為を行った人についての記述。
④ **不適当：一般によいものと考えられる動機であろうとも，道徳法則に合致することを動機として行為しない限り，それをカントは道徳的な行為とは認めない。**

問3 カントは「目的の王国」という考え方を述べたが，その説明として最も適当なものを，次の①～④のうちから一つ選べ。（97年倫理追試）

① 人々が，他人を自分のための手段とのみ見なして行為することなく，お互いに人格として尊重しあって生きる社会が理想である。
② 神は，全宇宙の王としてすべてを支配し，教会はその代理を務めるのだから，教会への服従こそ道徳的共同体の基盤となる。
③ 社会は，皆が一致して追求する一つの目的によって統合されるのだから，個人の意志は社会全体の目的に統合されねばならない。
④ 自然界は，自然法則に受動的に従うものではなく，道徳的な完成への道を歩む一つの合目的的な機構である。

問3 [答] ①

① **適当**
② **不適当**：キリスト教（カトリック）的な世界観についての説明。
③ **不適当**：ルソーの考えを想定した説明[☞p.227]。
④ **不適当**：そもそも，設問が求めている「目的の王国」ではなく，「自然界」についての記述になっているので正解にはならない。

西洋思想
1 西洋の近代思想

49 人間の生きている歴史や場の思想 ～ヘーゲル

1 (ドイツ)観念論の展開

カントがこの世を去った1804年，フランスでナポレオンが皇帝となり，ヨーロッパの勢力図を塗り変えていった。こうした状況に応えたのが，『ドイツ国民に告ぐ』で知られる**フィヒテ**(1762～1814)や，主客の根源的同一性(同一哲学)を説いた**シェリング**(1775～1854)である。

彼ら「(ドイツ)観念論」の哲学者の中で最も重要なのが，これを大成し，フランス革命(1789～99)に出会い，革命によって生まれた市民社会の変容を見届けた**ヘーゲル**(1770～1831)である。

✤ヘーゲルの代表的な著作

・『**精神現象学**』『エンチクロペディー』『**法の哲学**』など。

2 ヘーゲルのカント批判

ヘーゲルは，カントの認識論や道徳論を批判しつつ，自らの思索を深めていった。

・認識論…カントは認識の正しさの根拠を理性の先験的な能力に求めたが，それでは，人間が住む現実や場そのものの理解が独善的なものになる。

・道徳論…カントの論じた自由は，内面的な道徳的自由にとどまる。自由は，客観的に法・制度的自由としても保障されなければならない。

こうした批判を下敷きに，ヘーゲルは，主観的にも客観的にも自由を保障することを求め，**人間が生きている現実(人類の歴史)の運動・発展の過程と目的，そして，その現実において，人間が生きている場(人倫)の有り様について考えた**。

3 ヘーゲルの歴史哲学

人類の歴史を動かす主体は，一部の特権的階級ではなく，多くの市民や民衆である。もっとも，ヘーゲルは，人類の歴史の運動・発展には，個々人の意識の単なる総和ではない，**個々人の意識に先立つ必然性の法則が支配している**と考えた。

✤「世界史は自由の意識の進歩である」(『歴史哲学講義』)

・人類の歴史…ヘーゲルは，人類の歴史は，君主一人だけが自由な世界(〔古代の〕東洋世界)から，少数の市民だけが自由な世界(〔古代の〕ギリシア・ローマ世界)へ，そして互いの自由を承認し合う，すべての人々が自由な世界(〔近代ヨーロッパの〕ゲルマン世界)へと発展してきたと見た。

・歴史の必然性…ヘーゲルは，人類の歴史は偶然の集積に見えるが，実は**自由を求めて運動・発展するという一つの法則**に支配されていると考えた。このような歴史を動かす法則・論理を**絶対精神**（**世界精神**），その運動のあり方を**弁証法**という。

◎ **絶対精神（世界精神）**

人類の歴史を根底で支配している法則・論理。ヘーゲルによれば，この絶対精神が人間の自由な活動を操り（理性の狡知〔理性の詭計〕），自身の本質である自由を実現（**自己外化**）していく過程が歴史である。

◎ **弁証法**

人類の歴史をはじめ，人間の思考，自然や社会，文化などあらゆるものに見出される発展・運動のあり方。ヘーゲルは，「ある状態（正〔**テーゼ**〕）のうちには，必ずそれを否定する力（反〔**アンチテーゼ**〕）が含まれており，それらが総合・統一されること（アウフヘーベン〔止揚〕）によって，より高次のもの（合〔**ジンテーゼ**〕）になる。しかし，その合も一つの正に過ぎず，やがてまた止揚され，新たな合が生じる。…」というあり方をしながら，人類の歴史をはじめ，あらゆるものが発展・運動すると考えた。

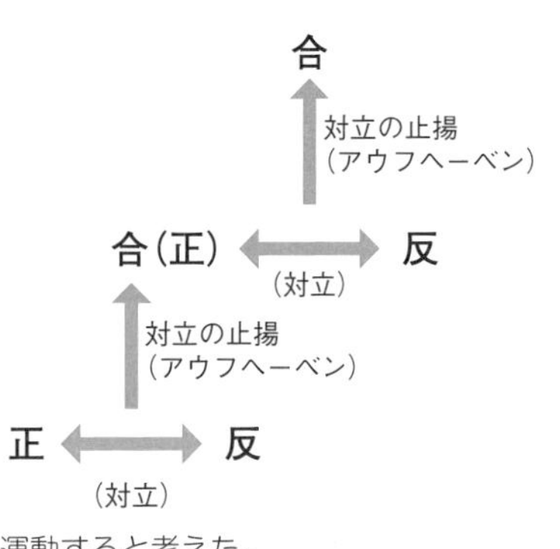

4 ヘーゲルの人倫の哲学

カントの道徳論を極論すれば，奴隷の身であっても道徳法則に従っていれば自由な人格ということになるが，ヘーゲルはそれを認めない。

ヘーゲルは，**内面的な道徳的自由が客観的に法・制度的自由としても保障されなければならない**と主張し（「**理性的なものは現実的であり，現実的なものは理性的である**」），自由が実現され得る具体的な場（**人倫**）についても考察した。そして，人倫は，**家族**・**市民社会**・**国家**の三段階を経ながら弁証法的に発展するという。

◎ **人倫の三段階**

・家族………愛情で結ばれた共同体（愛の共同体）。しかし，個人の自由はない。
・市民社会…各自の利害を追求する欲望の体系。個人は独立し自由だが，争いが絶えず，人間としての結びつきを失った**人倫の喪失態**。
・国家………家族のもつ人間相互の結びつきと，市民社会のもつ個人の独立性がともに活かされる人倫の完成態（地上における神の国）。

・主張と批判…ヘーゲルは，「**国家において人は真の自由を実現できる**」「**国家は人に安らぎと幸福をもたらす**」と主張。これに対しては，**個人に対する国家の優位性を強調し，当時の立憲君主制を擁護する理論だという批判**もある。

ここが共通テストのツボだ!!

ツボ ① ヘーゲルに大きな影響を与えた二人の思想家を知ろう。

ヘーゲルは，多くの思想家の考えを自らの思想体系に取り込んでいった。その中でも特に重要な二人が**ヘラクレイトス**[☞p.92]と**スピノザ**[☞p.230]である。

①「万物は流転する（万物流転）」と説いたヘラクレイトスの思索を，ヘーゲルは「**人類の歴史は弁証法的に運動・発展する**」という考えに取り込んだ。もっとも，ヘラクレイトスには発展という考えはない。ヘーゲルは人類の歴史を発展的に捉えている。この点で両者は異なる。

②汎神論（はんしんろん）（神即自然）を唱えたスピノザの思索を，ヘーゲルは「**絶対精神（世界精神）という歴史を根底で支配している法則・論理がある**」という考えに取り込んだ。もっとも，スピノザの世界は必然が支配しており人間に自由はない。ヘーゲルの世界では必然に荷担する人間の自由が認められている。この点で両者は異なる。

ヘラクレイトスやスピノザの思想とヘーゲルの思想の共通点と相違点を知って，難しいヘーゲルの思索の理解の助けにしよう。

ツボ ② ヘーゲル哲学の後世への影響について知ろう。

ヘーゲルは思想界に君臨し，ヘーゲル学派を形成した。彼の死後，この学派は左右に分裂したが，保守的な右派は時代の要請に応えられず衰退。一方，ヘーゲル哲学から観念論的な傾向を取り除こうとした左派は，社会主義思想へと発展し，ヘーゲル哲学を離れてしまった。このヘーゲル左派を代表する人物は，フォイエルバッハ（1804～72），**マルクス**（1818～83），**エンゲルス**（1820～95）らである。**彼らは個人よりも集団を重視し，歴史を支配する法則・論理がある**という考えをヘーゲルと共有している。

ヘーゲル哲学の**集団主義的・歴史主義的傾向を批判**したのが，実存主義思想の先駆者**キルケゴール**である[☞p.254]。しかし，正・反・合という捉え方ではないが，彼も実存の回復を三つの生き方で説明するなど，ヘーゲルの弁証法的な考え方に強い影響を受けている。

ヘーゲルの哲学は，社会主義思想によって制度的改革を目指す思想に，実存主義思想によって内面の解放を目指す思想に昇華されていった。

基礎力チェック問題

問1 ヘーゲルによるカント批判として最も適当なものを，次の①～④のうちから一つ選べ。（08年倫理本試）

① 責務を担う主体は，この私自身であるから，道徳は自己の実存に関わる真理の次元で具体的に考える必要がある。
② 責務を果たす手段は，物質的なものであるから，道徳の具体的内容を精神のあり方から観念的に考えてはならない。
③ 責務を担う場面は，人間関係や社会制度と深く関わっているから，これらを通して道徳を具体化せねばならない。
④ 責務を果たす目的は，人々の幸福の具体的な増大にあるから，道徳的に重視すべきは行為の動機よりも結果である。

問1 [答] ③
③ **適当**
① **不適当**：**実存主義者**によるカント批判についての記述。
② **不適当**：観念論を大成したヘーゲルが「精神のあり方から観念的に考えてはならない」と論じることはない。
④ **不適当**：**功利主義者**によるカント批判についての記述。

問2 ヘーゲルの歴史観についての説明として最も適当なものを，次の①～④のうちから一つ選べ。（19年倫理本試）

① 絶対精神は，歴史の発展過程において，道徳によって人間を外側から，法によって人間を内側から規制し，最終的に両者の対立を総合した人倫において，真の自由を実現する。
② 絶対精神は，自らの抱く理念を実現する過程において，理性の狡知を発揮して，自らの意図に沿うように人間を操り，歴史を動かしていくことで，真の自由を実現する。
③ 絶対精神は，歴史の発展過程において，人倫によって人間を外側から，道徳によって人間を内側から規制し，最終的に両者の対立を総合した法において，真の自由を実現する。
④ 絶対精神は，自らの抱く理念を実現する過程において，理性の狡知を発揮して，国家同士を争わせ，歴史を通してそうした対立状態を保ち続けることで，真の自由を実現する。

問2 [答] ②
② **適当**
① **不適当**：**道徳は内側から，法は外側から人間を規制**する。
③ **不適当**：「法」と「人倫」を入れ替えれば正文になる。
④ **不適当**：**絶対精神が操るのは個人**。「国家同士」ではない。

問3 ヘーゲルは市民社会の現実についてどのように考えたか。その説明として最も適当なものを，次の①～④のうちから一つ選べ。（08年倫理追試）

① 市民社会では，人々の自立が十分には自覚されていないが，愛情によって結びついた共同性が成立する。
② 市民社会では，人々が自分の欲望充足を目指して行為するため，人々の間で利害をめぐる対立状況が成立する。
③ 市民社会では，人々が競争することによって生み出される経済的な不平等は解消され，万人の自由を実現する共同性が成立する。
④ 市民社会では，人々は欲望実現のために結びつくので，法律の強制によらずして互いの利益を尊重した調和が成立する。

問3 [答] ②
② **適当**
① **不適当**：「愛情によって結びつい」ているのは，「市民社会」ではなく家族。
③ **不適当**：欲望の体系である市民社会においては，「経済的な不平等は解消され」ることも，「万人の自由を実現する共同性が成立する」こともない。
④ **不適当**：市民社会は欲望の体系だから，「法律の強制」がないと調和は成立しない。

第6編 西洋思想 1 西洋の近代思想

50 個人と社会の調和を目指す思想 ～アダム・スミス，ベンサム，ミル

1 古典派経済学の発生～アダム・スミス

諸国に先駆けて市民革命を成功させたイギリスでは，18世紀後半に産業革命が進展していた。こうした社会に住む人々の哲学的関心は，**公益と私益**(**個人的な利益**)**の関係や，政治生活の基準といった，人々の生活に直結すること**に向けられた。

ヒュームの友人であり，「(近代)経済学の父」の**アダム・スミス**(1723～90)もその一人。

✤**アダム・スミスの思想**(**『諸国民の富**(**国富論**)**』『道徳感情論』**)

- 経済論…スミスは，各人の経済的な自由の保障を主張したうえで，**各人の自由な利己心**(**私益**)**の追求が，まるで「**(**神の**)**見えざる手」が働くかのように社会全体の利益**(**公益**)**を増進させる**と主張。

  こうした主張から，経済活動に対する政府の干渉を否定する立場である**自由放任主義**(**レッセ・フェール**)が生まれた。

- 道徳論…スミスは，無制限な私益の追求を認めたわけではない(したがって，スミス自身が自由放任主義を唱えていたとはいえない)。

  むしろ，**人間には自分の行為を観察する「公平な観察者**(**第三者**)**」の共感**(**同感**)**を得ようとする道徳感情が具**(そな)**わっているため，この観察者の反感を買うような行動を避けようとする自己規制が自然に働く**と論じている。

2 量的功利主義の思想～ベンサム

ヒュームの影響を受けつつも，**ベンサム**(1748～1832)は，近代科学の大きな影響のもと，**功利性の原理**を唱え，**量的功利主義**という社会改革のための道徳理論を構築した。

✤**ベンサムの思想**(『道徳および立法の諸原理序説』)

- **功利性の原理**…**幸福**(**快楽**)**を増やすものが善，減らすものを悪とする原理**。この原理を道徳や法の原理とする立場を**功利主義**という。
- **量的功利主義**…社会は，**快楽を求め苦痛を避ける個人**からなる。したがって，為(な)すべき行為を明確かつ客観的に示すには，個々人を平等に扱い，その快楽を数量化して計算し(**快楽計算**)，**最大多数の最大幸福**(最も多くの人の最も多くの幸福)を実現する行為や政策を選択すればよいとする立場(**結果説**)。
- **制裁**(**サンクション**)…個人の利己的な行動を規制するには，**外的制裁**(他者からの強制)が必要であると主張。また，**パノプティコン**(**一望監視システム型刑務所**，円形状の建物の中央に常時，囚人を監視する看守を，そのまわりに独房を配置する建物）の建設を提案。ベンサムは人道主義的な立場から更正を促すものとして提案したが，現代フランスの哲学者フーコーは，これに現代の監視社会・権力社会の原型を見出した[☞p.54]。

外的制裁	物理的・自然的制裁	肉体的苦痛
	政治的・法律的制裁	法律による罰 ベンサムが最も重視
	道徳的制裁	社会的な非難
	宗教的制裁	死後の裁き
他方，ミルは内的制裁（良心）を重視		

・**動物の権利**…**人間と動物をわける根本的なものはない**のだから，人間同様，動物に対して苦痛を与える行為は悪であると主張。ここから，ベンサムは**動物の権利**を主張した先駆者とされている。

3 質的功利主義の思想～ミル

功利主義思想家のもう一人の代表者が**ミル**(1806～73)。彼は，利己主義的だと見なされていた功利主義の思想を利他的かつ理想主義的なものに修正した。

✤ミルの思想（『自由論』『功利主義』）

・人間観…人間は，成長とともに，質の低い幸福（快楽）よりも質の高い幸福を求めて**進歩する存在**。つまり，人間は「**満足した豚よりも，不満足な人間のほうがよい。満足した愚か者よりも，不満足なソクラテスのほうがよい**」のである。

・**快楽計算の否定**…快楽には，量の差だけではなく質的な差があり，人間としての尊厳や品位にふさわしい質の高い精神的快楽がある。こうした**精神的快楽を数値化することはできない**。

・**質的功利主義**…功利主義が目指すべきは，個々人の感覚的快楽の増大よりも，人としての誇(ほこ)りや尊厳の感情，あるいは他人のために尽くす**利他的な行為がもたらす個人的かつ社会全体の精神的快楽の増大である**とする立場。

これに関して，ミルは，自らの功利主義思想を「**人からして欲しいと思うことを，人にもそのようにしなさい**」というイエスの隣人愛の教え（**イエスの黄金律**）を受け継ぐものだと見なした。

・**内的制裁**…人は成長とともに**良心**を発達させ，その責めを感じることに注目。ベンサムが挙げた四つの外的制裁に加えて，**良心による内的制裁**があることを指摘し，重視した。

・自由について…**自由（特に精神的自由）が確保されていなければ，人は正しいとは限らない世論に流され，精神的快楽を求めることも，良心を働かせることもない**。それゆえ，功利主義の理想を実現するためにも，個人の自由が最大限に尊重されなければならないと主張。**仮に個人の自由が制限されるとすれば，その自由によって他人の自由が損なわれるときだけである**とも説いた（**他者危害原則**）。

・**女性参政権の拡大**…1865年の下院議員選挙に立候補し，女性参政権の拡大を掲げて当選。さらに『女性の隷従(れいじゅう)』を著し，広く女性解放を訴えた。

ここが共通テストのツボだ!!

ツボ 1 ベンサムとミルとカントの思想の違いを押さえておこう。

ベンサムの思想は，近代科学の大きな影響を受けている。それゆえ，彼は快楽という感覚的なものを客観的な数値に置き換えて考えようとした。これに対して，**ミルは快楽を数値化することに反対した。**さらに，「人間」ならば，良心や共感の心があるから，より質の高い快楽を選択するとした。良心を持ち出したことで，カントの思想[☞p.234]に近づいたと思う人もいるだろう。

しかし，**カントとミルの思想には決定的な違いがある。**動機説の立場をとるカントは行為の道徳性を考えるとき，行為の結果については考慮しない。これに対して，結果説の立場をとるミルは動機よりも行為の結果から，行為の道徳性を考えようとする。

カント……行為の結果は問わず。動機に基づいて行為の道徳性を評価。
ベンサム…行為の動機は問わず。結果（数値化可）に基づいて行為の道徳性を評価。
ミル………行為の動機は問わず。結果（数値化不可）に基づいて行為の道徳性を評価。

ツボ 2 具体例とともに功利主義思想の問題点についても理解を深めておこう。

環境問題や南北問題をめぐり，ハーディンが論じた「**救命ボートの倫理**」を功利主義的に考えてみよう。「救命ボートの倫理」とは，「**海難事故が起きた。最大60人まで乗ることのできる救命ボートに，すでに50人が乗っている。海には100人が投げ出されている。さて，このとき，どう行動すべきか？**」という想定問題である。

ベンサムなら，全150人の社会的効用（社会的にどれだけ役に立つか否か）を計算し，さらに救命ボートの安全確保も考えて，社会的効用が高い順に50人を救命ボートに乗せるべきだと主張するかもしれない。これに対し，ミルは，すでに乗っている50人の良心に訴えて，何人か救命ボートから降りてもらうというかもしれない。

もちろん，他の選択肢もあるが，いずれも何らかの批判を免れえないだろう。

道徳の原理として功利主義は説得力があるが，具体例をもとに考えると，一般には非倫理的に見える行動を是認する可能性もある思想ともいえることを知ろう。

基礎力チェック問題

問1 アダム・スミスの思想の内容の記述として最も適当なものを，次の①～④のうちから一つ選べ。（13年倫理追試）

① 財の分配において各人を等しく一人として数える平等の原則が，道徳の原理であると同時に立法や行政を指導する理念となる。

② 道徳の原理となるのは共感であり，自己利益を追求する行為は，公平な第三者の視点から共感が得られる範囲内で是認される。

③ ある知識が真理であるか否かは，その知識に基づいて行動した場合に有益な結果が得られるか否かによって決定される。

④ 快楽には，人間らしい能力を発揮するときに感じられる高級な快楽と，動物的で低級な快楽とがあり，人間は高級な快楽を求めることができる。

問1 ［答］②

② **適当**

① **不適当**：ベンサムの思想についての記述。

③ **不適当**：ジェームズの思想についての記述［☞p.258］。

④ **不適当**：ミルの思想についての記述。彼は，快楽には質的な差異があると考えた。

問2 ベンサムに従うと，人はどのように快楽や苦痛を計算すべきであるか。その具体例として最も適当なものを，次の①～④のうちから一つ選べ。（05年倫理本試）

① お喋(しゃべ)りしながら缶入りのお茶を飲むよりも，お茶会の方が精神的な深さがある。こちらの方が高尚な快楽である。

② 彼女は立派な人格の持ち主で，誰からも尊敬されているから，彼女の得る快楽には二人分の快楽の価値を認めよう。

③ たちまち飽きがきてしまうような玩具(がんぐ)よりも，長く遊べるような玩具の方が，大きな快楽を与えてくれる。

④ とてもおいしいご馳走(ちそう)だった。そのせいでおなかをこわしたとしても，ご馳走が与えた快楽が差し引かれるわけではない。

問2 ［答］③

③ **適当**：ベンサムは，快楽計算の基準として，**強度・持続性・確実性・遠近性・多産性・純粋性・範囲の七つの基準**を用いた。

① **不適当**：ベンサムは，快楽の質的な差は考慮しない。

② **不適当**：快楽の算定方法が人によって変わることはない。

④ **不適当**：「おなかをこわ」すことにより，快楽は差し引かれる。

問3 「進歩」という観点から人間の歴史を考えたミルの思想についての記述として最も適当なものを，次の①～④のうちから一つ選べ。（01年倫理追試）

① 人類の歴史は，神学的段階，形而上学(けいじじょうがく)的段階，実証的段階という知の発展段階に並行して，軍事型社会，法律型社会，産業型社会の順に進歩する。

② 生物進化論は社会にも適用可能であり，適者生存の原理によって社会は進化する。

③ 個々人の多様な個性の自由な発展こそが社会の進歩をもたらすのであるから，他者に危害を加えない限り，自由の規制はするべきではない。

④ 人類の歴史は自由が実現される進歩の過程であり，人間の自由は国家において最高の形で実現される。

問3 ［答］③

③ **適当**：他者危害原則を想起しよう。

① **不適当**：実証主義を唱えたコントの思想についての記述［☞p.250］。

② **不適当**：社会進化論を唱えたスペンサーの思想についての記述［☞p.250］。

④ **不適当**：国家を人倫の完成態と捉えたヘーゲルの思想についての記述［☞p.238］。

チャレンジテスト⑩（大学入学共通テスト実戦演習）

問1 次の発表は，生徒が宗教改革期の思想について調べたものである。発表中の［ a ］～［ c ］に入る記述を下のア～カから選び，その組合せとして正しいものを，下の①～⑥のうちから一つ選べ。 （21年倫理第2日程〈改〉）

> **発　表**
> 宗教改革の中で，神との関係から世俗的生活の意義が問い直されます。［ a ］と考えたカルヴィニズムでは，世俗的な職業は，［ b ］を実現するためのものとされました。この点に関して，20世紀の社会学者ウェーバーは，人々が，［ c ］資本が蓄積された，と論じています。

ア 誰が救済されるかは，あらかじめ決まっている
イ 誰が救済されるかは，まだ決まっていない
ウ 神の栄光
エ 人間の救済
オ 救済の確信を得るために仕事に励み，禁欲的な生活を送ったから
カ 享楽的な生活を送るために仕事に励み，その結果として

① a―**ア**　b―**ウ**　c―**オ**
② a―**ア**　b―**エ**　c―**オ**
③ a―**ア**　b―**エ**　c―**カ**
④ a―**イ**　b―**ウ**　c―**オ**
⑤ a―**イ**　b―**ウ**　c―**カ**
⑥ a―**イ**　b―**エ**　c―**カ**

問1 ［答］ ①

複雑そうに見えるが，選択肢の組合せも考慮すれば，容易に解ける問題。

a：**ア**が入る。**カルヴィニズム**（カルヴァンの思想）によれば，神は誰を救い，誰を救わないかをあらかじめ予定している。こうした考え方を「**予定説**」という。

b：**ウ**が入る。カルヴィニズムによれば，世俗の職業は，神の栄光を実現し，讃えるためのものである。

c：**オ**が入る。**ウェーバー**は，『**プロテスタンティズムの倫理と資本主義の精神**』において，カルヴィニズムを信じる人々は，神の救済の確証を得るために，禁欲的に世俗の職業に励んだ。その結果として，社会的に資本が蓄積され，それが産業革命を引き起こす要因となったと論じた[☞p.215]。

以上のことから，正しい組合せは①となる。

問2 ライプニッツの思想を踏まえた上で，ヴォルテールの次の詩を読み，その内容の説明として最も適当なものを，下の①～④のうちから一つ選べ。 (21年倫理第2日程)

> ライプニッツは，私に何も教えてくれない。
> 様々な世界があり得る中で最善の秩序を備えているはずのこの世界に，
> なぜ，終わりのない混乱があり，無数の不幸があるのか。
> なぜ，人間の喜びは虚(むな)しく，苦痛と混ざり合ってしまうのか。
> なぜ，罪なき者と罪人が，同じ災厄を耐え忍ばなければならないのか。
> こういった現実と，世界の最善の秩序とがどう結び付いているのか，
> 私には見えない。
> どうすれば，万事うまくいっているなどと言えるのか，
> 私には分からない。
>
> (「リスボン大震災に寄せる詩」より)

① 神は無数のモナドを互いに調和するように創造したと説くライプニッツに対し，ヴォルテールは，誰もが無差別に同じ災厄に耐えなければならないという事実にこそ秩序と調和を認め得る，と考えている。

② 神は無数のモナドを互いに調和するように創造したと説くライプニッツに対し，ヴォルテールは，無数の不幸に満ちた現実世界に，予定された調和を見いだすことはできない，と考えている。

③ 無数のモナドの間に保たれている調和を，経験的事実から帰納的に見出したライプニッツに対し，ヴォルテールは，事実から読み取れるのはむしろ混乱である，と考えている。

④ 無数のモナドの間に保たれている調和を，経験的事実から帰納的に見出したライプニッツに対し，ヴォルテールは，人間が現実に感じる苦痛や喜びの虚しさも，全体的な調和の一部分にすぎない，と考えている。

問2 **[答]** ②

資料の読解のみならず，知識も必要となる，共通テスト形式の問題。

② **適切**：資料文からは直接は読み取れないが，前半の**ライプニッツ**に関する記述は，彼が唱えた**予定調和説**の説明として正しい。後半の**ヴォルテール**に関する記述は，彼が，ライプニッツが説くような「最善の秩序」があるという見解に対し，異議を唱えていることと合致する。

① **不適切**：前半は正しいが，後半が資料からは読み取れない内容である。

③ **不適切**：ライプニッツは，「調和を，経験的事実から帰納的に見出し」てはいない。後半は，資料の詩から読み取れる内容である。

④ **不適切**：前半は③と同様に誤りで，後半も資料の詩から読み取れない内容である。

問3 次の文章は，歴史を通じておのずと社会の秩序が生成してきたと主張した思想家の代表であるヒュームの説明である。文章中の［ a ］～［ c ］に入る語句の組合せとして最も適当なものを，下の①～⑥のうちから一つ選べ。 （23年倫理追試）

ヒュームは，社会の秩序は，歴史を通じて形成されてきた「黙約」へ人々が暗黙のうちに与える承諾に基づくと考えたが，私たちが事物について持つ知識も，私たちが［ a ］を通じて作り上げたものと考えた。例えば，炎に近づくと熱いという経験を繰り返したことから，炎が熱さをもたらすのだと，炎と熱さの間に［ b ］の関係を見て取るのも，［ a ］によるのである。こうした議論を展開したヒュームの立場は後に［ c ］と評価されることにもなった。

① a 理 性 b 帰 納 c 合理論
② a 理 性 b 演 繹 c 懐疑論
③ a 理 性 b 因 果 c 合理論
④ a 習 慣 b 帰 納 c 懐疑論
⑤ a 習 慣 b 演 繹 c 合理論
⑥ a 習 慣 b 因 果 c 懐疑論

問3 ［答］ ⑥

オーソドックスな出題形式ながらも，受験生にとっては若干マイナーな思想家について，深い理解を問う問題。

a：「習慣」が入る。［ a ］の後の「例えば，炎に近づくと熱いという経験を繰り返したことから」という記述に注目するとよい。

b：「因果」が入る。「炎が熱さをもたらすのだ」という部分に注目するとよい。なお，「帰納の関係」や「演繹の関係」という言葉は国語的にあまり使わない。使うとすれば「～を演繹する（＝合理的・論理的に推論を重ねる）」や「演繹法」，「～を帰納する（＝個々の情報をもとに，一般的な法則を導き出す）」や「帰納法」という形で使われるのが日本語として自然であろう。

c：「懐疑論」が入る。［ c ］を含む文よりも前の部分では，ヒュームが「因果関係は，主観的な信念・仮説にすぎない」と主張したことが説明されている。こうした彼の立場を「懐疑論」という。「合理論」は，デカルト・スピノザ・ライプニッツなど，「真の認識は経験に基づかない，先天的な理性による認識である」と主張する思想家の立場を指す。

以上のことから，最も適当な組合せは⑥となる。

問4 次の文章は，自由を論じたカントの思想についてある生徒が調べて作成した読書ノートの一部である。カントの思想を踏まえて，読書ノート中の［ a ］・［ b ］に入る記述の組合せとして最も適当なものを，下の①～④のうちから一つ選べ。 （23年倫理本試）

> **読書ノート**
> カントは，自由を，［ a ］ことだと考えた。この自由についての考え方は，私が考えていた自由の理解とは大きく異なるものだと感じた。私はこれまで「眠くなったら，眠気に逆らわずに寝る」というようなことが自由だと思っていたが，カントによれば，それは自由ではない。むしろカントは，［ a ］自由な人格に尊厳の根拠を見いだしている。そして，［ b ］理想の道徳的共同体を目的の王国とした。

① a　感覚や知覚からなる経験から推論する
　b　各人が各々の欲求の充足を人格の目的として最大限追求しながら，誰もがその目的を実現できる

② a　欲望から独立して自分を規定する
　b　各人がお互いの自由を尊重して，自分だけに妥当する主観的な行動原則を目的として行動できる

③ a　自らが立法した道徳法則に自発的に従う
　b　各人が全ての人格を決して単に手段としてのみ扱うのではなく，常に同時に目的として尊重し合う

④ a　自然の必然的法則に従う
　b　各人が公共の利益を目的として目指す普遍的な意志に基づき，徳と幸福とが調和した最高善を目指す

問4 [答] ③

メジャーな思想家の考えを正面から問う問題。

① a：**不適当**。カントにとって，自由は「経験から推論する」ことではない。
　b：**不適当**。カントは，「欲求の充足」を人間（人格）の道徳的な行為の目的とは考えない。

② a：**適当**。「実践理性が」という主語を補って考えれば適当。
　b：**不適当**。カントは，「主観的な行動原則を目的」とする行動を「理想」としない。

③ a：**適当**。カントの論じる**自律**についての説明として適当。
　b：**適当**。カントの論じる**人格主義**についての説明として適当。

④ a：**不適当**。カントは，「自然の必然的法則」に従うことは自由ではないと考える。
　b：**不適当**。「公共の利益」や「普遍的な意志」から，ルソーの考え[☞p.227]を連想させる記述。

以上のことから，最も適切な組合せは③となる。

51 観念論の克服と社会変革の思想 ～実証主義・進化論と社会主義思想

1 空想的社会主義

18世紀後半に興った産業革命によって，ヨーロッパの経済力は飛躍的に増大する一方，多くの労働者が劣悪な労働条件下で過酷な労働を強いられていた。

こうした状況に対して，**人道主義的な立場から**，労働条件や労働者の生活環境を改善，あるいは理想社会を建設していこうとする人々が現れた。

✤空想的（ユートピア的）社会主義者たち（エンゲルスらが批判的に命名）

- **サン＝シモン**(1760～1825)（フランス）…産業者（資本家・科学者・労働者）の自主的な管理・支配（合理的な経済統制）による**搾取(さくしゅ)のない産業社会**を構想した。
- **オーウェン**(1771～1858)（イギリス）…紡績工場の経営者として，労働者の雇用環境を改善。その後，理想社会の建設を目指してアメリカに渡り，**自給自足を原則とし，私有財産のない共同社会ニューハーモニー村**の建設を試みる（ただし，試みは失敗）。
- **フーリエ**(1772～1837)（フランス）…商業活動における欺瞞(ぎまん)や当時の無秩序な経済を批判し，**農業共同体**（**ファランジュ**や共同体住居**ファランステール**）を構想した。

2 実証主義・進化論

19世紀には，社会主義思想のような実践的な思想が現れる一方，科学技術の発展を受け，生物の進化や社会の進歩を科学的・理論的に捉えようとする思想も現れた。

✤実証主義者・進化論者

- **コント**(1798～1857)（フランス）…社会学の祖。経験を超えた知識を否定し，検証できる経験的事実だけを知識の源泉とすべきだと主張した（**実証主義**）。

  さらに，自然諸科学は実証的段階に達しているのに，社会学は達していないと批判。**実証科学としての社会学**の確立に尽力。晩年は人類教を唱道した。
- **ダーウィン**(1809～82)（イギリス，『種の起源』）…自然界においては生存競争が行われ，環境（生活条件）によりよく適応した個体とその子孫が生き残り，環境に応じた変異を起こさなかった個体は淘汰(とうた)されると考えた。

  この**自然選択**（**自然淘汰**）こそが，生物が進化する要因だと主張（**生物進化論**）。
- **スペンサー**(1820～1903)（イギリス）…彼も社会学の祖。人間の社会を生物のような有機体と捉え（**社会有機体説**），個人の自由を擁護するとともに，社会は，適者生存の法則によって，全体優位の集権的な軍事型社会から，個人優位の分権的な産業型社会へと進化すると論じた（**社会進化論**）。

3 科学的社会主義

オーウェンらの後，資本主義社会に内在する矛盾を経済学や哲学を駆使して明らかにし，その克服を目指したのが，ドイツの**マルクス**(1818〜83)や**エンゲルス**(1820〜95)。

✤マルクスの思想（『共産党宣言』『**資本論**』『経済学・哲学草稿』）

- 人間観・労働観…**人間は元来，労働を通して他人と関わり，人間的な連帯をつくり出し，そうした労働に喜びを見出す存在**（**類的存在**）である。

　しかし，資本主義社会では，労働が生活を維持するためだけの手段になり下がり，非人間的で苦痛を与えるだけのものになっている（**労働の疎外**(そがい)）。

- 「**人間の社会的存在がその意義を規定する**」…生産力と生産関係（資本家と労働者の関係など，生産における人間関係）からなる**生産活動こそが人間の歴史や社会を支える土台**（**下部構造**）。法律・政治・文化などの人間の精神活動は，この土台に支えられた上部構想に過ぎず，歴史や社会を知るには土台を分析すべき。
- 土台の分析…資本主義社会においては，資本家階級（ブルジョワジー）は豊か（富の集中）になるが，労働者階級（プロレタリアート）は貧しくなる一方である。

　それゆえ，資本家階級は生産関係の現状維持（固定化）を望むが，発展する生産力を支える労働者階級は不満を募らせる（**階級闘争**）。この不満が，やがて**社会革命**（生産関係の変革）を引き起こす（**唯物史観**〔**史的唯物論**〕）。

- 労働者による革命の理論…資本主義社会は**必然的かつ弁証法的に**，国による経済の統制によって階級闘争が消えた**社会主義社会**，さらには，社会全体による生産手段の共有（社会的所有）によって，いかなる支配も抑圧もなくなり，人々が平和のうちに自己のあるべき姿を追求できる**共産主義社会**へと移行する。

　ゆえに，**労働者は団結して革命を起こし，一刻も早く歴史を前進**（**まずは社会主義社会へと移行**）**させなければならない**とマルクスは訴えた。

4 マルクス後の社会主義

マルクスの社会主義思想は，いろいろな形で後世に影響を与え続けている。

✤マルクス後の主な社会主義者たち

- **ベルンシュタイン**(1850〜1932)（ドイツ）…マルクスの革命理論を否定。**議会制民主主義を通じた漸進的**(ぜんしん)**な社会改良**を主張（**修正マルクス主義**）。ドイツ社会民主党を指導。
- **ウェッブ夫妻**(1859〜1947/1858〜1943)，**バーナード・ショウ**(1856〜1950)（イギリス）…もとからマルクス主義に否定的。資本主義の欠陥の除去と，**社会保障制度を完備した道徳的で自由な社会**の実現を目指す（**フェビアン主義**）。イギリス労働党の結成に貢献。
- **レーニン**(1870〜1924)（ロシア，『帝国主義論』）…ロシア革命(1917)を指導し，世界初の社会主義国家（ソ連）を樹立(1922)。ただし，ソ連は1991年に崩壊。
- **毛沢東**(もうたくとう)(1893〜1976)（中国）…中国の現状に応じた革命論（新民主主義論）を唱え，中国での社会主義革命を指導。ただし，現在の中国は，社会主義市場経済を採用[☞p.42]。

ここが共通テストのツボだ!!

ツボ ① コントの実証主義についての理解を深めておこう。

コントは，①自然科学の方法を積極的に受け入れ，②観察された事実によって検証される知識だけを本当の知識と考え，③人間や社会のあり方を捉えようとする。この立場から，コントは，人間の知識および社会は以下のように発展すると論じた。

神学的段階………	あらゆる現象が，擬人化された超自然的な神の意志などを根拠として説明される段階。**軍事的社会**を形成。
↓	
形而上学的段階（けいじじょうがく）…	事物の起源や目的を，現象の背後にある本質・本性を想定して，抽象的に説明しようとする段階。**法律的社会**を形成。
↓	
実証的段階………	検証可能な経験的事実に即して諸現象の法則を探究し，それによって現象を説明しようとする段階。**産業的社会**を形成。

コントが論じた人間の知識や社会の三段階説を知ろう。

ツボ ② マルクスの思想の源泉を押さえておこう。

レーニンによれば，マルクスの思想の主な源泉は，以下の三つである。

①**ドイツ哲学**…主にヘーゲルとフォイエルバッハ。ヘーゲルからは，人類の歴史には運動・発展の法則があるという思想と弁証法を取り入れ，**階級闘争論**へと発展させた。ヘーゲルから観念論的要素を取り除いていったフォイエルバッハからは**唯物論**の思想を取り入れ，意識（絶対精神）について語るヘーゲルに対し，マルクスは「**人間の意識がその存在を規定するのではなくて，逆に，人間の社会的存在がその意識を規定する**」と述べ，社会的存在（**土台**，生産活動）の問題の究明を第一の課題とした。

②**イギリス経済学**…アダム・スミス。経済・社会を分析する方法として取り入れ，資本主義経済のもとで，**いかに労働者が搾取されているか**を分析した。

③**フランス社会主義**…サン=シモンやフーリエらフランスの空想的社会主義者。マルクスは，彼らと**搾取のない平等社会という理念**を共有している。

三つの源泉の中でも，批判と受容が共存しているヘーゲルに注目しよう。

基礎力チェック問題

問1 サン=シモンについての記述として最も適当なものを，次の①～④のうちから一つ選べ。（11年倫理本試〈改〉）

① 資本主義における貧富の差，労働者や女性の隷属の主な原因は，商業資本家の強欲にあると説き，協同組合に基づく理想社会を構想した。
② 人間の性格に対して，家庭や教育，労働などの環境が与える影響は重大であると説き，アメリカに渡って理想の共同社会の建設を目指した。
③ 資本主義の弊害を除去するためには，利潤の公平な再分配や主要産業の国有化が必要であると説き，議会活動を通じた社会改革を目指した。
④ 産業を科学と有機的に結び付けることで組織化すれば，合理的な社会が作られると説き，労働者を含む産業者による社会の管理を目指した。

問1 ［答］④
④ **適当**
① **不適当**：フーリエの主張。「協同組合」とは，ファランジュのこと。
② **不適当**：オーウェンの主張。「理想の共同社会」とは，ニューハーモニー村のこと。
③ **不適当**：ウェッブ夫妻の主張。「産業の国有化」や「議会活動を通じた社会改革」に注目しよう。

問2 コントが唱えた実証主義についての記述として最も適当なものを，次の①～④のうちから一つ選べ。（06年倫理本試）

① 本当の知識は，合理的思考のみによって得られるものに限られるので，感覚に由来する知識は退けねばならない。
② 本当の知識は，観察された事実を基礎とするものに限られるので，経験を超えたものに関する知識は退けねばならない。
③ 本当の知識は，純粋に事柄を見る態度に基づくものに限られるが，実用のためのものでも知識として認められる。
④ 本当の知識は，実生活にとって有用なものに限られるが，宗教的なものも，有用であれば本当の知識として認められる。

問2 ［答］②
② **適当**
① **不適当**：デカルトの主張［☞p.222］。
③ **不適当**：アリストテレスの主張。「純粋に事柄を見る態度」とは，観想（テオリア）的生活のこと［☞p.100］。
④ **不適当**：ジェームズの主張［☞p.258］。

問3 マルクスの思想の説明として最も適当なものを，次の①～④のうちから一つ選べ。（06年倫理追試）

① 本来自由な人間は，自分のあり方を選ぶことで人類全体のあり方を選んでいるので，個々の状況において決断し社会参加することが求められている。
② 行為の結果は，個人の幸福よりも社会の幸福にとってどれほど有用かという視点から評価される。
③ 労働は自己実現活動であるはずだが，現実の労働者はその労働力が商品化されて搾取され，労働が苦役となっている。
④ 革命による根本的な体制変革ではなく，啓蒙や宣伝によって漸進的な改良を進め，社会保障制度の充実などが優先されるべきである。

問3 ［答］③
③ **適当**：労働の疎外の説明になっている。
① **不適当**：サルトルの主張［☞p.255］。
② **不適当**：有用性に注目したのは，プラグマティズムの思想家たち［☞p.258］。
④ **不適当**：**ウェッブ夫妻**などフェビアン主義，もしくは修正マルクス主義者の**ベルンシュタイン**の主張。

52 理性主義・合理主義への反発 ～生の哲学と実存主義

1 生の哲学（実存主義の先駆者） ★★★

19世紀中ごろから20世紀にかけてのヨーロッパでは，**理性主義・合理主義に偏った思想のあり方に反発し，本来の人間の生き方を回復しようとする思想**が生まれた。

✤キルケゴール（1813～55）の思想（『**死に至る病**』『あれか，これか』『不安の概念』）

- **絶望**…自分のすべてを賭（か）けて実現すべき**主体的真理を追求するのが真の自己（現実存在〔実存〕）である**。にもかかわらず，人々は平均化・画一化されて**大衆**の一員となり，本来の姿を放棄し，自己喪失の状態（**絶望**）にある。
- **実存の三つの生き方**…人は，刹那（せつな）的な快楽を求める**美的実存**として生きることも，社会や家庭で誠実に倫理的な義務を果たそうと生きる**倫理的実存**として生きることもできるが，いずれの生き方においても絶望を経験する。

  しかし，**宗教的実存**という生き方，すなわち，世間一般の風潮に流されず，**ただ一人で神と向き合う単独者として信仰に生きることで，真の自己を回復できる**。

✤ニーチェ（1844～1900）の思想（『**ツァラトゥストラはこう語った**』『善悪の彼岸』）

- 時代批判…キリスト教道徳は，来世に救いを求め，弱者に，現世を支配する強者に対する**怨恨**（えんこん）（**ルサンチマン**）を植えつける。この現世否定的な**奴隷道徳**が，現代を，**生きる意味や目的のないニヒリズムの時代**としてしまった。
- **善悪の彼岸**（ひがん）…また一方，学問の発達によって「**神は死んだ**」現代では，キリスト教道徳に基づく伝統的な価値や善悪の区別も意味を失っている。
- 発想の逆転…ニーチェは，**反キリスト者**の立場から，人が**力への意志**（より強大になろうとする根源的な生命力）という生の本来のあり方を取り戻す契機となるとして，この**意味も目的もなく無限に反復する永劫（えいごう）回帰の世界**を評価する（**能動的ニヒリズム**）。
- 生の回復…この永劫回帰の世界を受け入れ（**運命愛**），力への意志を体現し，「これが人生か，さらばもう一度」と人生を限りなく肯定し，**生きる意味や目的を自ら生み出す超人のごとくに生きよ**と人々に説いた。

2 実存主義（実存哲学） ★★★

20世紀になると，キルケゴールやニーチェの影響のもと，ドイツでは**ヤスパース**（1883～1969）や**ハイデガー**（1889～1976）が，フランスでは**サルトル**（1905～80）が，科学技術の支配する大衆の時代において人々が自己を喪失していることを批判し，実存を取り戻すための思想を展開した。

✤ヤスパースの思想（『哲学』『理性と実存』）

・現実の人間…**自分の力や科学技術では克服できない限界状況（死・苦悩・闘争・罪の意識など）**に直面したとき，人はその不安と絶望の中で挫折する。

・真の実存…その挫折を通じて自己の有限性を自覚し，人間や世界を包みこみ，根底で支えている**超越者（包括者）**と出会う。これにより，人は支えを得て，本来の自己である実存に目覚める（**実存開明**）。

こうした人々が，理性によって，誠実に互いの根源を問いかけ合う実存的な交わり（愛しながらの戦い）を結ぶとき，真の実存が実現されると説いた。

✤ハイデガーの思想（『存在と時間』）

・現代社会について…現代は，あらゆるものを技術的な操作の対象とし，その利用価値を求めて奔走(ほんそう)している時代。そこでは，「事物がどのようにあるのか」は問われても，「事物があるということ自体（存在）」は問われない（**存在忘却**）。

つまり，**現代は，存在の足場の見えない（故郷喪失）時代**だと批判。

・現代人について…人間は唯一，「存在とは何か？」と問うことのできる存在（**現存在〔ダーザイン〕**）であるが，現代人は，モノのような**没個性化・平均化した「ひと（ダス・マン）」の生に頽落(たいらく)している**。

つまり，現代人は，漠然とした不安からくる日常性にかまけ，「**世界-内-存在**（この世界において，人やあらゆるものとの関係性の中で自らのあり方を確かめる者）」としての自らのあり方を見失っていると批判。

・実存の回復…このような状態から脱し，人が真の自己を取り戻すには，自分が，自ら引き受けるしかない**死に向かって生きる存在（死への存在）であると自覚**し，不安の中で良心に従い，人生を真剣に生きることが必要だと説いた。

・晩年のハイデガー…世界が存在するという真理を見守る**存在の牧人**，それを言葉によって語る**詩人**としてのあり方に，本来の実存の姿を求めた。

✤サルトルの思想（『嘔吐(おうと)』『存在と無』）

・問題意識…近代思想や既存の価値観が崩壊していく第二次世界大戦後，サルトルは，それまでの**西洋哲学の本質規定的な傾向を批判**し，実存に新たな光を当て，人間の尊厳を取り戻そうとした。

・人間と神…サルトルによれば，人間はほかの存在とは違い，徹底して自由なものとして運命づけられている（「**人間は自由の刑に処せられている**」）。

人間は，**自由な選択（投企(とうき)）によって自分自身をつくり上げる存在**。つまり，あらかじめ本質が決まっていない存在（「**実存は本質に先立つ**」）。なぜなら，「**人間に本質を与える神は存在しない**」からだとサルトルはいう。

・責任と社会参加…人間の自由な選択（行動）に中立的な態度などありえず，必ず自己や他者に影響を及ぼすから，その**責任**を自覚しなければならない。

そして，**究極的には全人類にも及ぼす責任を自覚して，自己や社会問題に積極的に関わるべきだという社会参加（アンガージュマン）の思想**を説いた。

ここが共通テストのツボだ!!

ツボ 1 生の哲学や実存主義の思想家を区分けしてみよう。

✣生の哲学・実存主義の区分

2つの立場	19世紀	20世紀
有神論的な実存主義 （神との関わりの中で実存を確立）	キルケゴール （デンマーク）	ヤスパース（ドイツ）
無神論的な実存主義 （神の存在を前提とせず実存を確立）	ニーチェ （ドイツ）	ハイデガー（ドイツ） サルトル（フランス）

この区分けは，あくまで便宜的なもの。なぜなら，確かにサルトルは無神論者だが，ニーチェは無神論的な実存主義者ではあるものの，無神論者ではないからである（神が存在していたことを認めていなければ，「神は死んだ」と主張できない）。

ツボ 2 生の哲学や実存主義と関係の深い人々も押さえておこう。

①**ショーペンハウアー**(1788～1860)…『**意志と表象としての世界**』などにおいて，哲学界を席巻(せっけん)していたヘーゲル哲学に対抗できる思想を模索した。

人は**非合理で盲目的な衝動である**「**意志**」に突き動かされ，矛盾と苦悩の人生を歩まされているという**ペシミズム**（**厭世**(えんせい)**主義**）の思想を展開した。

②**ドストエフスキー**(1821～81)…ロシアの文豪。『**カラマーゾフの兄弟**』や『地下室の手記』や『罪と罰』などの小説を通じて，近代の合理主義に押しつぶされそうになっている人間の姿を描き，実存主義者たちに大きな影響を与えた。

③**ガダマー**(1900～2002)…『真理と方法』などで知られている哲学者。ハイデガーの影響のもと，「**芸術作品や歴史は真理を語る**」と主張。そして，「語られる真理の声を聴き取ること。これが**解釈学**〔自らの哲学〕の目的である」と唱えた。

④**カミュ**(1913～60)…『**シーシュポスの神話**』『ペスト』『異邦人』で知られる実存主義的な文学者。人間や人生の「不条理（不合理性）」に目を向けた。

この他，サルトルと共に生活した**ボーヴォワール**[☞p.56]や，現象学者の**メルロ＝ポンティ**[☞p.271]にも注目しておこう。

基礎力チェック問題

問1 キルケゴールについての記述として最も適当なものを，次の①～④のうちから一つ選べ。（00年倫理追試）

① 外面的な善行や客観的に認識される真理ではなく，聖書に基づく個人の純粋な信仰を重んじる信仰義認説を提唱した。
② 死に至る病とは，死への存在としての人間の本来性を自覚せず，他者と代替可能な自己のままに生きることだと指摘した。
③ 現代は，熟慮が情熱に優先し，誰もがどうすべきかを知っていながら，誰一人行動しようとはしない平均化された分別の時代であるとした。
④ 人生の意味を求める中で世界から拒絶されるという不条理に出会っても，人は神に救いを求めず，この不条理を直視して生きなければならないと主張した。

問1 ［答］③
③ **適当**：キルケゴールは，現代を平均化・画一化された大衆の時代と捉えた。
① **不適当**：ルターについての記述［☞p.215］。
② **不適当**：「死への存在……生きることだと指摘した」のはハイデガー。なお，キルケゴールのいう「死に至る病」とは，絶望のこと。
④ **不適当**：カミュについての記述。「不条理」に注目しよう。

問2 現代人のあり方についてのハイデガーの考え方を示す文として最も適当なものを，次の①～④のうちから一つ選べ。（07年倫理追試）

① 人間の本来性から離れて，死への存在であることから目をそらし日常を生きる世人のあり方。
② 自分に引きこもらず積極的に社会に関わっていこうとする，本質に先立つ実存のあり方。
③ 自らを孤独や不安に陥れる自由から逃げ出し，集団や権威に追随していく大衆のあり方。
④ 新たな享楽を不断に求めて感覚的に生きることで，自己を見失ってしまった美的実存のあり方。

問2 ［答］①
① **適当**
② **不適当**：「実存は本質に先立つ」と主張したサルトルの考え方についての記述。
③ **不適当**：現代人の性格を**権威主義的性格**と類型化したフロムの考え方についての記述［☞p.52］。
④ **不適当**：キルケゴールの考え方についての記述。

問3 サルトルについての記述として最も適当なものを，次の①～④のうちから一つ選べ。（06年倫理本試〈改〉）

① 日常的な道具は使用目的があらかじめ定められており，本質が現実の存在に先立っているが，現実の存在が本質に先立つ人間は，自らつくるところ以外の何ものでもないと考えた。
② 宇宙はそれ以上分割できない究極的要素から構成されているが，この要素は非物体的なもので，それら無数の要素が神の摂理のもとであらかじめ調和していると主張した。
③ 生命は神に通じる神秘的なものであるから，人間を含むすべての生命に対して愛と畏敬（いけい）の念をもつべきであり，そのことによって倫理の根本原理が与えられると考えた。
④ 人が罪を赦（ゆる）され，神によって正しい者と認められるには，外面的善行は不要であり，聖書に書かれた神の言葉を導きとする，内面的な信仰のみが必要だと主張した。

問3 ［答］①
① **適当**：サルトルの「実存は本質に先立つ」という主張を思いだそう。
② **不適当**：予定調和説を説いたライプニッツについての記述［☞p.231］。
③ **不適当**：「生命への畏敬」を説いたシュヴァイツァーについての記述［☞p.259］。
④ **不適当**：信仰義認説を説いたルターについての記述［☞p.215］。

第6編 西洋思想 2 西洋の現代思想

53 実践的な思想と実践的な活動 ～プラグマティズムとヒューマニズム

1 プラグマティズム

没落と頽廃(たいはい)が支配した19世紀末のヨーロッパに対し，開拓者精神(**フロンティア精神**)に溢(あふ)れる新興国アメリカでは，**プラグマティズム**(**実用主義**)という独自の思想が発達した。これは，科学の発達を積極的に受け止め，その**実験的方法を人間生活全般に適用していこうとする傾向の強い思想**である。

✤パースの思想(「いかにして我々の観念を明晰(めいせき)にするか」〔論文〕)

(1839～1914)

形而上学(けいじじょうがく)クラブを主催し，研究を重ねた**パース**が，「プラグマティズムの祖」。自らの主張を，ギリシア語のプラグマ(行動)にちなんで，プラグマティズムと命名。

・パースの主張…「**言葉の意味をはっきり理解するには，その言葉を使うことによって問題や状況，あるいはその解決策にどのような効果があらわれるかを考えてみればよい**」(**プラグマティズムの格率**)と主張し，経験的に確かめられない形而上学的な議論を，哲学的議論から排除した。

✤ジェームズの思想(『**プラグマティズム**』『心理学原理』)

(1842～1910)

パースの思想を捉え直して広めたのが，パースの友人であった**ジェームズ**。

・**真理の有用性**…パースが言葉の意味の確定方法と考えたプラグマティズムを，**有用性を基準にした真理の確定方法**と捉え直す。それを，「**真理であるから有用，有用であるから真理**」と定式化した。

・意義と問題点…ジェームズの主張に従えば，宗教的信念でさえ，心が安らぐなどの有用性があれば真である。宗教などのパースが切り捨てた経験的に確かめられない**形而上学的な議論も哲学的議論の対象とできる**。しかし，真理が状況によって決まる相対的なもの・個人的なものとなり，**真理の普遍性が主張できない**。

✤デューイの思想(『**哲学の改造**』『民主主義と教育』)

(1859～1952)

ヘーゲルやダーウィンの影響を受けつつ，プラグマティズムを，言葉の意味の確定方法や真理の確定方法から，実践的な行動指針へと発展させたのが**デューイ**。

・**道具主義**…人間の知性は真理の探究だけに関わるのではなく，日常生活における問題を解決し，環境に適合するための**道具**でもあると捉え直す。こうした知性を，**創造的知性**(**実験的知性**)という。

・「**あらゆる理論は仮説である**」…**創造的知性**を用い，試行錯誤を重ねていく，「**問題設定→仮説→実験→検証**」という科学的探求のあり方こそが，すべての知的探求に共通する理想的なあり方と主張。ただし，そこから出てくる知識・概念・理論のあらゆるものは常に仮説であって，この**仮説は私たちの生活の改善に役立つ道具（手段）であるか否かによって，拒否・修正・拡張される**と論じた。

・教育問題・社会問題…道具主義の立場から，「**為**（な）**すことによって学ぶ**（**Learning by doing**）」と表現できる**問題解決学習**という方法を提案。また，創造的知性によって社会を改善し，**多様な思想や価値を認める民主主義を実現することが必要**であると主張した。

2 ヒューマニズム 

世界には，非利己的な献身と強烈な求道心から，既存の枠組みに囚（とら）われずに，差別や戦争などの生命を脅かすものに対して救援・救済活動を展開する**ヒューマニスト**がいる。彼らは，「**世界の良心**」である。

✤絶対平和主義の思想

・**トルストイ**（1828〜1910）…『戦争と平和』『イワンのばか』などで知られるロシアの文豪。**独自のキリスト教信仰の立場から**，あらゆる戦争に反対する**絶対平和主義**を主張。

・**ロマン・ロラン**（1866〜1944）…『ジャン・クリストフ』などで知られる，人間の自由と尊厳を常に守ろうとする**戦闘的ヒューマニズム**の立場をとったフランスの作家。

・**ラッセル**（1872〜1970）（イギリスの哲学者）と**アインシュタイン**（1879〜1955）（ユダヤ系の物理学者）…第二次世界大戦後，核兵器廃絶・科学技術の平和利用を訴える（**ラッセル・アインシュタイン宣言**）。これを受け，**パグウォッシュ会議**（すべての核兵器と戦争の廃絶を訴える**科学者による会議**）が開催されるようになった。

✤非暴力主義・反差別運動の思想

・**ガンディー**（1869〜1948）…インド独立の父。**スワデーシー**（国産品愛用）を展開し，イギリスからのインドの**スワラージ**（自治・独立）を勝ち取る民族解放運動を指導。彼は，心の純潔・清浄（**ブラフマチャリヤー**）と不殺生（せっしょう）（**アヒンサー**）の実践という魂の力（**サティヤーグラハ**〔**真理の把持**（はじ）〕）によって，迫害する相手の良心に訴え，迫害をやめさせようとする**非暴力・不服従**を説いた。1948年に暗殺された。

・**キング牧師**（1929〜68）…アメリカの黒人解放運動の指導者。バス・ボイコット運動をきっかけに，**非暴力主義**を唱えて**公民権運動**（人種差別反対運動）を展開。演説「**私には夢がある（I Have a Dream）**」は有名。1968年に暗殺された。

✤生命尊重の思想

・**シュヴァイツァー**（1875〜1965）…医師かつ神学者。「密林の聖者」。**生命そのものを軽視する態度の中に，現代文明の危機を見出す**。そして，生きようとする意志をもつあらゆる生命に対する畏敬（いけい）の念（**生命への畏敬**）と，生きとし生けるものへの責任を説き，そこに倫理や道徳の存在理由があると主張した。

・**マザー・テレサ**（1910〜97）…旧ユーゴスラビア出身のカトリックの修道女。**インドにおいて**，「死を待つ人の家（ホスピス）」や「孤児の家（孤児院）」をつくるなどして，相手の宗教や国籍を問わない，救援・救済活動を展開した。

ここが共通テストのツボだ!!

ツボ 1 共通テストにも通じるデューイの教育論について知ろう。

デューイは，シカゴ大学実験学校で校長を務めたこともある。このときのことをまとめたのが『学校と社会』である。

この中で，彼は，旧教育における授業は教師や教科書が中心で，児童が中心ではなかったと分析した。そして，実社会や実生活と切り離された「死んだ知識」ではなく，社会的に意味のある活動を中心とした教育を追求した（彼は，これを「(教育における)コペルニクス的転回」と呼んだ）。具体的には，**活動を通じて知識や技能を身につけさせる**という教育であり，これを体系化したものが**問題解決学習**である。

『学校と社会』は1899年の出版だが，そこには主体的な学びを重視する共通テストにも通じる考え方がある。

ツボ 2 非暴力主義の源泉や公民権運動時の活動家についても知ろう。

ガンディーやキング牧師に大きな影響を与えたのが，自然と精神の調和を主張した『ウォールデン 森の生活』の著者として知られている，アメリカの**ソロー**(1817~62)である。いわば非暴力主義の源泉といってもよい人物。彼は，メキシコ戦争に加担するマサチューセッツ州の人頭税の支払いを拒否して投獄された。そのときの様子を『市民的不服従』にまとめている。これは，ガンディーやキング牧師らの愛読書であった。

なお，**市民的不服従**とは，良心に基づき，従うことができないと考えた特定の法律や命令に非暴力的手段で公然と違反する行為のことである。これに関連して，兵役のある国では，**良心的兵役拒否**（良心に基づく兵役拒否）を認めるか否かといった問題が生じる。例えば**ドイツでは基本法（憲法）で国民の権利として認めている**が，そうした規定のない国では，兵役拒否は罪となる。

また，公民権運動をめぐっては，黒人解放運動活動家**マルコムX**(1925~65)も活躍した（彼はアフリカにルーツをもつ黒人だが，先祖の名字は分からないとして，マルコムXと名乗った）。ムスリムであった彼は，**キング牧師らとは対照的に，暴力主義的な立場**をとったことで知られている。しかし，彼もまた，1965年に暗殺された。

市民的不服従や良心的兵役拒否の問題にも注目しておこう。

基礎力チェック問題

問1 何を真理とするかも千差万別だと主張することもできる。その主張を支えるジェームズの考え方として最も適当なものを，次の①～④のうちから一つ選べ。（07年倫理追試）

① 真理を主張するには，個人の性癖や境遇などに囚(とら)われることで生ずる偏見を排除することが必要だと考える。
② ある主張は必ずそれと対立するものを含んでおり，それらを統一するところに真理の認識があると考える。
③ 個々人の精神はモナドであり，それぞれが表現する真理は，異なったままにあらかじめ調和がとれていると考える。
④ 真理というものは，自分にとって役立つものであり，個別的で相対的であるとともに条件的なものだと考える。

問1 [答] ④
④ 適当
① 不適当：ベーコンの考え方を想定した記述[☞p.222]。
② 不適当：ヘーゲルの考え方を想定した記述[☞p.238]。
③ 不適当：ライプニッツの考え方を想定した記述[☞p.231]。

問2 環境に対する人間の適応について考えたデューイの主張として最も適当なものを，次の①～④のうちから一つ選べ。（07年倫理追試）

① 非人間的な環境を生み出す資本主義を廃棄して社会主義を実現するために，労働者階級の団結が必要だと主張した。
② できるだけ多くの人々が環境に適応して幸せになることが最善であるとして，善悪の基準を功利性に求めることを主張した。
③ 人間は，知性を道具として活用することによって，よりよく環境に適応し，社会を改良するのだと主張した。
④ 社会環境は適者生存のメカニズムにより自動的によりよい状態になっていくから，個人の自由な活動を放任すべきだと主張した。

問2 [答] ③
③ 適当
① 不適当：マルクスら社会主義者の主張[☞p.251]。
② 不適当：ベンサムら功利主義者の主張[☞p.242]。
④ 不適当：スペンサーの主張。[☞p.250]

問3 ガンディーについての記述として最も適当なものを，次の①～④のうちから一つ選べ。（09年倫理追試）

① 人は，人種に関わりなく，誰もが実質的に平等でなくてはならないとの考えから，社会で差別されていた黒人の解放を目指して，非暴力主義のもと，黒人差別撤廃運動を指導した。
② すべての命がもっている生きようとする意志に，人は愛と畏敬の念をもつべきであると考え，倫理の原理としての「生命への畏敬」という理念を抱きつつ，アフリカで医療事業に従事した。
③ 貧しい中でも最も貧しい人々にこそ尽くすべきであるとの思いから，カルカッタ（現コルカタ）などに「死を待つ人の家」や「孤児の家」を設けて，キリスト教の隣人愛の実践に生涯を捧(ささ)げた。
④ 自らの欲望やそれに基づく行動を精神の力で制御するとともに，あらゆる命を傷つけたり殺したりすることなく，ともに平和を享受するべきであるとの立場から，非暴力・不服従の運動を指導した。

問3 [答] ④
④ 適当
① 不適当：キング牧師についての記述。
② 不適当：シュヴァイツァーについての記述。
③ 不適当：マザー・テレサについての記述。

54 西洋哲学の根幹を揺るがす思想 ～心理学と言語学

1 近代的理性の見直し

デカルトを代表とする近代哲学では，感情・感覚・情念などは個人的で当てにならないが，「人間には理性があり，この理性をまともに用いれば，普遍的で正しい解答を得られる」と考えられていた。

しかし，とりわけ**第二次世界大戦後の現代思想は，そうした近代哲学の根幹ともいえる真理・主体・理性などに疑問を投げかけていくことになる。**こうした動きを，19世紀末から急速に発達した言語学と心理学が後押しした。

2 心理学の発展

心の研究は古代ギリシアからあった。近代に入り，デカルトの心身二元論やロックの心の研究を通じて，心理学として独立した学問となり，オーストリアの精神分析学者フロイト(1856～1939)の出現によって，大きく花開く。

✤フロイトの思想(『**夢判断**』『精神分析入門』)

・心の深層…フロイトは，人間の心の深層には性的衝動(エロス)などの本能的欲望からなる無意識の領域があると論じ，心の動きを説明した。

◎ 三つの領域からなる人間の心について

エス(イド)…人間の心を支配する，原始的で野性的な領域。**快楽原則**に従う。抑圧された欲望である**欲動**(このエネルギーをリビドーという)を溜(た)め込んでいる。

自我(エゴ)…エスのもつ衝動を外界に適用させるように調整する領域。

超自我(ちょうじが)(スーパーエゴ)…両親の教育などによって刻み込まれた社会的規範(良心)。自我を統制し，エスを抑制する領域。

フロイトの心のモデル

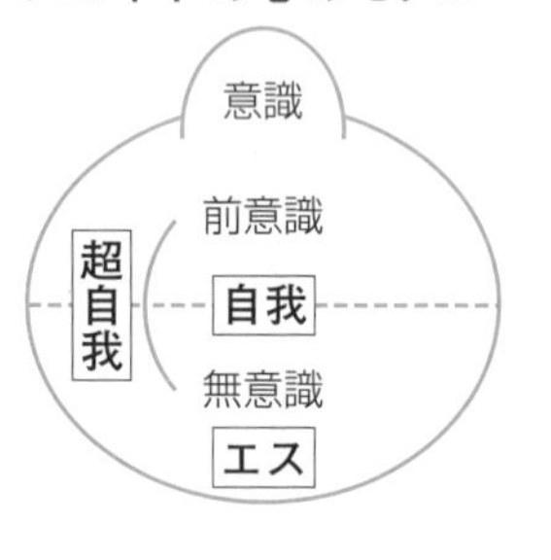

・思想史上の意義…**人間の心が無意識に支配されているという主張は，近代哲学が確実な拠りどころとしていた理性や主体への信頼を揺るがしていく。**

✤ユング(1875～1961)**の思想**(『心理学と錬金術』)

・集合的無意識…スイスの分析心理学者ユングは，**無意識は個人的であるとするフ**

ロイトに反して，無意識には集合的無意識（普遍的な無意識）もあると考え，その要素を元型（アーキタイプ）と呼んだ。この元型は，個人の人格形成や創造的な精神活動の源泉になるという。

3 言語学の発展 

言語の研究も古代ギリシアからあったが，言語学として大きく発達したのはサンスクリット語の発見による祖語への興味が契機。20世紀にはいり，スイスの言語学者ソシュール（1857〜1913）の研究が知られるようになると，言語学にとどまらない影響を与えた。

また，イギリスでラッセルから数学や哲学を学んだオーストリア出身のウィトゲンシュタイン（1889〜1951）も，現代の英米哲学（言葉を科学的･実証的に分析する分析哲学［☞p.274］）へと受け継がれていく思想を展開した。

✤**ソシュールの思想**（『一般言語学講義』〔弟子がまとめた講義録〕）

- 言語の構造…**ランガージュ**（人々の言語活動）を，**ラング**（ある言語共同体で共有されている言語体系）と**パロール**（ある言語共同体で行われている個々の発話）という概念を用いて説明。
- **ラングとパロールの相関性**…ラングに従ったものでなければ，パロールは意味をなさない。しかし，その一方で，パロールがラングを変化させる。つまり，**ラングとパロールは，相関的なもの・変化する可能性を常にもつ**ものである。
- **言語の恣意性**…ある動物を「ね・こ（猫）」とも，“cat（キャット）”とも，“Katze（カッツェ）”とも呼んでもよいように，**対象の意味や内容（シニフィエ）とそれを示す音声や文字など（シニフィアン）の結びつきに必然性はない**（結びつきは恣意的）。
- 思想史上の意義…ソシュールによれば，例えば「犬」と見なしていた動物であっても，新たに「ハイエナ」という言葉を知ると，別の動物に見えてくる。このように，**人は，言語を介して世界を分割（分節化）し，理解している**。

  これは，**自由で主体的だと考えられていた個々人の思考でさえも，普遍的とはいえない（恣意的な）言語体系（構造）に規定されている**ということでもある。

✤**ウィトゲンシュタインの思想**（『**論理哲学論考**』『哲学探究』）

- 前期思想（『論理哲学論考』）…「言語の混乱を取り除く試み（**言語批判**）」。命題（判断）は現実の事象に対応するとき真であり，意味のある命題とは経験的に真偽が検証できる判断のことだ（**写像理論**）と考えた。

  この立場から，**伝統的な哲学が論じてきた「人生の意味」や「神」や「善」などという「語り得ないことについては，沈黙しなければならない」と主張**した。
- 後期思想（『哲学探究』）…前期の写像理論を捨て，その都度の文脈や規則と実践の関係をめぐる言語の有り様を**言語ゲーム**と捉えて分析した。

  すなわち，言葉は客観的な根拠によって成り立っているものではなく，それ以上分析できない，**伝統的・文化的に決められた生活様式というルール**を根拠として語られている（意味の使用説）と考えるようになった。

ここが共通テストのツボだ!!

ツボ 1 フロイトと比較して，ユングの思想への理解も深めておこう。

・**フロイト…無意識はあくまで，個人的無意識である。集合的無意識などない。**

・**ユング……個人的無意識の下には集合的無意識がある。**

ユングは，集合的無意識は神話や夢に登場するという。この事実から，人類に共通の**元型**（**アーキタイプ**）という考えを導き出した。**元型は，個人の人格形成や創造的な精神活動の源泉**として働くとユングは考える。

また，この元型として，ユングは，**アニマ**（男性の心の中に潜む女性の魂）や**アニムス**（女性の心の中に潜む男性の魂），すべてを受容する**グレート・マザー**（**太母**）などを挙げている。

ユングの思想に従えば，集合的無意識があるからこそ，人は自分自身とも他者とも対話し，その内容を理解することができるということにもなる。

ツボ 2 ソシュールの思想を具体例とともに押さえておこう。

例えば，「ヤバイ」という言葉。誰かの口から発せられる「ヤ・バ・イ」という音の連続によって意味されていることが，日本語の音や文法などを知っている人なら分かる，あるいは分かっているつもりになる。こうした発話を**パロール**といい，音や文法など，パロールの意味を確定する際の基準の総体を**ラング**という。

もっとも，「このパンは，ヤバイ！」という発話の場合，「このパンは，腐っている！」という意味だろうか，それとも「このパンは，すごくおいしい！」という意味だろうか。昔は前者の意味で使っていたが，最近は後者の意味でも使うようだ。すなわち，「ヤ・バ・イ」という音の連続に普遍的で確実な意味はない。多くの人が新たな意味で使うようになれば，言葉の意味も変わってしまう。こうした事態を「パロールによってラングが変化する」という。

つまり，**ソシュールの思想は，「言語も意味も常に変化するものであるから，言語で語られる思想に普遍性はない」ということにもなりかねない主張**なのである。

ソシュールの思想が，それ以前の哲学の根底を揺るがすものであったことを理解しよう。

基礎力チェック問題

問1 フロイトが考えた無意識が現れる例として適当でないものを，次の①～④のうちから一つ選べ。 （07年倫理本試）

① 複雑な感情を抱いている相手の名前を，言い間違えてしまう。
② もう一度行きたいと思っている場所に，忘れ物をしてしまう。
③ 朝日が昇るのを見ると，誰もが荘厳な感じを抱いてしまう。
④ 気掛かりなことがあると，何かに追いかけられる夢を見てしまう。

問1 [答] ③

③ **不適当**：フロイトのいう「無意識」とは，認めがたい欲求，願望，感情などが抑圧され，本人には自覚されない形で心に蓄積しているもののこと。この例には，そうした抑圧された欲求などが認められない。
①②④ **適当**：「無意識」が行動や心に現れた例になっている。

問2 次のア～ウは，心についてのフロイトの考えを記述したものである。その正誤の組合せとして正しいものを，次の①～⑥のうちから一つ選べ。 （11年倫理追試〈改〉）

ア　自我(エゴ)は，人間の本能的衝動とも言うべきもので，即座に欲求充足を求める快楽原理に支配されている。
イ　超自我(スーパーエゴ)は，理想や価値，禁止や命令の体系を作り，自己を観察して評価する機能を担っている。
ウ　エス(イド)は，自我(エゴ)の本能的衝動を現実認識に照らして受け入れられるように調整する機能を担っている。

	ア	イ	ウ
①	正	正	誤
②	正	誤	正
③	正	誤	誤
④	誤	正	正
⑤	誤	正	誤
⑥	誤	誤	正

問2 [答] ⑤

ア：**誤文**。「自我(エゴ)」をエス(イド)に替えれば正文になる。
イ：**正文**。
ウ：**誤文**。「エス(イド)」と「自我(エゴ)」を入れ替えれば正文になる。

問3 ウィトゲンシュタインの「言語ゲーム」についての説明として最も適当なものを，次の①～④のうちから一つ選べ。 （18年倫理本試）

① 言語は，日常生活の具体的な場面や状況に応じて使用されるが，我々は，他者との会話に参加しながら，適切な使用のルールを次第に身に付ける。その様子は，ゲームになぞらえられる。
② 言語は，語彙や文法といったルールのうえに成り立っている点で，ゲームになぞらえられる。そのなかでは，日常的な発話(パロール)が，構造としての言語(ラング)から区別される。
③ 言語は，人間の無意識の形成に深く関わっており，我々は成長の過程で，言語活動を通して，他者の欲望を自分自身の欲望としてつくりかえる。その様子は，ゲームになぞらえられる。
④ 言語は，語彙や文法といったルールを常につくりかえる点で，ゲームになぞらえられる。そのために，我々の日常的な会話では，語や概念の連関を解体する脱構築が常に行われる。

問3 [答] ①

① **適当**：後期ウィトゲンシュタインの言語ゲームについての説明。
② **不適当**：ソシュールの考えを想定した説明。「パロール」や「ラング」に注目しよう。
③ **不適当**：ラカンの考えを想定した説明。「他者の欲望を自分自身の欲望としてつくりかえる」に注目しよう[☞p.270]。
④ **不適当**：ポスト構造主義者のデリダの考えを想定した説明。「脱構築」に注目しよう[☞p.271]。

55 近代的理性の袋小路と公共性の復活 ～ドイツ語圏の現代思想

1 現象学

「科学の世紀」ともいえる19世紀，キルケゴールやニーチェを先駆者として実存思想が唱えられる一方，ドイツに**万学の女王**である哲学の再建を試みる者が現れた。

それが，現象学を提唱し，ハイデガーやサルトルらに大きな影響を与えたフッサール(1859～1938)である。彼の後継者がフランスのメルロ＝ポンティ(1908～61)である［☞p.271］。

✤フッサールの思想（『イデーン』『ヨーロッパ諸学の危機と超越論的現象学』）

・「**事象そのものへ**」…事象が，**志向性**として考えられる意識の中でどのように構成されているかを，ありのままに考え直すこと（**現象学的還元**）を求めた。

　そのために，まずは，世界が自分の意識の外側に客観的に実在していると信じる「自然的態度」を判断中止（エポケー）しなければならないという。

・影響…彼の思想は，私たちの主観性は他者の主観性と協同的に機能するという間主観性の考え方や，ハイデガーの「世界‐内‐存在」という発想へと繋(つな)がった。

2 フランクフルト学派第一世代

1930年代からは，ヘーゲルの弟子やマルクスやフロイトの影響を受けた，ホルクハイマー(1895～1973)やアドルノ(1903～69)を中心とするフランクフルト学派第一世代の思想家が活躍する。

彼らはユダヤ系の出自であるがゆえに，ナチスが政権をとった一時期，アメリカに亡命した。多くが戦後はドイツに帰国し，近代的理性や近代社会の分析を行う。

✤アドルノとホルクハイマーの思想（『啓蒙(けいもう)の弁証法』）

・理性の宿命…近代的理性による啓蒙の過程は，野蛮から文明への進歩（脱魔術〔呪術〕化）であるとこれまで考えられていたが，実ははじめから野蛮へと逆転する宿命にあった。なぜなら，近代的理性は，そのはじまりから，自然支配のための手段としての道具的理性という性格をもっていたからである。

　この理性は，外的自然を支配するだけでなく，感情や衝動といった人間の内的自然をも支配して抑圧し，また人間を画一的な管理と支配の下におく。

・宿命の現実化…この事態は必然的に人間の内面を空洞化し，ついには人間を野生化した自己保存の追求へと走らせる。こうして暴力と野蛮が生じる。ナチスのユダヤ人大量虐殺（**ホロコースト**）という蛮行はまさに，その現実化である。

・理性の復権…理性には本来，人間の目指す目的や価値を批判的に吟味する働きもある。ホルクハイマーとアドルノは，こうした批判的理性の復権を唱えた。

✤その他の主なフランクフルト学派第一世代の思想家

・ベンヤミン(1892～1940)(『複製技術時代の芸術』)…複製技術の普及した現代においては，神秘的な力(**アウラ**)を欠く芸術作品が増えた。こんな時代だからこそ「批評」が必要であると説く。

・フロム(1900～80)(『**自由からの逃走**』)…自由がもたらす不安と孤独に耐えきれず，自由から逃亡し，ファシズムに巻き込まれ，ファシズムを支えていく人々の心理(**権威主義的性格**)を分析した[☞p.52]。

3 ナチス・ドイツ(ナチズム)との対決

ナチズムの問題を出発点とする思想は，アドルノらのもののほかにもある。

✤フランクル(1905～97)の思想(『**夜と霧**』)

・生きる意味…オーストリアの精神科医である彼は，自らの強制収容所での体験をもとに，人は常に人間らしい尊厳に満ちた生き方を求めていると主張した。

✤アーレント(1906～75)の思想(『**人間の条件**』『全体主義の起源』)

・**悪の陳腐さ**…ナチズムを支えていたのは平凡な人間であったと報告した。

・活動的生活の重視…人の行いを「生存のために必要な**労働**(labor)，道具や作品をつくる**仕事**(work)，言葉を交わしながら他者と共同体を営む**活動**(action)」の観点から捉え，**現代社会は「労働」の領域が大きくなりすぎていると批判**。

　そして，**古代ギリシアの直接民主制を模範に，「活動」こそが人間にふさわしい自由な行為であり，ナチズムのような公共性を破壊する全体主義を阻止するためにも必要だと主張**。こうした彼女の思想は，ハーバーマスに影響を与えた。

4 フランクフルト学派第二世代

フランクフルト学派第一世代を乗り越えていこうとしているのが，**フランクフルト学派第二世代**を代表する**ハーバーマス**(1929～)である。

✤ハーバーマスの思想(『**公共性の構造転換**』『コミュニケーション的行為の理論』)

・**生活世界の植民地化**…目的の効率的な達成を目指す現代の政治的および経済的なシステムは自立して，人々の日常生活(**生活世界**)の全般を支配。

　他方，人々は，このシステムによって，技術的な支配(テクノクラシー)を受け，技術的な指示(マニュアル)に従うようになり，社会への参加意識を失う。その結果，社会の統合が揺らぎ，民主的な社会統合に必要な公共空間(公共性)が破壊(**生活世界の植民地化**)されると批判。

・民主的な社会を形成…ハーバーマスは，**「生活世界の植民地化」を避けるためには，支配関係のない人々の自由な討議が必要であると考えた。**

　そして，**しっかりとした論拠を示して相手との了解を達成しようとする理性の対話的性質(対話的理性)に基づく相互了解(コミュニケーション的合理性)こそが，民主的な社会統合の基礎になる**と主張した。

ここが共通テストのツボだ!!

ツボ 1 ポパーとアドルノとの間で交わされた，社会科学の方法をめぐる論争（実証主義論争）についても知ろう。

社会科学とは，法学や経済学や社会哲学などを含め，人間の社会のさまざまな面を科学的に探求する学術分野の総体のこと。その方法をめぐり，1960年代に，オーストリア出身の哲学者**ポパー**(1902～94)（『開かれた社会とその敵』）と，フランクフルト学派の批判的社会理論を代表する**アドルノ**との間で論争があった。この論争には，**ハーバーマス**も加わっている。

・ポパー…形而上学(けいじじょうがく)的な思考を批判し，**反証可能性**のある命題だけが有意味だと考えた。この**批判的合理主義**（新実証主義）の立場から，社会科学に必要なのは，既知の事実から帰納的に仮説を立て，その仮説から演繹的に導き出された実験可能な予測を検証していく，自然科学の**仮説演繹法**を援用した**批判的方法**だと主張した。

・アドルノ…社会的な出来事は，その観察者も巻き込んでいる歴史的・文化的な文脈を離れて生じることはないと考えた。この立場から，社会科学において必要なのは，個別的な出来事の背後に潜む関係性や社会的な総体にまで弁証法的に分け入り，個別的な問題に働きかける**批判理論**でなければならないと主張した。

ポパーは自然科学と社会科学の共通性を，アドルノは社会科学の独自性を主張。

ツボ 2 アーレントの周辺の人々について確認しておこう。

ドイツ系ユダヤ人の**アーレント**は，マールブルク大学に入学後，ここで教鞭(きょうべん)を執っていた**ハイデガー**と個人的な関係を深めた。また，**ヨナス**(1903～93) [☞p.77]とは終生の友人になる。

その後，フライブルク大学のフッサールのもとで過ごした後，ハイデルベルク大学で**ヤスパース**の指導を受けつつ，博士論文として『アウグスティヌスの愛の概念』を提出した。

1941年にアメリカに亡命後，さまざまな大学において，カントの政治哲学などについて講義を行ったり，『全体主義の起源』や『エルサレムのアイヒマン』などを発表したりした。こうした彼女の思想は，**ハーバーマス**に影響を与えている。

思想を理解するポイントは，思想家同士の影響関係を理解することである。

基礎力チェック問題

問1 フッサールの思想の記述として最も適当なものを，次の①～④のうちから一つ選べ。 (12年倫理本試)

① 人間は自己のあり方を自由に選択するため，実存が本質に先立つ。
② 事物は知覚と独立には存在せず，存在するとは知覚されることである。
③ 言語の限界を超える語り得ぬものについては，沈黙せねばならない。
④ 自然的態度を変更し，判断中止を行うことが必要である。

問1 [答] ④
④ **適当**：「判断中止」を**エポケー**という。
① **不適当**：**サルトル**の思想についての記述[☞p.255]。
② **不適当**：**バークリー**の思想についての記述[☞p.230]。
③ **不適当**：**ウィトゲンシュタイン**の思想についての記述[☞p.263]。

問2 20世紀以降の現代社会のあり方について述べた思想の説明として最も適当なものを，次の①～④のうちから一つ選べ。(19年倫理追試)

① ホルクハイマーとアドルノによれば，個人を抑圧する現代の画一的な社会に対抗するためには，各人が不安のただなかで自己の死の可能性を直視し，本来の自己に立ち返らなければならない。
② ホルクハイマーとアドルノによれば，目的の価値を批判的に検討すべき理性が，任意の目的に手段が適合するか否かを判断するだけの道具と化し，人間自身も，規格化されて操作されるようになった。
③ アーレントによれば，私的な経済関係のみが増大している現代社会の商業主義に対抗するためには，伝統に根ざした共同体において共有される善を，個人の自由よりも優先しなければならない。
④ アーレントによれば，近代社会では，公共的な政治への関心が増大し，人間相互の関係を支える労働の価値が見失われた結果，大衆を動員する全体主義が生み出されるに至った。

問2 [答] ②
② **適当**
① **不適当**：**ハイデガー**の主張を想定した説明[☞p.255]。
③ **不適当**：アーレントは伝統主義者ではない。**共同体主義**(**コミュニタリアン**)の主張を想定した説明[☞p.275]。
④ **不適当**：アーレントは，全体主義が生じた原因を，現代社会において**「労働」が重視されすぎて，「活動」にもとづく公共性が失われていること**に見出した。

問3 ハーバーマスの「対話的理性」という考え方に合致している発言として最も適当なものを，次の①～④のうちから一つ選べ。 (13年倫理本試)

① 議論をしても埋まらない立場の相違や利害の衝突は，多数者の意思に基づいて解決していく。それが，民主主義社会の公共性の原理でしょ。
② 多数決なんて乱暴だな。理想論って言われるかもしれないけど，みんなが互いに納得し合えるまで，とことん話し合いを続けるべきだよ。
③ 納得し合う必要もなくて，とことん意見をぶつけ合っていけばいいのさ。議論で一番大切なのは，互いの意見の違いを明らかにすることだからね。
④ 理想的な対話は，見知らぬ者同士では難しいよ。理性的に話し合うためには，互いに信頼し合える親密な関係が不可欠だよ。

問3 [答] ②
② **適当**：ハーバーマスは，絶対的な真理を想定せず，**理性的なコミュニケーションを通して，他者と了解(合意)**し合う必要があると主張。
① **不適当**：「多数者の意思に基づいて」が不適当。
③ **不適当**：「納得し合う必要もなく」が不適当。
④ **不適当**：「親密な関係が不可欠」が不適当。

56 西洋中心主義や西洋的発想を批判する思想 ～フランス語圏の現代思想

1 構造主義

戦後のフランスでは，サルトルの実存主義思想が一大旋風を巻き起こした。しかし，1960年代からは，レヴィ=ストロース(1908～2009)の思想が注目されるようになる。

✤レヴィ=ストロースの思想（『親族の基本構造』『**悲しき熱帯**』『**野生の思考**』）

・フィールドワーク…構造言語学（ソシュールの思想の影響を受けたヤコブソンの言語学）の考え方を南米の先住民族の親族関係や神話の分析に応用。

・主張…先住民族の思考（野生の思考）を未開とするのは，西洋文明中心主義に基づく偏見である。**野生の思考は，文明社会が見失いがちな自然との共生という利点も含んでおり，決して劣るものではない。**

西洋的な観点からほかの文化を論じるのではなく，**自覚されていない「構造」の解明を目指す方法（構造主義）を模索することが必要**。

> **○ 野生の思考**
>
> 抽象的なことがらを，身の回りにある具体的なものを用いて考える思考法（ブリコラージュ〔寄せ集め細工〕）であり，人工的な抽象概念を使って考える西洋近代の科学的な思考法（栽培の思考）とは異なる。

・意義…**自覚されていない「構造」への注目は，人間の主体性を前提に構築されている伝統的な西洋哲学の根幹を批判することを意味する。**

この立場から，レヴィ=ストロースは，人間の主体性や西洋的観点を偏重しすぎているとして，サルトルを痛烈に批判した。

✤その他の構造主義者

・**ラカン**(1901～81)（『エクリ』）…**フロイトの考えを構造主義的に発展**させ，「欲望とは，他者の欲望を欲望すること」「無意識は言語のように構造化されている」と指摘。

2 ポスト構造主義・ポストモダン

1960年代後半以降，フーコー(1926～84)を先駆者として，レヴィ=ストロースらの構造主義を乗り越えていこうとする**ポスト構造主義**・**ポストモダン**の思想が唱えられる。

✤フーコーの思想（『狂気の歴史』『**言葉と物**』『監獄の誕生』）

・知の考古学…人の考え方が形成されてきたプロセスは歴史の中に埋もれていると見なし，それを発掘することが必要であると主張。

・**理性と狂気**…近代社会は，病院，裁判所，監獄，学校などの施設を通じて，公権力や近代的秩序から逸脱することを異常だと見なす価値観を広め，病気や狂気，犯罪といった**反理性的なもの（狂気）を，日常から排除していった**。

さらに，**これらの施設は近代社会の価値観に無意識のうちに服従する「主体」を生み出すのみならず，こうした「主体」が相互に監視・規制し合うことで，権力関係が生じ，再生産されていく**とフーコーは論じた。

・意義…伝統的な哲学が前提とする「理性的な人間」という虚像（西洋思想の人間中心主義が生み出した「〔**主体的で理性的な**〕**人間**」の**終焉**（しゅうえん））を明らかにするとともに，西洋社会に構造的に組み込まれた権力（**生-権力**）の有り様を暴いた。

✤その他のポスト構造主義・ポストモダンの思想

・**リオタール**（1924～98）（『ポストモダンの条件』）…現代は「**大きな物語**」ではなく，「**小さな無数の物語**」が日常生活の織物を織り上げ，言説は多様化すると論じた。

・**ドゥルーズ**（1925～95）（『アンチ・オイディプス』〔ガタリとの共著〕）…欲望の流れを制御する**ファシズム化した現代の資本主義社会の構造を分析**し，そこからの**逃走**を模索。

・**ボードリヤール**（1929～2007）（『消費社会の神話と構造』）…現代人の消費行動は欲求の充足というよりも，**記号化**された「モノ」を通じた**差異化の行動**であると主張した。

・**デリダ**（1930～2004）（『エクリチュールと差異』）…世界や物事を二項対立の図式で捉えようとする西洋哲学の伝統を批判し，**新しい哲学を模索する脱構築**を唱えた。

3 現象学の影響

フッサールの現象学は，**ホロコースト**（ナチスによるユダヤ人大量虐殺）によって家族全員を奪われたという経験をもつユダヤ人の**レヴィナス**（1906～95）やサルトルと行動を共にしたこともある**メルロ＝ポンティ**（1908～61）らに大きな影響を与えた。

✤レヴィナスの思想（『**全体性と無限**』『存在の彼方（かなた）へ』）

・西洋哲学批判…ハイデガーなどに代表される**伝統的な西洋思想は，自己を中心にすべてを説明しようとする暴力性（全体性）を備えており，他者を同化したり，排除したりしてきた**と批判。

・**他者**…現代社会は，「私」が自己の存在や主体性を確認できない闇（やみ）に陥り，止めどない不安に苛（さいな）まれる可能性に満ちている。**この不安から「私」を救ってくれるのが「顔（ヴィザージュ）」として迫ってくる他者**である。

・共生を目指す倫理…その他者は，「汝（なんじ），殺すなかれ」をはじめとして，さまざまな要求をしてくる厄介者でもある。しかし，**この他者の要求に応えるとき，「私」は暴力的ではない主体性を取り戻すことができる**と主張した。

✤メルロ＝ポンティの思想（『**知覚の現象学**』）

・**生きられる身体**…**精神と身体（物体）をわけたデカルトの二元論を批判**し，人間は身体を介して世界に巻き込まれているからこそ，世界に関わることができると主張。身体の**両義性**に注目した。

ここが共通テストのツボだ!!

ツボ 1 現代フランス思想の主張を具体的場面で考えてみる。

①**レヴィ=ストロースの思想の応用**…英語は論理的で，日本語は非論理的？　いや，それは英語帝国主義に毒された発想ではないか？　なぜなら，日本語を母語としている私たちは日本語を使っていても日常生活に不自由はない。日本語も論理的だ。

②**フーコーの思想の応用**…学校では，生徒は教師の視線が気になる。そして，教師の視線を内面化し，教師が求めている（と思いこんでいる）答えを自分自身の答えとしてしまってはいないだろうか？

③**リオタールの思想の応用**…最近，大手テレビ局の番組は視聴率を下げている。その代わりに人々が見ているのが，ウェブ上の動画サイト。「大きな物語」よりも，「小さな無数の物語」が好まれているということだろうか？

④**ボードリヤールの思想の応用**…ファッションや自動車，いや教養や娯楽にまつわるものも，なぜあなたはそれを求めた？　必要だから？　機能的だから？　同じ機能をもったもっと安価な物があったはず。でも，安価な物を求めないのはなぜ？

思想は抽象的な観念を表しているだけのものではない。人間の生や現実とともに考えるべきものであることを知ろう。

ツボ 2 レヴィナスの思想と，日本語特有の発言との類似性に注目。

日本語に特有の発言を聞いていると，どこかレヴィナス的な発想と共通していると感じることがある。

例えば「お客様は神様です」という発話。この真意は，「誠心誠意，おもてなしいたします」という倫理的な行動をするという決意表明ではないだろうか。それに，人間にとって，**神様は永遠に知ることのできない究極的な他者**である。客人という他人を，その神様にたとえているところがおもしろい。あるいは，「ご先祖様に顔向けができない」という発言。これは，「とんでもないことをやってしまった」という倫理的な後悔（こうかい）の念を示す言葉であろう。ご先祖様も究極的な他者である。

この日本語のいずれの発言も，**究極的な他者を持ち出して倫理を語っている。**

人間の普遍性を前提に，西洋の思想と日本の思想の類似点を探ってみよう。

基礎力チェック問題

問1 レヴィ=ストロースの思想の記述として最も適当なものを，次の①〜④のうちから一つ選べ。 (02年倫理追試〈改〉)

① 未開社会は，文明社会と同じく自由，平等，平和な社会であるが，所有の安定のために，契約を通じて文明社会に移行する。

② 文明社会は進歩した理想の社会であり，文明人は理性によって未開社会に特有の迷信，偏見，無知から解放されている。

③ 未開人の社会と違って，文明社会は富の不平等，支配と服従，悪徳などで満ちているが，その主な原因は財産の私有にある。

④ 文明人の理性的な思考は未開人の「野生の思考」に優(まさ)るものではなく，文明社会が未開社会に比べて進歩しているわけではない。

問1 [答] ④

④ **適当**

① **不適当**：ロックの思想を想定した記述[☞p.227]。

② **不適当**：レヴィ=ストロースの思想に照らして，「文明社会は進歩した理想の社会」は不適当。

③ **不適当**：ルソーの思想を想定した記述[☞p.227]。

問2 フーコーについての記述として最も適当なものを，次の①〜④のうちから一つ選べ。 (09年倫理本試)

① 西洋哲学を成り立たせてきた主体などの概念が覆い隠してきた問題を，歴史のなかで新たに問うために脱構築を主張し，理性の概念を捉え直した。

② 理性と狂気とが区別されるようになってきた西洋の歴史を分析し，確固とした理性という考えが歴史の過程の産物であることを明らかにした。

③ 非西洋の未開社会の実地調査を通して，西洋社会とは異なる独自の思考体系を見いだし，西洋の理性的思考を特権化するような考えを斥(しりぞ)けた。

④ 自己意識のなかに取りこめない他者性が現れる場を「顔」という言葉で表現し，そのような他者に向き合えない理性の暴力性に照明を当てた。

問2 [答] ②

② **適当**：フーコーが『狂気の歴史』で論じたことを想起しよう。

① **不適当**：**デリダ**についての説明。「脱構築」に注目しよう。

③ **不適当**：レヴィ=ストロースについての説明。「非西洋の未開社会の実地調査」に注目しよう。

④ **不適当**：レヴィナスについての説明。「顔」や「他者」に注目しよう。

問3 メルロ=ポンティについての記述として最も適当なものを，次の①〜④のうちから一つ選べ。 (00年倫理本試〈改〉)

① 自己の死を自覚することによって，日常性に埋没した無責任で匿名的な「ダス・マン」のあり方を乗り越えていく態度を説いた。

② 人間を根源的に自由な存在として捉(とら)え，たえず未来へ向けて自己を投げ出し，新たな自己を創造していくあり方を主張した。

③ 死や苦のように克服できない究極の壁を限界状況と名づけ，これを直視することによって，人間は自己を包括する超越者の存在を感じるとした。

④ 人間の選択や思考は身体を媒体にしてなされるものだと考え，身体におけるくみ尽くしがたい経験を繰り返し取り上げ直す可能性を示した。

問3 [答] ④

④ **適当**：「身体」の両義性を説いたメルロ=ポンティについての記述。

① **不適当**：ハイデガーについての記述。「ダス・マン」に注目しよう[☞p.255]。

② **不適当**：サルトルについての記述。「新たな自己を創造していくあり方」とは**投企**のこと[☞p.255]。

③ **不適当**：ヤスパースについての記述。「限界状況」に注目しよう[☞p.255]。

57 公正な社会のための思想 ～英米語圏の現代思想

1 分析哲学の興隆

1930年代のアメリカでは，プラグマティズムに代わって，ナチズムを避けて亡命してきたウィーン学団のカルナップらを中心に，**論理実証主義**（**科学経験主義**）が興隆。彼らは，**哲学の仕事は科学の命題の論理的分析にある**と考えた。

✤ **クワイン**(1908～2000)**の思想**（『論理学の方法』『ことばと対象』）

・論理実証主義への批判…科学を進歩させるためには，還元主義から**理論的枠組みとしてのパラダイム全体を単位として真偽を問う**ホーリズム（全体論）**の見方**に移行する必要があると主張。分析哲学において独自の世界を構築した。

2 正義論

自由と平等を謳(うた)って建国されたアメリカでは，1960年代になっても黒人差別や人種差別が続いていた。こうした中，論理実証主義やクワインらの影響を受けたロールズ(1921～2002)が，**社会契約説やカントの思想を応用しつつ，公正な社会（フェアな社会）のあり方を模索**した。

✤ **ロールズの思想**（『公正としての正義』『**正義論**』）

・問題意識…誰もが関わらざるを得ない社会的条件（**社会的基本財**，自由や機会や所得など）の公正（フェア）な配分のあり方を正義の問題として検討。

・思考実験…原初状態を想定し，**正義を実現するために，あらゆる社会制度が則(のっと)っていなければならない二つの原理原則（正義の二原理）を導出**し，現実社会のさまざまな社会制度もこの正義の二原理に従うべきであると主張した。

◯ **原初状態・無知のヴェール・正義の二原理**

ロールズは，無知のヴェールに覆われた人々（性別や所得など，自己に関する情報を一切もたないが，合理的な判断は下せる人々）が集い，社会のあり方について話を交わす原初状態を想定し，以下の正義の二原理を導き出した。

・第一原理…自由の権利は他人の自由の権利を害さない限り，誰にでも平等に与えられなければならない（平等な自由の原理）。

・第二原理…所得と富の配分は不平等であっても，地位や職務につく機会が公平であり（機会均等の原理），最も不遇な人々の境遇を改善する限りにおいて容認される（格差原理）。

・現実との調和…ロールズは，現実の人間は**試行錯誤を通して**正義の二原理と人々の道徳的判断を一致させる（**反照的均衡**〔**反省的均衡**〕）とも論じている。

・ロールズの影響…アファーマティブ・アクション（**ポジティブ・アクション**〔**積極的差別是正措置**〕）などの**福祉政策に哲学的根拠を与えた**とされる。また，アメリカを中心に，ロールズが展開したリベラリズムの是非や，規範倫理学（あるべきルールを問題にする倫理学）をめぐる研究や議論を盛んにした。

✤セン(1933～)の思想（『貧困と飢饉』『**不平等の再検討**』）

・センの立場…格差や差別の是正を目指したロールズの考えに基本的には賛成。しかし，**社会的基本財に注目するばかりでは社会の真の豊かさは測れない**と批判した。センは，インド出身で，アジア人初のノーベル経済学賞受賞者。

・主張…**真の豊かさや平等を測る基準として，「個々人が，その社会において，自由に自らの人生を選択できるか」という**潜在能力（ケイパビリティ）**の幅に注目すべき**と主張。その指標となる**人間開発指数**（**HDI**）の開発にも関与［☞p.42］。

・格差や差別を是正するには？…**民主主義を確立し，識字能力や自由な言語能力を育成するなどして，潜在能力を開発・発展させなければならない**と主張。

✤その他のロールズを批判した思想

・リバタリアニズム（自由至上主義）…**ノージック(1938～2002)**（『アナーキー・国家・ユートピア』）など。徹底した個人主義・自由主義の立場から，ロールズの議論からは肯定されるアファーマティブ・アクションなどの国家による福祉政策を批判。**政府の規模・役割・影響力を，個人の自由を侵すことなく，その自由を守るのに充分な程度に小さくすべきだとする**「最小国家」**論**を主張した。

・コミュニタリアニズム（共同体主義）…**マッキンタイア(1929～)**（『美徳なき時代』）や**サンデル(1953～)**（『リベラリズムと正義の限界』）など。**人間の選択は社会的に共有されている**共通善**に照らして可能になる**のであって，ロールズの議論における原初状態に集う，自己に関する情報を一切もたない人々（**負荷なき自我**）では，実際には何も選択できず，正義の二原理は導出されないと批判した。

3 文化・文明の研究 

正義論のみならず，多民族国家のアメリカでは，文化・文明研究も盛んである。

✤さまざまな文化論や文明論

・**ハンチントン(1927～2008)**（『文明の衝突』）…東西冷戦の終結以後の世界は，文明と文明との衝突が対立の主要軸になると主張した（**文明の衝突**）。

・サイード(1935～2003)（『**オリエンタリズム**』）…旧植民地に残るさまざまな課題を把握するための文化研究（**ポスト・コロニアリズム**）の開拓者。**西洋は東洋を後進的・非合理的といった画一的な負のイメージで捉え，自らの優位を正当化することでアイデンティティを形成してきた**と批判。こうした西洋のエスノセントリズム（自民族中心主義）的な傾向をもつ思考を「オリエンタリズム」という。

ここが共通テストのツボだ!!

ツボ 1 アファーマティブ・アクションの現実を確認しておこう。

アファーマティブ・アクションとは，**就学や就職などにおいて，民族や人種，性別や出自による差別や貧困を解消するための暫定的な措置**のこと。具体的には，差別を受けてきたグループに対して生活援助や奨学金などの制度を設け，実質的な平等が実現するように促す。これは，**形式的な平等だけでは現実社会の差別や貧困は解消されず，真の公正のためには結果の平等を重視すべきだ**という主張に添うものである。

ただし，恵まれない少数派の人々の救済は，暫定的な措置よりも，経済の拡大による方が効率的に行えると主張する者も少なくない。彼らは，**アファーマティブ・アクションは逆差別であると批判**する。実際，人種に基づくこうした措置は違憲であるとした判決もあり，アメリカでは人種に基づく措置を禁止している州もある。

> アメリカでも，アファーマティブ・アクションに対しては意見が割れていることを知ろう。

ツボ 2 政府と市場はどのような関係をもつべきか？

リベラリズムをめぐる問題は，政府と市場の関係にまで及ぶ。

ロールズや**セン**らのリベラリズムの立場から**は，競争そのものが成り立たなくなるような格差が生じることを恐れ，格差是正のために政府が積極的に市場へ介入することを是認**する考えが導き出されるだろう。

一方，マネタリズムを唱えたことで知られている**フリードマン**[☞p.42]らの新自由主義（ネオリベラリズム）の立場をとる人々のように，**過度の政府の介入は，競争による社会の発展や個人の成長を阻害する**とも考えられる。この考えをより徹底させたのが，**ノージック**や**ハイエク**に代表されるリバタリアニズム（**自由至上主義**）である。

はたして，どちらが妥当なのか？　現在もさまざまな立場から議論が続いている。

> こうした対立の背景には，人間観の違いがあることも見抜こう。
> ・リベラリズム…人間は経済的欲求の充足のみを目指す生き物ではない。
> ・ネオリベラリズムやリバタリアニズム…人間は欲望の充足，特に物質的な富の増大を主たる関心とする生き物である。

基礎力チェック問題

問1 次の文章は，科学および科学的な知識について論じたクワインの思想の説明である。文章中の［　　］に入れる語句として正しいものを，下の①～④のうちから一つ選べ。（20年倫理本試）

科学について，理論に何か問題が生じても，どこかを少しずつ修正しながら，知識の体系それ自体を維持していくしかない。クワインによる，科学についてのこのような捉え方を，知の［　　］と呼ぶ。

① パラダイム　　② ホーリズム
③ カルヴィニズム　　④ トーテミズム

問2 公正としての正義に関するロールズの思想内容の説明として最も適当なものを，次の①～④のうちから一つ選べ。（14年倫理本試）

① 部分的正義には，悪を犯した人には罰を与えるように，人々の利害得失を均等にする調整的正義があるとした。
② 幸福の計算において，各人を等しく一人として数えるという基準から，諸個人の利害を等しく計算することが正義にかなうと説いた。
③ 誰もが欲するであろう基本的な財の配分の正義を問題にし，基本的自由に対する平等の権利と，格差の是正のための原理を提示した。
④ 生命・自由・財産所有などの各人が生まれながらにしてもつ自然権を守ることを正義とし，その保障を政府の役割であるとした。

問3 センの思想についての説明として最も適当なものを，次の①～⑤のうちから一つ選べ。（06年倫理本試〈改〉）

① 各人に対し，自ら価値があると認めるような諸目的を追求する自由，すなわち潜在能力を等しく保障することが重要であると指摘した。
② 各人には過剰な利己心を抑制する共感の能力が備わっており，めいめいが自己の利益を追求しても社会全体の福祉は向上すると考えた。
③ 相互不信に満ちた自然状態から脱することを望む各人が，自らの自然権を互いに放棄し合う，という形で社会や国家の成立を説明した。
④ 侵すことのできない権利をもつ各人から構成されるものとして，国家は国民のそうした権利を保護する最小限の役割のみを担うとした。
⑤ 自然法を人間理性の法則として捉（とら）えて国家のあり方を論じるとともに，諸国家もまた同じく普遍的な国際法に従うべきであると説いた。

問1　［答］②

② **適当**
① **不適当**：「パラダイム」とは，（科学的な）認識の枠組みのこと［☞p.219］。
③ **不適当**：「カルヴィニズム」とは，カルヴァンの思想のこと［☞p.215］。
④ **不適当**：「トーテミズム」とは，特定の動植物を「**トーテム**」と呼び，それらが家族や部族などの人間の集団と特別な関係をもつとする考え方のこと。

問2　［答］③

③ **適当**
① **不適当**：アリストテレスの**調整的正義**についての説明［☞p.101］。
② **不適当**：ベンサムが唱えた**功利主義**思想についての説明［☞p.242］。
④ **不適当**：ロックが唱えた社会契約説についての説明［☞p.227］。

問3　［答］①

① **適当**：センの潜在能力に関する議論を思い出そう。
② **不適当**：アダム・スミスの思想を想定した記述［☞p.242］。
③ **不適当**：ホッブズの社会契約論を想定した記述［☞p.226］。
④ **不適当**：ノージックの「**最小国家**」論を想定した記述［☞p.275］。
⑤ **不適当**：グロティウスの思想を想定した記述［☞p.228］。

チャレンジテスト⑪(大学入学共通テスト実戦演習)

問1 「限界状況」をめぐるヤスパースの思想の説明として最も適当なものを，次の①～④のうちから一つ選べ。 (22年倫理本試)

① 限界状況とは，死，苦悩，罪責，争いなど，人間の力では回避することのできない人生の困難である。生きている限り誰もが行き当たるこの壁を克服し得たとき，はじめて人は自己の生の真実に触れることができる。

② 限界状況に直面し，人は自己の有限性を自覚する。自分が何ものにも支えられない無力で孤独な存在であることを知った人は，神のような超越的な存在に頼ることのない，人間同士の実存的な交わりを求めるようになる。

③ 限界状況と向き合いつつ，真の自己を求める者同士で心を開いて語り合うのが実存的交わりである。自己の全てを賭けたこの全人格的な対話に身を投じることで，互いの実存が明らかになる。

④ 限界状況に直面したとき，人は絶望し，挫折を味わう。自己の生の真実を理性によって捉えることはできないと悟った人は，理性に拠(よ)らない「愛しながらの戦い」を通じて，自己の実存に目覚めることができる。

 **[答]** ③

共通テストが，重要語の暗記よりも，思想の理解を重視していることが分かる問題。共通テストには，重要語をただ知っているだけでは正答できない問題が多い。

③ **適当**：**ヤスパース**によれば[☞p.255]，真の自己を求める者は，人生において乗り越えられない壁である**限界状況**に直面する中で，はじめて他者との「**実存的な交わり**(**愛しながらの戦い**)」を経験し，この経験を通じて自己の実存を発見する(**実存開明**)。

① **不適当**：「この壁を克服し得たとき」という記述は誤り。ヤスパースによれば，人は限界状況を「克服し得」ない。

② **不適当**：「神のような超越的な存在に頼ることのない」という記述は誤り。ヤスパースによれば，人は限界状況に直面することで**超越者**(**包括者**)と出会う。また，ヤスパースが有神論的実存主義者に分類されることからも不適当と判断できる[☞p.256]。

④ **不適当**：「理性に拠らない」という記述は誤り。ヤスパースによれば，「**愛しながらの戦い**(**実存的な交わり**)」は，理性によって，誠実に互いの根源を問いかけ合うものである。

問2 社会の仕組みや構造を論じた思想家についての説明として最も適当なものを，次の①～④のうちから一つ選べ。 （23年倫理本試〈改〉）

① マッキンタイアによると，現代の資本主義社会においては，本来は自由に生成して秩序を創造し直していくはずの無意識的な欲望の流れを，法や道徳が機械の部品のように作用して制御する構造がある。
② ボードリヤールによると，脱工業化が進展した現代の社会においては，モノがその有用さにおいて使用されるよりも，他者との差異を示すための記号として消費される構造がある。
③ ホルクハイマーは，狂気を理性から区別して排除していった近代社会の成立をたどり直す中で，学校や職場での教育や規律が人々の自発的な服従を促す，不可視な権力の構造を明らかにした。
④ ソシュールは，無意識的に作られた構造が人間の思考を規定しているという言語学の知見に学び，南米諸部族の親族関係や神話の分析を通じて、未開社会を基礎付ける複雑な思考の構造を明らかにした。

第6編 西洋思想

問2 [答] ②

出題形式はオーソドックスだが，現代の思想家に関しては，過去に本格的には扱われていない人物や思想についても出題される可能性があるということを示唆している問題。

② **適当**：ポスト構造主義者の**ボードリヤール**が**『消費社会の神話と構造』**などにおいて展開した議論の要約として適当[☞p.271]。

① **不適当**：『美徳なき時代』などで知られる，コミュニタリアン（共同体論者）の**マッキンタイア**ではなく[☞p.275]，**ドゥルーズ**と精神分析家のガタリが，共著『アンチ・オイディプス』や『千のプラトー』において展開した議論の要約になっている[☞p.271]。

③ **不適当**：アドルノとの共著**『啓蒙の弁証法』**などで知られる，フランクフルト学派第一世代の思想家である**ホルクハイマー**ではなく[☞p.266]，**フーコー**が『狂気の歴史』などで展開した議論の要約になっている[☞p.271]。

④ **不適当**：言語学者の**ソシュール**ではなく[☞p.263]，文化人類学者であると同時に構造主義者でもある**レヴィ＝ストロース**が，『親族の基本構造』などで展開した議論の要約になっている[☞p.270]。

問3 先生は生徒Aに，「立ち止まって考える」ことについてデューイが論じている次の**資料**を示した。後のメモは，それを読んでAが書いたものである。**資料**の内容と，デューイの思想を踏まえて，メモ中の a ・ b に入る記述の組合せとして最も適当なものを，下の①〜④のうちから一つ選べ。 (22年倫理本試)

資料

いかなる場合であれ，自然な衝動や願望が行動の出発点となる。しかし，最初に現れてくる衝動や願望を，何らかのかたちで組み立て直し，あるいは作り変えることなしに，知的成長はない。……「立ち止まり，考えよ」という古くからの警句は，健全な心構えである。というのも，思考は衝動が即座に現れることを食い止め，……それによって，いっそう包括的で一貫した行動の見通しが形成されるからである。……人は，目，耳，手を使って客観的条件を観察したり，過去に何が起きたかを思い出したりする。このようにして，考えることは，即座の行動を先延ばしにすると同時に，観察と記憶との結合を通じて，衝動を自分の内部で統御することを可能にする。この結合が，自分を振り返るということの核心なのである。

（『経験と教育』より）

メモ

デューイはプラグマティズムに属する思想家で， a と主張している。この主張の根底には，**資料**に示されている， b という考えがある，と言えるだろう。

① a 知性には，科学的真理を探究するだけでなく，生活の中で直面する問題を把握し，課題の解決に向かって行動を導く創造的な働きがある
b 思考の役割は，自然な衝動や願望を抑えつつ，自己を取り巻く客観的な条件を観察したり，過去の事例を振り返るなどして，自分がこれからなそうとする行動の当否を吟味することだ

② a 社会もまた知性の働きによって改善されるべきであり，知性には，理想的な民主社会の実現に向けて重要な役割を果たすことが期待される
b 思考の役割は，自然な衝動や願望を抑えつつ，行動を妨げるであろう要因を列挙して取り除いておくことで，環境の制約や過去の記憶から自由でいられるようにすることだ

③ a　現代社会において人々の価値観は多様であるが，各々が知性を働かせて協働することで，唯一絶対の普遍の価値に到達することができる

b　思考の役割は，自然な衝動や願望を抑えつつ，自己を取り巻く客観的な条件を観察したり，過去の事例を振り返るなどして，自分がこれからなそうとする行動の当否を吟味することだ

④ a　資本主義の発展により知性は衰退し，民主主義の理念も崩壊の危機に瀕しているため，教育により創造性を育むことがいっそう重要になる

b　思考の役割は，自然な衝動や願望を抑えつつ，行動を妨げるであろう要因を列挙して取り除いておくことで，環境の制約や過去の記憶から自由でいられるようにすることだ

問3 ［答］ ①

知識をふまえた資料読解力が問われる，文章量の多い出題。共通テストの全般的特徴として，文章量と配点が比例しない問題が割にある。

① a：**正文**。プラグマティズムを代表するデューイにとって，知性は真理の探究だけに関わるものではなく，実生活上の問題を解決する能力（創造的知性）でもある［☞p.258］。

b：**正文**。資料文から読みとれる内容。

② a：**正文**。進歩的な民主主義者でもあったデューイは，知性によって社会を改善し，理想的な民主主義を実現すべきだと説いた。

b：**誤文**。「環境の制約や過去の記憶から自由でいられるようにする」という記述は不適当。資料文から読みとれない内容。資料文によれば，人は「環境の制約や過去の記憶から自由ではいられ」ず，それらを通じて「衝動や願望」を統御する。

③ a：**誤文**。「唯一絶対の普遍の価値に到達することができる」という記述は不適当。デューイは，創造的知性によって社会を改善し，多様な思想や価値を認める民主主義を実現することを求めた。

b：**正文**。資料文から読みとれる内容。

④ a：**正文**。教育理論家でもあったデューイは，教育が知性を育むと説いた。

b：**誤文**。

以上のことから，最も適切な組合せは①となる。

索引

欧文略語

あ

い

う

え

お

か

き

さ

す

せ

そ

た

ち

つ

て

と

な

に

ね

の

は

ひ

ふ

へ

ほ

ま

み

む

め

も

る

れ

ろ

わ

別　冊

大学入学
共通テスト

公共，倫理 集中講義 改訂版

必携

一問一答
問題集

旺文社

本書の利用法 ✤ もくじ

ページの左段に問題文，右段に解答・解説がある形の一問一答問題集です。
赤セルシートで解答・解説を隠すことができるので，何度も繰り返し学習することが可能です。

第1編 公共の扉

1 公共的な空間を生きる青年のすがた

本冊 P.10

1 正誤 ミードは，『サモアの思春期』において，青年期は近代社会にも伝統社会にも見られると報告した。正か誤か。

1 ×
ミードは，伝統社会には青年期は見られないと報告した。

2 正誤 レヴィンは，青年が保護者への依存から離脱し，一人前の人間としての自我を確立しようとする心理状態を，「心理的離乳」と呼んだ。正か誤か。

2 ×
「レヴィン」を「ホリングワース」に替えれば正文になる。

3 正誤 ルソーは，『エミール』において，青年期を人が大人に生まれ直す「第二の誕生」の時期と捉えた。正か誤か。

3 ○

4 正誤 エリクソンは，青年期を，大人としての義務が猶予されたモラトリアム(猶予期間)と捉え，この時期の発達課題は「社会的・市民的義務を果たすこと」であると論じた。正か誤か。

4 ×
エリクソンによれば，青年期の発達課題は，「アイデンティティ(自我同一性)の確立」。「社会的・市民的義務を果たすこと」は，ハヴィガーストが中年期の発達課題としたものの一つ。

5 正誤 カイリーは，成人という年齢に達しているにもかかわらず，人間的に未熟でナルシシズムに走る傾向をもち，成長することを拒んでいる男性の心理状態を「シンデレラ・コンプレックス」と特徴づけた。正か誤か。

5 ×
「シンデレラ・コンプレックス」を「ピーターパン・シンドローム」に替えれば正文になる。「シンデレラ・コンプレックス」は，成人年齢に達しても，自立しない女性の心理状態を特徴付ける言葉。

6 正誤 ホリングワースは，青年を，子ども集団にも大人集団にも足場をもたない「マージナル・マン(境界人，周辺人)」と特徴づけた。正か誤か。

6 ×
「ホリングワース」を「レヴィン」に替えれば正文になる。

7 正誤 ピアジェは，青年が自己中心的な思考・視点から脱する過程のことを「脱中心化」と呼んだ。正か誤か。

7 ×
「青年」を「幼児」に替えれば正文になる。

8 ユース・カルチャー(若者文化〔青年文化〕)は，支配的文化(上位文化)に対して， a の側面を示すことがあるが，世代を超えて受け入れられる b 。 a ・ b に入る語句の組合せを，次の①～④のうちから一つ選べ。

① a－メイン・カルチャー　b－こともある
② a－メイン・カルチャー　b－ことはない
③ a－サブカルチャー　b－こともある
④ a－サブカルチャー　b－ことはない

8 ③
なお，「サブカルチャー」は，「下位文化」とも訳される。

9 正誤 アリエスの『〈子供〉の誕生』によれば，中世ヨーロッパには「教育」という概念も「子ども時代」という概念もなかった。正か誤か。

9 ○

10 正誤 スーパーによれば，人生は，4つのL(Labor〔仕事〕，Love〔家庭〕，Learning〔学習〕，Leisure〔余暇〕)が組み合わさってバランスよく統合されたときに意味のある全体になるという。正か誤か。

10 ×
「スーパー」を「ハンセン」に替えれば正文になる。

2 公共的な空間を生きる存在としての人間

本冊 P.14

1 正誤 クレッチマーは，人生において追求する価値に応じ，人間を理論型・経済型・審美型・社会型・権力型・宗教型という六つに類型化した。正か誤か。

1 ×
「クレッチマー」を「シュプランガー」に替えれば正文になる。

2 正誤 ユングは，人間の体型を肥満型・細長型・闘士型の三つに区分し，体型と気質との相関性を研究した。正か誤か。

2 ×
「ユング」を「クレッチマー」に替えれば正文になる。

3 正誤 シュプランガーは，人間を，根源的な生命力であるリビドーが外へ向かう「外向型」と，内に向かう「内向型」に類型化した。正か誤か。

3 ×
「シュプランガー」を「ユング」に替えれば正文になる。

4 正誤 カッシーラーは，人間が言葉を用いて理性的に行動する知性(理性)をもっていることに注目し，人間を「ホモ・サピエンス(英知人)」と特徴づけた。正か誤か。

4 ×
「カッシーラー」を「リンネ」に替えれば正文になる。カッシーラーは，人間を「シンボルを操る動物」と特徴づけたドイツの哲学者である。

5 正誤 ベルクソンは，人間が目的のために道具を使って自然に働きかけることに注目し，人間を「ホモ・ファーベル(工作人)」と特徴づけた。正か誤か。

5 ○

6 正誤 ホイジンガは，人間の「(日常から離れた自由な)遊び」に注目し，人間を「ホモ・ルーデンス(遊戯人)」と特徴づけた。正か誤か。

6 ○

7 正誤 マズローによれば，人間が抱く欲求は階層構造をなしており，一般的には，例えば「自己実現の欲求が満たされると社会的欲求(所属と愛情の欲求)が生じる」といったように，心理的発達とともに，より高次な欲求が生じると論じた。正か誤か。

7 ×
マズローによれば，一般に「生理的欲求→安全の欲求→社会的欲求→承認欲求→自己実現欲求」という順で，より高次な欲求が生じる。

8 正誤 例えば「友達になりたいけれど，仲良くなると相手を傷つけるのではないかと思って近づけない」といった心理状況を「ヤマアラシのジレンマ」という。正か誤か。

8 ○

9 正誤 防衛機制のうちの「合理化」とは，満たされなかった欲求に対し，その障壁を見極めて乗り越えようとしたり，妥協したりすることをいう。正か誤か。

9 ×
「合理的解決」の説明になっている。「合理化」とは，もっともらしい理由をつけて，満たされなかった欲求に対処する心の働きのことである。

10 防衛機制のうち，欲求と反対の行動をとる心の働きを［ a ］，満たされなかった欲求を社会的に価値のある方向に振り向けて充足させる心の働きを［ b ］という。
［ a ］・［ b ］に入る語句の組合せを，次の①～④のうちから一つ選べ。

① a－抑圧　b－昇華
② a－抑圧　b－退行
③ a－反動形成　b－昇華
④ a－反動形成　b－退行

10 ③
「抑圧」は嫌な記憶を意識しないようにする心の働き，「退行」は自我を発達段階の初期に戻してしまう心の働き。

3 感性と理性

本冊 P.18

1 正誤 『山家集』は，この世の無常を感じて武士の身分を捨て，旅と歌に生涯をおくった石川丈山(じょうざん)の歌集である。正か誤か。

1 ×
「石川丈山」は，江戸前期の漢詩人。もともと武将であったが，世の無常を感じ隠棲した人物。これを「西行」に替えれば正文になる。

2 正誤 『平家物語』は，「ゆく河の流れは絶えずして，しかももとの水にあらず」とはじまり，この世の「はかなさ」が表現されている。正か誤か。

2 ×
『平家物語』を鴨長明が記した『方丈記』に替えれば正文になる。

3 正誤 兼好法師(吉田兼好)による『徒然草(つれづれぐさ)』は仏教的な無常観に支配されており，人の命や世の中のはかなさ，不安定さ，うつろいやすさを表現している。正か誤か。

3 ○

4 正誤 「秘すれば花」という言葉で知られる世阿弥の『風姿花伝』は，言葉に表れない，深くほのかな余剰の美である「いき」を能楽の追求する美としている。正か誤か。

4 ×
「いき」を「幽玄」に替えれば正文になる。

5 正誤 「わび茶」を完成した雪舟は，派手・豪華なものの中にではなく，簡素・質素なものの中に美を求めた。正か誤か。

5 ×
「雪舟」を「千利休」に替えれば正文になる。雪舟は，室町時代に活躍した禅僧・水墨画家である。

6 正誤 俳諧を確立した松尾芭蕉の『奥の細道』は，ひっそりとして淋しい境地の中に味わい深い美しさを見出そうとしたものである。正か誤か。

6 ○

7 正誤 九鬼周造の『「いき」の構造』によれば，江戸時代の武士の美意識である「いき(粋)」は，媚態(びたい)と意気地(いくち)と諦めの三つの要素からなっている。正か誤か。

7 ×
「いき(粋)」は，江戸の庶民の美意識である。

8 正誤 新聞は，自社の主張を掲載することを法律で禁じられており，客観的事実のみを掲載するメディアなので，その情報の信頼性は極めて高い。正か誤か。

8 ×
新聞も，自社の主張を掲載している。

9 正誤 思考ツールの一つにKJ法があるが，これは，収集した情報や発言などをカードに記入してグループ分けし，同じ傾向にある内容を整理・統合していくというものである。正か誤か。

9 ○

10 統計グラフのうち，例えば各教科の平均点を示したり比較したりするのに有効なのが［ a ］である。また，複数教科の得点を表示し，各人の総合的な学力を示したり比較したりするのに有効なのが［ b ］である。［ a ］・［ b ］に入る語句の組み合わせを，次の①～④のうちから一つ選べ。

① a－折れ線グラフ　b－レーダーチャート
② a－折れ線グラフ　b－散布図
③ a－棒グラフ　b－レーダーチャート
④ a－棒グラフ　b－散布図

10 ③
折れ線グラフは，例えば学力の経過時間ごとの変化を示すのに有効なグラフ。散布図は，例えば学習時間と学力の関係性など，二つの量の関係を示すのに有効なグラフである。

第2編 公共的な空間

4 政治社会や経済社会という公共的な空間の歴史

本冊 P.28

1 正誤 朝鮮戦争の最中に，日本は集団的自衛権の行使を閣議決定し，自衛隊を発足した。正か誤か。

1 ×
「集団的自衛権の行使を閣議決定」したのは2014年，自衛隊の発足は朝鮮戦争が停戦した翌年の1954年である。

☐2 正誤 西側諸国は，東側諸国がワルシャワ条約機構を結成したことに対抗して，NATO（北大西洋条約機構）を結成した。正か誤か。

2 ✕
NATO結成に対抗して，ワルシャワ条約機構が結成された。

☐3 正誤 1962年のキューバ危機時に，国連の安全保障理事会が麻痺状態に陥ったことをうけ，「平和のための結集」決議という制度が設立された。正か誤か。

3 ✕
「1962年のキューバ危機」を「1950〜53年の朝鮮戦争」に替えれば正文になる。

☐4 正誤 日本は，1973年の（第一次）石油危機（オイル・ショック）直後に，実質GDPの成長率が戦後初めてマイナスになった。正か誤か。

4 ○

☐5 正誤 東西冷戦の雪解け（デタント）期に，日本とアメリカの間で沖縄返還協定が結ばれ，1972年に沖縄が日本に復帰した。正か誤か。

5 ○

☐6 正誤 日本政府は，1970年代後半からの安定成長期（低成長期）に，消費税3％を導入した。正か誤か。

6 ✕
消費税の導入は，バブル景気期の1989年である。

☐7 正誤 ソ連の崩壊をうけ，分断国家であった東ドイツと西ドイツが統一した。

7 ✕
東西ドイツの統一は1990年，ソ連の崩壊は1991年である。

☐8 正誤 日本は1980年代に日本郵政公社を民営化，2000年代には三公社（日本専売公社・日本電信電話公社・日本国有鉄道）を民営化した。

8 ✕
三公社の民営化は1980年代，日本郵政公社の民営化は2000年代である。

☐9 正誤 日本では2011年に東日本大震災が生じたが，この後の不況に陥った10年を「失われた10年」と呼ぶことがある。正か誤か。

9 ✕
「失われた10年」は，バブル景気崩壊後の約10年を指す言葉である。

☐10 正誤 2000年代に起こった出来事を古い順に並べると，「イラク戦争」，「アラブの春」，「米国同時多発テロ」となる。正か誤か。

10 ✕
「米国同時多発テロ（2001年）」，「イラク戦争（2003〜11年）」，「アラブの春（2010〜12年）」の順が正しい。

5 政治社会の基本的な原理

本冊 P.32

☐1 正誤 自由権的基本権をはじめて明文で規定したのは，ドイツのワイマール憲法である。正か誤か。

1 ✕
「自由権的基本権」を「社会権的基本権」に替えれば正文。

☐2 正誤 世界人権宣言も，国際人権規約もともに，法的拘束力のある国際条約である。正か誤か。

2 ×
「宣言」である国際人権宣言には，法的拘束力はない。

☐3 正誤 大日本帝国憲法(明治憲法)において，臣民の権利は自然権として捉えられていた。正か誤か。

3 ×
臣民の権利は，「法律ノ範囲内」でしか認められなかった(法律の留保)。

☐4 正誤 日本は太平洋戦争での敗戦を契機に明治憲法を改正して，国民主権，基本的人権の尊重，平和主義を基本原則とする日本国憲法を公布・施行した。正か誤か。

4 ○

☐5 正誤 日本国憲法の改正に際しては，衆議院と参議院の総議員の過半数の賛成で国民に改正を発議し，国民投票による過半数の賛成ののち，天皇が国民の名で公布することになっている。正か誤か。

5 ×
「総議員の過半数」を「総議員の3分の2以上」に替えれば正文になる。

☐6 正誤 日本がサンフランシスコ平和条約の締結とともに結んだ日米安全保障条約は，国際情勢の変化を受けて，たびたび改定されている。正か誤か。

6 ×
日米安全保障条約の改定は1960年の一度だけである。

☐7 正誤 日本の最高裁判所は砂川事件において日米安全保障条約の合憲性の判断を回避したが，長沼ナイキ基地訴訟においては自衛隊を合憲と判断した。正か誤か。

7 ×
長沼ナイキ基地訴訟においても，最高裁は，統治行為論を採用して，自衛隊の合憲性判断を回避した二審判決を支持した。

☐8 正誤 日本の最高裁判所は，これまで二回，(衆議院)議員定数配分規定を違憲と判断し，選挙のやり直しを命じたことがある。正か誤か。

8 ×
最高裁は二回とも，「違憲」判決は下したものの，選挙自体は有効と判断した。

☐9 正誤 日本の最高裁判所は，永住外国人地方選挙権訴訟において，永住外国人に地方選挙権を認めていない公職選挙法の規定を合憲と判断した。正か誤か。

9 ○

☐10 正誤 日本の最高裁判所は，「学問の自由」や「表現の自由」に配慮し，これまで，書物の出版停止を命じたことはない。正か誤か。

10 ×
例えば，『石に泳ぐ魚』事件において，最高裁は，出版停止を命じたことがある。

6 私たちが生きている政治社会

本冊 P.36

□1 正誤 議院内閣制を採用する以上，日本の総理大臣も，イギリスの首相も，国会や議会における選挙で選出される。正か誤か。

1 ×
イギリスでは，議会で選挙が行われることはなく，下院第一党の党首が首相に選ばれる。

□2 正誤 アメリカ合衆国憲法は，大統領に連邦議会の解散権を認め，連邦議会には大統領に対する不信任決議権を認めている。正か誤か。

2 ×
アメリカ合衆国憲法は，大統領の解散権も，連邦議会の不信任決議権も認めていない。

□3 正誤 日本国憲法において，国会は「唯一の立法機関」と謳われているが，これには，内閣の政令制定権などの例外がある。正か誤か。

3 ○

□4 正誤 日本の国会の衆議院と参議院は基本的に対等だが，予算の先議権や条約の承認など，日本国憲法は，幾つかの事項では参議院の優越を認めている。正か誤か。

4 ×
「参議院の優越」を「衆議院の優越」に替えれば正文になる。

□5 正誤 国会審議活性化法の施行に伴い，政府委員制度が廃止されたり，党首討論制が導入されたりした。正か誤か。

5 ○

□6 正誤 日本の内閣は国会が指名し天皇が任命する内閣総理大臣を中心に，全員が国会議員である国務大臣によって組織される。正か誤か。

6 ×
「全員」を「過半数」に替えれば正文になる。

□7 正誤 日本国憲法の規定によれば，内閣が総辞職しなければならないのは，衆議院で内閣不信任案が可決された場合や内閣総理大臣が欠けた場合などである。正か誤か。

7 ○

□8 正誤 日本の裁判制度では，無罪判決が確定(裁判終了)した事件について，合理的な疑いがある場合，再審を請求することができる。正か誤か。

8 ×
「無罪判決」を「有罪判決」に替えれば正文になる。

□9 正誤 日本の裁判員制度では，裁判員が有罪無罪の判断を行い，それを受けて職業裁判官が量刑を判断する。正か誤か。

9 ×
裁判員制度においては，裁判員は量刑の判断にも参加する。

□10 正誤 近年の日本は，地方分権一括法の施行に伴い，機関委任事務を廃止し，地方公共団体の仕事を自治事務と法定受託事務に再編して，中央集権体制を強化した。正か誤か。

10 ×
「強化した」を「見直した」に替えれば正文になる。

7 経済社会の基本的なしくみと歴史

本冊 P.40

1 正誤 完全自由競争状態の市場経済において，需要量が供給量を上回った場合，価格は下落する。正か誤か。

1 ✕
超過需要が生じ，価格は上昇する。

2 正誤 完全自由競争状態の市場経済において，他の条件が変わらない場合，ある財の原材料費が上昇すると，一般に，その財の供給量は減少し，価格は下落する。正か誤か。

2 ✕
「下落」を「上昇」に替えれば正文になる。

3 正誤 適正な競争が働かず，財やサービスの価格が不適切な状況を「市場の失敗」というが，公害などの外部不経済の発生がこの一例である。正か誤か。

3 ○

4 正誤 治安や消防などのように，非競合性あるいは非排除性のいずれかの特徴をもたない財を「公共財」と呼ぶ。正か誤か。

4 ✕
「もたない」を「もつ」に替えれば正文になる。

5 正誤 日本では，企業がカルテルを結んだり，トラストを形成したりして，不当な利益を得ないように，消費者庁が独占禁止法にもとづいて監視や指導を行っている。正か誤か。

5 ✕
「消費者庁」を「公正取引委員会」に替えれば正文になる。

6 正誤 戦後，日本政府は基幹産業の育成を図る傾斜生産方式を採用し，経済の立て直しを図った。正か誤か。

6 ○

7 正誤 日本では，高度経済成長期には実質経済成長率が約6%に達する年もあったが，バブル経済期には，それを上回る平均10%の成長が見られた。正か誤か。

7 ✕
高度経済成長期には年率平均10%の成長を達成したが，バブル経済期では1990年の6.2%が最高である。

8 正誤 2000年代，日本政府は新自由主義的な政策を掲げ，金融の自由化や構造改革を行った。それらが一因となり，それまで増加していた非正規雇用者が減少した。正か誤か。

8 ✕
「減少」を「ますます増加」に替えれば正文になる。

9 正誤 国際社会は，GATT体制において採用した変動為替相場制を放棄し，1976年のキングストン合意において固定相場制を採用することに合意した。正か誤か。

9 ✕
GATT体制は，為替とは直接的な関係のない自由貿易協定の体制のこと。また，キングストン合意は，各国の変動相場制への移行を正式承認した合意である。

10 経済思想家のうち，比較生産費説をもとに，自由貿易論を擁護したのが［ a ］である。また，有効需要論をもとに，政策によって国民の福祉向上を目指すべきだと唱えたのが［ b ］である。［ a ］・［ b ］に入る語句の組み合わせを，次の①～④のうちから一つ選べ。

① a－リスト　b－ケインズ
② a－リスト　b－フリードマン
③ a－リカード　b－ケインズ
④ a－リカード　b－フリードマン

10 ③
「リスト」は，保護貿易論を展開したドイツの経済学者。「フリードマン」は，ケインズの有効需要論を批判したアメリカの経済学者。

8 支え，支えられる公共的な空間

本冊 P.44

1 正誤 株式会社における最高意思決定機関は，取締役会である。正か誤か。

1 ×
「取締役会」を「株主総会」に替えれば正文になる。

2 正誤 株主には，会社が年一回は開催する株主総会に出席し，一人一票を投じる権利と，出資額に応じて毎年必ず配当(金)を受け取る権利が認められている。正か誤か。

2 ×
株主の投票権は「一人一票」ではなく，一株一票。株主は「毎年必ず配当(金)を受け取る」わけではなく，企業の業績に応じて，無配当のこともあれば，複数回，配当(金)を受けることもある。

3 現代の企業は，利潤の追求のみならず，［ a ］(法令等の遵守)や，［ b ］(奉仕活動)の実践が求められている。［ a ］・［ b ］に入る語句の組み合わせを，次の①～④のうちから一つ選べ。

① a－ステークホルダー　b－メセナ
② a－コンプライアンス　b－メセナ
③ a－ステークホルダー　b－フィランソロフィー
④ a－コンプライアンス　b－フィランソロフィー

3 ④
「ステークホルダー」とは利害関係者のこと，「メセナ」とは文化支援事業のことである。

4 正誤 政府が累進課税制度を採用し，社会保障制度を実施している場合，好景気時には，税収が減少し，社会保障への支出が減るので，有効需要が抑制され，物価の上昇が抑えられる。正か誤か。

4 ×
「税収が減少」を「税収が増加」に替えれば正文になる。

5 正誤 直接税の一つである消費税の特徴として，低所得者ほど総所得に対する税負担が重く，負担感が大きいという逆進性が指摘できる。正か誤か。

5 ×
「直接税」を「間接税」に替えれば正文になる。

6 正誤 日本銀行は，好景気時には，国債などを市中銀行から購入し，マネタリーベースを調整して景気を安定させる政策を実施することがある。

6 ×
日銀は，好景気時には，売り（資金吸収）オペレーションを実施する。したがって，「市中銀行から購入」を「市中銀行へ売却」に替えれば正文になる。

7 正誤 日本銀行が実施した，いわゆる「マイナス金利政策」とは，政策金利である無担保コール翌日物金利をマイナスに誘導するような金融政策のことである。正か誤か。

7 ×
「マイナス金利政策」とは，民間の金融機関が日銀に預けている当座預金の金利をマイナスにすること。

8 正誤 現行の日本の社会保障制度は，公的扶助，社会保険，社会福祉，公衆衛生を四本柱としている。正か誤か。

8 ○

9 正誤 日本の年金財源の調達方法は，実質的に現在，賦課方式から積立方式に変更されている。正か誤か。

9 ×
「積立方式」と「賦課方式」を入れ替えれば正文になる。

10 正誤 日本の財政において，プライマリー・バランス（基礎的財政収支）を均衡もしくは黒字にするには，例えば減税を行い，公共事業費を増大すればよい。正か誤か。

10 ×
「減税」を「増税」に，「増大」を「削減」に替えれば正文になる。

第3編 現代社会の諸問題

9 現代社会の特徴と差別や偏見の克服

本冊 P.52

1 正誤 オルテガは，『大衆の反逆』において，大衆社会を批判し，ノーブレス・オブリージュを自覚した者による社会指導を求めた。正か誤か。

1 ○

2 正誤 大衆社会においては，一般に，家族や村落などの機能集団の結束が薄れる一方で，学校や会社などの基礎集団を介した結びつきが発達する。正か誤か。

2 ×
「機能集団」と「基礎集団」を入れ替えれば正文になる。

3 正誤 リースマンは，『孤独な群衆』において，現代人は「内部指向型」の特徴を示すようになり，自立性や主体性を失っていくと論じた。正か誤か。

3 ×
「内部指向型」を「他人指向型」に替えれば正文になる。

4 正誤 『自由からの逃走』を著したフロムによれば，ナチズムの指導者の心理は，権威ある者への絶対的服従と，自己より弱い者に対する攻撃的性格が共生する「権威主義的性格」の傾向を示した。正か誤か。

4 ×
「ナチズムの指導者」を「ナチズムを支えた大衆」に替えれば正文になる。

5 正誤 ウェーバーによれば，現代社会においては官僚制が発達する。その官僚制においては，縄張り主義(セクショナリズム)が助長されたり，形式主義や権威主義を生み出す「文書主義」が助長されたりする。正か誤か。

5 ○

6 正誤 ウェーバーは，正当的支配の類型として，伝統的支配・カリスマ的支配・合法的支配の三つを挙げた。そして，「官僚制」とは，「制定規則による伝統的支配」の最も純粋な型であると論じた。正か誤か。

6 ×
「伝統的支配」を「合法的支配」に替えれば正文になる。

7 [a]は，『監獄の誕生』において，[b]が構想した一望監視のできる監獄(パノプティコン)を紹介し，これと現代社会との類縁性を指摘した。[a]・[b]に入る人名の組合せを，次の①～④のうちから一つ選べ。

① a－ベンサム　b－アドルノ
② a－フーコー　b－ベンサム
③ a－アドルノ　b－フーコー
④ a－フーコー　b－アドルノ

7 ②
なお，「パノプティコン」は，「一望監視システム型刑務所」とも訳される。アドルノは，フランクフルト学派第一世代を代表する哲学者である。

8 正誤 日本政府は，近年，日本に住む外国人らに向けられる不当な差別的言動の解消のために，罰則規定を伴うヘイトスピーチ解消法を制定した。正か誤か。

8 ×
ヘイトスピーチ解消法には，罰則規定がない。

9 正誤 日本政府は，近年，従来のアイヌ文化振興法にかわり，アイヌ民族支援法を制定した。正か誤か。

9 ○
なお，アイヌ民族支援法は，アイヌ民族を「先住民族」と明記しているが，その先住権を保障する内容の条文はない。

10 正誤 日本政府は，障害者基本法や障害者差別解消法を制定したが，まだ障害者権利条約を批准していない。正か誤か。

10 ×
日本政府は，2014年に障害者権利条約を批准した。

10 日本社会の現状と課題

本冊 P.56

1 正誤 高度経済成長期後の日本社会においては，あらゆる家族形態のうち，「夫婦のみの世帯」や「単独世帯」という家族形態の割合が減少傾向にある。正か誤か。

1 ×
「減少傾向」を「増加傾向」に替えれば正文になる。

☑2 正誤 かつての家族は生活に必要なものを生産する場であったが，次第に家族の果たす機能は縮小していった。こうした現象を「家族機能の外部化・社会化」という。正か誤か。

2 ○

☑3 正誤 近年の日本では，再婚や事実婚により生じる，血縁のない親子関係や兄弟姉妹関係を含んだ家族形態であるDINKsなどの新しい家族形態も見られる。正か誤か。

3 ×
「DINKs」を「ステップファミリー」に替えれば正文になる。

☑4 正誤 市川房枝は，『第二の性』において，「人は女に生まれるのではない。女になるのだ」と述べ，つくられた「女らしさ」と，それを押しつける男性中心の社会のしくみを批判した。正か誤か。

4 ×
「市川房枝」を「ボーヴォワール」に替えれば正文になる。

☑5 正誤 日本の合計特殊出生率(一人の女性が一生に産む子どもの数)は，2005年には1.26にまで低下したが，今なお総人口は増え続けている。正か誤か。

5 ×
2008年ごろから，日本の総人口は減少傾向にある。

☑6 正誤 日本政府は，男女雇用機会均等法や育児・介護休業法などを制定し，労働環境の改善，社会的性差(ジェンダー)意識や性別役割分業観の見直しなどを図っている。正か誤か。

6 ○
この他，女性のエンパワーメント(活力)の向上・支援，さらには仕事と家庭生活の調和(ワーク・ライフ・バランス)なども図っている。

☑7 日本社会は，［　　］に65歳以上の高齢者人口が全人口の7%を占める高齢化社会となり，1994年には高齢者人口が全人口の14%を超える高齢社会となった。［　　］に入る年号を，次の①～④のうちから一つ選べ。
①1945年　②1970年　③1985年　④1990年

7 ②
なお，2035年には高齢者人口が32%を超えると予測されている。

☑8 正誤 日本政府は，高齢者介護は在宅福祉を基本とするとしながらも，社会全体でこれを担うという考えから，介護保険制度を施行したり，デイサービスやショートステイなどの施設を整備したりしている。正か誤か。

8 ○

☑9 正誤 エンゼルプランとは，「高齢者・若者」，「障害者・健常者」の区別なく，すべての人がありのままの姿で生活できるような社会が社会本来の姿であるという，共生社会や福祉の基本理念である。正か誤か。

9 ×
「エンゼルプラン」とは，1994年に策定された子育て支援10カ年計画案のこと。これを「ノーマライゼーション」に替えれば正文になる。

□10 正誤 日常生活や社会生活における物理的，心理的な障害や，情報に関わる障壁などを取り除いていくことを，「ネグレクト」という。正か誤か。

10 ×
「ネグレクト」とは，養育すべき者が子どもの食事や衣服等の世話を怠り，放置することをいう。これを「バリアフリー」に替えれば正文になる。

11 公共的な空間におけるさまざまな問題

本冊 P.60

□1 正誤 戦後長く続いた55年体制（1½政党制）は，1993年に非自民勢力による連立政権である小泉内閣が成立したことによって崩壊した。正か誤か。

1 ×
「小泉内閣」を「細川内閣」に替えれば正文になる。

□2 正誤 利益団体（圧力団体）とは，自らの利益獲得を目指す政党と異なり，自ら掲げる政策を実現するために，有権者に訴え，選挙で議席を獲得し，政権獲得を目指す集団のことをいう。正か誤か。

2 ×
「利益団体（圧力団体）」と「政党」を入れ替えれば正文になる。

□3 正誤 日本の現行の国政選挙は，小選挙区比例代表並立制をとる衆議院選挙と，選挙区制と比例代表制をとる参議院選挙からなる。正か誤か。

3 ○

□4 正誤 政治資金規正法の規定によれば，個人であろうと企業・団体であろうと，政治家個人やその関連団体に献金することは許されていない。正か誤か。

4 ×
政治資金規正法は，政治家個人やその関連団体に対する企業団体献金を禁止している。個人献金は禁止していない。

□5 正誤 消費者基本法に基づき，経済産業省に消費者政策会議が設置された。正か誤か。

5 ×
「経済産業省」を「内閣府」に替えれば正文になる。

□6 正誤 クーリング・オフ制度とは，訪問販売などで商品やサービスを購入後，一定期間内に，解約時までの使用料や利用料を負担すれば，その契約を解除できるという制度である。正か誤か。

6 ×
クーリング・オフ制度とは，「一定期間内なら無条件で」訪問販売で購入した商品やサービスの契約を解除できるという制度である。

□7 正誤 日本では，すべての公務員には，労働三権のうち，団体行動権（争議権）が認められていないが，警察や消防の職員などには団結権も団体交渉権も認められていない。正か誤か。

7 ○

8 近年の日本では，業務の繁閑や特殊性に応じて労働時間を変える［ a ］や，仕事を時間ではなく成果でみる［ b ］のもとで働く労働者も増えている。［ a ］・［ b ］に入る語句の組合せを，次の①～④のうちから一つ選べ。

① a－変形労働時間制　b－裁量労働制
② a－変形労働時間制　b－フレックスタイム制
③ a－在宅勤務制　b－裁量労働制
④ a－在宅勤務制　b－フレックスタイム制

8 ①
「フレックスタイム制」とは，労働者が日々の始業時刻や終業時刻および労働時間を自ら決めることのできる制度のことである。

9 正誤 日本においては，総労働者の約30%が中小企業従業員であり，大企業と比較すると，資本金・労働生産性・賃金などに大きな経済格差がある。正か誤か。

9 ×
「約30%」を「約70%」に替えれば正文になる

10 正誤 現在の日本の農業就労人口は，全就労人口者の約1%，GDPに占める出荷額の割合は約3%にまで低下している。この結果，日本の食料自給率（カロリーベース）は40%弱にまで落ち込んでいる。正か誤か。

10 ×
「約1%」と「約3%」を入れ替えれば正文になる。

第3編 現代社会の諸問題

12 グローバル社会の歴史とさまざまな問題

本冊 P.64

1 正誤 冷戦中，米ソの両大国は，朝鮮半島やベトナムにおいて直接交戦したことがある。正か誤か。

1 ×
冷戦中を含めて，米ソが直接交戦したことはない。

2 正誤 1950年代ごろから，アジアやアフリカの旧植民地が独立するようになり，米ソ両陣営に属することなく，第三世界を形成し，国際的な発言権を強めていった。正か誤か。

2 ○

3 正誤 1985年にゴルバチョフがソ連のトップに就任し，ペレストロイカ（改革）政策を掲げ，新思考外交を展開したため，米ソ関係は急速に悪化することになった。正か誤か。

3 ×
ゴルバチョフがトップに就任した後の米ソ関係は改善へ向かった。

4 正誤 国際連合は，国連ミレニアム・サミットにおいて，「地球上の誰1人として取り残さない」というスローガンのもと，「ミレニアム開発目標（MDGs）」を策定した。正か誤か。

4 ×
「地球上の誰1人として取り残さない」というスローガンは，「持続可能な開発目標（SDGs）」を策定した時のもの。

□5 正誤 国際連合の主要機関は，総会，事務局，国際刑事裁判所，経済社会理事会，信託統治理事会の六つである。正か誤か。

5 ✕
「国際刑事裁判所」を「国際司法裁判所」に替えれば正文になる。

□6 正誤 現在，世界各地でPKO（国連平和維持活動）が実施されているが，これは「（国連憲章）6章半活動」と呼ばれているように，国連憲章に規定のないものである。正か誤か。

6 ○

□7 正誤 ODA（政府開発援助）の国際目標は，対GNI比0.7%であり，日本はこの目標を達成している。正か誤か。

7 ✕
日本の実績は約0.4%であり，国際目標を達成していない。

□8 正誤 インドのグラミン銀行は，土地を所有していない貧困層の自立支援策として小規模融資（マイクロクレジット）を行ったことで知られている。正か誤か。

8 ✕
「インド」を「バングラデシュ」に替えれば正文になる。

□9 世界で活躍する代表的なNGO（非政府組織）のうち，死刑の廃止を訴えたり，「良心の囚人」の救済・支援をしたりするための活動を行っている組織を，次の①～④のうちから一つ選べ。
① 赤十字国際委員会
② アムネスティ・インターナショナル
③ 国境なき医師団
④ オックスファム

9 ②
①は紛争地などで中立的かつ人道的な活動を行っているNGO，③は危機に瀕した人々への緊急医療援助を行っているNGO，④は貧困と不正の根絶を求めて活動するNGOである。

□10 正誤 近年，各種NGOの活動が実を結び，対人地雷禁止条約（オタワ条約）やクラスター爆弾禁止条約（オスロ条約）や核兵器禁止条約が結ばれた。日本も，これらの条約すべてに参加している。正か誤か。

10 ✕
日本は，オタワ条約とオスロ条約には参加しているが，核兵器禁止条約には参加していない。

13 科学は生命にどこまでかかわることができるのか

本冊 P.72

□1 正誤 現在は，医療の目的がケアからキュアへと拡大され，ターミナル・ケア（終末期医療）におけるホスピスの拡充などが図られている。正か誤か。

1 ✕
「ケア」（看護）と「キュア」（治療）を入れ替えれば正文になる。

□2 正誤 近年，医療現場では，患者にとっての最善の選択となるように，医療関係者が患者に情報を提供したうえで，医療関係者が医療行為に関する最終決定を行うインフォームド・コンセントが実施されている。正か誤か。

2 ✕
インフォームド・コンセントにおいて，医療行為に関する最終決定を行うのは患者自身である。

3 正誤 ヒトゲノムはまだ解読されていないが，ゲノム研究が製薬や医療に応用されれば，病気の予防やテーラーメイド医療が可能になると予測されている。正か誤か。

3 ✕
ヒトゲノムは2003年に解読完了が宣言された。

4 正誤 生殖補助医療の利用に対して，これは女性のリプロダクティブ・ヘルス／ライツ（性と生殖に関する健康と権利）の行使権の範囲内であり，女性の自己決定権を尊重すべきだという意見がある。正か誤か。

4 ○

5 正誤 出生前診断や着床前診断は，優生思想（優生学）に繋がる技術であるという批判がある。正か誤か。

5 ○
一般に，優生思想（優生学）とは，生きるに値する命とそうではない命があるとする考え方のことである。

6 正誤 クローン技術には未解明な部分も多いため，日本政府はヒトクローン技術規制法を制定し，ヒトクローンの作成のみならず研究全般を禁止している。正か誤か。

6 ✕
日本政府は，ヒトクローンの作成などは禁止しているが，「研究全般を禁止」してはいない。

7 再生医療において用いられる［ a ］は，［ b ］とは異なり，その作製に受精卵を必要としないので，［ b ］よりも倫理的問題は［ c ］とされている。［ a ］～［ c ］に入る語句の組合せを，次の①～④のうちから一つ選べ。

① a－ES細胞　b－iPS細胞　c－少ない
② a－ES細胞　b－iPS細胞　c－多い
③ a－iPS細胞　b－ES細胞　c－少ない
④ a－iPS細胞　b－ES細胞　c－多い

7 ③
なお，「ES細胞」は「胚性幹細胞」，「iPS細胞」は「人工多能性幹細胞」とも呼ばれる。

8 正誤 大脳や脳幹を含む全脳が不可逆的に機能を停止した状態を「脳死」といい，大脳のみが機能を停止した状態を「植物状態」という。正か誤か。

8 ○

9 正誤 日本では現在，（改正）臓器移植法によって，本人の意思が不明な場合，家族の同意があろうとも，脳死者から臓器を摘出することはできない。正か誤か。

9 ✕
現在は，本人の意思が不明な場合でも，家族の同意があれば脳死者から臓器を摘出できる。

10 正誤 （改正）臓器移植法によれば，臓器移植のドナー（提供者）になれる年齢に制限はなくなったが，誰をレシピエント（被提供者）にするかを事前に書面などで指定することは今なおできない。正か誤か。

10 ✕
現在は，親族（配偶者，子ども，父母）に対して臓器を優先的に提供する意思を書面で表示することができる。

14 地球環境の危機と人間の生活

本冊 P.76

1 地球温暖化の原因物質は a などの温室効果ガス，酸性雨の原因物質は b である。 a ・ b に入る語句の組合せを，次の①～④のうちから一つ選べ。

① a － CO_2　b － NO_xやSO_x

② a － CO_2　b －フロン

③ a － NO_xやSO_x　b － CO_2

④ a － NO_xやSO_x　b －フロン

1 ①

「CO_2」は二酸化炭素，「NO_x」は窒素酸化物，「SO_x」は硫黄酸化物である。なお，「フロン」は，オゾン層破壊の原因物質である。

2 正誤 生物学者のカーソンは，『沈黙の春』において，生態系（エコシステム）を破壊するDDT（農薬）などの化学物質の危険性を告発した。正か誤か。

2 ○

3 正誤 生態学者のハーディンは，「コモンズ（共有地）の悲劇」論を発表し，誰もが利用できる共有資源を増やして，環境問題を解決すべきだと主張した。正か誤か。

3 ✕

ハーディンは，多数者が利用できる共有資源は乱獲されてしまうとし，資源管理の必要性を訴えた。

4 正誤 石牟礼道子は，「世界全体の幸福なくして個人の幸福はない」と考え，童話などを発表して，宇宙万象とのつながりや，他者への共感の必要性を説いた。正か誤か。

4 ✕

「石牟礼道子」を「宮沢賢治」に替えれば正文になる。

5 正誤 田中正造は，日本の公害事件の原点である足尾鉱毒事件に際して，「民を殺すは国家を殺すなり」と訴えたり，問題の解決を明治天皇に直訴したりした。正か誤か。

5 ○

6 正誤 宮沢賢治は，『苦海浄土』において，方言を用いながら，文明の病としての熊本水俣病を告発した。正か誤か。

6 ✕

「宮沢賢治」を「石牟礼道子」に替えれば正文になる。

7 正誤 日本政府は，循環型社会を実現するための実践的な行動指針として，3R(「再使用」を意味するリデュース・「発生抑制」を意味するリユース・「再生利用」を意味するリサイクル)を掲げている。正か誤か。

7 ✕

「再使用」と「発生抑制」を入れ替えれば正文になる。

8 正誤 国連人間環境会議のスローガンは，「持続可能な開発」であり，国連環境開発会議(地球サミット)の共通理念は「かけがえのない地球」である。正か誤か。

8 ✕

「持続可能な開発」と「かけがえのない地球」を入れ替えれば正文になる。

☐9 正誤 京都議定書は，途上国にのみ温室効果ガスの削減を求めていたが，これに代わるパリ協定は，参加国すべてに温室効果のガスの削減を求めている。正か誤か。

9 ✕
「途上国」を「先進国」に替えれば正文になる。

☐10 正誤 生態学者のレオポルドは，『責任という原理』において，現代世代には，未来世代(将来世代)の生存可能性に対して責任があると主張した。正か誤か。

10 ✕
「生態学者のレオポルド」を「哲学者のヨナス」に替えれば正文になる。なお，レオポルドは土地倫理の提唱者。

15 高度情報化社会を生きる作法

本冊 P.80

☐1 正誤「いつでも，どこでも，何でも，誰でも」情報にアクセスできる社会を「ユビキタス社会」という。正か誤か。

1 ○

☐2 正誤 現代では，情報通信技術(ICT)を利用して，遠隔授業が行われたり，それまで情報の受け手でしかなかった一般市民が自ら情報を発信したりしている。正か誤か。

2 ○

☐3 正誤 AI(人工知能)技術やビッグデータの活用技術は，現在のところ，研究段階にとどまっており，実用化されていない。正か誤か。

3 ✕
AIもビッグデータも，一部で，実用化されている。

☐4 正誤 情報通信技術(ICT)の進展に伴う諸問題に対処するには，個々人がさまざまな機器を使いこなして，主体的に情報の真偽などを見極める能力，すなわちサイバースペースを育成することが必要である。正か誤か。

4 ✕
「サイバースペース」(情報空間)を「情報リテラシー」か「メディア・リテラシー」に替えれば正文になる。

☐5 正誤 マスメディアは，三権(立法府・行政府・司法府)をチェックする役割を担っており，常に公平な報道を行ってきた。正か誤か。

5 ✕
マスメディアも営利企業であるから，センセーショナリズム(扇情主義)やコマーシャリズム(商業主義)に走ったり，政府の情報統制に加担したりして，偏向した情報を流したことがあった。

☐6 情報機器を使いこなせる者と使いこなせない者の間に生じる待遇や貧富，機会の格差のことを何というか。次の①～④のうちから一つ選べ。

① ハッキング　② バーチャル・リアリティ
③ ネチケット　④ デジタル・デバイド

6 ④
①はコンピュータに不正に侵入する行為などのこと，②は仮想現実のこと，③はインターネットを利用する際に心がけるべきマナーや規範のことである。

□7 正誤 ブーアスティンは，『世論』において，人々はマスメディアからの情報をもとに，ステレオタイプに従って現実を理解すると論じ，その情報が意図的に操作されると，世論も大きく動くと警告した。正か誤か。

7 ×
「ブーアスティン」を「リップマン」に替えれば正文になる。

□8 正誤 マクルーハンは，『グーテンベルクの銀河系』などにおいて，メディアが発する情報のコンテンツよりも，その形式や構造などに注目したり，電子的なメディアを人の感覚能力を拡張するものと捉えたりするメディア論を展開した。正か誤か。

8 ○

□9 正誤 リップマンは，『幻影の時代』などにおいて，現代のメディアが提供しているのは，「疑似イベント」にすぎず，人々も報道の自然さよりもそうしたものを好むと主張した。正か誤か。

9 ×
「リップマン」を「ブーアスティン」に替えれば正文になる。

□10 正誤 トフラーは，『脱工業化社会の到来』において，経済活動の重心が財の生産から高度情報サービスなどの提供に移行した「脱工業化社会」の姿を分析した。正か誤か。

10 ×
「トフラー」を「ベル」に替えれば正文になる。トフラーは，情報社会の出現を「第三の波」と捉えた未来学者。

16 グローバル社会を生きる作法

本冊 P.84

□1 正誤 1960年代に核実験を地下で行うものに限定する部分的核実験禁止条約（PTBT）が結ばれたが，1990年代になると，すべての核実験を禁止する包括的核実験禁止条約（CTBT）が国連で採択された。正か誤か。

1 ×
「すべての核実験を禁止」を「核爆発を伴う核実験を全面禁止」に替えれば正文になる。

□2 正誤 冷戦時には多くの核実験が行われたが，終結後に核実験を行う国はなくなった。正か誤か。

2 ×
例えば，1998年にインドとパキスタンが，2000年代には北朝鮮が核実験を行った。

□3 正誤 今日の代表的な難民問題として，アフリカにおけるクルド人問題や，中東におけるロヒンギャ難民問題を指摘することができる。正か誤か。

3 ×
クルド人問題はトルコやイラク周辺，ロヒンギャ難民問題はミャンマーやバングラデシュ周辺の問題である。

□4 正誤 UNICEF憲章の前文は，「戦争は人の心の中で生まれるものであるから，人の心の中に平和のとりでを築かなければならない」と謳っている。正か誤か。

4 ×
「UNICEF」（国際連合児童基金）を「UNESCO」（国際連合教育科学文化機関）に替えれば正文になる。

☐5 正誤 西ドイツ大統領ヴァイツゼッカーは,「過去に目を閉ざす者は，現在にも目を閉ざす」と述べ，ナチスの犯罪を心に刻み込まないと，また同じ過ちを繰り返してしまうと警告した。正か誤か。

5 ○

☐6 正誤 異文化の相互理解を進展させるためには，誰もがエスノセントリズムを固持していかなければならない。正か誤か。

6 ✕
「固持していかなければならない」は不適当。「エスノセントリズム」(自民族中心主義)に陥ることが，異文化の相互理解を阻む。

☐7 正誤 今日の巨大IT企業の活動は全世界的であるため，旧来の税制では課税することが難しい。それゆえ，OECD(経済協力開発機構)を中心に国際的な課税ルールの導入がすすめられている。正か誤か。

7 ○

☐8 正誤 世界的な金融危機の影響を受け，各地で家族や地域社会，職場など安定した生活の場を失う人々が生まれた。こうした問題を「ダイバーシティー」という。正か誤か。

8 ✕
「ダイバーシティー」を「社会的排除」に替えれば正文になる。「ダイバーシティー」とは多様性のこと。

☐9 正誤 アジアでは，日米主導のアジアインフラ投資銀行(AIIB)に対抗して，2000年代に入って中国がアジア開発銀行(ADB)を設立した。正か誤か。

9 ✕
「アジアインフラ投資銀行(AIIB)」と「アジア開発銀行」を入れ替えれば正文になる。

☐10 正誤 UNESCO(国際連合教育科学文化機関)は，世界遺産条約に基づき,「文化遺産」や「自然遺産」などの世界遺産を認定し，それらの保全・修復活動を行っている。しかし，日本には認定された世界遺産はない。正か誤か。

10 ✕
日本においては,「文化遺産」として姫路城や原爆ドームなど,「自然遺産」として屋久島などが認定されている。

第4編 源流思想

17 哲学の誕生

本冊 P.92

☐1 正誤 古代ギリシアの叙事詩人ホメロスの代表的な著作は,『イリアス』『神統記』である。正か誤か。

1 ✕
『イリアス』は，ホメロスの著作だが,『神統記』はヘシオドスの著作。

☐2 正誤 古代ギリシアの叙事詩人ヘシオドスの代表作な著作である『オデュッセイア』は，ロゴス的世界観によって貫かれている。正か誤か。

2 ✕
『オデュッセイア』は，ホメロスの著作であり，神話(ミュトス)的世界観によって貫かれている。

3 古代の自然哲学者デモクリトスが，「万物の根源(アルケー)」としたものを，次の①～④のうちから一つ選べ。
①水　②火　③数　④原子

3 ④
①はタレスが，②はヘラクレイトスが，③はピタゴラスが「万物の根源(アルケー)」としたもの。

4 正誤 古代の自然哲学者エンペドクレスは，「万物は流転する」と主張した。正か誤か。

4 ×
「万物は流転する」と主張したのは，ヘラクレイトスである。

5 正誤 古代の自然哲学者ピタゴラスは，輪廻転生を説いた。正か誤か。

5 ○

6 正誤 ソフィストの一人であるプロタゴラスは，「人間は万物の尺度である」と述べ，相対主義を主張した。正か誤か。

6 ○

7 正誤 ソクラテスは，『クリトン』や『国家』など数多くの著作を残した。正か誤か。

7 ×
ソクラテスは，著作を残していない。『クリトン』や『国家』は，プラトンの著作である。

8 正誤 ソクラテスは，「私はこの人間(ソフィストら)よりは知恵がある。……私は，知らないことを，知らないと思っているという点で」と述べたが，こうした姿勢を一般に「無知の知」という。正か誤か。

8 ○

9 正誤 ソクラテスが駆使した問答法とは，対話を通じて，対話相手に世の中の真理を教えるという方法である。正か誤か。

9 ×
ソクラテスが駆使した問答法は，対話者自身が自ら真理を生み出すのを手助けするという方法である。

10 正誤 ソクラテスは，まずは行動しなければ，何が徳なのか分からず，徳を備えることはできないと主張した。正か誤か。

10 ×
ソクラテスは，善や正を知らずに徳を備えることはできず(知徳合一)，徳は行動につながり(知行合一)，徳をもって生きることは幸福である(福徳一致)と主張した。

18 西洋哲学の原風景

本冊 P.96

1 正誤 プラトンは，リュケイオンという学園を設立し，教育活動にも従事した。正か誤か。

1 ×
「リュケイオン」は，アリストテレスが設立した学園。プラトンは，アカデメイアを設立した。

☐**2** プラトンの著した**対話篇でないもの**を，次の①～④のうちから一つ選べ。
①『ソクラテスの弁明』　②『饗宴』
③『ソクラテスの思い出』　④『クリトン』

2 ③
『ソクラテスの思い出』は，ソクラテスの弟子の一人であるクセノポン（クセノフォン）の著作である。

☐**3** 正誤 プラトンによれば，個物をそのものたらしめる原型のことをイデアというが，そうしたイデアは個物に内在する。正か誤か。

3 ✕
プラトンによれば，イデアはイデア界に存在し，個物には内在しない。

☐**4** 正誤 プラトンによれば，人の魂は，現象界の事物を手がかりに，イデア界やイデアを想起し，それらに憧れるが，そうした気持ちをロゴスという。正か誤か。

4 ✕
「ロゴス」（言葉や論理）を「エロース」に替えれば正文になる。

☐**5** 正誤 プラトンによれば，幾何学や天文学などは，イデアを認識するための哲学を学ぶ妨げとなる。正か誤か。

5 ✕
幾何学や天文学は，哲学を学ぶための訓練となる。

☐**6** 正誤 プラトンによれば，人間の魂は理性と気概と欲望の三つの部分からなり，それぞれに必要な徳は，知恵と正義と節制である。正か誤か。

6 ✕
気概に必要な徳は，「正義」ではなく，「勇気」である。

☐**7** 正誤 プラトンによれば，魂が善きものになるためには，理性が気概を，気概が欲望を，欲望が理性をコントロールしなければならない。正か誤か。

7 ✕
プラトンによれば，理性が気概と欲望をコントロールしなければならない。

☐**8** 正誤 プラトンによれば，国家は基本的に統治者・防衛者・生産者の三つの階級からなるが，生産者が努力して，統治者や防衛者になることもある。正か誤か。

8 ✕
プラトンの理想国家論においては，階級間の越境は禁止されている。

☐**9** 正誤 プラトンによれば，理想国家を実現するには，統治者は知恵の徳を，防衛者は勇気の徳を，生産者は節制の徳を備え，統治者が防衛者と生産者をコントロールしなければならない。正か誤か。

9 ○

☐**10** 正誤 プラトンが構想した理想国家とは，ポリスの全市民が政治に参加する民主主義国家である。正か誤か。

10 ✕
プラトンが構想した理想国家とは，哲人（統治者となった哲学者，あるいは哲学を学んだ統治者）による，一種の独裁国家である。

19 古代ギリシア哲学の発展と変容

本冊 P.100

1 正誤 アリストテレスにはじまる学派を，逍遙（ペリパトス）学派という。正か誤か。

1 ○

2 正誤 アリストテレスは，『形而上学』や『ニコマコス倫理学』など，プラトンを主人公とする多くの対話篇を残した。正か誤か。

2 ×
『形而上学』や『ニコマコス倫理学』は，対話篇ではない。

3 正誤 アリストテレスによれば，個物は，形相（エイドス）と質料（ヒュレー）からなり，形相はエネルゲイアとして個物に内在している。正か誤か。

3 ×
「エネルゲイア」（現実態）を「デュナミス」（可能態）に替えれば正文になる。

4 正誤 アリストテレスによれば，享楽的生活・政治的生活・観想（テオリア）的生活のうち，人間にとって最も幸福な生活とは，享楽的生活である。正か誤か。

4 ×
アリストテレスによれば，「観想（テオリア）的生活」が最も幸福な生活である。

5 正誤 アリストテレスによれば，人間は，思考の働きに関わる倫理的徳（習性的徳）と，感情や欲望の統制を伴う理性的選択に関わる知性的徳を身につけなければならない。正か誤か。

5 ×
「倫理的徳（習性的徳）」と「知性的徳」を入れ替えれば正文になる。

6 正誤 アリストテレスによれば，倫理的徳（習性的徳）は，知性的徳のうちの一つである思慮が命じる中庸（メソテース）に従い，正しい行為を積み重ねること（習慣化）で身につく。正か誤か。

6 ○

7 正誤 アリストテレスは，ポリスの成立に深く関わる徳として，友愛（フィリア）と正義を重視した。このうち正義を全体的正義と部分的正義に分け，さらに部分的正義を能力や功績に応じて名誉や報酬を与える調整的正義と，各人の利害・損得を均等にする配分的正義に分けて説明した。正か誤か。

7 ×
「調整的正義」と「配分的正義」を入れ替えれば正文になる。

8 正誤 ヘレニズム期を代表する哲学者であるエピクロスは，「隠れて生きよ」と説き，都会での贅沢な暮らしを戒め（いまし），田舎で倹約して質素に暮らすことを推奨した。正か誤か。

8 ×
「隠れて生きよ」の意味は，「公共生活から離れよ」ということであり，「田舎暮らしをせよ」ということではない。

☐9 **ストア派の思想家ではない人物**を，次の ①～④ のうちから一つ選べ。
① プロティノス　② エピクテトス
③ マルクス・アウレリウス　④ セネカ

9 ①
プロティノスは，新プラトン主義の始祖である。

☐10 正誤 ストア派の開祖であるゼノンは「ロゴス(自然)に従って生きよ」と説き，情念(パトス)に動かされず，ロゴスの法則に従って生きれば，賢者の理想であるアタラクシアの境地に達することができると主張した。正か誤か。

10 ✕
ゼノンが求めた賢者の理想の境地は「アパテイア」。「アタラクシア」は，エピクロスが求めた境地であり，精神的快楽による魂の平安のこと。

20 もう一つの西洋哲学の原風景

本冊 P.104

☐1 正誤 ユダヤ教の神ヤハウェは，全知全能で世界を創造し，全人類を救済すると約束する唯一絶対の人格神である。正か誤か。

1 ✕
旧約聖書によれば，ヤハウェは，ユダヤ人(イスラエル人)の救済のみを約束した。

☐2 ユダヤ教の神ヤハウェが，いわゆる「十戒」を授けた預言者を，次の ①～④ のうちから一つ選べ。
① モーセ　② イザヤ
③ エレミヤ　④ エゼキエル

2 ①
②イザヤ，③エレミヤ，④エゼキエルは，ユダヤの三大預言者である。

☐3 正誤 イエスは，ファリサイ(パリサイ)派やサドカイ派に見られる律法主義を批判し，律法に込められた精神を実践することを求めた。正か誤か。

3 ○

☐4 正誤 イエスによれば，神の愛であるアガペーは，ユダヤ人にのみ注がれる。正か誤か。

4 ✕
イエスによれば，アガペーは無償で無差別の愛。よって，全人類に注がれる。

☐5 正誤 新約聖書は，マタイ・マルコ・ルカ・ヨハネによる福音書のみからなる。正か誤か。

5 ✕
新約聖書には，「ローマ人への手紙」などの書簡や使徒言行録なども集録されている。

☐6 正誤 イエスは刑死したが，復活した。その復活を信じる人々の間で，イエスは「神の子」であり，キリスト(メシア)であり，イエスを介して神との新たな契約が結ばれたという信仰が広まった。正か誤か。

6 ○

☐7 正誤 パウロは，人が義(ただ)しく生きるには，信仰・希望・正義という三元徳を備えることが必要だと説いた。正か誤か。

7 ✕
キリスト教の三元徳は，「信仰・希望・愛」である。

8 正誤 「最大の教父」と呼ばれるアウグスティヌスは，人間は原罪を負っているが，生得の自由意志を働かせさえすれば，神の国の住人になれると説いた。正か誤か。

8 ✕
アウグスティヌスにとって，人間の自由意志は悪をなすものでしかない。救われるには教会を通じてもたらされる神の恩寵が必要である。

9 正誤 アウグスティヌスは，「父なる神・子なるイエス・聖霊」の相異なる三つの神を擁するというキリスト教の奥義を探究した。正か誤か。

9 ✕
キリスト教の奥義は，「父なる神・子なるイエス・聖霊」は一体であるという三位一体を説く。

10 正誤 スコラ哲学を代表するトマス・アクィナスは，哲学は神学を補完するものと位置づけ，哲学の追究する真理と神学の追究する真理は対立も矛盾もしないと主張した。正か誤か。

10 ○

21 聖俗一致の宗教

本冊 P.108

1 正誤 イスラームでは，人生のすべてが宗教行為と見なされる。正か誤か。

1 ○
イスラームは，聖俗一致を説く。

2 正誤 イスラームの神アッラーは絶対的な存在なので，どのような形にも偶像化されることはないが，開祖のムハンマドは人間なので偶像化してもよい。正か誤か。

2 ✕
原則として信仰の対象となる可能性のあるものは，いかなるものも偶像化してはいけない。

3 正誤 クルアーン(コーラン)は，開祖ムハンマドの言行録である。正か誤か。

3 ✕
ムハンマドの言行録は，ハディース。「クルアーン(コーラン)」には，アッラーがムハンマドを介して伝えた教えが収められている。

4 正誤 イスラームの教えによれば，ムハンマドの死後は，ムハンマドの子孫からのみ，アッラーの言葉を人々に伝える預言者が現れる。正か誤か。

4 ✕
ムハンマドは「最後で最大の預言者」であり，ムハンマドの後に預言者が現れることはない。

5 ムスリム(イスラーム教徒)に課せられている**「六信」の対象とは言えないもの**を，次の①～⑥のうちから一つ選べ。

① アッラー　② 天使　③ 啓典
④ 預言者　⑤ 前世　⑥ 天命

5 ⑤
「前世」ではなく，「来世」が正しい。

□6 正誤 ムスリムは，1日に5回，エルサレムに向かって礼拝しなければならず，可能な限り一生に一度は，エルサレムに巡礼しなければならない。正か誤か。

6 ✕
「エルサレム」を「メッカ」に入れ替えれば正文になる。なお，イスラームの聖地は，メッカ，メディナ，エルサレムである。

□7 正誤 ムスリムは全員，ラマダーン月（断食月）には一日中，一切の飲食を断たなければならず，また，財産のある者は，決まった割合の喜捨を行わなければならない。正か誤か。

7 ✕
断食は，「一日中」ではなく，太陽が出てから沈むまでの「日中」に行う。「喜捨」についての記述は正しい。

□8 正誤 ムスリムには，豚食や飲酒など，宗教的に許されていないもの・ことがある。こうした宗教的に禁忌とされているもの・ことを「ハラール」という。正か誤か。

8 ✕
「ハラール」は，宗教的に許されているもの・ことのこと。これを「ハラーム」に替えれば正文になる。

□9 正誤 現在のイスラームは，サウジアラビアを中心とするスンナ（スンニー）派とイランを中心とするシーア派に大別される。正か誤か。

9 ○

□10 正誤 現在，ムスリムが最も多く住んでいる国は，サウジアラビアに代表される中東諸国のうちにはなく，東南アジアのインドネシアである。正か誤か。

10 ○

22 解脱を求める古代インドの思想

本冊 P.114

□1 正誤 神々への讃歌集である『リグ・ヴェーダ』や『サーマ・ヴェーダ』などのヴェーダは，バラモン教の聖典である。正か誤か。

1 ○

□2 正誤 インド哲学の源流であるウパニシャッド哲学では，個人存在の本体を「ブラフマン（梵）」，宇宙のあらゆる現象を生み出している不変・絶対の根本原理を「アートマン（我）」という。正か誤か。

2 ✕
「ブラフマン（梵）」と「アートマン（我）」を入れ替えれば正文になる。

□3 正誤 ウパニシャッド哲学の教えによれば，「ブラフマン（梵）」と「アートマン（我）」を峻別できたとき，人は解脱できる。正か誤か。

3 ✕
ウパニシャッド哲学は，「梵我一如（梵と我の一致）」の境地に解脱があると説く。

□4 正誤 ウパニシャッド哲学の教えによれば，人間は死とともに「無」になり，あの世に赴いたのち再びこの世に生まれ変わり，生と死を循環すること（輪廻〔りんね〕）などない。正か誤か。

4 ✕
ウパニシャッド哲学は，輪廻の思想を説く。

5 正誤 ウパニシャッド哲学は，現世での行為(業)と未来の苦楽は無関係であると説いた。正か誤か。

5 ✕
ウパニシャッド哲学は，現世での行為(業)が未来の苦楽を導くと説いた。

6 正誤 ウパニシャッド哲学の教えによれば，ヨーガなどによる瞑想と禁欲，そして苦行を積めば，人は誰でも解脱できる。正か誤か。

6 ✕
ウパニシャッド哲学は，特定の人だけが解脱できると説く。

7 ジャイナ教(ジナ教)の開祖を，次の①～④のうちから一つ選べ。
① プーラナ・カッサパ
② アジタ・ケーサカンバリン
③ ヴァルダマーナ
④ サンジャヤ・ベーラッティプッタ

7 ③
「ヴァルダマーナ」の尊称はマハーヴィーラ。①②④は自由思想家。自由思想家としては，彼ら以外に，マッカリ・ゴーサーラやパクダ・カッチャーヤナらが知られている。

8 正誤 ジャイナ教(ジナ教)の教えによれば，特定の人だけが，断食などの苦行と不殺生(アヒンサー)などの慈悲を実践すれば，解脱できる。正か誤か。

8 ✕
ジャイナ教は，苦行と慈悲を実践する万人が解脱できると説く。

9 正誤 ジャイナ教(ジナ教)は古代の宗教であり，現在のインドにはジャイナ教徒はいない。正か誤か。

9 ✕
インドの人口の0.5%以下だが，南インドを中心に現在もジャイナ教徒はいる。

10 正誤 バラモン教に由来し，「ヒンドゥー教」と呼ばれるインドの民族的伝統では，ブラフマー神・ヴィシュヌ神・シヴァ神の三神が，本来は一体(三神一体)であると考えられている。正か誤か。

10 ○

23 易行による万人救済の教えと思想

本冊 P.118

1 正誤 仏教の開祖のゴータマ・シッダッタ(ブッダ)は，ヴァイシャ(庶民)の出身であり，結婚することもなく，子どももいない独身生活を貫き，多くの経典を残した。正か誤か。

1 ✕
ブッダは，クシャトリヤ(王侯)の出身で，結婚しており子どももいた。ただし，著作や経典は一つも残していない。

2 正誤 ブッダによれば，世界の実像について無知(無明)が執着を生み，その執着が人の生を苦に満ちたものにする。ゆえに，苦行を通じて無明を脱すれば，解脱できる。正か誤か。

2 ✕
「苦行を通じて」が不適当。ブッダは，人が解脱するのに苦行は必要ないと考えた。

3 正誤 ブッダは，いかなるものもそれ自体で存在しており，諸存在における因果関係は人間の思い込みであると説いた。正か誤か。

3 ×
ブッダは，諸存在は因果関係のうちに存在すると説いた（因縁説・縁起の法）。

4 正誤 ブッダが説いた「四苦八苦」とは，具体的には，生（しょう）・老・病・死，さらには愛別離苦（あいべつりく）・怨憎会苦（おんぞうえく）・求不得苦（ぐふとくく）・五蘊盛苦（ごうんじょうく）である。正か誤か。

4 ○

5 正誤 愛別離苦とは，愛しいものと別れてしまう苦，怨憎会苦とは，怨めしく憎らしい者と出会う苦，求不得苦とは，得たものを失ってしまう苦，五蘊盛苦とは，自らの身も心も思うようにならない苦のことである。正か誤か。

5 ×
「求不得苦」は，「得たものを失ってしまう苦」ではなく，「求めるものを得られない苦」である。

6 ブッダが明らかにした「苦の根本原因は，煩悩にある」という真理(諦)を，次の①～④のうちから一つ選べ。
① 苦諦　② 集諦　③ 滅諦　④ 道諦

6 ②

7 正誤 ブッダは，悟りを得る方法として，具体的には，正見・正思・正語などからなり，中道を旨とする六道を説いた。正か誤か。

7 ×
「六道」とは，衆生が輪廻転生する六つの境遇（天・人間・修羅・畜生・餓鬼・地獄）。これを「八正道」に替えれば正文。

8 正誤 ブッダは，慈悲にもとづいた行為の大切さを説いたが，このブッダの説く慈悲とは，人間にのみに向けられるものである。正か誤か。

8 ×
「慈悲」は，人間のみならず，生きとし生けるものすべてに向けなければならないものである。

9 正誤 仏教の根本思想は，一切皆苦・諸法無我・諸行無常・涅槃寂静という四法印であるが，これらを否定する仏教の宗派はない。正か誤か。

9 ○

10 正誤 仏教信者のうち，出家者にのみ不殺生戒（ふせっしょうかい）・不偸盗戒（ふちゅうとうかい）・不邪淫戒（ふじゃいんかい）・不妄語戒（ふもうごかい）・不飲酒戒（ふおんじゅかい）の五戒を守ることが求められる。正か誤か。

10 ×
五戒の実践は，在家の信者にも求められる。

24 仏教教団の分裂と発展

本冊 P.122

1 正誤 ブッダの死から約100年後の紀元前3世紀ごろ，信徒集団は戒律の解釈などをめぐり，戒律を厳格に守っていくべきだという大衆部と，戒律を柔軟に捉えるべきだという上座部に分裂した。正か誤か。

1 ×
「大衆部」と「上座部」を入れ替えれば正文になる。

2 正誤 部派仏教において，信徒は，煩悩のない悟りの境地に達した最高位の修行者である「菩薩」を目指して，自らの悟りの完成に努めた。正か誤か。

2 ✕
「菩薩」を「阿羅漢」に替えれば正文になる。

3 正誤 紀元前1世紀ごろには，大衆部に根ざした布教師や在家信者らを中心に，一切衆生の救済を目指す革新運動が起きたが，彼らは自らを「小乗」と称した。正か誤か。

3 ✕
「小乗」を「大乗」に替えれば正文になる。

4 正誤 大乗仏教における理想は，利他行を実践して一切衆生の救済を目指す「菩薩」である。正か誤か。

4 ○

5 大乗仏教が説く六波羅蜜を，次の①～④のうちから一つ選べ。
① 布施・持戒・忍辱・精進・喜捨・智慧
② 布施・持戒・忍辱・巡礼・禅定・智慧
③ 布施・持戒・忍辱・精進・禅定・智慧
④ 布施・持戒・断食・精進・禅定・智慧

5 ③
①の「喜捨」，②の「巡礼」，④の「断食」は，いずれもイスラームの五行の一つである。

6 正誤 大乗仏教において，西方極楽浄土を主宰する薬師如来や，東方瑠璃光世界を主宰する阿弥陀如来などに対する信仰が生まれた。正か誤か。

6 ✕
「薬師如来」と「阿弥陀如来」を入れ替えれば正文になる。

7 正誤 上座部仏教の一部は，現在のアフガニスタンから中央アジアを経由し，中国・朝鮮・日本などの東アジアに伝わった。他方，大乗仏教は，紀元前3世紀ごろ，スリランカに伝えられ，そこからさらにミャンマーやタイなど東南アジアに広がった。正か誤か。

7 ✕
「上座部仏教の一部」と「大乗仏教」を入れ替えれば正文になる。なお，上座部仏教を「南伝仏教」，大乗仏教を「北伝仏教」ということもある。

8 正誤 2世紀ごろ，『般若経』を研究したナーガールジュナ（竜樹）は，空の思想を確立した。この教えは，「この世界の真実の姿は，空っぽで何もない」というものである。正か誤か。

8 ✕
「空」の説明が不適当。「空」は，「何も単独では存在しておらず，すべては因縁・縁起によって成立したものであり，関係性の中にある」ということを意味する。

9 正誤 4世紀ごろ，アサンガ（無著）とヴァスバンドゥ（世親）の兄弟は，「一切は心の奥底に潜む阿頼耶識（あらやしき）の生み出す幻想にすぎない」という唯識の思想を説いた。正か誤か。

9 ○

10 正誤 8世紀後半には，上座部仏教の一派である密教がチベットに伝わり，チベット仏教（ラマ教）が生まれた。この最高指導者を16世紀以降，ダライ・ラマ（教主）と呼ぶ。正か誤か。

10 ✕
「上座部仏教の一派である」が不適当。密教は，ヒンドゥー教と深い関係をもつが，一般には大乗仏教の一派と考えられている。

25 乱世に咲く古代中国の思想

本冊 P.126

1 正誤 紀元前11世紀ごろには周王朝が黄河流域に進出し，殷(商)を滅ぼした。この変革は，天は有徳な者を新しい天子(支配者)とするという天の思想によって正統化された。正か誤か。

1 ○

2 『論語』によれば，孔子は「己に克ちて[a]に復(かえ)るを[b]となす」と述べた。[a]と[b]に入る語句の組み合わせを，次の①～④のうちから一つ選べ。

① a－礼　b－義　② a－礼　b－仁
③ a－仁　b－義　④ a－仁　b－礼

2 ②
『論語』にある「子曰克己復礼為仁」を説明した文である。

3 正誤 孔子は，生涯にわたり，政治よりも自然の神秘や死後の安楽に大きな関心を示した。正か誤か。

3 ×
孔子の関心は専ら理想社会の実現にあった。

4 正誤 孔子は，有徳な君子が国家のトップに立てば，民衆も君子の徳に感化されて安んじて暮らせるようになると説いた。正か誤か。

4 ○
孔子の政治の指針とした徳治主義についての説明である。

5 正誤 孔子によれば，「仁」はさまざまに定義される。例えば，自分の望まないことを他人にもしないようにする思いやりを意味する「忠」や，自分を欺(あざむ)かないことを意味する「恕」などである。正か誤か。

5 ×
「忠」と「恕」を入れ替えれば正文になる。

6 正誤 孔子によれば，「仁」の基本になるのは，長兄に仕えることを意味する「孝」と，父母に仕えることを意味する「悌」である。正か誤か。

6 ×
「孝」と「悌」を入れ替えれば正文になる。

7 正誤 四書の一つである『大学』によれば，まず徳を身につけ，家庭を円満にしたとき，はじめて国を治めることができるのであって，その君子の徳によって天下が安定するという。正か誤か。

7 ○
儒教の基本的な政治観を示す「修身・斉家・治国・平天下」の説明である。

8 正誤 墨子は，孔子の説く「仁」は，人々が広く愛し合う無差別の愛であり，実行不可能だと批判し，人間にも実行できる別愛が必要であると説いた。正か誤か。

8 ×
墨子は，孔子の説く「仁」を，人と人を区別する「別愛」であると批判した。そして，争いが生じないためには，人々が広く愛し合う「兼愛」が必要だと主張した。

9 正誤 墨子は，戦争行為はいかなる場合であろうとも許されないと唱えるとともに，身分を問わず才能のある者を登用する「尚賢（しょうけん）」や，むだな消費を節約する「節用（せつよう）」や「節葬（せっそう）」を説いた。正か誤か。

9 ×
墨子は，自衛のための戦争行為までは否定していない。墨子が説いた非攻説は，侵略戦争を否定するものである。

10 正誤 韓非子は，徳治主義を説く孔子ら儒家とは異なり，信賞必罰の法律によって人民を統治する法治主義を主張した。正か誤か。

10 ○

26 儒家思想の展開

本冊 P.130

1 正誤 孟子は，「民を尊しと為し，社稷（しゃしょく）これに次ぎ，君を軽しとする」と述べ，正義を守って邪悪を禁じ，仁政を施して人民の生活を保全する覇道政治の実現を模索した。正か誤か。

1 ×
「覇道政治」を「王道政治」に替えれば正文になる。

2 正誤 孟子の政治思想の背景には，民意に背く暴君は宇宙の絶対神たる上天によって治者の地位から追放されるという，古代の天の思想にもとづいた理論がある。正か誤か。

2 ○
この理論を「易姓革命」という。

3 正誤 孟子は，人間の「性」は本来的に悪であるが，生まれながらに良知(良知良能)も具（そな）えているのだから，その良知を働かせて「性」を善にしなければならないと説いた。正か誤か。

3 ×
孟子は，性善説を唱えた。

4 正誤 孟子によれば，人間は生まれながらに，四徳を具（そな）えており，それを自ら育てて四端を実現しなければならない。正か誤か。

4 ×
「四徳」と「四端」を入れ替えれば正文になる。

5 正誤 孟子によれば，人間は，「惻隠の心」を「仁」に，「羞悪の心」を「義」に，「辞譲の心」を「智」に，「是非の心」を「礼」に育て上げなければならない。正か誤か。

5 ×
「智」と「礼」を入れ替えれば正文になる。

☐6 正誤 孟子によれば，四徳が充実してくると現れる，毅然（きぜん）とした不動の心である「浩然の気」を具（そな）えた大丈夫は，どんな困難にあっても徳を実現しようとする。正か誤か。

6 ○

☐7 正誤 漢代の董仲舒（とうちゅうじょ）が，孟子の唱えた四徳に「序」の徳を加えて，儒教道徳の基本となる五常を確立した。正か誤か。

7 ✕
「序」を「信」に替えれば正文になる。

☐8 孟子が論じた，基本的な人間関係とそこで求められる徳の正しい組合せを，次の ①～⑤ のうちから一つ選べ。
① 父子―序　② 君臣―親　③ 夫婦―義
④ 長幼―別　⑤ 朋友―信

8 ⑤
⑤ 以外は，「父子―親」，「君臣―義」，「夫婦―別」，「長幼―序」の組合せが正しい。

☐9 正誤 荀子は，「人の性は悪にして，その善なるは偽りなり」と述べ，人間の本性は悪であるから，古典を学ぶ学習や礼を学ぶ教育によって矯正しなければならないと説いた。正か誤か。

9 ○
荀子が説いた性悪説や礼治主義の説明として適当である。

☐10 正誤 春秋時代から漢にかけて，『論語』『孟子』『大学』『春秋』の四書や，『詩経』『書経』『易経』『中庸』『礼記（らいき）』の五経が成立した。正か誤か。

10 ✕
『春秋』と『中庸』を入れ替えれば正文になる。

27 老荘思想と儒学思想の展開

本冊 P.134

☐1 正誤 老子は，「大道廃れて仁義あり」と述べ，人間の作為に頼る儒家の思想を称讃した。正か誤か。

1 ✕
老子は，「儒家の思想」を批判した。

☐2 正誤 『老子』によれば，知性や感性を働かせて，「無」や「無名」とも呼ばれる「道」を知り，その「道」と一体となって生きるとき，人は本来の生き方ができる。正か誤か。

2 ✕
『老子』によれば，「道」は，「知性や感性を働かせて」知るものではない。

☐3 正誤 『老子』は，「無・有」や「美・醜」や「善・悪」などの対立に囚（とら）われない生き方を求めている。具体的には，無邪気な嬰児（えいじ）のように，他と争わず身を低くする生き方である。正か誤か。

3 ○
『老子』が説く「柔弱謙下」の生き方の説明として適当である。

☐4 正誤 『老子』が理想とする国家は，規模は小さく成員は少なくとも，隣国と貿易を活発に行う国である。正か誤か。

4 ✕
「隣国と貿易を活発に行う」が不適当。『老子』は自給自足の村落共同体を理想とした。

5 正誤 『荘子』によれば，人間の知恵や判断は物事のほんの一部分に触れているにすぎない。また，「美醜」や「運不運」や「幸不幸」などは単なる相対的な区別にすぎず，万物はおのずから調和している。正か誤か。

5 ○
『荘子』の説く「万物斉同」の説明として適当。

6 正誤 『荘子』が理想とする生き方は，何事にも煩(わずら)わされず，心を空(むな)しくして，悠然(ゆうぜん)と遊ぶように生きる超人としての生き方である。正か誤か。

6 ×
「超人」はニーチェの理想とする生き方。これを「真人(至人)」に替えれば，『荘子』の説く心斎坐忘や逍遙遊を体現した理想の生き方の説明になる。

7 朱子(朱熹)は，現実の人間の本性は「 a 」によって純然たる善ではないから，「 b 」によって「 a 」を制御し，純然たる善の状態を実現しなければならないと説いた。 a ・ b に入る語句の組合せを，次の①～④のうちから一つ選べ。

① a－理　b－礼　　② a－理　b－気
③ a－気　b－理　　④ a－礼　b－気

7 ③
朱子が展開した理気二元論や性即理を説明した文である。

8 正誤 朱子(朱熹)によれば，純然たる善を実現するには，行為を慎み，世の中の事物に触れ，事物を成り立たせている理を知り，それに通じる自己の本性を確かめることが必要である。正か誤か。

8 ○
朱子が説いた持敬・居敬，さらに格物や窮理や致知の説明として適当である。

9 正誤 王陽明は，心即理を説く朱子学を批判して，性即理の思想を展開した。正か誤か。

9 ×
「心即理」と「性即理」を入れ替えれば正文になる。

10 正誤 王陽明は，理想的な生き方を知ることと，人が生まれながらに具(そな)えている「良知」を発揮することは別であると説いた。正か誤か。

10 ×
王陽明は知行合一を説いており，「知ること」と「行うこと」は不可分であると考えた。

第5編 日本思想

28 仏教の受容から鎮護国家の仏教へ

本冊 P.144

1 正誤 日本には古来，八百万(やおよろず)の神がおり，自然界のあらゆるものに，「神(カミ)」が宿ると考えられていた。正か誤か。

1 ○
日本の思想に見られるアニミズム(精霊信仰)の説明として適当。

2 正誤 『古事記』などに収められている日本の神話では，アマテラスが，この世を創造した絶対的な唯一神として，他の神々を従えていると考えられている。正か誤か。

2 ✕
アマテラスは創造神ではない。また，日本には究極的な神はいないとされ，神々は「祀るとともに祀られる神」である。

3 正誤 古代の日本人は，共同体に害を及ぼす行為を「祓い」や「禊」と呼んで忌避し，これらを取り除くために「罪」や「穢れ」など神事を行った。正か誤か。

3 ✕
「『祓い』や『禊』」と「『罪』や『穢れ』」を入れ替えれば正文になる。

4 正誤 日本では古来，見透かせない黒心・濁心や隠し立てのある暗き心や私心を嫌い，嘘偽りがない心，すなわち清明心(清き明き心)がよしとされた。正か誤か。

4 ○

5 正誤 日本には古来，天には神々が住む高天原，地下には死者が住む黄泉国があるとする世界観があり，生者が黄泉国に行くことはできないと考えられていた。正か誤か。

5 ✕
黄泉国へは，生者も往来可能と考えられていた。

6 聖徳太子(厩戸王)が撰述したと伝えられている『三経義疏』は，大乗仏教の教典である[　　]の注釈書である。[　　]に入る経典を，次の①～④のうちから一つ選べ。

① 『法華経』・『法句経』・『大日経』
② 『法華経』・『勝鬘経』・『大日経』
③ 『法華経』・『法句経』・『維摩経』
④ 『法華経』・『勝鬘経』・『維摩経』

6 ④
「法句経(ダンマパダ)」は，原始仏典のひとつである。「大日経」は，真言密教の根本経典である。

7 正誤 聖徳太子が制定に関わったとされる憲法十七条は，官吏の心得を論じた法文であり，仏の目から見れば人はみな凡夫なのだから，「和」の精神をもって事を進めることが大切だと説いている。正か誤か。

7 ○

8 正誤 奈良時代には，官寺の整備や官僧の育成が進み，山岳仏教の南都六宗が成立した。正か誤か。

8 ✕
南都六宗は，「山岳仏教」ではない。奈良の都に位置して，鎮護国家の役割を担った。

9 正誤 奈良時代の鑑真は，私度僧集団を率いて諸国をめぐり，救済施設の設置や土木事業を行って人々の信望を集めた。正か誤か。

9 ✕
「鑑真」は，日本に戒律(具足戒)を伝えた唐の高僧。これを「行基」に替えれば正文になる。

□10 正誤 修験道の独自の発展などに見られるように，日本では土着の信仰や古来の神々への信仰と仏教が関係を深めることはなかった。正か誤か。

10 ✕
修験道などに見られるように，仏教伝来以来，日本では，土着の信仰や古来の神々への信仰と仏教が関係を深めていった。これを神仏習合(混淆)という。

29 日本独自の仏教への礎

本冊 P.148

□1 平安時代，最澄は［a］の一乗止観院(のちの延暦寺)を舞台に，空海は［b］の金剛峯寺や都の入り口の東寺(教王護国寺)を舞台に活躍した。［a］・［b］に入る語句の組合せを，次の①～④のうちから一つ選べ。

① a－比叡山　b－高野山
② a－比叡山　b－身延山
③ a－高野山　b－比叡山
④ a－高野山　b－身延山

1 ①
「身延山」には日蓮宗総本山の久遠寺がある。

□2 正誤 最澄が説いた天台宗とは，隋の時代の天台山の智顗(天台大師)が大成した教えであり，一切衆生悉有仏性などの思想を説きつつ，法華経の教えが真実であり，ほかは方便であるとする教えである。正か誤か。

2 ○
(法華)一乗思想の説明として適当である。

□3 正誤 最澄は，法華経の解釈などをめぐり，万人の成仏を説く法相宗の徳一と晩年まで論争した。正か誤か。

3 ✕
「万人の成仏」を説いたのは最澄。徳一は，悟りには差があり(三乗思想)，仏性のない者もいると主張した。

□4 正誤 最澄は，生前，『山家学生式』や『顕戒論』などを著し，大乗戒壇を設立したり，僧俗共学の綜芸種智院を建設したりして，「一隅を照らす」人材の育成に尽力した。正か誤か。

4 ✕
延暦寺に「大乗戒壇」が設立されたのは，最澄の没後である。また，「綜芸種智院」は空海が建設を提唱した。

□5 正誤 空海が伝えた密教とは，インド古来の信仰・呪術・祈禱を取り入れ，加持祈禱へと発展させた大乗仏教の教えである。広大な宇宙論を展開し，それを象徴的にマンダラ(曼荼羅)で表現することもある。正か誤か。

5 ○

□6 正誤 空海によれば，密教よりも，天台宗などの教えの方が勝っている。正か誤か。

6 ✕
空海によれば，密教以外の天台宗などの「顕教」よりも，「密教」の方が勝る。

☑7 正誤 密教は，身密・口密・意密の三密を修すれば，阿弥陀仏の力と一体化し，死後に衆生を救済する仏になれるという即身成仏の教えを説く。正か誤か。

7 ✕
「阿弥陀仏」を「大日如来」に，「死後に」を「その身のままで（現世において）」に入れ替えれば正文になる。

☑8 正誤 平安時代には神仏習合がさらに進んで，インドの仏や菩薩は日本の神々が化身として現れた姿だとする本地垂迹説が説かれるようになった。正か誤か。

8 ✕
「インドの仏や菩薩」と「日本の神々」を入れ替えれば正文になる。

☑9 正誤 空也は「南無阿弥陀仏」と称（とな）えながら，各地を遊行し，道路・橋・寺などを造ったり，行き倒れの死者を火葬して弔（とむら）ったりした。それゆえ，彼は「阿弥陀聖（あみだひじり）」や「市聖（いちのひじり）」と呼ばれた。正か誤か。

9 ○

☑10 正誤 源信は，『往生要集』において，「厭離穢土（おんりえど），欣求浄土（ごんぐじょうど）」とまとめられる教えを説き，極楽往生する最善の方法として，観想念仏を否定し，口称念仏（称名念仏）を勧めた。正か誤か。

10 ✕
源信は，いずれの念仏も否定していない。もっとも，口称念仏（称名念仏）よりも観想念仏を勧めている。

30 末法の到来と他力による救済

本冊 P.152

☑1 正誤 奈良時代に伝えられた中国由来の仏教には，「教・行・証（教え・修行・悟り）」が消え，仏の力がまったく及ばない末法が1052年からはじまるという歴史観が含まれており，広く平安時代に広まった。正か誤か。

1 ✕
「教」だけが残っているのが末法。なお，「教・行・証」が残っているのが正法（しょうぼう），「教・行」が残っているのが像法（ぞうぼう）である。

☑2 正誤 比叡山で修行をしていた法然は，その教えに満足できなくなり，比叡山を下りて，浄土宗を開き，自力易行の教えを説いた。正か誤か。

2 ✕
「自力易行」を「他力易行」に替えれば，正文になる。

☑3 正誤 法然は，末法における往生の手だてとして，ほかの修行法を捨て，専ら「南無阿弥陀仏」と称（とな）えよと説いた。正か誤か。

3 ○
法然が説く「専修念仏」の説明として適当である。

☑4 正誤 親鸞は法然の弟子であったが，妻帯などの破戒を理由に還俗させられ，越後（新潟県）へ流罪となった。その際，姓を愚禿，名を親鸞と改め，僧でもなく俗人でもない非僧非俗の立場を没するまで貫いた。正か誤か。

4 ○

□5 正誤 親鸞は，念仏を称える回数が多ければ多いほど，極楽往生の可能性が高まると論じた。正か誤か。

5 ✕
親鸞によれば，極楽往生が叶うかどうかは念仏の回数によらない。彼は日常の念仏を「報恩感謝の念仏」と捉えた。

□6 正誤 親鸞は，いわゆる「悪人正機」の教えを説いたが，ここでいう「悪人」とは，「積極的に悪事を為そう」という人のことである。正か誤か。

6 ✕
親鸞のいう「悪人」とは，阿弥陀仏の救いを信じ，自らの煩悩を自覚し反省している人のことである。

□7 唯円が著した［　　］によれば，親鸞は「善人なをもて往生をとぐ，いはんや悪人をや」と説いた。［　　］に入る著作名を，次の①～④のうちから一つ選べ。

① 『選択本願念仏集（せんちゃくほんがんねんぶつしゅう）』　② 『教行信証』
③ 『一枚起請文』　④ 『歎異抄（たんにしょう）』

7 ④
①は法然，②は親鸞自身による著作。③は法然が弟子に授けた法語。

□8 正誤 晩年の親鸞は，自然法爾（じねんほうに）の教えを説き，あらゆる自力のはからいを捨てて，仏の法に従う必要があるという，いわゆる「絶対他力」の教えを否定した。正か誤か。

8 ✕
親鸞は，「自然法爾」と「絶対他力」の教えを説いた。

□9 正誤 浄土宗や浄土真宗などの念仏宗は，幕府などから度々，念仏の教えを停止するように求められた。なぜなら，念仏は現世（の権力）を否定する教えと見なされたからである。正か誤か。

9 ○

□10 正誤 浄土真宗の開祖とされる一遍は，全国を遊行して，行き合う人々に「南無阿弥陀仏，決定（けつじょう）往生六十万人」と記した念仏札を配ったり，踊り念仏を催したりして，人々に念仏を広めた。正か誤か。

10 ✕
「浄土真宗」の開祖は，親鸞。これを「時宗」に替えれば正文になる。

31 自力による救済と仏国土の建設

本冊 P.156

□1 正誤 宋で臨済禅を修めた栄西は，時の将軍の源実朝に『喫茶養生記』を献じ，良薬として茶を勧めた。正か誤か。

1 ○

□2 正誤 道元は宋で曹洞禅を修め，帰国後は栄西と同様に禅こそ末法の教えであると説いて，坐禅による自力救済を追求した。正か誤か。

2 ✕
栄西は「禅こそ末法の教えである」と説いたが，道元は「末法の教え」は方便であるとして，末法そのものを認めなかった。

3 正誤 道元は，『興禅護国論』を著し，禅を修することで欲望など一切の束縛から解き放たれて，人は本来備えている悟りを得ると説いた。正か誤か。

3 ✕

『興禅護国論』は，栄西の著作。これを『正法眼蔵』などの道元の著作に替えれば正文になる。

4 正誤 道元によれば，修行と悟りの体得(証)は不二一体(ふにいったい)であり，日々の生活を規則正しくくり返し，為すべきことを為す実行の中に，真理や悟りがある。正か誤か。

4 ○

道元が説く「修証一等(しゅしょういっとう)(修証一如(しゅしょういちにょ))」の教えとして適当。

5 栄西が伝えた臨済禅は「 a 」ともいい，道元が伝えた曹洞禅は「 b 」ともいう。 a ・ b に入る語句の組合せを，次の①～④のうちから一つ選べ。

① a－公案禅　b－看話禅
② a－公案禅　b－黙照禅
③ a－黙照禅　b－公案禅
④ a－黙照禅　b－看話禅

5 ②

「公案禅(看話禅)」は，師家から出された公案(問題)を解くことで，真理を体得しようとする禅。「黙照禅」は，ひたすら坐禅する禅である。

6 正誤 日蓮も比叡山で学んでいたが，浄土教と妥協する天台宗に反発して下山し，日蓮宗を立宗。そして，王仏冥合(おうぶつみょうごう)の必要を説く『立正安国論』を幕府に提出し，受け入れられた。正か誤か。

6 ✕

『立正安国論』は，幕府に受け入れられなかった。

7 正誤 日蓮によれば，権力者をはじめ，人々が『法華経』を所依(しょえ)の経典とし，「南無妙法蓮華経」と口に出して念仏を称えれば，その功徳を譲り与えられ，誰でも仏になれると主張した。正か誤か。

7 ✕

「南無妙法蓮華経」(法華経に帰依する)と唱えることは，唱題という。「念仏」は，「南無阿弥陀仏」(阿弥陀仏に帰依する)と称えることをいう。

8 正誤 日蓮は，天台宗をはじめ，すべての他宗を排撃した。その姿勢は，「念仏無間・禅天魔・真言亡国・律国賊」とまとめられる。正か誤か。

8 ✕

「すべての他宗を排撃」が不適当。日蓮は，法華経主義をとる天台宗は排撃していない。

9 正誤 平安末期から鎌倉時代にかけて，法然の教えを邪見だとする法相宗の貞慶(じょうけい)をはじめ，『摧邪輪(ざいじゃりん)』を著した華厳宗の明恵(みょうえ)や，真言律宗を興した叡尊(えいそん)やその弟子の忍性(にんしょう)らが活躍した。

9 ○

10 正誤 元寇の後の日本では神国思想が広まるとともに，正直(せいちょく)の徳を重視し，日本の神々は仏や菩薩が化身として現れた姿だとする神本仏迹説(しんぽんぶつじゃくせつ)(反本地垂迹説(はんほんじすいじゃくせつ))を唱える伊勢神道が力をもった。正か誤か。

10 ✕

「日本の神々」と「仏や菩薩」を入れ換えれば正文である。

32 幕藩体制を支える教えと批判

本冊 P.162

1 正誤 「近世儒学の祖」といわれる藤原惺窩は，出世間の道を説く仏教に失望して還俗し，儒者として江戸幕府に仕官した。正か誤か。

1 ✕
藤原惺窩は，江戸幕府に仕官していない。

2 正誤 林羅山は，「天は高く，地は低い」ように，人間関係における上下や分（身分・職分）を定める「理」があり，その「理」が保たれれば，国はよく治まると主張した。正か誤か。

2 ○
林羅山が唱えた「上下定分の理」の説明として適当である。

3 林羅山の著作を，次の①～④のうちから一つ選べ。
①『春鑑抄』　②『論語古義』
③『翁問答』　④『大学或問』

3 ①
②は伊藤仁斎，③は中江藤樹，④は熊沢蕃山の著作である。

4 正誤 『養生訓』や『大和本草(やまとほんぞう)』の著者である儒者の室鳩巣は，動植物・鉱物などの効能を研究する本草学(ほんぞうがく)や教育，歴史などの多くの分野で活躍した。正か誤か。

4 ✕
「室鳩巣」を「貝原益軒」に替えれば，正文になる。

5 正誤 対馬藩に仕えた木下順庵は，互いに欺かず争わない「誠信の交わり（まごころ外交）」を信条に，中国語や朝鮮語を使って朝鮮王朝との外交に活躍した。正か誤か。

5 ✕
「木下順庵」を「雨森芳洲」に替えれば，正文になる。

6 正誤 禅僧であったが，還俗して儒者となった山崎闇斎は，「敬」と「義」の厳格な実践を説いたり，神と人の合一（神人合一）や皇統の護持を説く唯一神道を唱えたりした。正か誤か。

6 ✕
「唯一神道」（吉田神道・卜部(うらべ)神道）は，吉田兼倶(よしだかねとも)が唱えた神道説。これを「垂加神道」に替えれば正文になる。

7 正誤 中江藤樹は，朱子学の外面的で形式主義的な考え方を批判し，人々の心情や，時(じ)（時期），処(しょ)（場所），位(い)（身分）に応じた実践を重視する思想を説いた。正か誤か。

7 ○

8 正誤 中江藤樹によれば，あらゆる道徳の根源は「敬」である。もっとも，この「敬」は親に対する孝行を意味するだけではなく，宇宙万物を貫く普遍的な原理でもある。正か誤か。

8 ✕
「敬」を「孝」に替えれば正文になる。「孝」は，具体的には，愛し敬う心（愛敬）である。

☐9 正誤 中江藤樹は晩年，陽明学に傾倒し，人には理非を正しく知る良知が具(そな)わっているのだから，理非を学ぶのではなく，良知を行い，現すことが大切だと説いた。正か誤か。

9 ○
中江藤樹が説く知行合一の教えの説明として適当である。

☐10 正誤 中江藤樹の門人であり，岡山藩に仕えていた佐藤直方は，儒学の精神を農政(治山治水)や教育制度改革に活かして，民衆の生活安定を図った。しかし後には，幕府を批判したとして幽閉された。正か誤か。

10 ×
「佐藤直方」は，山崎闇斎の弟子だった人物(後に破門)。これを「熊沢蕃山」に替えれば，正文になる。

33 日本における儒学の展開と深化

本冊 P.166

☐1 山鹿素行が，武士の務めは聖人の道を誠実に実現しようとすることにあると説いた著作を，次の①～④のうちから一つ選べ。

①『語孟字義』　②『聖教要録』
③『童子問』　④『弁道』

1 ②
①③は伊藤仁斎，④は荻生徂徠の著作である。

☐2 正誤 山鹿素行は，万世一系の天皇が支配している日本こそが世界の中心であるとする朱子学派の主張を批判し，中国こそ世界の中心であると主張した。正か誤か。

2 ×
山鹿素行は，日本こそが世界の中心であると主張した。

☐3 正誤 鍋島(佐賀)藩士の山本常朝による『葉隠』は，武士の職分は，農工商の民を導く道徳的指導者(三民の師表(しひょう))となるべきことにあると説いている。正か誤か。

3 ×
武士が「三民の師表」となるべきことを説いたのは山鹿素行。『葉隠』は，主君への忠誠と死をも厭わない献身を説く。

☐4 正誤 伊藤仁斎は，『論語』こそが孔子の思想を余すことなく伝えている「最上至極宇宙第一の書」であると見なし，孔孟を直接理解しようとする古文辞学を提唱した。正か誤か。

4 ×
「古文辞学」を「古義学」に替えれば正文になる。古文辞学は，荻生徂徠が提唱したもの。

☐5 正誤 伊藤仁斎は，孔孟の思想の根幹は，「仁」すなわち「愛」であり，これは「義(為すべきことを為し，為すべきでないことを為さないこと)」によって補われると主張した。正か誤か。

5 ○

6 正誤 伊藤仁斎は，「仁」は偽りのない純真な心情である「礼」によって実現されると考え，「礼」であるためには，自分を偽らず(忠)，他人を欺かないこと(信)が必要であると説いた。正か誤か。

6 ×
「礼」を「誠」に替えれば正文になる。

7 正誤 荻生徂徠は，朱子学を「憶測にもとづく虚妄の説にすぎない」と批判し，孔子らが理想とした六経を古代の中国語の語義のまま学ぶべきだとする古義学を提唱した。正か誤か。

7 ×
「古義学」は，伊藤仁斎が提唱した。これを「古文辞学」に替えれば正文になる。

8 正誤 荻生徂徠は，中国の思想を知るには，「礼・楽・刑・政(礼節・音楽・刑罰・政治)」が書かれている六経よりも，四書を読むべきだと主張した。正か誤か。

8 ×
荻生徂徠は，四書より六経を重視した。

9 正誤 荻生徂徠は，探究の結果，中国思想は本来，抽象的な天理や個人的な道徳的修養ではなく，よき統治(安天下の道)を目指していたことを解明し，後の経世済民の学の発展に寄与した。正か誤か。

9 ○

10 正誤 荻生徂徠の弟子の服部南郭は，徂徠学の経世学や訓詁的な側面を発展させた。さらに，『弁道書』などでは，徂徠学を宗教論に適用して神道批判を展開した。正か誤か。

10 ×
「服部南郭」を「太宰春台」に替えれば正文になる。

34 日本的精神を求めて

本冊 P.170

1 「国学の祖」と呼ばれている契沖の著作を，次の①～④のうちから一つ選べ。
① 『万葉代匠記』 ② 『万葉考』
③ 『玉勝間』 ④ 『古事記伝』

1 ①
②は賀茂真淵，③④は本居宣長の著作である。

2 正誤 京都伏見稲荷の神官の家に生まれた荷田春満は，国史・律令・有職故実(ゆうそくこじつ)，さらには和歌や神道を研究したり，将軍吉宗に国学を探究する学校の建設を求めたりした。正か誤か。

2 ○

3 正誤 賀茂真淵は，『万葉集』の古歌の調べであり，男性的でおおらかな「からくにぶり」で表現されるものに古代日本の精神を見出した。正か誤か。

3 ×
「からくにぶり」を「ますらをぶり」(益荒男振)に替えれば正文になる。

4 正誤 賀茂真淵は，古代日本の精神とは，簡素で力強い精神を指す「真心（まごころ）」であるとし，『国意考』において，儒教倫理による統治ではなく，この「真心」による統治を求めた。正か誤か。

4 ×
「真心」を「高く直き心」に替えれば正文になる。「真心」を重視したのは，本居宣長である。

5 正誤 本居宣長は，師の賀茂真淵の説を受け入れず，女性的で温厚優和な歌の作風を意味する「ますらをぶり」を，文芸や人間性理解の基礎としなければならないと考えた。正か誤か。

5 ×
「ますらをぶり」（益荒男振）を「たをやめぶり」（手弱女振）に替えれば正文になる。

6 正誤 本居宣長によれば，悲しむべきことを悲しみ，喜ぶべきことを喜び，正しく事物のあり方を知る心で捉える「もののあはれ」こそが，和歌や『源氏物語』の本質を読み解く鍵である。正か誤か。

6 ○

7 正誤 本居宣長によれば，古（いにしえ）の神々の振る舞いに発し，天皇によって受け継がれてきた「安天下の道」に，私心を捨てて従うことが，日本固有の道である。正か誤か。

7 ×
「安天下の道」は儒学の求める道。これを「惟神の道」に替えれば正文になる。

8 正誤 平田篤胤は，霊魂の中には，死後，現世のあらゆる場所に遍在している幽冥界にとどまるものもあるとする本居宣長の思想を退け，みな穢（きたな）き悪しき黄泉国（よみのくに）に行くと主張した。正か誤か。

8 ×
平田篤胤が幽冥界について論じ，本居宣長は死後の魂はみな黄泉国に行くと論じた。

9 正誤 平田篤胤は，皇国尊厳論を主張したり，仏教・儒教的要素のない古来の神道への復帰を説く復古神道を大成したりした。正か誤か。

9 ○

10 正誤 盲目の学者である伴信友は，水戸藩による『大日本史』の校正に携わったり，和学講談所を設立して実証主義的な国学の流れを発展させたりした。正か誤か。

10 ×
「伴信友」は，本居宣長没後の門人。これを「塙保己一」に替えれば正文になる。

35 町人としての自覚

本冊 P.174

1 正誤 近松門左衛門は，『日本永代蔵』などにおいて，恋愛や富を追求して享楽的に，この浮世（享楽的な現世）を生きる町人の姿を生き生きと描いた。正か誤か。

1 ×
「近松門左衛門」を「井原西鶴」に替えれば正文になる。

□2 正誤 井原西鶴は，『曽根崎心中』において，伝統的な規範(義理)と自然な感情(人情)の板挟みとなる男女の姿を描いた。正か誤か。

2 ×
「井原西鶴」を「近松門左衛門」に替えれば正文になる。

□3 仏教的な観点から「世法即仏法」と主張し，世俗的な営利活動を肯定する思想を展開した鈴木正三の著作を，次の①～④のうちから一つ選べ。

① 『都鄙問答』　② 『町人嚢(ぶくろ)』
③ 『万民徳用』　④ 『自然真営道』

3 ③
①は石田梅岩，②は西川如見，④は安藤昌益の著作である。

□4 正誤 石田梅岩は，正直(せいちょく)と倹約にもとづいた商いによる利潤の追求は，天理に適う正当な行為であると主張する一方で，士農工商は社会的分業の表現にすぎないから，封建制度を変革し，四民平等の社会を築くべきだと主張した。正か誤か。

4 ×
石田梅岩は封建制度の変革までは求めておらず，「足るを知り，高望みをせず，自分の境遇に満足せよ(知足安分)」と説いた。

□5 正誤 西川如見は，封建的身分制を肯定しつつ，「ただこの町人こそ楽しけれ」と述べ，武士とは異なる町人の享楽的な生き方を批判した。正か誤か。

5 ×
「批判した」が不適当。西川如見は，武士とは異なる町人の生き方を肯定した。

□6 正誤 安藤昌益は，武士や僧侶らを「不耕貪食の徒」と糾弾し，彼らが支配する「自然世」に替えて，誰もが農耕に従事する「法世」への復帰を主張した。正か誤か。

6 ×
「自然世」と「法世」を入れ替えれば正文になる。

□7 正誤 二宮尊徳は，勤労と倹約によって合理的な生活をし，それらによって得られた余剰を将来の自分や社会に還元するなどして，天地や人々の恩に報いよと説いた。正か誤か。

7 ○
二宮尊徳が説いた「分度(勤労と倹約による合理的生活)」，「推譲(余剰の還元)」，「報徳思想(天地や人々の恩に報いる)」の説明として適当である。

□8 正誤 懐徳堂出身の富永仲基は，『翁の文』などを著し，多くの仏典は上書きを重ねられたもので，大乗仏教はブッダの教えではないと論じた。正か誤か。

8 ○
富永仲基が説いた「加上説」や「大乗非仏説論」の説明として適当。

□9 正誤 懐徳堂出身の山片蟠桃は，宇宙の諸現象を根源的かつ実証的に説明する条理学を展開した。正か誤か。

9 ×
「懐徳堂出身の山片蟠桃」を「三浦梅園」に替えれば正文になる。

□10 正誤 三浦梅園は，『夢之代』などにおいて，仏教・儒教・神道が唱える神話的・宗教的な宇宙観を批判したり，無鬼論を主張したりした。正か誤か。

10 ×
「三浦梅園」を「山片蟠桃」に替えれば正文になる。なお，山片蟠桃も懐徳堂出身である。

36 蘭学・洋学と幕藩体制を批判する思想

本冊 P.178

第5編 日本思想

☐1 正誤 新井白石は，キリスト教宣教師を尋問した際のことをまとめた『西洋紀聞』において，西洋の自然科学のみならず，キリスト教も受容すべきだと主張した。正か誤か。

1 ×
新井白石は，キリスト教については拒絶した。

☐2 正誤 将軍吉宗による享保の改革において，実学が奨励されると，西洋への唯一の窓口であったオランダを通じて，医学・天文学・兵学などの実用的な西洋の知識がもたらされるようになった。正か誤か。

2 ○

☐3 ニュートン力学などに関する書物を『暦象新書』で翻訳・紹介した人物を，次の①～④のうちから一つ選べ。

① 青木昆陽　② 志筑忠雄
③ 緒方洪庵　④ 藤田東湖

3 ②
①の青木昆陽は，飢饉対策として，サツマイモの栽培を上申した洋学者。③の緒方洪庵は，適塾(適々斎塾)を主宰した医師。④の藤田東湖は，水戸学の思想家。

☐4 正誤 前野良沢は，日本で最初に人体解剖を行った大槻玄沢らの影響のもと，杉田玄白らとともに，西洋医学書『ターヘル・アナトミア』を『解体新書』として翻訳・刊行した。正か誤か。

4 ×
「大槻玄沢」は，前野良沢・杉田玄白の弟子。これを「山脇東洋」に替えれば正文になる。

☐5 正誤 前野良沢は，『解体新書』を翻訳・刊行する際の翻訳の苦労を『蘭学事始』に記した。正か誤か。

5 ×
「前野良沢」を「杉田玄白」に替えれば正文になる。

☐6 正誤 高野長英らとともに，尚歯会(蛮社)を結成した渡辺崋山は，『戊戌夢物語』において，幕府の外交政策を無策・無謀と批判したため，厳しく処罰された。正か誤か。

6 ×
「高野長英」と「渡辺崋山」を入れ替えれば正文になる。

☐7 正誤 会沢正志斎(あいざわせいしさい)らは，名分論・尊王論・国体論・攘夷論・経世論を有機的に結びつけて(後期)水戸学を発展させ，江戸後期から幕末にかけての尊王攘夷運動に大きな影響を与えた。正か誤か。

7 ○

☐8 正誤 佐久間象山は，『省𠎌録(せいけんろく)』において，「東洋道徳，西洋芸術」と述べ，東洋の精神を堅持するためには，西洋の科学技術は拒絶すべきだと主張した。正か誤か。

8 ×
佐久間象山は，東洋の道徳を堅持しつつ，西洋の科学技術を学ぶべきだと主張した。

9 正誤 横井小楠は，「堯舜孔子の道を明らかにし，西洋器械の術を尽くす」べしと主張するなど，列国と平和的な貿易関係を結んで西洋の技術や知識を受容し，民富を増進して東洋的な大義を世界に広めるべきだと考えた。正か誤か。

9 ○

10 正誤 吉田松陰は，松下村塾を主宰し，一君万民論を唱え，藩の枠を超えて人々が忠誠を尽くす対象は将軍であると主張し，晩年には「在野の志士よ，立ち上がれ（草莽崛起）」と訴えた。正か誤か。

10 ×
「将軍」を「天皇」に替えれば正文になる。

37 日本の近代国家化を支える思想

本冊 P.184

1 正誤 福沢諭吉は，「天は人の上に人を造らず，人の下に人を造らずと云へり」と語り，人間には生まれながらに平等の権利があると唱え，学問の有無による貴賤の差さえも否定した。正か誤か。

1 ×
福沢諭吉は，学問の有無による貴賤の差は許容した。

2 正誤 福沢諭吉は，儒学の効用を全面的に否定し，「人間普通日用に近き実学」を学べば，個々人は「独立心」を獲得することができ，国も西洋諸国と同じように独立していられると主張した。正か誤か。

2 ×
福沢諭吉は，儒学を「虚学」としながらも，「全面的に否定」はしていない。

3 正誤 晩年の福沢諭吉は，官民調和・富国強兵論を支持し，「アジアの悪友（中国・朝鮮）」とは手を切り，西洋文明を受け入れて西洋列強に対抗すべきだと主張したとされる。正か誤か。

3 ○
福沢諭吉が説いたとされる「脱亜論」の説明として適当である。

4 正誤 明治政府の初代文部大臣であり，啓蒙学術団体である明六社を結成した森有礼は，廃刀論や男女同権の一夫一婦制や婚姻契約による結婚を説く一方，良妻賢母を国是とすべきだと主張した。正か誤か。

4 ○

5 正誤 明六社の同人であった中村正直は，「哲学」や「理性」などの多くの翻訳語を考案し，西洋哲学の普及に尽力した。正か誤か。

5 ×
「中村正直」を「西周」に替えれば正文になる。

6 正誤 明六社の同人であった西周は，スマイルズやミルの著作を『西国立志編』や『自由之理』と題して翻訳・出版した。正か誤か。

6 ×
「西周」を「中村正直」に替えれば正文になる。

7 正誤 明六社の同人であった加藤弘之は，ドイツ流の国家主義と進化論を信奉していたが，後年は天賦人権論や民権論を唱え，日本のキリスト教の受容に尽力した。正か誤か。

7 ×
後年の加藤弘之は，国家主義と進化論の立場から，天賦人権論や民権論やキリスト教を攻撃した。

8 自由民権運動の理論的指導者である中江兆民の著作を，次の①～④のうちから一つ選べ。
①『三酔人経綸問答』　②『文明論之概略』
③『百一新論』　④『人権新説』

8 ①
②は福沢諭吉，③は西周，④加藤弘之の著作。

9 正誤 中江兆民は，民権を恩賜的民権と恢(回)復的民権にわけ，日本の現状を鑑みて，立憲政治を確立し，恢(回)復的民権を恩賜的民権へと育てていくことが必要だと主張した。正か誤か。

9 ×
「恢(回)復的民権」と「恩賜的民権」を入れ替えれば正文になる。

10 正誤 自由民権運動の理論的指導者である植木枝盛は，抵抗権・革命権を明記した「東洋大日本国国憲按(こっけんあん)」を起草した。正か誤か。

10 ○

38 日本社会を支える精神の拠り所を求めて

本冊 P.188

1 正誤 明六社の同人でもあった西村茂樹は，『日本道徳論』において，西洋哲学を全面的に排斥し，儒教を基盤とする国民道徳の必要性を主張した。正か誤か。

1 ×
「全面的に排斥」は不適当。西村茂樹は，西洋哲学の長所を取り入れつつ，儒教にもとづく国民道徳の必要性を主張した。

2 正誤 ジャーナリストの陸羯南は，新聞『日本』を発刊し，国民の対外的独立と国内統一を説く国民主義を主張した。正か誤か。

2 ○

3 『真善美日本人』などを著し，政府の欧化政策や専制を批判し，日本固有の風土や文化に即した改革が必要だと主張した人物を，次の①～④のうちから一つ選べ。
① 井上哲次郎　② 穂積八束
③ 三宅雪嶺　④ 高山樗牛

3 ③
こうした主張を「国粋保存主義」という。①は，キリスト教を反国体的と攻撃した哲学者。②は，天皇主権説を主張した法学者。④は，雑誌『太陽』などを舞台に「日本主義」を主張した人物。

4 正誤 『茶の本』や『東洋の理想』を著した岡倉天心は，「アジアは一つ」と述べるなど，西洋文化に対抗するアジアの覚醒と，アジアにおける日本の指導的役割を主張した。正か誤か。

4 ○

☐5 正誤 ジャーナリストの徳富蘇峰は国家主義を唱えていたが，のちには雑誌『国民之友』を発刊するなどし，民衆の立場に立った西洋文化の受容が必要だとする平民主義を唱えるようになった。正か誤か。

5 ✕
徳富蘇峰は「平民主義」を唱えていたが，のちには国家主義を唱えるようになった。

☐6 正誤 イエス(Jesus)と正義(Justice)という二つのJに仕えることを念願していた内村鑑三は，自分は愛国者であるという自覚のもと，日本の進歩・発展にはキリスト教が必要だと考えた。正か誤か。

6 ✕
「正義(Justice)」を「日本(Japan)」に替えれば正文になる。

☐7 正誤 内村鑑三は，第一高等中学校の講師時代に不敬事件を起こし，教職を辞したのちは評論活動に転じ，日清戦争や日露戦争の際には非戦論を唱えた。正か誤か。

7 ✕
内村鑑三は，日露戦争のときには非戦論を唱えたが，日清戦争のときには義戦論を唱えていた。

☐8 正誤 キリスト教徒の新島襄は，幕末に国禁を犯して渡米した。帰国後は，東京神学社を設立して，キリスト教にもとづく教育を実践した。正か誤か。

8 ✕
「東京神学社」を「同志社英学校」に替えれば正文になる。東京神学社は，植村正久が設立した。

☐9 正誤 キリスト教徒の植村正久は，無教会主義を唱えて神学研究を行ったり，キリスト教伝道者の育成に尽力したりした。正か誤か。

9 ✕
「無教会主義」は，内村鑑三が唱えた彼独自のキリスト教のあり方。植村正久は，日本の教会形成に尽力した。

☐10 正誤 「われ太平洋の橋とならん」と志し，国際連盟事務次長として活躍した新渡戸稲造は，『武士道』(英文)において，キリスト教徒の立場から，日本固有の精神として武士道を世界に紹介した。正か誤か。

10 ○

39 早急すぎた近代化による矛盾の露呈

本冊 P.192

☐1 正誤 安部磯雄・片山潜・木下尚江らは，キリスト教の愛の精神から貧しい労働者階級に同情を寄せ，社会主義を学び，社会問題の解決に取り組んだ。正か誤か。

1 ○

☐2 正誤 幸徳秋水は，『廿世紀之怪物帝国主義』を著し，キリスト教徒として，明治政府の政策を好戦的で排他的な愛国心による軍人的帝国主義であると批判した。正か誤か。

2 ✕
「キリスト教徒として」が不適当。幸徳秋水は，キリスト教徒ではない。

3 正誤 明治政府は，無政府主義的な発言が多くなった幸徳秋水を危険視し，明治天皇暗殺を企てたとして，彼を含む12名を処刑した。正か誤か。

3 ○
いわゆる「大逆事件」の説明として適当である。

4 正誤 大杉栄は，幸徳秋水の影響を受けて無政府主義者(アナーキスト)となったが，関東大震災の混乱の中，憲兵によって殺害された。正か誤か。

4 ○

5 正誤 『社会主義神髄』の著者として知られている河上肇は，「文明国に於ける多数人の貧乏」の研究を通じてマルクス主義的な主張に傾倒するようになり，京都帝国大学経済学部教授を辞して，社会主義運動に参加した。正か誤か。

5 ×
「『社会主義神髄』」は幸徳秋水の著作。これを「『貧乏物語』」などに替えれば正文になる。

6 正誤 政治学者の美濃部達吉は，主権は天皇にあると考え，天皇機関説を唱えたが，不敬罪で告発され，憲法に関するその全著書を発禁とされた。正か誤か。

6 ×
「主権は天皇」を「主権は国家」に替えれば正文になる。

7 正誤 大正デモクラシーの旗手である吉野作造は，国民主権を掲げて，政治の目的は「一般民衆の利福(福祉)と意向」に沿うことにあると主張し，民本主義を唱えた。正か誤か。

7 ×
吉野作造は，「国民主権を掲げて」いない。彼は，明治憲法の天皇主権を否定せず，民本主義を唱えた。

8 正誤 平塚らいてうらは，女性の解放と自由を目指して，文芸誌「青鞜」を発刊したが，彼女は，その創刊の辞に「人の世に熱あれ，人間に光あれ」と寄せた。正か誤か。

8 ×
「人の世に熱あれ，人間に光あれ」は，全国水平社宣言にある言葉。平塚らいてうは，「元始，女性は実に太陽であった。……」と寄せた。

9 大正時代の社会・労働運動の高まりの中，[　　　]らは，婦人の参政権の拡大を図って，新婦人協会を設立した。[　　　]に入る人物を，次の①～④のうちから一つ選べ。

① 平塚らいてう・市川房枝・奥むめお
② 市川房枝・奥むめお・与謝野晶子
③ 与謝野晶子・平塚らいてう・市川房枝
④ 奥むめお・与謝野晶子・平塚らいてう

9 ①
「与謝野晶子」は，新婦人協会の設立者ではない。彼女は，その活動内容に批判的であり，一定の距離をとっていた。

10 正誤 大正時代，被差別部落の人たちも，過酷な身分差別と貧困からの解放を目指して，西光万吉が起草した宣言を発表し，平民社を結成した。正か誤か。

10 ×
「平民社」を「全国水平社」に替えれば正文になる。平民社は，幸徳秋水と堺利彦らが結成した社会主義結社である。

第5編 日本思想

40 近代的自我の模索

本冊 P.196

□1 正誤 北村透谷は，『内部生命論』を発表し，内部生命の要求を，想世界ではなく政治などの実世界において実現しようとした。正か誤か。

1 ×
北村透谷は，内部生命の要求を「実世界」ではなく，「想世界」において実現しようとした。

□2 正誤 与謝野晶子は，『一握の砂』などを発表し，古い道徳に縛られずに自由に生きるべきことを主張した。正か誤か。

2 ×
「『一握の砂』」は，石川啄木の歌集。これを「『みだれ髪』」などに替えれば正文になる。

□3 正誤 島崎藤村は，『若菜集』で知られるロマン主義の詩人であったが，のちには，『破戒』や『夜明け前』を発表し，自然主義を代表する小説家となった。正か誤か。

3 ○

□4 自然主義文学の先駆者と代表作の適切な組合せを，次の①～④のうちから一つ選べ。

① 田山花袋―『たけくらべ』　② 国木田独歩―『武蔵野』
③ 有島武郎―『或る女』　④ 志賀直哉―『暗夜行路』

4 ②
田山花袋は自然主義を代表する文人だが，『たけくらべ』は樋口一葉の作品。有島武郎と志賀直哉は，白樺派の文人。

□5 正誤 『舞姫』で知られている森鷗外は，日本の将来を危惧しつつも，自分自身は，「諦念(レジグナチオン)」の心境を得て，自我への執着を消し去り，社会に埋没しているので，不安はないと論じた。正か誤か。

5 ×
森鷗外のいう「諦念」とは，社会に順応しつつも，自我を失わず，社会に埋没しない心持ちである。

□6 正誤 夏目漱石は，日本の近代化を内発的開化だと批判するとともに，自らの考えに拠って立ち，自分の自我と他人の自我をともに尊重しようとする他人本位の精神が必要だと主張した。正か誤か。

6 ×
「内発的開化」を「外発的開化」に，「他人本位」を「自己本位」に替えれば正文になる。

□7 正誤 晩年の夏目漱石は，自然の道理(大我)に対する執着を捨てて，自我(小我)に従う則天去私の境地を求めた。正か誤か。

7 ×
「自然の道理(大我)」と「自我(小我)」を入れ替えれば正文になる。

□8 正誤 白樺派を代表する武者小路実篤は，理想主義的・人道主義的・個人主義的な作品を発表するとともに，それらに描かれる世界を現実化しようとして，農村共同体「新しき村」を建設した。正か誤か。

8 ○

9 正誤 芥川龍之介は，理知的・意識的な小説作法を模索したが，「利他主義的な或は共存主義的な道徳」の出現を予言して1927年（昭和2年）に自殺した。正か誤か。

9 ○

10 正誤 第二次世界大戦直後には，『堕落論』を発表した坂口安吾ら無頼派が活躍した。その後は，『こゝろ』や『明暗』などを著した安部公房らが人間存在の本質を見据えた前衛的な作品を発表した。正か誤か。

10 ×
「『こゝろ』や『明暗』」は，夏目漱石の作品。これを「『砂の女』」などに替えれば正文になる。

41 西洋思想と日本的伝統の狭間で

本冊 P.200

1 正誤 西田幾多郎は，『善の研究』において，近代西洋哲学を批判し，主観と客観を分離・区別する純粋経験においてこそ真の実在が現れると主張した。正か誤か。

1 ×
西田幾多郎の『善の研究』によれば，純粋経験とは，主観と客観が分かれていない主客未分の状態である。

2 正誤 西田幾多郎は，すべての意識や実在を包みこみ，すべてを生み出す根源を「絶対無」と呼び，その限定である現実の世界においては，さまざまな事物や事象がいかなる矛盾もなく統一されていると論じた。正か誤か。

2 ×
「いかなる矛盾もなく」が不適当。西田幾多郎によれば，現実の世界は，さまざまな事物や事象が絶対的な矛盾や対立を残したまま統一されている。

3 正誤 和辻哲郎によれば，「人間」は，生まれたときから他人と切っても切れない関係の中で，対立や矛盾を抱えながらも生きる「間柄的存在」である。正か誤か。

3 ○
『人間の学としての倫理学』などにおける和辻哲郎の主張である。

4 正誤 和辻哲郎によれば，社会とは，単に個が集まってつくられるものではなく，個が人間関係の連関において存在するようになる場である。正か誤か。

4 ○

5 和辻哲郎は，『風土』において，モンスーン型の風土では［ a ］な民族性が育ち，牧場型の風土では［ b ］な民族性が育つと論じた。［ a ］・［ b ］に入る語句の組合せを，次の①～④のうちから一つ選べ。

① a－受容的・忍従的　b－対抗的・戦闘的
② a－受容的・忍従的　b－自発的・合理的
③ a－対抗的・戦闘的　b－受容的・忍従的
④ a－対抗的・戦闘的　b－自発的・合理的

5 ②
なお，『風土』によれば，「対抗的・戦闘的」な民族性は，沙漠（砂漠）型の風土において育つ。

☐6 正誤 『遠野物語』を著した柳田国男は，「常民」の生活様式や信仰を記した文字資料に注目し，その中に日本人の伝統的な共同生活の姿や精神を見出す民俗学（新国学）を創始した。正か誤か。

6 ✕
柳田国男のいう「常民」とは，文字資料に記録が残らない一般の人々のこと。

☐7 正誤 伊波普猷（ふゆう）は，粘菌研究とともに，明治政府の神社合祀令による鎮守の森の破壊に反対するなど，環境保護運動の先駆けとしても活躍した。正か誤か。

7 ✕
「伊波普猷」を「南方熊楠」に替えれば正文になる。

☐8 正誤 南方熊楠は，文字に残っていない琉球・沖縄の伝承や古歌謡「おもろ」に注目し，沖縄固有の民俗学（沖縄学）の確立に尽力した。正か誤か。

8 ✕
「南方熊楠」を「伊波普猷」に替えれば正文になる。

☐9 正誤 折口信夫は，日本の神の原型を，柳田国男が「常世（とこよ）の国」から来訪する「客人（まれびと）」と捉えたのに対し，「祖霊」と捉えた。正か誤か。

9 ✕
日本の神の原型を，柳田国男が「祖霊」と捉えたのに対して，折口信夫は「常世の国」から来訪する「客人（まれびと）」と捉えた。

☐10 正誤 柳宗悦は，日常的な暮らしにおいて使われてきた「民芸（民衆的工芸）」に「用の美」を見出して活用する民芸運動を起こした。正か誤か。

10 ○

42 軍国主義の末路と近代的自我の確立に向けて

本冊 P.204

☐1 丸山真男の**著作ではないもの**を，次の①～④のうちから一つ選べ。

①『日本改造法案大綱』　②『日本政治思想史研究』
③『「文明論之概略」を読む』　④『日本の思想』

1 ①
①は，超国家主義の思想を唱えた北一輝の著作である。

☐2 正誤 丸山真男は，無謀な戦争へと突き進んだ大日本帝国の構造は，個が政治的な責任をとらない「無責任の体系」であると批判した。正か誤か。

2 ○

☐3 正誤 丸山真男は，戦後日本の思想的課題は，「主体的な個」と民主主義の確立にあると考えた。そして，それらのためには，日本思想の「古層」を温存していく必要があると主張した。正か誤か。

3 ✕
「温存していく」が不適当。丸山真男は，外来思想を日本的に変容させる「古層」を自覚して乗り越える必要があると主張した。

4 正誤 丸山真男は，論考「思想のあり方について」において，「タコ壺文化」と「ササラ文化」という文化類型を用いて，「ササラ文化」型である日本文化の問題点を指摘した。正か誤か。

4 ×
丸山真男によれば，日本文化は「タコ壺文化」型である。

5 正誤 吉本隆明は『様々なる意匠』を著し，明治以降の日本において，思想や理論がその時々の意匠(趣味)として捉えられてきたことを批判した。そして，自らの生に脈打つ思想を求めた。正か誤か。

5 ×
「吉本隆明」を「小林秀雄」に替えれば正文になる。

6 正誤 加藤周一は，『雑種文化』などにおいて，日本文化を，「伝統的日本」と「西洋化された日本」という二つの要素が絡んだ「雑種文化」であると批判し，純粋な「伝統的日本」の復興を求めた。正か誤か。

6 ×
加藤周一は，日本文化が「雑種文化」であることに積極的な価値を認めた。

7 正誤 小林秀雄は，『共同幻想論』などにおいて，人間の生の関係構造を自己幻想・対幻想・共同幻想などに概念化し，多くの領域にわたって独自の思想を構築した。正か誤か。

7 ×
「小林秀雄」を「吉本隆明」に替えれば正文になる。

8 正誤 大江健三郎は，広島や沖縄の人々と語り合う中で，平和もまた繰り返しその意義を確認した上で，持続的に創造されなければならないと主張した。正か誤か。

8 ○

9 正誤 ベネディクトは，「恥の文化」の欧米に対して，「罪の文化」の日本では，人々は内面的な罪の自覚にもとづき行動する傾向が強いと分析した。正か誤か。

9 ×
ベネディクトは，日本の文化を「恥の文化」，西洋の文化を「罪の文化」と特徴付けた。

10 正誤 中根千枝は，『タテ社会の人間関係』において，日本社会は，個人の能力や資格よりも，集団内での地位や上下関係を重視する傾向が強い「タテ社会」であると分析した。正か誤か。

10 ○

43 西洋近代思想の幕開け

本冊 P.214

1 正誤 『最後の審判』などを描いたレオナルド・ダ・ヴィンチは，ルネサンス期の理想の人間像である「万能人（普遍人）」の代表である。正か誤か。

1 ✕
『最後の審判』は，ミケランジェロの作品。これに似た題名をもつダ・ヴィンチの作品は，『最後の晩餐』。

2 正誤 ルネサンスを代表するヒューマニストのダンテは，ギリシア語を駆使した聖書の文献研究を行う一方で，『愚神礼讃』において，僧侶の腐敗を風刺した。正か誤か。

2 ✕
「ダンテ」を「エラスムス」に替えれば正文になる。ダンテは，『神曲』などを著したルネサンスの先駆者である。

3 『人間の尊厳について』において，自由意志があることに，人間の尊厳の根拠を求めたヒューマニストを，次の①～④のうちから一つ選べ。

① ピコ・デラ・ミランドラ　② ボッカチオ
③ ボッティチェリ　④ ラファエロ

3 ①

4 正誤 イタリアのマキャヴェリは，国家を統一するには，政治と宗教・道徳を一致させる「ライオンの力とキツネの狡猾さ」を備えた君主が必要であると説いた。正か誤か。

4 ✕
マキャヴェリは，『君主論』において，政治と宗教・道徳を分離すべきことを説いた。

5 正誤 ルネサンス期に活躍したトマス・モアは，恋愛を通じた個人の意識の目覚めを描いた『カンツォニエーレ』を著した。正か誤か。

5 ✕
「トマス・モア」を「ペトラルカ」に替えれば正文になる。なお，トマス・モアの主著は，『ユートピア』である。

6 正誤 宗教改革者の一人であるルターは，神によって義と認められるのに，贖宥状の購入や教会への寄進などは必要なく，ただ信仰のみが必要であると主張した。正か誤か。

6 ○

7 正誤 ルターは，信仰の拠り所はただ聖書のみであるが，その聖書を解釈できるのはローマ教皇だけであると主張した。正か誤か。

7 ✕
「ローマ教皇だけである」は不適当。ルターは，万人司祭主義を説いており，神への信仰に徹する者はすべて等しく司祭だと主張した。

8 正誤 宗教改革者の一人であるカルヴァンは，神は救われる者と救われない者をあらかじめ決めているが，人間は行いによって，その神の予定を変えられると説いた。正か誤か。

8 ✕
カルヴァンによれば，神は絶対であり，人間の行いによって，その予定が変わることはない。

9 正誤 カルヴァンは，ひたすら勤勉に働き，質素・倹約に努めなければならず，勤勉に働いた結果として得られる利益は神の栄光を実現するための奉仕の結果であり，これが救いの確信を生むと説いた。正か誤か。

9 ○

10 正誤 ドイツの社会学者ウェーバーは，その著作において，プロテスタントの人々の職業倫理が資本主義の精神(エートス)を育む基盤となったと論じた。正か誤か。

10 ○
『プロテスタンティズムと資本主義の精神』での主張の説明である。

44 伝統の保持と科学による革新

本冊 P.218

1 正誤 スペイン(バスク)出身のイグナティウス・デ・ロヨラは，イエズス会を創設して，プロテスタントによる宗教改革の運動の一端を担った。正か誤か。

1 ×
イグナティウス・デ・ロヨラは，宗教改革者ではなく，カトリック改革(対抗宗教改革)の先頭に立った人物である。

2 正誤 モラリストの一人であるモンテーニュは，宗教や思想を絶対視する独断や傲慢さが残虐行為や野蛮な戦争を引き起こすと警告し，常に「私は何を知っているか(ク・セ・ジュ？)」と内省することの必要性を説いた。正か誤か。

2 ○

3 正誤 コペルニクスからニュートンまで，科学革命を推進した人々は，例外なく，無神論を唱える科学者であった。正か誤か。

3 ×
彼らは科学者であるが，無神論者ではない。

4 地動説を唱えたコペルニクスの著作を，次の①～④のうちから一つ選べ。

① 『天文対話』　② 『天球の回転について』
③ 『世界の調和』　④ 『プリンキピア』

4 ②
①はガリレイ，③はケプラー，④はニュートンの著作である。

5 正誤 ガリレイは，「物体落下の法則」などを発見するとともに，地動説を唱えたため，宗教裁判にかけられ，有罪判決を受けた。正か誤か。

5 ○

6 正誤 ケプラーは，ブラーエの天体観測の記録をもとに，惑星は楕円軌道を描きながら太陽の周りを公転するという地動説を主張した。正か誤か。

6 ○

7 正誤 ニュートンは，「万有引力の法則」によって，天体の運動を体系的・合理的に説明し，古典力学を大成したが，晩年には，人間と自然を分離する機械論的な自然観を批判した。正か誤か。

7 ✕
「機械論的な自然観を批判した」のは，ニュートンではなく，ゲーテなど。

8 正誤 現代の科学史家クーンは，『科学革命の構造』において，科学の歴史は知識の累積的な進歩であり，17世紀は莫大な量の科学的知識がもたらされた「科学革命」の時代であったと主張した。正か誤か。

8 ✕
クーンは，科学の歴史は「知識の累積的な進歩」ではなく，その時代に応じたパラダイム（科学的な常識・理論的範疇）が転換する歴史であると捉えた。

9 正誤 モラリストの一人であるパスカルは，『エセー(随想録)』において，「人間はひとくきの葦(あし)にすぎない。自然の中で最も弱いものである。だが，それは考える葦である」と説いた。正か誤か。

9 ✕
「『エセー（随想録）』」はモンテーニュの著作。これを「『パンセ（瞑想録）』」に替えれば正文になる。

10 正誤 パスカルは，人生の根本的な真理に触れ，心の安らぎを得るには，「繊細の精神」ではなく，推論と論証を行う「幾何学的精神」が必要であると説いた。正か誤か。

10 ✕
「『繊細の精神』」と「推論と論証を行う『幾何学的精神』」を入れ替えれば正文になる。

45 新しい学問方法の模索

本冊 P.222

1 正誤 (イギリス)経験論の祖とされるベーコンは，スコラ哲学を「効用のない真理」を追求する学問と批判し，自然を支配して人類の生活を改善するような力となる知識が必要であると主張した。正か誤か。

1 ○

2 ベーコンの**著作でないもの**を，次の①～④のうちから一つ選べ。

①『学問の進歩』　②『ノヴム・オルガヌム』
③『方法序説』　④『ニュー・アトランティス』

2 ③
『方法序説』は，デカルトの著作。

3 ベーコンがいう「イドラ」のうち，権威や伝統を無批判に受け入れることによって生じる偏見を，次の①～④のうちから一つ選べ。

①種族のイドラ　②洞窟のイドラ
③市場のイドラ　④劇場のイドラ

3 ④
①は「人間という種族に共通する感覚的な偏見」，②は「個人の視野の狭さや生い立ちなどに由来する，個人的な偏見」③は「言葉の不適切な使用など，人間相互の接触から生じる偏見」。

4 正誤 ベーコンは，新しい学問の方法として，経験から集められた情報をもとに，有用で確実な一般的な法則を見出す演繹法を提唱した。正か誤か。

4 ×
「演繹法」を，「帰納法」に替えれば正文になる。

5 正誤 デカルトは，万人に平等に与えられた理性(良識)が，明晰・判明な真理をもとに，合理的・論理的に推論を重ねて真理に至る帰納法を提唱した。正か誤か。

5 ×
「帰納法」を，「演繹法」に替えれば正文になる。

6 正誤 演繹法とは，「ソクラテスもプラトンもアリストテレスも死んだ。よって，人間は死ぬ」というような思考法である。正か誤か。

6 ×
「演繹法」を，「帰納法」に替えれば正文になる。

7 正誤 デカルトは，方法的懐疑を重ね，ついには，「考えるわたし」があることは疑い得ないと確信するに至り，哲学的思索は，「わたしは考える。それゆえにわたしはある(コギト・エルゴ・スム)」という真理が出発点となると主張した。正か誤か。

7 ○

8 正誤 デカルトは，この世界には神など存在しないのであり，そのことは哲学的にも科学的にも証明され得ると主張した。正か誤か。

8 ×
デカルトは，不完全な人間が「完全な神」という観念をもっているのは，「完全な神」が存在しているからだと主張した。

9 正誤 デカルトによれば，この世界は，「延長」を属性とする精神と，「思惟」を属性とする物体(身体)という二つの実体からなる。正か誤か。

9 ×
「延長」と「思惟」を入れ替えれば正文になる。

10 正誤 デカルトは，『方法序説』では社会常識などの暫定道徳に従うのがよいと主張していたが，『情念論』においては，外部の影響から生まれた情念を，自ら統御する理性的な自由な精神(高邁(こうまい)の精神)の大切さを訴えた。正か誤か。

10 ○

46 市民社会と人権思想の展開

本冊 P.226

1 オランダの法学者グロティウスの著作を，次の①～④のうちから一つ選べ。

①『人間不平等起源論』　②『戦争と平和の法』
③『省察』　④『市民政府二論(統治二論)』

1 ②
①はルソー，③はデカルト，④はロックの著作。

☐2 正誤 ホッブズは，『リヴァイアサン』を著し，自然状態においては，利己的であり，自然権として自己保存権をもつ人々が，自己保存の欲望を満たすために争うと主張した。正か誤か。

2 ○

☐3 正誤 ホッブズは，理性の命令(自然法)に従って，人々は自然権の一部を統治者に譲渡する約束をし，自然状態から脱して自らの命を保障されようとすると考えた。正か誤か。

3 ×
ホッブズは，「自然権を統治者に全面的に譲渡する」と考えた。

☐4 正誤 ホッブズの思想は，近代的な民主政治の理論の先駆けとなるものであり，当時の絶対王政を全面的に否定するものである。正か誤か。

4 ×
ホッブズの思想は，統治者の権力の絶対性を主張するものであったため，結果的に，当時の絶対王政を肯定することになった。

☐5 正誤 ロックは，自然状態においても，人々は，おおむね自由かつ平和に暮らしており，自然権の侵害をめぐる争いはまったく生じないと考えた。正か誤か。

5 ×
ロックによれば，自然状態においても，「争いは生じ」る。

☐6 正誤 ロックは，人々は代表者である政府に統治を信託する約束をしたのだから，その政府に対して抵抗することは許されないと主張した。正か誤か。

6 ×
ロックは，人民に抵抗権・革命権を認めた。

☐7 正誤 国家の主権が究極的には人民にあることや，政治が法の支配によって為されるべきことを主張したロックの思想は，イギリスのピューリタン(清教徒)革命に影響を与えた。正か誤か。

7 ×
ロックの思想は，アメリカの独立宣言やフランスの人権宣言に影響を与えた。

☐8 正誤 ルソーは，人々は，自然状態のような理想的な生活をするために，私有財産制と代議制を基礎とする文明を発達させたと考えた。正か誤か。

8 ×
ルソーは，文明が悪徳を栄えさせ，人々から理想的な生活を奪ったと考え，文明に対して批判的である。

☐9 正誤 ルソーは，理想的な生活をするためには，公共の利益を目指す全人民の普遍的意志である全体意志への服従を人々が相互に契約し，共同社会(共和国)を樹立する必要があると考えた。正か誤か。

9 ×
「全体意志」を「一般意志」に替えれば正文になる。

☐10 正誤 代議制の欠点を克服する直接民主制を構想したルソーの思想は，人民主権の確立を目指したフランス革命の大きな原動力となった。正か誤か。

10 ○

47 哲学的議論の深まり

本冊 P.230

☐**1** 正誤 経験論者のロックは，人が生まれながらにもつ生得観念を認める一方で，多くの観念は経験と反省によって得られると主張した。正か誤か。

1 ✕
ロックは，「人が生まれながらにもつ生得観念」という考えを認めなかった。

☐**2** 正誤 バークリーは，人間の知性さえ，単一の実体ではなく，「知覚の束」にすぎないと主張。さらには，因果性というものは，経験にもとづいて人間の想像力がつくり上げた主観的な信念・仮説にすぎないと主張した。正か誤か。

2 ✕
「バークリー」を「ヒューム」に替えれば正文になる。

☐**3** 正誤 ヒュームは，経験論を徹底して「存在するとは，知覚されること」と主張し，存在するのは，人間の知性とその経験，そして経験そのものを根底から支える神だけだと考えた。正か誤か。

3 ✕
「ヒューム」を「バークリー」に替えれば正文になる。

☐**4** 正誤 合理論者のスピノザは，精神と物体(身体)は別々の実体ではなく，同じ神から流出する別の属性なのだから，精神と身体の作用は同時に起こると論じた。正か誤か。

4 ○

☐**5** 正誤 スピノザは，この世界の出来事には多くの偶然が見られるが，それらは神の戯れとしか考えられないと主張した。正か誤か。

5 ✕
スピノザによれば，完全な神に偶然はないので，この世界の出来事は，すべて必然的に生起する。

☐**6** 正誤 ライプニッツによれば，この世界はモナド(単子)という物質的で分割不可能な実体によって構成されており，無数のモナドの間には神によって調和的な関係が定められている。正か誤か。

6 ✕
ライプニッツによれば，「モナド」は，非物質的で精神的かつ分割不可能な実体である。

☐**7** 啓蒙思想家のモンテスキューが，三権分立論を主張した著作を，次の①～④のうちから一つ選べ。
①『エチカ』　②『人間悟性論』
③『法の精神』　④『人間本性論』

7 ③
①はスピノザ，②はロック，④はヒュームの著作である。

☐**8** 正誤 啓蒙思想家のヴォルテールは，『寛容論』において，宗教的不寛容や教会の横暴が広がるイギリス社会を批判し，市民的自由と寛容の精神を擁護した。正か誤か。

8 ✕
ヴォルテールは，「イギリス社会」ではなく，「フランス社会」の旧体制(アンシャン・レジーム)を批判した。

☐9 正誤 『百科全書』の編集・刊行において中心的な役割を担った啓蒙思想家のディドロは，唯物論的な主張を繰り返し行ったため，宗教界や特権階級から弾圧された。正か誤か。

9 ○

☐10 正誤 ルソーは，『エミール』において，情緒と感情を高く称揚する一方，児童の本性を尊重して自然な成長を促す自由教育を批判し，理性や自己抑制の大切さを説いた。正か誤か。

10 ×
ルソーは，理性や自己抑制よりも情緒と感情を高く称揚し，自由教育を礼讃した。

48 認識論の展開と人格の尊重の思想

本冊 P.234

☐1 観念論を代表するカントの**著作ではないもの**を，次の①～④のうちから一つ選べ。

①『純粋理性批判』　②『実践理性批判』
③『判断力批判』　④『弁証法的理性批判』

1 ④
④はサルトルの著作である。

☐2 正誤 カントは，「対象が認識に従うのではなく，認識が対象に従う」と考え，こうした自らの認識論を「コペルニクス的転回」と表現した。正か誤か。

2 ×
カントは，「認識が対象に従うのではなく，対象が認識に従う」と考えた。

☐3 正誤 カントによれば，理論理性は，時間と空間という形式に従って，認識の素材を外から受け取る悟性と，量・質・関係・様相という形式(カテゴリー)に従って，概念をつくる感性からなる。正か誤か。

3 ×
「悟性」と「感性」を入れ替えれば正文になる。

☐4 正誤 カントは，『道徳形而上学原論』などにおいて，自然界に自然法則があるように，人間にも普遍的な道徳法則(良心の声)があると主張した。正か誤か。

4 ○

☐5 正誤 カントによれば，人が「義務」を感じるのは，「もし～ならば，……せよ」という定言命法の形式でもって，理性(実践理性)が道徳法則に合致するように行為せよと命じるからである。正か誤か。

5 ×
「もし～ならば，……せよ」は仮言命法の形式。定言命法は，「……せよ」の形式をとる。

☐6 正誤 カントによれば，仮言命法に従った行為には適法性も道徳性もなく，定言命法に従った行為だけが普遍的な道徳性をもつ。正か誤か。

6 ×
カントによれば，「仮言命法に従った行為」は，適法性はあるが道徳性がない行為である。

7 正誤 カントは，道徳法則と合致した行為を為そうとする意志を「善意志」と呼び，これだけが，この世で無条件に善いといえるものであると主張した。正か誤か。

7 ○

8 正誤 カントは，理性をもつ人間は，他の動物のように自然法則(本能)に従うことはないと考えた。正か誤か。

8 ×
カントによれば，人間も，自然法則(本能)に従うことがある。

9 正誤 カントは，「人格を単なる目的としてのみ扱うのではなく，手段そのものとして尊重しなければならない」と説き，そうした人格として互いを尊重する人々が住む国こそ，人類が達成すべき究極の理想社会であると考えた。正か誤か。

9 ×
「目的」と「手段」を入れ替えれば正文になる。なお，「そうした人格として互いを尊重する人々が住む国」を「目的の国(目的の王国)」という。

10 正誤 カントは晩年，『永遠平和のために』において，「目的の国(目的の王国)」を実現するには，軍隊の漸進(ぜんしん)的な削減，各国の政治体制の民主化，そして単一の世界政府の樹立が必要であると主張した。正か誤か。

10 ×
カントは，「単一の世界政府の樹立」ではなく，「民主化された諸国による世界平和機構の創設」を求めた。

49 人間の生きている歴史や場の思想

本冊 P.238

1 『ドイツ国民に告ぐ』と題した連続講演を行い，ナショナリズムを高揚させることをドイツの人々に求めた人物を，次の ①～④ のうちから一つ選べ。

① カント　② フィヒテ
③ シェリング　④ ヘーゲル

1 ②

2 正誤 ヘーゲルは，『精神現象学』において，精神と物質，主観と客観などを二つの独立した実体とはみなさず，それらは絶対的同一者の異なる現れと考える同一哲学を展開した。正か誤か。

2 ×
『精神現象学』はヘーゲルの著作だが，ヘーゲルは，この著作において，シェリングらが唱えた同一哲学を批判した。

3 正誤 ヘーゲルはカントの認識論を批判し，認識の正しさの根拠を理性の先験的な能力に求めた。正か誤か。

3 ×
「認識の正しさの根拠を理性の先験的な能力に求めた」のはカント。ヘーゲルは，その独善的な姿勢を批判した。

4 正誤 ヘーゲルは，カントの論じた「自由」は内面的な道徳的自由にとどまると批判し，「自由」は客観的に法・制度的自由としても保障されなければならないと主張した。正か誤か。

4 ○

5 正誤 ヘーゲルによれば，個々人の意識の総和である絶対精神(世界精神)が人類の歴史の運動・発展を支配している。正か誤か。

5 ✕
ヘーゲルによれば，絶対精神(世界精神)は，「個々人の意識の総和」ではない。

6 正誤 ヘーゲルによれば，絶対精神(世界精神)は，人間の自由な活動を通じて，自らの本質である「自由」を実現していく。これを一般に，「理性の狡知(こうち)(理性の詭計(きけい))」という。正か誤か。

6 ○

7 正誤 ヘーゲルによれば，絶対精神の運動のあり方を弁証法というが，それは一般には正(テーゼ)・反(アンチテーゼ)・合(アウフヘーベン)という三段階で説明される。正か誤か。

7 ✕
「合」は「アウフヘーベン」ではなく，「ジンテーゼ」が正しい。「アウフヘーベン(止揚)」とは，正と反が総合・統一されることをいう。

8 正誤 ヘーゲルによれば，「家族」は愛情で結ばれた共同体(愛の共同体)であり，その成員の全員が自由を謳歌している人倫の理想郷である。正か誤か。

8 ✕
ヘーゲルによれば，「家族」の成員には独立した人格がないので，自由を謳歌できない。

9 正誤 ヘーゲルは，「市民社会」は，争いが絶えず，人間としての結びつきを失った「人倫の喪失態」であると考えた。正か誤か。

9 ○
ヘーゲルによれば，市民社会は「欲望の体系」であり，「人倫の喪失態」である。

10 正誤 ヘーゲルによれば，「国家」とは，家族のもつ個人の独立性と，市民社会のもつ人間相互の結びつきがともに活かされる「人倫の完成態」である。正か誤か。

10 ✕
ヘーゲルによれば，「個人の独立性」は市民社会において，「人間相互の結びつき」は家族において実現されている。

50 個人と社会の調和を目指す思想

本冊 P.242

1 正誤 アダム・スミスは，『諸国民の富(国富論)』において，各人の自由な利己心(私益)の追求が，社会全体の利益(公益)を阻害すると主張した。正か誤か。

1 ✕
スミスは，私益の追求が，まるで「(神の)見えざる手」が働くかのように公益を増進させると主張した。

2 正誤 アダム・スミスは，『道徳感情論』を著し，人は「公平な観察者(第三者)」の共感(同感)を得ようと行動すると論じている。正か誤か。

2 ○

3 正誤 ベンサムは，『道徳および立法の諸原理序説』において，幸福(快楽)を増やすものが善であり，減らすものを悪とする「功利性の原理」を道徳や法の原理とすべきだと主張した。正か誤か。

3 ○

4 ベンサムが最も重視した制裁はどれか。次の①～④のうちから一つ選べ。
① 物理的・自然的制裁　② 政治的・法律的制裁
③ 道徳的制裁　④ 宗教的制裁

4 ②

5 正誤 ベンサムは，理性の有無が人間と動物をわける根本的な指標であると考え，動物を人間と同じように扱ってはならないと主張した。正か誤か。

5 ✕
ベンサムは，理性の有無は人間と動物をわける根本的な指標ではないと考え，人間に対してと同様に，動物に対して苦痛を与える行為は悪であると主張した。

6 正誤 ベンサムは快楽を計量化できるとする快楽計算説を批判したが，ミルは，感覚的快楽のみならず，精神的快楽も計量化可能であると考えた。正か誤か。

6 ✕
ベンサムが快楽計算説を唱え，ミルは快楽計算を否定した。

7 正誤 ミルは，自らが唱える功利主義は，「人からして欲しいと思うことを，人にもそのようにしなさい」というイエスの黄金律に表現されていると論じた。正か誤か。

7 ○

8 正誤 ミルは，ベンサムが挙げた四つの外的制裁に加えて，人には良心による内的制裁があることを指摘し，それが有効に働くためには精神的自由が確保されていなければならないと説いた。正か誤か。

8 ○

9 正誤 ミルは，仮に個人の自由が制限されるとすれば，その自由によって他人の自由が損なわれるときだけであると説いた。正か誤か。

9 ○
ミルの唱えた「他者危害原則」の説明として適当である。

10 正誤 ミルは，『女性の隷従』を著し，当時のイギリス社会に広まっていた女性解放運動を批判した。正か誤か。

10 ✕
ミルは，女性解放運動に尽力した。

51 観念論の克服と社会変革の思想

本冊 P.250

☐1 正誤 サン=シモンは，商業活動における欺瞞（ぎまん）や当時の無秩序な経済を批判するとともに，農業を基礎とする生活共同体（ファランジュ）を構想した。正か誤か。

1 ×
「サン=シモン」を「フーリエ」に替えれば，正文になる。

☐2 正誤 フーリエは，理想社会の建設を目指してアメリカに渡り，自給自足を原則とし，私有財産のない共同社会ニューハーモニー村の建設を試みた。正か誤か。

2 ×
「フーリエ」を「オーウェン」に替えれば，正文になる。

☐3 正誤 実証科学としての社会学の確立に尽力したコントは，経験を超えた知識を否定し，検証できる経験的事実だけを知識の源泉とすべきだと主張した。正か誤か。

3 ○

☐4 正誤 ダーウィンは，『種の起源』において，自然界においては，環境（生活条件）によりよく適応した個体とその子孫が生き残り，環境に応じた変異を起こさなかった個体は淘汰されると論じた。正か誤か。

4 ○
生物進化論の説明として適当。

☐5 正誤 スペンサーは，人間の社会を生物のような有機体と捉え，社会は，適者生存の法則によって，個人優位の分権的な産業型社会から，全体優位の集権的な軍事型社会へと進化すると論じた。正か誤か。

5 ×
「個人優位の分権的な産業型社会」と「全体優位の集権的な軍事型社会」を入れ替えれば正文になる。

☐6 正誤 マルクスによれば，人間は元来，労働を通して他人と関わり，人間的な連帯をつくり出し，そうした労働に喜びを見出す「類的存在」である。正か誤か。

6 ○

☐7 正誤 マルクスによれば，生産力と生産関係からなる生産活動は，土台（下部構造）である精神活動に支えられた上部構造にすぎない。正か誤か。

7 ×
マルクスは，法律・政治・文化などの人間の精神活動（上部構造）が，「生産活動（生産力と生産関係）」という「土台（下部構造）」に支えられていると考えた。

☐8 正誤 マルクスは，発展する生産力を支える労働者階級と，生産関係の現状維持（固定化）を望む資本家階級との間の対立（階級闘争）が，社会革命（生産関係の変革）を引き起こすと考えた。正か誤か。

8 ○

9 マルクスの革命理論を否定し，議会制民主主義を通じて漸進的に社会を改良していくべきだと唱え，ドイツ社会民主党を指導した人物は誰か。次の ①～④ のうちから一つ選べ。

① レーニン　② ベルンシュタイン
③ フォイエルバッハ　④ エンゲルス

9 ②

10 正誤 フェビアン協会を舞台に活躍したウェッブ夫妻は，資本主義の欠陥の除去と，社会保障制度を完備した道徳的で自由な社会の実現を目指した。正か誤か。

10 ○
ウェッブ夫妻以外にも，バーナード・ショウらがフェビアン協会を舞台に活躍した。

52 理性主義・合理主義への反発

本冊 P.254

1 正誤 キルケゴールは，『死に至る病』などにおいて，客観的真理ではなく，自分のすべてを賭けて実現すべき主体的真理を追求すべきであると主張した。正か誤か。

1 ○

2 正誤 キルケゴールは，「美的実存」や「宗教的実存」ではなく，各人が互いに単独者として向き合う「倫理的実存」において，人は真の自己を回復することができると説いた。正か誤か。

2 ×
キルケゴールは，「宗教的実存」において，人は真の自己を回復できると説いた。

3 正誤 ニーチェによれば，キリスト教道徳は，救いを来世に求める現世否定的な道徳であり，現世を支配する強者に，弱者に対する怨恨(ルサンチマン)を植えつける。正か誤か。

3 ×
「現世を支配する強者」と「弱者」を入れ替えれば正文になる。

4 正誤 ニーチェは，『ツァラトゥストラはこう語った』などにおいて，この世界は意味も目的もなく無限に反復する永劫回帰の世界であるが，そのことを受け入れ，生きる意味や目的を自ら生み出す単独者のごとくに生きよと説いた。正か誤か。

4 ×
「単独者」を「超人」に替えれば正文になる。

5 正誤 ヤスパースによれば，乗り越えられない限界状況に直面し，神の非存在を知った人同士が，理性によって，誠実に互いの根源を問いかけ合う実存的な交わり(愛しながらの戦い)を結ぶとき，真の実存が実現されると説いた。正か誤か。

5 ×
ヤスパースは，有神論的な実存主義を展開した。したがって，「神の非存在を知った」は不適当である。

6 正誤 ハイデガーによれば，人間は唯一，「存在とは何か？」と問うことのできる「ひと(ダス・マン)」であるが，現代人は，モノのような没個性化・平均化した「現存在(ダーザイン)」の生に頽落(たいらく)している。正か誤か。

6 ×
「ひと(ダス・マン)」と「現存在(ダーザイン)」を入れ替えれば正文になる。

7 正誤 ハイデガーは，『存在と時間』などにおいて，人が真の自己を取り戻すには，自らが「死への存在」であることを自覚することが必要だと説いた。正か誤か。

7 ○

8 正誤 サルトルによれば，人間は，神の計画に従って自分自身をつくり上げる存在，すなわち，あらかじめ本質が決まっていない存在である。正か誤か。

8 ×
サルトルは，無神論的な実存主義思想を説いた。それゆえ，「神の計画に従って」を「自由な選択(投企)によって」に替えれば正文になる。

9 正誤 サルトルは，全人類にも及ぼす責任を自覚して，自己や社会問題に積極的に関わるべきだという社会参加(アンガージュマン)の思想を説いた。正か誤か。

9 ○

10 『シーシュポスの神話』などにおいて，人間や人生の「不条理(不合理性)」に注目した人物はだれか。次の①～④のうちから一つ選べ。

① カミュ　② ガダマー
③ ドストエフスキー　④ ショーペンハウアー

10 ①

53 実践的な思想と実践的な活動

本冊 P.258

1 正誤 「プラグマティズムの祖」とされるパースは，「プラグマティズムの格率」を掲げ，経験的に確かめられない形而上学的な議論を探究した。正か誤か。

1 ×
パースは，経験的に確かめられない形而上学的な議論を哲学的議論から排除した。

2 正誤 ジェームズは，プラグマティズムを，有用性を基準にした真理の確定方法と捉え直し，「真理であるから有用，有用であるから真理」と定式化した。正か誤か。

2 ○

3 正誤 ジェームズは，宗教的信念をめぐる議論は経験的に確かめられない形而上学的な議論であったり，相対的なもの・個人的なものにすぎなかったりするから，哲学的議論の対象とはならないと主張した。正か誤か。

3 ×
ジェームズは，宗教的信念の有用性に注目して，哲学的議論の対象とした。

4 正誤 デューイは，人間の知性は真理の探究に関わるだけではなく，日常生活における問題を解決し，環境に適合するための道具でもあると捉え直した。正か誤か。

4 ○

5 正誤 デューイは，多元的な価値によって社会が分裂することを嫌い，創造的知性によって社会を改善し，一元的な価値の下で民主主義を構築していくことが必要であると主張した。正か誤か。

5 ×
デューイは，多様な思想や価値を認める民主主義を実現することを求めた。

6 哲学者の[a]と物理学者の[b]は，共同して核兵器廃絶・科学技術の平和利用を訴えた。[a]と[b]に入る人物の組合せを，次の①～④のうちから一つ選べ。

① a－ラッセル　b－ロマン・ロラン
② a－ラッセル　b－アインシュタイン
③ a－トルストイ　b－ロマン・ロラン
④ a－トルストイ　b－アインシュタイン

6 ②
トルストイはロシアの作家，ロマン・ロランはフランスの作家である。

7 正誤 「インド独立の父」と呼ばれるガンディーは，サティヤーグラハによって，迫害する相手の良心に訴え，迫害をやめさせようとする非暴力・不服従を説いた。正か誤か。

7 ○
ガンディーによれば，「サティヤーグラハ」(真理の把持)を行使するには，ブラフマチャリヤー(心の純潔・清浄)とアヒンサー(不殺生)の実践が必要。

8 正誤 アメリカの黒人解放運動の指導者キング牧師は，暴力主義を唱えて公民権運動(人種差別反対運動)を指導した。正か誤か。

8 ×
「暴力主義」を「非暴力主義」に替えれば正文になる。

9 正誤 アフリカで医療活動を行ったマザー・テレサは，あらゆる生命に対する畏敬の念(生命への畏敬)と，生きとし生けるものへの責任を説いた。正か誤か。

9 ×
「マザー・テレサ」を「シュヴァイツァー」に替えれば正文になる。

10 正誤 シュヴァイツァーは，インドにおいて，「死を待つ人の家(ホスピス)」をつくるなどして，相手の宗教や国籍を問わない救援・救済活動を展開した。正か誤か。

10 ×
「シュヴァイツァー」を「マザー・テレサ」に替えれば正文になる。

54 西洋哲学の根幹を揺るがす思想

本冊 P.262

☑1 正誤 オーストリア出身の精神分析学者フロイトは，人間の心の動きを三つの領域にわけて説明したが，そのうちのエス(イド)とは，両親の教育などによって刻み込まれた社会的規範(良心)のことである。正か誤か。

1 ✕
「エス(イド)」を「スーパーエゴ(超自我)」に替えれば正文になる。

☑2 正誤 フロイトは，人間の心の動きを三つの領域にわけて説明したが，そのうちのエゴとは，原始的で野性的な領域のことである。正か誤か。

2 ✕
「エゴ」を「エス(イド)」に替えれば正文になる。

☑3 正誤 フロイトは，人間の心の動きを三つの領域にわけて説明したが，そのうちのスーパーエゴとは，エゴのもつ衝動を外界と調整する領域のことである。正か誤か。

3 ✕
「スーパーエゴ」を「エゴ(自我)」に,「エゴ」を「エス(イド)」に替えれば正文になる。

☑4 正誤 スイスの分析心理学者ユングは，無意識は個人的であるとするフロイトに反して，無意識には集合的無意識もあると主張した。正か誤か。

4 ○

☑5 正誤 ユングは，神話や夢に登場する集合的無意識の要素を「ステレオタイプ」と呼んだ。そして，その具体例として，すべてを受容する「グレート・マザー(太母)」などを挙げた。正か誤か。

5 ✕
「ステレオタイプ」とは紋切り型のイメージのこと。これを「元型(アーキタイプ)」に入れ替えれば正文になる。

☑6 正誤 スイスの言語学者ソシュールは，人々の言語活動をラングやパロールなどの概念を使って説明したが，このうち，パロールとは，ある言語共同体で共有されている言語体系のことである。正か誤か。

6 ✕
ソシュールは,「ある言語共同体で無意識に共有されている言語体系」を「ラング」と呼んだ。「パロール」は，個々の発話のこと。

☑7 正誤 ソシュールによれば，シニフィエ(意味や内容)とシニフィアン(音声や文字など)の結びつきは，どの言語においても必然的である。正か誤か。

7 ✕
ソシュールは，どの言語においても「シニフィエ」と「シニフィアン」の結びつきは「恣意的」であると捉えた。

☑8 ウィトゲンシュタインが,「語り得ないことについては，沈黙しなければならない」と主張した著作を，次の①～④のうちから一つ選べ。

①『一般言語学講義』　②『言葉と物』
③『ことばと対象』　④『論理哲学論考』

8 ④
①はソシュールの講義録，②はフーコー，③はクワインの著作である。

9 正誤 ウィトゲンシュタインは，前期思想において，命題(判断)は現実の事象に対応するとき真であり，意味のある命題とは経験的に真偽が検証できる判断のことだと主張した。正か誤か。

9 ○

10 正誤 ウィトゲンシュタインは，後期思想において，その都度の文脈や規則と実践の関係をめぐる言語の有り様を「言語ゲーム」と捉えて分析した。正か誤か。

10 ○

55 近代的理性の袋小路と公共性の復活

本冊 P.266

1 現象学者のフッサールの著作を，次の①～④のうちから一つ選べ。
①『全体主義の起源』　②『公共性の構造転換』
③『イデーン』　④『存在の彼方へ』

1 ③
①はアーレント，②はハーバーマス，④はレヴィナスの著作である。

2 正誤 フランクフルト学派第一世代の思想家であるアドルノとホルクハイマーは，共著『啓蒙の弁証法』において，近代的理性による啓蒙の過程が野蛮に陥ることはないと報告した。正か誤か。

2 ×
『啓蒙の弁証法』は，野蛮から文明への進歩であると考えられていた，啓蒙の過程が，文明から野蛮へと逆転する宿命にあったと説く。

3 正誤 アドルノとホルクハイマーは，理性には本来，人間の目指す目的や価値を批判的に吟味する働きもあると考え，そうした道具的理性の復権を唱えた。正か誤か。

3 ×
「道具的理性」を「批判的理性」に替えれば正文になる。

4 正誤 フロムは，『複製技術時代の芸術』において，複製技術の普及した現代において，神秘的な力(アウラ)を欠く芸術作品が増えたと報告した。正か誤か。

4 ×
「フロム」を「ベンヤミン」に替えれば正文になる。

5 正誤 ベンヤミンは，『自由からの逃走』において，ファシズムに巻き込まれ，ファシズムを支えていく人々の「権威主義的性格」について分析した。正か誤か。

5 ×
「ベンヤミン」を「フロム」に替えれば正文になる。

6 正誤 オーストリアの精神科医ポパーは，『夜と霧』などにおいて，自らの強制収容所での体験をもとに，いかなる状況においても，人は常に人間らしい尊厳に満ちた生き方を求めていると主張した。正か誤か。

6 ×
「ポパー」は，批判的合理主義を唱えたオーストリア出身の哲学者。これを「フランクル」に替えれば正文になる。

7 正誤 ドイツ系ユダヤ人のアーレントは，『エルサレムのアイヒマン』において，ナチズムを支えていた大半の人々は，極悪非道な人物であったと報告した。正か誤か。

7 ✕
アーレントは，「ナチズムを支えていた人々の多くが平凡な人間であった」と報告した。

8 正誤 アーレントは，『人間の条件』において，人の行いを「生存のために必要な労働(labor)」，「道具や作品をつくる仕事(work)」，「言葉を交わしながら他者と共同体を営む活動(action)」に区分し，現代社会は「活動」の領域が大きくなりすぎていると批判した。正か誤か。

8 ✕
アーレントは，「労働」の領域が大きくなりすぎて「仕事」や「活動」の領域を侵食しているとし，「活動」の復権を求めた。

9 正誤 フランクフルト学派第二世代のハーバーマスによれば，いわゆる「生活世界の植民地化」によって，現代は，民主的な社会統合に必要な公共空間(公共性)が破壊されている。正か誤か。

9 ○

10 正誤 ハーバーマスは，理性の対話的性質(対話的理性)に基づく相互了解(コミュニケーション的合理性)は，民主的な社会統合の基礎にはならないと主張した。正か誤か。

10 ✕
ハーバーマスは，「コミュニケーション的合理性」こそ，民主的な社会統合の基礎になると主張した。

56 西洋中心主義や西洋的発想を批判する思想

本冊 P.270

1 正誤 構造主義者のレヴィ=ストロースは，南米の先住民族の思考も西洋近代の思考もともに「栽培の思考」であると論じた。正か誤か。

1 ✕
レヴィ=ストロースは，南米の先住民族の思考を「野生の思考」と特徴づけた。

2 正誤 レヴィ=ストロースは，西洋近代の思考法は，抽象的なことがらを，身の回りにある具体的なものを用いて考える思考法(ブリコラージュ)であると論じた。正か誤か。

2 ✕
ブリコラージュは，「野生の思考」の特徴。西洋近代においては，人工的な概念を使って抽象的に考える。

3 正誤 フーコーは，『狂気の歴史』などにおいて，近代社会は，病気や狂気といった反理性的なものを日常から排除してきたと報告した。正か誤か。

3 ○

4 正誤 フーコーは，病院，裁判所，監獄，学校などの施設が，近代社会の価値観に自ら意識的に服従する「主体」を生み出す一方，こうした「主体」が相互に監視・規制し合うことで，権力関係が生じ，再生産されていくと論じた。正か誤か。

4 ✕
「自ら意識的に服従」を「無意識のうちに服従」に替えれば正文になる。

5 「大きな物語」の終焉を論じたリオタールの著作を，次の①～④のうちから一つ選べ。
① 『悲しき熱帯』　② 『エクリチュールと差異』
③ 『夢判断』　④ 『ポストモダンの条件』

5 ④
①はレヴィ=ストロース，②はデリダ，③はフロイトの著作である。

6 正誤 ボードリヤールは，『消費社会の神話と構造』において，現代人の消費行動は，記号化された「モノ」を通じた差異化の行動ではなく，第一に欲求の充足のための行動であると論じた。正か誤か。

6 ✕
ボードリヤールは，現代人の消費活動には，「記号化された『モノ』を通じた差異化の行動」という側面が大きいと論じた。

7 正誤 デリダは，プラトン哲学以来の西洋哲学の伝統を批判し，世界や物事を二項対立の図式で捉える「脱構築」の思想を模索した。正か誤か。

7 ✕
「世界や物事を二項対立の図式で捉える」のが，デリダが批判した西洋哲学の伝統である。

8 正誤 レヴィナスは，それまでの西洋哲学を，他者を同化したり，排除したりする暴力性(全体性)を備えた思想だと批判した。正か誤か。

8 ○

9 正誤 レヴィナスは，絶対的に理解できず，「顔(ヴィザージュ)」として迫ってくる他者を徹底的に排除するとき，「私」は主体性を取り戻すことができると説いた。正か誤か。

9 ✕
レヴィナスによれば，「私」が主体性を取り戻すためには，他者の要求を受け入れることが必要である。

10 正誤 メルロ=ポンティは，精神と身体(物体)をわける思想を批判し，人間は身体を介して世界に巻き込まれているからこそ，世界に関わることができると主張した。正か誤か。

10 ○

57 公正な社会のための思想

本冊 P.274

1 正誤 ハイエクは，科学を進歩させるには，還元主義からホーリズム(全体論)の見方に移行する必要があると主張した。正か誤か。

1 ✕
「ハイエク」は，オーストリア出身の経済学者。これを「クワイン」に替えれば正文になる。

2 正誤 ロールズは，『貧困と飢饉』などにおいて，誰もが関わらざるを得ない社会的条件(社会的基本財)の公正な配分のあり方を正義の問題として検討した。正か誤か。

2 ✕
『貧困と飢饉』は，センの著作。これを『正義論』などに替えれば正文になる。

3 正誤 ロールズのいう「正義の二原理」のうちの第一原理とは，「自由の権利は，誰にでも平等に，いついかなるときも与えられなければならない」というものである。正か誤か。

3 ✕
ロールズによれば，自由の権利は，「他人の自由の権利を害さない限り」において認められる。

4 正誤 ロールズのいう「正義の二原理」のうちの第二原理とは，「所得と富の配分は不平等であっても，地位や職務につく機会が公平であり，最も不遇な人々の境遇を改善する限りにおいて容認される」というものである。正か誤か。

4 ○
第二原理は，「機会均等の原理」，と「格差原理」からなる。

5 ロールズの思想が哲学的根拠を与えたとされる政策を，次の①～④のうちから一つ選べ。

① 積極的差別是正措置　② 同化政策
③ 帝国主義政策　④ 信頼醸成措置

5 ①
①は，「アファーマティブ・アクション」のこと。④は，意思疎通の欠如から予期せざる武力衝突などが起こるのを防ぐための諸措置のこと。

6 正誤 センは，真の豊かさや平等を測る基準として，所得や経済規模よりも，「個々人が，その社会において，自由に自らの人生を選択できるか」という潜在能力(ケイパビリティ)の幅に注目すべきだと主張した。正か誤か。

6 ○

7 正誤 自由至上主義(リバタリアニズム)を説いたノージックは，政府の規模・役割・影響力を，個人の自由を侵すことなく，その自由を守るのに十分な程度に小さくすべきだと主張した。正か誤か。

7 ○
ノージックが説いた「最小国家」論の説明として適当である。

8 正誤 共同体主義(コミュニタリアニズム)を説くマッキンタイアやサンデルらは，人の選択は社会的に共有されている共通善に照らして可能になると主張したロールズを批判した。正か誤か。

8 ✕
共同体主義者が，「人の選択は社会的に共有されている共通善に照らして可能になる」と主張した。

9 正誤 ハンチントンは，東西冷戦の終結とともに，世界から「文明と文明の衝突」という状況は消えたと主張した。正か誤か。

9 ✕
ハンチントンは，冷戦後の世界は，「文明と文明との衝突」が対立の主要軸になると主張した。

10 正誤 サイードは，『オリエンタリズム』において，東洋は西洋を後進的・非合理的といった画一的な負のイメージで捉えてきたと論じた。正か誤か。

10 ✕
「東洋」と「西洋」を入れ替えれば正文になる。